영적 존재에로의 인간학

: 영의 발견

영적 존재에로의 인간학

발행 2020년 10월 17일

지은이 한수환
발행인 윤상문
디자인 이보람, 박진경
발행처 킹덤북스
등록 제2009-29호(2009년 10월 19일)
주소 경기도 용인시 기흥구 동백동 622-2
문의 전화 031-275-0196 팩스 031-275-0296

ISBN 979-11-5886-190-2 (03230)

Copyright ⓒ 2020 한수환
이 책은 저작권법에 따라 보호받는 저작물이므로 무단전재와 복제를 금지하며,
이 책의 내용의 전부 또는 일부를 이용하려면 반드시 저작권자와 킹덤북스의
서면 동의를 받아야 합니다.

※ 잘못된 책은 구입하신 곳에서 교환하여 드립니다.
※ 책 가격은 표지 뒷면에 있습니다.

킹덤북스 Kingdom Books
킹덤북스(Kingdom Books)는 문서사역을 통해 하나님의 나라를 확장하고, 한국 교회와 세계 교회를 섬기고자 설립된 출판사입니다.

영적 존재에로의 인간학

: 영의 발견

한수환 지음

Eine Anthropologie
für das pneumatische Menschenverständnis
(Entdeckung des Ich-Bin)

킹덤북스
Kingdom Books

차 례

머리말
증보판을 위한 머리말

01. 들어가는 말 · 14
02. 세속적 인간관 · 30
03. 성경적 인간관 · 57
04. 본 연구를 위한 방법론 · 78
05. 영적인 사유를 위한 길 · 82
06. 고백과 인식의 근원 · 99
07. 인식의 종말 · 105
08. 2가지의 진리 인식 방법 -보는 것과 듣는 것에 관하여- · 120
09. 인간과 사람의 구분 · 138
10. "너"의 실재성 발견의 역사 · 153
11. 영의 문제 · 160
   (1) 영의 발견에 대한 장애
   (2) 개념 이해
   별도 연구 K. 바르트 신학적 인간학에서의 인간의 존재 구조

12. 사람의 발견 가능성　　　　　　　　　　　195
　　(1) 첫사랑
　　(2) 언어
　　별도 연구 인간 언어의 본질
　　(3) 주체적 존재(das Subjekt)
　　(4) 인격적 존재(Personsein), 실존(Existenz), 그리고 주체(Subjekt)

13. 영과 하나님의 형상　　　　　　　　　　261
　　(1) 하나님의 형상
　　(2) 사람과 하나님의 형상
　　별도 연구 엘러트(W. Elert)의 하나님 형상에 대한 이해

14. 죄와 사람과의 관계　　　　　　　　　　295
　　(1) 인간의 유한성에 대한 질문
　　(2) 죄에 대하여

15. 자아의 문제　　　　　　　　　　　　　318
　　별도 연구 코기토(Cogito)와 이마고 데이(Imago Dei)
　　별도 연구 현실과 실재성

16. 인간 영혼과 하나님의 프뉴마와의 관계　　358

머리말

나는 말을 잃어 버렸습니다
잃은 말을 찾기 위해 이렇게 당신을 바라봅니다
나는 본시 시인이 아닙니다
그러나 말을 찾는다는 것은 시인이 되는 것을 뜻할 것입니다

나의 마음에 흘러내리는 눈물
그 눈물은 잃은 나의 말이 변한 것입니다
당신 앞에서 흘리는 눈물
당신은 나의 말을 가져가셨고 대신에 나의 눈물을 가져오셨습니다
이제는 말이 눈물이 되어 흘러내립니다
이 눈물은 눈에서 내리는 물이 아니라 심령에서 흘러내리는 고통입니다
고통도 진하면 더 이상 고통이 아닙니다
그것은 말입니다
눈물도 진하면 더 이상 눈물이 아닙니다
그것은 말입니다

진리를 보았지만 진리는 보는 데 있는 것이 아니었습니다
진리가 무엇인가요
당신은 나의 눈물을 들으시지요
당신은 나의 말을 들으시지요

나는 본시 시인이 아니지만 이제는 당신이 나를 시인으로 만들었습니다
나는 본시 눈물이 없었지만 이제는 말이 눈물이 되어 흐릅니다

나의 말이 무엇인지 아시지요
당신은 나의 눈물이 어떤 말인지 아시지요

나는 말을 잃었습니다
그리고 이제 눈물도 잃었습니다
진한 고통은 말과 눈물을 앗아갔습니다
고통은 말이고 그 말은 곧 눈물입니다

나는 본시 시인이 아니지만 고통은 이제 시인이 되게 했습니다
시란 사람을 향한 말이 아니라 당신이 임하면서 되는 '나'의 말입니다.

이 글은 필자가 독일과 네덜란드 유학 생활에서 이미 초안을 마련한 것들이다. 양이 많아서 1부와 2부로 나누었는데 1부에서는 "영의 발견"이라는 부제로 이번에 출판하고 2부는 "영의 만남"이라는 부제로 다음에 출판할 예정이다. 1부에서는 인간과 하나님과의 영적 관계를 이론적으로 취급하였고 2부에서는 거기에서 일어나는 구체적인 영적 만남을 다루었다. 아직 미숙하고 세련되지 못한 문장들이 자주 눈에 띈다.

생의 고단함, 고독과 건강으로 인한 여러 어려움 속에서도 필자의 마음속에 역사하시는 예수의 영이 이 글들을 쓰게 하신 것 같다. 이 글은 필자의 신학적 사유의 표현이면서 동시에 하나님을 향한 질문이며 또한 마음의 고백이기도 하다. 필자가 유럽에서 주로 독일의 클래식을 읽으면서 영감을 얻었기 때문에 이 글들의 내용에서 독일 신학의 신학적 사유가 많이 반영되었다는 사실은 부정할 수 없다. 앞으로 필자는 독일뿐 아니라 영미 계통의 신학들도 함께 연구하면서 체계적이고 포괄적인 신학적 인간학을 저술해야 할 필요를 느낀다.

그동안 남편과 떨어져 살면서도 남편의 뜻을 이해하고 외로움과 싸워가며 살아 온 아내에게 감사를 드리고 필자의 형제들의 가정에도 하나님의 은혜가 충만하시기를 소원한다.

무엇보다도 나에게 많은 사랑과 친절을 아끼지 않으셨던 네덜란드 자유대학교의 에흐몬트(Dr. A van Egmond) 박사님과 독일 괴팅엔대학교의 프라스거(Dr. G. Plasger) 박사님께 고마움을 표현하고 싶다. 이분들은 유학 시절 나에게 학적인 가르침과 인격적인 사랑을 많이 주셨던 분들이기 때문이다.

부족하지만 이 글은 필자의 한글 저서의 시작이기 때문에 독자들의 많은 이해와 아울러 따뜻한 비판과 격려도 부탁드린다. 한국 기독교 교회와 개혁주의 신학계에서 신학적 인간학의 관심이 더 많이 일어나기를 바라면서 나를 지금까지 인도하신 '살아 계신 예수 그리스도의 하나님'께 이 글을 바친다.

2002년 8월 마지막 주일 새벽에 광주에서
한수환

증보판을 위한 머리말

이 글들은 원래 신학 교재로 사용하기 위해 만들지 않았다. 필자가 인간의 실재성의 중심인 '인격'이라는 주제로 박사 학위를 받았는데 그 사유의 연장선에서 인간에 대해 영적으로 접근해 보려고 한 첫 시도였다. 그런데 이 글들이 죽전 새생명교회 박철수 목사님에 의해 교회에서 영성적-신학적 훈련을 위한 신학 교재로 사용되고 있다는 것과 결코 쉽지 않는 이 글들이 많은 분들에게 읽혀지고 있음도 알았다. 물론 이 책이 초판으로 나왔을 때 필자가 몸담고 있는 신학대학원에서 교재로 사용해 본 적도 있었는데 그때 학생들의 반응은 너무 어려워서 읽을 수 없다는 반응이었는데 그로 인해 더 이상 교재로 사용하지 않았다.

그런데 뜻밖에도 서울에서 영성 훈련을 위한 인간 이해를 돕기 위해 교재로 사용되고 있음에 많이 놀랐고 또한 죄송함과 미안함에 마음이 편하지 않았다. 그래서 그동안 이 글들을 읽어주신 분들께 보답하고 싶은 마음이 들어서 비록 오랜 시간이 흘렀지만 이 책의 증보판을 써야 되겠다고 마음을 먹었다. 충분한 설명이 없는 이 책을 읽으면서 독자들이 얼마나 마음이 불편했을까를 생각하면서 좀 더 많은 설명을 해야 할 필요를 간절하게 느꼈다.

이 미숙하고 세련되지 못한 글들을 많은 분들께 소개해 주신 박철수 목사님께 진심으로 깊이 감사를 드린다. 그리고 이 글들로 영성 훈련을 돕는 여러 분들에게도 참으로 고마움을 가진다. 앞으로 많은 조언과 질문들을 받아서 좀 더 알찬 내용으로 보답하고 싶다.

특히 킹덤북스(Kingdom Books) 대표 윤상문 목사님께 감사를 드린다. 한국 개신교의 연약한 신학의 현실을 잘 아시고 판매를 보지 않으시고 좋은 신학도서들만 선별해서 출판해 주시는 그 마음을 주께서 잘 아시리라 믿는다. 그동안 심은 것들이 좋은 결과로 맺히기를 바라면서 소명과 헌신에 기쁨과 위로가 많이 주어졌으면 좋겠다.

광주 광신대학교 신학대학원 연구실에서
2020. 10월. 저자

Ich bin sehr erfreut, dass mein Buch "Anthropologie für das pneumatische Menschenverständnis" auf koreanisch in Korea veröffentlicht wird. Dieses Buch ist mein zweiter Versuch, einen Weg zur Wirklichkeitserhellung bezüglich des Menschenverständnisses zu finden. Erster ist in meiner Dissertation entworfen worden. Dabei habe ich das theologische Verhältnis der Wirklichkeit des Menschen zu seiner Person behandelt. Aber doch habe ich hier zugleich das Verhältnis zwischen dem animal-rationalistischen Menschen und dem pneumatologisch- christlichen Menschenverständnis dargestellt. Besonders sind mir folgende Punkte wichtig:

1. Ohne die Gotteswirklichkeit tritt der Wirklichkeitsverlust der menschlichen Personalität hervor, in dem der Mensch folglich versucht, notwendig und willkürlich im rationalistischen Idealismus, subjektiven Psychologismus und überweltlichen Mystizismus seine Wirklichkeit zu finden. In dem Wirklichkeitsverlust hängt der Mensch vom idealistischen Menschenbild ab.

2. Die Gotteswirklichkeit wird nur in der Ich-Du-Beziehung oder in der pneumatischen Begegnung erfahren. Da wird der Mensch nicht mehr "Der Mensch", dessen Begriff säkular und unklar für die Wirklichkeit des christlichen Menschenverständnisses ist, sondern "das Person-Sein". Das Person-Sein ist kein selbstgenügsamer, autonomischer und materialer Substantia-Begriff, sondern du-

süchtiger, du-bedürftiger, vor allem existentieller und formaler Subjekt-Begriff. Es ist quasi eine ontische Kategorie, ohne die der Mensch nicht sinnvoll leben kann. Dabei kann die Gotteswirklichkeit und somit Menschenwirklichkeit verwirklicht werden.

3. Die Lösung ist der christliche Glaube, der darauf einziger Hinweis ist, dass der Mensch schöpfungsmäßig das Person-Sein ist und also zum Person-Sein zurückkehren soll.

Herr Prof. Dr, van Egmond in der Vrije Universiteit ist der Lehrer, der mir immer sowohl akademische Anregungen als auch freundliche Ratschläge und herzliche Gefälligkeiten gab. So möchte ich ihm gern menen Dank aussprechen. Und vor allem danke ich Herrn Dr. Plasger in Göttingen Universität ganz besonders, weil er mir theologische Ratschläge gab und mir half, eine Vision der reformierten Theologie zu bekommen. Mein Wunsch ist, dass meine Lehrer immer gesund bleiben.

8. 2020. S.H. Han.

01

들어가는 말

1. 우리는 지금 심각한 문제 앞에 마주서 있다. 그것은 인간이 과연 영적인 존재인가 하는 문제와 이 당연한 질문에 대하여 과연 그렇다고 쉽게 대답할 수 있겠는가 하는 문제이다. 인간은 인정하든 혹은 인정하지 않든 확실히 신비한 존재가 분명하다. 지금까지 그렇게 수많은 세월들과 수많은 학자들이 그토록 많은 시간들을 투자하여 인간에 대한 연구들과 인간을 사유해 왔지만 그렇다고 그 노력들에 비해 그 어떤 이론도 분명하게 인간은 이렇다 혹은 저렇다고 자신있게 정의하지 못했다.

2. 더구나 인간이 과연 '영적인 존재인가' 하는 질문에 대한 답도 역시 마찬가지이다. 물론 '그렇다'고 심정적으로 대답할 수도 있겠지만 이런 대답을 위해 이론적으로 쉽게 설명하기에는 무언가 여전히 석연치 않은 점이 있다. 아마도 그것은 지금까지의 인간에 대한 연구가 17세기 이후 혹은 계몽주의 이후 급속도로 발달된 자연 과학적인 방식에 따라 연구

되어 왔기 때문이 아닌가 생각된다. 영적인 존재로서의 인간을 자연 과학적인 방식에 따라 연구해 온 결과는 인간이 '이성적인 존재'라는 패러다임을 만들었고 여기에서 출발하고 있기 때문에 이성 넘어 실재하는 지평과 그 지평에서 일어나는 영적인 관계에 대해 분명한 길을 제공해 주고 있지 않다는 점이 큰 문제로 비친다. 그로 인해 인간의 문제가 영적인 차원에까지 들어가지 못하고 이성적인 인간이라는 프레임에서 멈추어 버린 듯하다. 그래서 '인간이 영적인 존재인가'라는 질문은 기껏해야 이제까지 개인적인 체험들을 바탕으로 신비주의자들이나 일련의 경건주의자들이 관심을 가지는 주제로 터부시되어 왔으며, 어떤 신학적인 배경이나 근거 없이 일방적이며 초월적인 이해로 규정되어 왔다.

3. 그렇다면 영적 존재로서의 인간 이해라는 문제에 대해 신학적인 이론은 과연 접근 불가능한 것일까? 우리는 그러한 경우가 생길 수 있음을 우려할 수밖에 없다. 왜냐하면 '영'이란 존재 자체가 이론이나 논리적인 학문의 대상이 되기에 많은 결격 사항을 가지고 있으며, 비록 성령에 대한 연구가 교의학적으로 취급되고 있지만 '인간이 영적인 존재인가'하는 문제에 대한 연구는 시작한 지 얼마 되지 않았기 때문이다. 사실 인간이 영적인 존재인가 하는 질문은 신학적 인격주의(theologischer Personalismus)자들에 의해 의미 있게 연구되고 사유된 줄로 알고 있다. 여기서 '영적'이라는 말은 '정신적'이라는 의미를 포함하고 있다. 그러나 여기서 '정신적'이라는 이 표현은 세상적인 철학에서 논하는 '사유하는 능력'으로서의 정신을 뜻하는 것이 아니라 인간을 사람되게 하는 것, 즉 인격(Person)과 관계되는 개념을 가리킨다고 우선 규정하고 싶다. 인격이라는 말도 철학적인 개념이나 인류적-도덕적인 자율의 개념이 아니라 기독교적인

사상을 근거로 보통 기독교 교의학에서 취급되는 '하나님 형상'으로서의 참 인간, 즉 사람의 개념을 뜻한다. 인격은 오로지 하나님과의 인격적인 관계를 지칭할 때 사용되는 표현이다. 이 책에서 '영적 존재로서의 인간'이란 인간이 영 혹은 인격이신 하나님과 관계할 때 비로소 '영적인 존재' 또는 '사람'이 될 수 있음을 제시한다. 그러나 사람이 하나님의 형상으로 지음 받았다는 성경의 기록을 우리가 신앙으로 고백한다면, 그리고 하나님의 영으로 자신을 선포하시는 하나님을 신앙한다면, 그리고 하나님 자신을 영이라고 선언하는 성경을 믿는다면, 인간이 영적인 존재라는 표현이 학문적으로 인간학적인 대상이 전혀 되지 못한다고 단정할 수는 없다. 그래서 본서는 '영적 존재로서의 인간'이라는 주제를 신학적-인간학적인 차원에서 다루어 보고자 하려는데 구체적으로 말하면 신학적 인격주의(theologischer Personalismus)의 입장에서 접근하려고 한다. 앞으로 이것이 한국 개신교 신학의 중요한 주제가 되리를 바라면서 글을 이끌어 갈 것이다.

4. 우선 독자의 이해를 돕기 위해 결론부터 이야기하고 난 후 본론을 전개시켜 보기로 한다. 사람은 분명히 영적인 존재임이 분명하다. 여기서 영적인 존재로서의 사람이란, 동물과 다른 어떤 특수성을 가진 인간성이나 특수한 인간만이 가지는 신비한 초능력을 가리키는 것이 아니다. '영'이란 피조물로서의 사람이 가지고 있는 하나의 선험적이고 존재론적 카테고리라고 하겠는데 다른 말로 '사람'이라는 신적 형상이라 불리는 껍데기와 유사하다고 하겠다. 그러나 정작 '영'이 무엇인가를 물으면 대답은 예상 밖으로 빈약할 수밖에 없겠는데 영을 정의하거나 규정하면, 마치 '영'이 사람을 구성하는 한 부분이나 하나의 요소와 같은 그릇된 인

상을 준다. 또한 영은 본질적으로 인간의 언어로 서술되거나 묘사 혹은 규정되기 어렵다. 객관적인 어떤 무엇으로 있는 것이 아니기 때문이다. 그렇기 때문에 '영'을 학문적인 혹은 그 어떤 말로 이론적으로 명백하게 규정하기보다는 간접적으로 하나하나 밝혀 나가는 방식이 훨씬 적합하리라고 판단된다. 왜냐하면 지금의 우리는 어차피 자연 과학적인 용어로 어떤 사실을 명석하고 분명하게 규명하기 위해 설명하는데 습관화되어 있으며, 항상 어떤 것에 대하여 먼저 규정 가능한 명백한 말로 정의하고 시작하는데 익숙해져 있다. 이러한 방식은 지금까지 서구인들에게 나타난 바 된 자연을 연구할 때 즐겨 사용하던 방식인데, 이런 방식으로 접근하면 인간 정신도 마치 객관적인 서술과 기술로 묘사될 수 있는 어떤 존재인 것처럼 오해하게 만든다. 그러나 단언하지만 인간 정신은 결코 자연 과학적인 분석적 언어나 명백한 객관적 표현방식으로 묘사될 수 없는 존재이다. 인간 정신은 소위 정신과 의사들이 말하는 심리적인 존재로 그렇게 기술될 수 있는 무엇이 결코 아니기 때문이다. 영적인 존재로서 인간을 어떻게 실증적이고 분석적인 언어로 정의할 수 있으며, 몇 마디의 구체적인 말로 명문화시킬 수 있겠는가? 인간의 실재성을 명백히 정의하기는 어렵지만 그럼에도 사람은 영적인 존재이며 또한 영적인 존재이어야 한다. 이것은 이 주제에 대한 처음이고 마지막 말이기도 하다.

5. 우리는 우리가 세운 결론을 위해 영적인 인간론과 대립되는 세속적인 인간론을 먼저 설명하면서 세속적 인간학의 한계를 숙고해야 한다. 왜냐하면 영적인 인간론과 가장 대립하는 인간론은 아무래도 세속적인 인간학이기 때문이다. 세속적인 인간학에서는 인간을 어떤 존재로 보

고 있는지 살펴보고 우리의 결론을 굳히는 것이 순서일 것이다. '사람은 영적인 존재이다'라는 결론에 가장 강하게 대립되는 세속적인 인간관의 모토는 아마도 '인간은 이성적인 존재이다'라는 주장이 될 것이다. 이 인간 이해는 오랫동안 이론적인 학문과 철학적 인문주의의 많은 배경과 근거를 안고 치밀하게 이론과 확고한 체계를 다져왔기 때문에 대부분의 많은 자들은 이 사실을 절대적인 진리로 생각하고 있다. 이런 점에서 가톨릭 신학자 라너(K.Rahner)도 기독교적인 인간학이 현대의 철학적 인간학에 너무 많은 영향을 받았다고 진단하기도 한다. 현대 철학적 인간학은 인간 이해의 특성을 '이성적인 동물'이라는 지엽적인 면으로 치우치게 했고, 이것이 서구 사상에서 중요한 인간 이해의 특성이 되었으며 인간을 주체로서 구조화시키게 되었다고 그는 단정한다.[1] 말하자면 서구의 인간 이해는 지나치게 세상적인 철학적 인간학의 영향을 받아서 인간을 '생각하는 동물'이라는 패러다임으로 확립시켰다는 의미로 이해하면 되겠다. 이런 결과는 인간을 생명의 하나님과 관련하여 이해하지 않고 동물과 비교하여 그 연장선에서 이해한 결과로 보인다.

6. 인간이 이성적인 동물이라는데 이의를 제기하는 자들은 많지 않을 것이다. 그만큼 우리는 이런 인간 이해를 어릴 때부터 듣고 배우고 익히고 확신해 왔다. 그래서 과연 이러한 인간 이해가 잘못되었다고 누가 감히 말할 수 있겠는가? 우리는 지혜를 가진 인간이라는 '호모 사피엔스(homo sapiens)' 혹은 도구를 만드는 인간으로서 '호모 파버(homo faber)'로 인간을 이해해 왔다. 원숭이에서 이성적인 지혜를 가진 동물로 진화

---

[1] K. Rahner, Die theologische Dimension der Frage nach dem Menschen aus systhematisch-theologischer Sicht, in: Die Theologische Dimension der Frage nach dem Menschen, Donauwörth, 1972, 10.

하여 불과 바퀴라는 도구를 발견하고 그로 인해 지금의 현대인의 원형인 '호모 사피엔스'라는 이성적인 인간이 되었다는 결론을 더 이상 회의나 의문을 품지 않고 교과서적인 자명한 진리로 받아들이고 있다. 이성을 가진 인간은 무엇이든지 제작할 수 있으며 자신의 창조적인 능력으로 제작한 것을 가지고 인간 앞에 주어진 자연을 문화적 시공간과 인간이 살기에 적합한 세상을 만든다. 하나님이 창조하신 자연(Natur)을 인간 정신이 자신의 창의적인 능력으로, 소위 문화(Kultur)적인 창조력으로 세상(Welt)이라는 거대한 조직 혹은 체계를 만들었다. 그래서 세상이라고 하면 자연에다 인간의 인위적인 정신적 창조행위에 의해 만들어진 조직 혹은 체계의 총체를 가리킨다. 세상은 인간 정신이 만든 최고의 걸작이며 오로지 인간만을 위한 문화적 공간이다.

7. 인간이 만든 세상은 그렇다고 인간 앞에 그냥 서 있는 어떤 낯선 것이 아니다. 세상은 인간 정신의 창조적인 자유와 이성의 능력이 최대한 활용되어 하나님이 창조하신 자연을 오로지 인간이 살기에 적합한 공간으로 재창조된 문화적 공간을 가리킨다. 따라서 세상이란 단순히 우리 눈에 보이는 가시적인 자연 공간이 아니라, 인간 정신의 문화적 행위로 가공된 자연 또는 자연이 인간 정신의 문화적 행위로 재창조된 정신적 영역을 의미한다. 인간이 생존을 위해 자연을 제작, 가공하여 만든 문화적 영역이 바로 지금 우리가 알고 있는 세상이다. 그래서 세상의 개념에는 인간이 본질적으로 이성적인 존재이며, 이성의 능력으로 자연을 정복하고 지배하여 결국 자연을 인간 이성의 무릎 아래 꿇렸다는 인간의 승리를 자축하는 찬가가 들어 있다. 그래서 우리가 세상이라는 말을 생각할 때는 항상 승리자로서의 인간 혹은 피지배자로서의 자연이라는 극단

적인 대립구조로 생각할 수밖에 없다. 하나님이 창조하신 자연과 그 자연을 재창조하려는 인간 정신이 서로 극단적으로 대립하여 자연 속에 주어진 고유한 창조 질서가 인간에 의해 마구 파괴되어 그로인한 결과를 오히려 인간이 고스란히 짊어져야 하는 운명에 인간이 마주하고 있기 때문이다. 공업화로 인하여 생긴 이산화탄소의 과대한 방출로 지구 온난화가 가속되고 극지방의 기온이 상승하면서 해수면의 온도가 올라가고 그로 인해 수많은 생물들이 멸종되고 있다. 극지방의 얼음들이 녹으면서 지구상에서 가장 저지대라 불리는 몰디브라는 지역은 조만간 수몰될 위기를 맞이하고 있으며 해마다 사막이 확대되면서 도시로 넘어오는 황사와 각종 자동차와 스마트폰 같은 기계문명의 발전으로 인한 과도한 초미세먼지는 인간의 신체만 황폐시키지 않는다. 휴먼게놈과 인간복제, 그리고 인공 지능과 빅데이트와 같은 현대의 첨단기술은 가시적으로 인간의 수명을 계속 연장시키고 있지만 그로인한 부작용을 인류는 직면하고 있다. 인간이 자연을 세상으로 재창조하였지만 거기에는 인간이 세상을 만드는 율법들이 함께 담겨있기 때문에 비록 인간이 만든 세상이지만 그 세상의 율법이 이제는 인간의 영혼에 도리어 무거운 짐으로 부과되어 영혼의 피폐와 황폐를 도무지 인간 스스로 극복할 수 없게 되었다.

8. 하나님에 의해 창조된 자연을 인간이 인위적으로 다스리고 지배한 것에 대해서는 스스로 축하할 만하며 그 어떤 피조물이라도 이 인간 정신에게 복종할 만하다. 그런데 지금까지 인간 외의 그 어떤 피조물이 자연에 대한 인간 정신의 승리를 축하해 주고 있다고 말할 수 있을까? 오히려 그들은 침묵하고 있는 것으로 비친다. 침묵하는 자연! 그리고 자연

을 창조하신 하나님도 역시 자연을 인간 중심적으로 정복하여 문화의 공간으로 만들고 하루하루 만족하며 살고 있는 인간에게 침묵하고 계시는 듯하다. 자연을 인위적으로 정복하고 있는 인간 정신은 자연으로부터 오히려 소외되고 자연도 인간에게 결코 호의적이지 않다. 해마다 늘어나는 폭풍과 상상하기 어려운 기상 이변으로 인해 그 피해가 천문학적으로 증가 추세에 있으며 첨단 산업의 극단적인 발전은 부의 불균형을 가져왔다. 오로지 먹고 사는 경제 문제에 인간 정신이 집중하면서 그와 비례하여 인간 내면은 황폐하고 피폐하여 자살이 해마다 급증하고 있고 고독하게 사망하는 자들이 늘어나며 인간의 노동이 필요없는 첨단 로봇기계의 활동으로 취업하기 더욱 어려운 문제들을 만나고 있다. 그리고 성에 대한 건전한 상식을 거부하는 젊은이들의 의식은 이성간의 교제와 결혼기피, 그리고 가정에 대한 소중함을 급속도로 약화시켰고 동성애와 양성애와 같은 이질적인 성문화가 마치 자연스러운 사랑인 것처럼 관대하게 배려되고 있다. 생존에 내 몰린 인간의 이성은 이기주의를 가져왔고 타인에 향한 인격적인 배려의 결여와 그로 인해 만연되는 개인주의는 사회라는 정신적 공동체 의식마저 위협하면서 약하고 소외된 사람들이 적응하며 살기에 대단히 힘든 사회가 되고 있다.

9. 대화 철학으로 유명한 유대인 철학자 부버(M. Buber)는 "하나님의 일식"이라는 자신의 저서에서 현대의 정신을 '하나님의 일식(Gottesfinsternis)'이라고 표현했다. 그의 책은 서구 정신사의 인식론을 강하게 비판하는 책인데 서구 정신 사상에서는 한결같이 인간을 규정할 때 자연과의 관계에서 인식하는 주관자로, 그리고 모든 존재들을 자신의 객관 또는 인식의 대상으로 세우는 존재자로 이해해 왔다고 그는 주

장한다. 더구나 인간은 하나님과의 관계에서도 하나님을 사유와 인식의 대상으로 삼으면서 명백한 인간의 기술적인 언어로 규정하고자 애를 썼다고 한다. 이러한 인간의 노력에서 하나님의 실재성은 오히려 사라져 버렸고 도리어 하나님의 실재성을 상실한 인간만 남았다고 한다. 부버는 이 책에서 하나님에 대한 인간의 사유는 수없이 많지만 정작 하나님의 실재성은 사라져 버린 서구 정신사의 병적인 모습을 고발하면서 그 현상을 '하나님의 일식'이라고 규정한다. 그 책에서 그는 태양이라는 하나님의 실재성이 인간이 만든 인식이라는 달에 의해 가려진, 마치 하나님의 침묵이라는 일식 현상과 같이 생명의 실재를 가리는 인간 정신을 비판하고 있으며 이를 해결하기 위해 인격적인 관계인 '나와 너'의 관계를 제시하고 있다.

10. 우리는 자연을 우리 인간이 살기에 편리한 문화적 영역으로 만들고 지금까지 편리함과 유익함, 그리고 신속함을 마음껏 누리면서 자축하고 있다. 그런데 인간 이외의 다른 피조물들과 창조주 하나님은 오히려 침묵하고 있는 것은 어찌된 일인가? 왜 자연은 이런 인간에게 축하를 해 주지 않고 오히려 인간이 원치 않는 재난들과 심한 기근들, 환경 파괴로 인한 천재지변으로 응답하는가? 그리고 동물들도 과연 우리 인간이 자연을 이런 식으로 정복하고 지배하는 것에 기뻐하고 있을까? 하루에도 멸종되는 종들이 많고 또한 멸종위기를 맞이하고 있는 생물들이 수없이 많다고 한다. 만약 그들이 인간의 언어로 말을 한다면 과연 지금의 인간 소외와 현대적인 인간 문제에 대해 결코 잘했다고 칭찬하고 축하해 줄까? 더구나 우리를 창조하신 창조주 하나님은 과연 우리에게 무엇이라고 말씀하시겠는가?

11. 현대 기술 사회에서 하나님의 실재성 부재라고 느낄 만한 여러 가지 징조들을 우리 스스로가 피부로 더 잘 느끼고 있다. 하나님의 계시가 현대에서 사는 우리에게 만족할 만큼 임하고 있는가? 과연 현대인은 자신의 영적인 문제를 전혀 느끼지 않을 만큼 창조주 하나님과의 영적 만남을 가지고 사는가? 우리 가운데 누구에게 물어 보든지 지금의 세상에 대해 만족하며 산다고 말할 자는 대단히 적을 것이다. 창조주와의 관계도 그렇고 타인과 다른 피조물과의 관계도 그렇다. 그렇다면 우리는 스스로 물어 보아야 할 것이다. 과연 우리는 우리만의 편리함을 위해 자연을 파괴하여 만든 문화적인 정신적 행위가 정당했으며, 또한 올바른 길로 가고 있다고 말할 수 있는가?

12. 인간은 소위 위대한 이성의 능력으로 인간 이외의 다른 피조물들이 감히 상상도 못할 기술(Technik)로 놀랄 만한 신속함과 편리함, 그리고 유익을 누리고 있다. 그런데 이제는 모순적으로 인간이 만든 그 기술 때문에 인간의 입에서 탄식과 좌절이 뿜어 나오고 있다. 비록 고전에 속하게 되었지만 막스(K. Marx)의 "자본론"은 인간이 만든 자본주의가 인간을 근본적으로 소외시키고 있음을 통렬하게 비판하고 있는 책이다. 생철학자 니체의 '힘에로의 의지'와 '초인'사상은 이 시대의 정신과 문화가 근본적으로 이성적인 인간을 동물적이고 본능적인 인간으로 만들어야 한다고 최후의 선언을 하고 있다. 니체는 '인간은 더 이상 이성을 가진 인간이 아니고 동물성을 지닌 존재일 뿐이다'라는 사실을 적나라하게 선포한다. 그의 선언인 '신은 죽었다'는 우리에게 무엇을 말해 주는가? 그는 현대인이 더 이상 형이상학적인 신이 없어도 자족하며 살 수 있고, 인간의 실제는 이제 이성에 있는 것이 아니고 차라리 인간 본성의 요구

대로 그 요구를 채우며 사는 생물학적인 존재임을 말하고 있다. 특히 그의 독점적인 슬로건이 된 '신이 죽었다'는 표현은 그의 저서 "즐거운 학문"에 나오는 표현이다. 신의 죽음이란 원래 루터가 죄인을 위해 자신을 죽이는 하나님의 십자가 죽음, 즉 죄인을 구원하시기 위해 하나님이 스스로를 현현 혹은 외화(Entäußerung)하셔서 죄인을 위해 기꺼이 죽으시는 희생적인 죽음을 말하는데 니체의 이 표현은 그런 구원사적인 의미를 가리키는 것이 아니라 오히려 실제로 신을 죽이는 사변적인 인간을 향해 비꼬는 말로써 인간이 하나님의 현현보다 더 높아졌다는 것을 의미한다. 모순적으로 현대 기술 사회에 사는 인간 정신이 자기 손으로 잡은 역사는 결국 신의 시체를 만지고 있는 셈이다.[2] 이와 유사하게 실존주의 철학자인 야스퍼스(K. Jaspers)는 "기술은 '(인간이) 할 수 있음의 힘'이며 … 이런 '할 수 있음'은 '만듦'이나 '처분함'이지, 창조함이나 자연스럽게 자라게 함이 아니다"고 말하면서 현대 기술은 인간이 생명을 가진 현존의 모든 것들을 소위 제작된 기계 장치의 기능처럼 만들어가고 인간의 기분에 따라 마음대로 처분하고 있다고 고발한다.[3]

13. 현대 기술은 단순히 하나의 기술이라는 무엇이 아니라 인간에게는 종교가 되었다. 현대인은 현대 기술에게 절대적으로 맹신하고 종속되었으며 거기서 평안을 얻는다. 실존주의 철학자 하이데거(M. Heidegger)는 기술이 인간 정신의 종말을 의미하며 동시에 서구 형이상학의 종결을 가리킨다고 탄식한다. 그는 자신의 저서들인 "기술과 전향(die Technik und die Kehre)"과 "니체 연구(Nietzsche)"에서 기술의 본질과 서구 정신의

---

2 참고. J. Moltmann, Theologie der Hoffnung, München, 1973, 154.
3 참고. K. Jaspers, Vom Ursprung und Ziel der Geschichte, München, 1963, 132.

기술화 과정을 진리 문제와 관련하여 상세하게 소개하고 있다. 그에 의하면 기술이란 원래 존재의 진리(알레테이아)와 관계하는 것인데, 존재(das Sein)는 원래 '스스로를 끄집어내는 행위'를 의미한다. '스스로를 끄집어내는 행위'는 마치 기독교의 계시 개념과 상당히 유사하게 보인다. 그러나 현대 기술은 존재의 이런 성격, 즉 자신이 스스로를 자발적으로 끄집어내는 행위가 실행하도록 하게 하는 것이 아니라 정반대로 오히려 하나의 존재자인 인간이 자연에서 자신의 특정 관심 분야를 위해 자연을 포함한 모든 생명들, 심지어 신의 실재조차 인간 정신이 자신의 유익을 위해 쪼개고 파 뒤집는 행위라고 그는 규정한다. 말하자면 인간 정신은 타자를 '다그치는 행위'로 변질시켰다고 그는 주장한다. 이러한 현대 정신의 '다그치는 행위'로 기술의 본래의 의미가 변질되었고 그로 인해 인간 정신도 같이 변질되었다고 한다. 인간이 이렇게 자연을 포함한 타자의 생명에게 다그치는 행위를 하는 이유를 하이데거는 인간 정신과 자연과의 관계를 소위 '주관과 객관'이라는, 철저한 인과율에 따라 사유하려는 방법론에 기인한다고 진단한다.

14. 여기서 현대인에게 종교적인 신으로 숭배를 받는 현대 기술이 그냥 생겨난 것이 아니라 사실은 그 역사를 살펴보면 인간 정신의 비참함이 들어있다. 즉 현대 기술은 그냥 돌발적으로 생긴 것이 아니라 그 원인이 인간 정신의 영적 생명의 상실에 있다. 인간은 자신의 영혼을 팔고 그 대가로 현대 기술을 얻었다고 해도 과언이 아니다. 이를 위해 하이데거의 진단을 잠깐 살펴보는 것도 의미가 있어 보인다. 우선 하이데거는 서

구 정신사를 존재 상실의 역사라고 규정한다.[4] 하이데거에게서 존재란 실재성이고 그것은 곧 신의 실재성이며 동시에 인간 생명의 실재성이기도 하다. 그런데 이런 존재를 상실했다함은 곧 인간의 생의 의미를 상실했음을 뜻한다.

15. 현대인에게 종교적인 신이 된 현대 기술을 말하기 전에 기술의 원래의 의미를 파악해야 한다. 기술이란 고대 헬라어로 '테크네'라고 하며 이 말은 본래 존재라는, 스스로 자신을 드러내면서 은폐시키는 퓌시스와 관계하는 무엇이었다. 그것은 '무엇을 끌어내는 것'으로, 존재 혹은 신이 자신을 우리 인간에게 개현시킬 때 자기 자신을 스스로 끌어내는 진리의 방식으로 역사하는 무엇이었다. 그런데 인간이 이 존재를 인식의 대상으로 삼기 시작하면서 존재는 자신의 고유한 계시 방식을 상실해 버리고 인간의 주관이라는 손아귀에 잡혀서 인간 정신에 의해 설명되고 경험되는 무엇이 된다. 나아가서 존재는 인간의 주관을 위한 어떤 구체적인 방식으로 속화되면서 생겨난 것이 현대 기술이다. 하이데거는 현대 기술을 마치 신이 자신을 표현하기 위해 자기 스스로 무엇을 끌어내는 '테크네'로서의 의미는 완전히 상실되고 이제는 인간이 존재를 억지로 다그치는 형태(Gestell)의 기술이 되었다고 주장한다. 존재가 인간의 관심(Interesse)에 따라 인식의 대상이 되면서 그 비극은 시작한다. 플라톤에게는 인간을 위해 유익한 선의 이데아로 동경되다가 근대 이후에는 이성의 눈에 보이는 존재자(das Seiende)로 내려앉았다. 그 이유는 인간이 인식하는 주관, 즉 코기토가 되었기 때문이다. 코기토는 인간이 신을 주

---

4 하이데거의 기술에 대한 이해를 위해 그의 "강연집과 논문집(Vorträge und Aufsätze, Tübingen, 1954)" 19-36과 "니체(Nietzsche II, Pfullingen, 1961)"을 참고하면 도움이 될 것이다.

관하는 원인이며 그로 인해 바로 현대 기술이라는 종교적인 형태의 결과가 나타났다. 인간이 신 또는 존재를 자신의 특정 관심 분야에 따라 쪼개고 해부하여 억지로 다그쳐서 무엇을 만들어 내는 현대 기술로 변질시킨 것이다. 그래서 서구 형이상학이라는, 인식의 종말은 '신이 죽었다'라는 니체의 선언으로 종결된다. 여기서 '신이 죽었다'라는 현대인의 결론은 신이 없다는 말이 아니고 인간이 '신의 실재성'을 상실했음을 가리킨다. 신의 실재성을 상실했다는 것은 신을 생각하는 인간의 생각은 신의 참모습이 아니며 그런 신을 그리는 인간의 정신이 죽어 버렸다는 표현이기도 하다.

16. 현대 기술과 인간의 정신과의 관계를 정신사적으로 스케치를 한 하이데거와 유사하게 현대사상가인 부버도 현대 기술의 근본적인 문제를 '나와 그것(Ich und Es)'과의 관계 방식으로 지적하면서 현대인은 결정적으로 '너(das Du)'라는 영적인 실재를 상실했다고 단언한다. 하나님의 실재성을 그는 '영원한 너(das ewige Du)'로 규정하면서 이런 하나님과 영적 관계를 할 수 있는 관계성의 카테고리를 상실했다고 그는 현대의 비극을 통렬하게 한탄했다. 현대의 석학인 스펭글러(O. Spengler)는 서구 정신의 몰락을 문명의 문제로 돌린다. 그에 의하면 각각의 문화는 반드시 문명을 가지는데 문명이란 인간이 만들 수 있는 가장 최종적이고 가장 예술적인 상태를 말하며 동시에 하나의 종결을 의미한다. 그런데 문명이란 서구 문화의 불가피한 운명과 같은 것으로 이것이 바로 서구의 몰락의 근원이 되었다고 주장한다.[5] 말하자면 인간 정신이 만든 소위 문명

---

5 참고. O. Spengler, Der Untergang des Abendlandes, München, 1959, 23.

은 필연적으로 인간 정신의 몰락이라는 운명적인 길을 가게 되어있다고 그는 진단하고 있다. 그러니까 인간 정신이 만든 문명은 인간이 만드는 순간부터 이미 멸망의 길을 가는 운명을 지닌 문명이라는 점이다. 독일의 유신론적 자연 과학 철학자 바이체커(C.F. von Weizsäcker)는 현대란 학문의 시대라고 규정하면서 이미 기술화된 세상에서 현대학문이 우리 인간 정신을 지배한다고 주장한다. 그에 의하면 적어도 현대학문은 '자연 과학'과 '기술'이라는 쌍둥이 나무를 가리킨다. 자신의 강연집에서 바이체커는 현대의 자연 과학과 기술이라는 쌍둥이 나무를 현대학문으로 비유하면서 두 개의 테제를 주장하는데 하나는 학문을 믿는 신앙이 현대에서 지배적인 종교의 역할을 한다고 하며 다른 하나는 우리 시대의 학문의 의미를 하나의 모호성(Zweideutigkeit)으로 표현할 수 있다고 한다.[6] 말하자면 자연 과학과 기술은 현대에 사는 인간 정신을 지배하는 하나의 패러다임과 같은 것인데 이것이 종교로까지 무한히 상승되어 인간 정신이 그것을 숭배하는 지경에까지 이르게 되어 실재성이 모호하게 되었음을 고발하고 있다. 정밀함을 특징으로 가지는 자연 과학과 이를 숭배하는 인간 정신이 정작 오히려 실재성의 문제에 가서는 모호함으로 영혼의 피폐함을 가지게 되는 모순을 지적하고 있다.

17. 현대인은 이런 학문과 첨단의 인공 지능 기술의 시대에 살면서 자연 과학을 하나의 종교로 숭배하며 살아가고 있다. 예를 들어, 과연 우리는 스마트폰 없이 단 하루를 살아가는데 불편함을 느끼지 않을 수 있을까? 금세기의 탁월한 석학들은 한결같이 인간 정신에 대해 진단하면서 인간

---

6 참고. C.F. von Weizsäcker, Die Tragweite der Wissenschaft. Schöpfung und Weltentstehung, Bd. 1, Stuttgart, 1964, 2-3.

의 지금까지의 문화적인 행위를 칭찬하지 않고 오히려 신랄하게 비판하고 있다. 그렇다면 과연 우리는 자연과의 관계를 잘 유지하고 있다고 낙관적으로 말할 수 있는가? 과연 현대의 비극적인 문제는 어디에서 기인하고 있는가? 우리가 생명의 실재성의 문제를 과연 무시해도 좋을까? 우리가 영적인 문제를 과연 간과하고 살아도 되는 것일까?

18. 필자는 서구인의 근본적인 인간관이 '이성적인 존재로서의 인간'에 있으며, 이것이 바로 현대 정신을 실증주의적이고 기술적인 사고를 하며 사는 인간으로 만든 장본인 가운데 하나임을 지적한다. 그리고 이 인간의 한계를 살펴보고 난 후에 영적인 존재로서의 사람을 의미 있게 상고하는 것이 순서라고 생각한다. 이성적인 인간임을 말하는 이 세상적인 인간관이 사람을 '영적인 존재'라고 가르치는 성경적인 인간관을 가장 방해하는 장본인이다. 우리가 영적인 존재로서의 '나' 자신을 발견하기 전에 먼저 내 속에 있는 이 세속적인 인간관이 창조주 앞에서 어떤 문제를 가지고 있는가를 깊이 생각하는 비판작업 없이는, 우리는 하나님의 관계에서 오는 영성을 알지도 못할 것이며 만나지도 못할 것이다. 물론 우리는 이성 자체를 영적인 존재라는 개념과 대립시키려고 하지 않는다. 그러나 이성이 본래의 임무와 고유한 자리를 떠나서 마치 신처럼 궁극적 진리를 인식하고 판단하면 그 결과는 하나님의 실재성 상실이며 그로 인해 인간 정신은 아버지를 잃은 고아가 되어 고독하게 스스로의 힘으로 창조주 하나님을 찾아가야 할 것이다. 현대 이성주의에서 하나님의 말씀을 떠난 바로 이 이성이 문제가 된다.

세속적 인간관

1. 세속적 혹은 세상적인 인간학에서는 인간을 과연 어떻게 이해하고 있으며 그것이 처음부터 '영적인 존재'로서의 사람을 가르치는 성경적인 인간관에 어떤 영향을 미치는가? 여기서 '영적(pneumatisch)'이라는 말과 '인격적(personal)'이라는 말은 불가분의 관계에 있음을 알아야 한다. 교회에서 가장 흔하게 사용하는 용어 가운데 하나가 있다면 '영적'이라는 표현일 것이다. 그러나 그 표현이 정확하게 무엇을 가리키는지를 말하고 있는 것 같지 않다. 우선 '영적'이라는 표현은 곧 '인격적'이라는 표현과 동의어라고 할 수 있다. 물론 인격이라는 표현이 세상적으로 혹은 비기독교적으로 많이 오염되었기 때문에 '인격적'이라는 표현 대신에 '영적'이라는 표현을 사용하는 것도 나쁘지 않다고 여겨진다. 그럼에도 '영적'이라는 표현은 '인격적'이라는 표현과 크게 다르지 않다. 하나님과 사람과의 관계는 처음부터 영적이면서 동시에 인격적이고 하나님과 관계하는 이런 사람이 타인과의 관계를 가질 때 역시 인격적이기 때문에 이 표

현들의 내용은 동일하다. 그러나 세상적인 인간 이해에서는 하나님과의 영적인 관계를 간과하거나 축소시키기 때문에 '영적'이라는 표현은 반드시 '인격적'이지 않다고 여겨진다. 하나님과 사람의 '나'와의 관계가 올바르게 성립될 때 '나'의 정신과 육체의 관계가 올바르게 정립되고 이런 '나'가 타인과의 관계도 올바르게 가질 수 있다. 이런 관계를 우리는 인격적인 관계라고 부른다.

2. 성경적인 가르침은 인간을 처음부터 하나님과의 영적 관계에 놓인 존재로 규정한다. 그래서 사람은 하나님과 인격적인 관계를 가지며 살 수 있다고 가르친다. 그래서 영적인 인간과 인격으로서 사람은 뗄 수 없는 관계에 있다고 해야 한다. 따라서 우리는 영적인 인간을 이해하기 전에 먼저 인격을 세속적으로 이해하면서 인간을 인격적으로 이해하려는 세상철학의 인간관을 숙고해 볼 수 있어야 한다. 인격의 곡해를 가장 노골적으로 보여주는 철학이 있다면 아마도 칸트의 인간학일 것이다. 어떻게 보면 그의 인간관은 기독교적인 인간관과 유사하게 비치지만 내용을 자세히 들여다보면 가장 세상적인 인간관일 수 있기 때문이다. 칸트의 철학에서 인간을 인격적인 존재로 보는 세상적인 인간 이해의 중심점을 생각해 보아야 한다. 그에게서 '영적'이라는 의미가 가장 세속적으로 사용되고 있음을 선명하게 볼 수 있기 때문이다.

3. 칸트(I. Kant)는 자신의 철학을 종합하면서 우리에게 몇 가지 의미 있는 질문을 던졌다. 상식적인 이야기지만 '인간은 무엇을 알 수 있는가?', '인간은 무엇을 행할 수 있는가?', '인간은 무엇을 바랄 수 있는가?' 그리고 '인간이란 무엇인가?'라는 질문들이 바로 그것들이다. 칸트는 앞의 세

가지 질문들은 결국 마지막 질문인 인간학적 문제, 즉 '인간이란 과연 무엇인가?'라는 질문에 해답을 주기 위함이라고 생각하였다. 자신의 순수 이론 이성 비판과 실천 이성 비판, 그리고 종교 철학은 인간의 본질을 규명하기 위한 인식이론적인 시도인 셈이다. 그러나 칸트가 인간의 본질에 대해 해답을 준 것은, 인간이라는 존재는 자연 과학적인 방식에 따른 인과율적인 사고를 할 수 있는 존재라는 사실을 이론적으로 보여주었다. '인간은 인과율에 따라 사유할 줄 아는 존재'라는 자신의 전제를 이론적으로 혹은 학문적으로 펼침으로 인간의 본질에 대한 그의 생각을 우리가 숙고해야 할 사명을 가진다. 칸트는 인간의 이성을 이론이성과 실천 이성으로 구분하면서 이 이성의 능력을 비판적으로 검토하였다. 이론이성을 가리키는 순수 이론 이성 비판에서는 인간의 인식이 대상과의 관계에서 어떻게 인과율적으로 작용하는지를 말해 주고 있다. 실천 이성에서는 이성이 인지할 수 없는 대상에 대해서는 그 이성이 그 대상을 어떻게 사유하기 원하며, 종교는 인간의 이런 내적 요구에 순응할 때 일어나는 순수한 인간성에 의한 이성 종교이어야 한다고 그는 보았다. 결국 칸트에게서 인간이란 인식할 수 있는 대상에 대하여 '인식할 수 있다'는 말을 할 줄 알아야 하며 인식할 수 없는 대상에 대하여 정신적인 생각을 가지는 존재라고 밝혀 놓았다. 이러한 생각은 모든 인간의 양심 속에 보편적으로 주어졌다고 보는 '순수한 인간성의 명령(kategorischer Imperativ)'이 있다는 데서 기인한다. 여기서 칸트가 인간에 대해 자연 과학적인 방법론에 입각해서 사유할 수밖에 없었던 상황을 이해해야 하겠다. 그의 사유가 중세의 정신적인 암흑기를 벗어나서 이제 막 계몽주의 시대로 접어드는 가운데 있었던 당시의 상황에서 생긴 철학이라는 점에서 그가 자연 과학적인 방법론을 중요하게 받아들인 점은 충분히 이해가 된다. 증명할 수 없는 절대적 진리를 단순하게 신비적인 신의 영역으로 단정해 놓고 더 이상 비판적으로 추론하거나 이성적인 검증과 이론적인 숙고 없이 초월적인 형태로 비약하는 당시의 학문적 방식에 그는 강하게 반대하였다. 산업 혁명과 현대 기술 문명의 비약적인 발전을 가져온 자연 과학과 거기에 선 방식이 그의 눈에는 여러 현상들에 대해 분명하고도 확실한 대답을 준다고 믿었다. 칸트의 인간학은 계몽주의라는, 당시의 시대적인 요구에 따른 인간 이해이다. 칸트의 철학 특히 인간학에서 인격(Person)이라는 개념이 자주 등장한다. 그의 인격의 개념은 영적인 존재로서의 인격이라기보다는 말 그대로 인간 중심주의적인 인격이해로 표현된다. 그가 가리키는 인격이란 철저히 인간 자율에 의한 개념인데 절대로 조건화될 수 없는 가치이며(unbedingte Würde) 그 어느 누구에게도 수단이나 목적으로 이용될 수 없는 것이며 오직 자기 스스로가 목적이고 자신과의 관계를 통하여 타인을 배려 내지 '고려(Achtung)'하는 것을 말한다. 이러한 인격의 개념은 곧 황금률을 낳게 된다. 즉 내가 남에게 해를 끼치는 것이 비인격적인 것은 남이 나에게 해를 끼치는 것이 괴롭기 때문이며 이러한 괴로움으로 인해 나의 자율적인 판단에 장애를 가져오기 때문에 비인격적이다. 인간이 스스로 자신을 그 어떤 수단이 아닌 순수한 목적으로 대하듯이 내가 타인을 수단이 아닌 항상 목적으로 대할 것을 말하고 있다. 내가 남에게 수단이 아닌 순수한 목적으로 대해야 하는 이유는 남이 또한 나에게 그렇게 대해주기를 바랄 수 있기 때문이다. 이것이 가능한 이유는 인간 자신 안에 선의지라고 불리는 '정언명법'이라는 신적인 율법이 있기 때문이라고 한다. 칸트는 인간이 이성적 존재자인 한 인간은 이러한 행위를 할 수 있다고 강조한다.[7] 내가 남에게 손해를 줄 수 없는 혹은 주지 말아야 하는 이유는 남이 나에게 손해를 주는 것이 나에게 고통이 되기 때문이다. 이것이 곧 황금률이라고 하겠다. 흥미로운 점은 예수의 가르침도 황금률과 유사한 가르침이 있다는 점이다.[8] 예수께서 무조건적인 사랑인 아가페를 제시했다면 칸트 역시 조건 없는 사랑을 타인에게 베풀어야 한다고 가르친다. 그런데 예수와 칸트의 차이가 있다면, 예수는 이 아가페적인 사랑은 사람이 먼저 하나님의 아가페에 빠짐으로 그로 인해 이웃을 자신같이 사랑할 수 있음을 가르치셨다면[9] 칸트는 신의 도움이 없어도 인간의 양심에 들어 있는 도덕률에 따라 자율적으로 아가페적인 사랑을 행할 수 있다고 가르쳤다는데 있다고 하겠다. 여기서 우리는 간과할 수 없는 한 가지 사실은 인격이라는 것이 칸트에게는 인간이 스스로의 능력, 즉 자율적인 어떤 능력이라는 점이다. 정확하게 말하면 그는 인격이 마치 인간 안에서 이미 내재해 있고 그것 때문에 인간이 인간답게 된다고 이해하고 있다는 사실이다.

4. 칸트의 철학이 고대 철학에서 줄기차게 내려온 인간의 근본적인 문제를 가장 뚜렷하게 다루고 있다는 사실을 모두 잘 알 것이다. 그런데 그의 철학이 가지는 결정적인 오류는 인격을 인간 영혼 안에 있는 이미 내재하는 소위 자율적인 어떤 능력으로 이해하고 있다는 점이다. 인격이 이러한 자율적인 인간성 개념으로 해석됨에 따라 인간이 마치 인격

---

[7] 참고. I. Kant, Grundlegung zur Metaphysik der Sitten, Köln, 1995, 226.
[8] 마 6:12: "그러므로 사람들이 너희에게 해 주기를 바라는 것은 무엇이든지 너희도 그들에게 그대로 해 주어라."
[9] 마 22:37-40: "네 마음을 다하고 네 목숨을 다하고 네 생각을 다하여 주 너의 하나님을 사랑하여라. 이것이 크고 첫째 되는 계명이다. 둘째는 그와 같으니 네 이웃을 네 자신처럼 사랑하여라. 온 율법과 선지자들이 이 두 계명에 달려 있다."

적인 존재인 것처럼, 그리고 인격이라는 것이 타인을 무조건적으로 배려하는 따뜻한 인간미라든지 혹은 훈훈한 인간성이라든지 혹은 남에게 조건 없이 배려를 하는 세심함이라든지, 타인의 간섭이 없어도 스스로 마땅히 해야 할 일을 가르치는 도덕률 등으로 오해될 수 있는 여지를 주었다는 점에 있다. 바꾸어 말하면 칸트의 인간학에서는 인격의 세속주의(Säkularisation)가 보인다는 것이다.

5. 칸트는 인격을 인간이 선천적으로 가지는 어떤 성질이나 자질로 이해했다. 즉 인간 마음속에 선천적인 도덕률이 있으며 또한 인간이 자유의지로 그 도덕률을 자율적으로 행하고 지킬 수 있는 능력으로 이해하였다. 그래서 그의 명제 가운데 하나는 '해야 할 것이 있다면 인간은 할 수 있다'는 것인데, 이것이 그가 인간을 자율적인 인격으로 보았음을 보여준다. 마땅히 해야 할 일이 있다면 인간은 할 수 있다! 바로 이것이 서구인이 생각하는 인격의 격률임을 칸트의 인간학이 대변해 주고 있다. 그래서 인간은 자유 의지를 가지고 있는 자율적인 인격적 존재이다. 그것은 스스로 판단하고 오직 자신이 스스로 책임지는 존재로서의 인격이다.

6. 칸트가 왜 인간을 그런 인격의 개념으로 이해하게 되었는지 알아야 그의 인격의 개념을 문제시할 수 있다. 먼저 칸트의 인격의 개념을 두 가지 사실로부터 생각해 보아야 한다. 하나는 칸트의 인간학이 이성적인 존재(animal rationale)로서의 인간 이해의 바탕에 선 헬라 철학의 전통에서 사유되었다는 점이고 다른 하나는 이러한 이성적 존재로서의 인간 이해가 묘하게도 기독교의 교유한 진리와 합쳐지면서 혼합주의(Synkretismus)의 형태로 세속화되었다는 점이다. 이 두 가지의 관점에서

서구인의 인격 개념의 격률과도 같은 칸트의 인격 개념을 생각해 보자.

7. 우선 칸트의 인간학이 헬라 철학의 전통적인 인간관인 이성적 존재로서의 인간이라는 동기에서 펼쳐졌다는 점을 생각해 보자. 고대인들은 인간을 항상 자연 속에서 이해하려고 했다. 물론 여기서 고대인이란 고대 헬라인들을 두고 말한다. 인간이란 자연 안에 있는 존재로, 자연과의 관계에서 인간을 이해하는 것은 그들에게는 너무도 자연스러운 것이었다. 인간은 자연 안에서 자연과 더불어 사는 존재였다. 그런데 고대인이 보는 자연은 한마디로 조화와 질서의 세상(Kosmos)이었다. 비록 가시적인 현상적 세계는 항상 변화하고 다양하게 바뀌지만 이러한 현상들 배후에 영원하고 불변하는 법칙이 있다고 그들은 여겼다. 현상 뒤에 있는 법칙은 변화하는 현상계와 달리 절대무변하며 영원한 존재로 그들은 보았는데 그것을 가리켜 로고스(Logos)라고 칭했다.

8. 고대 헬라인들의 인간관은 우주론적인(kosmologisch) 개념이었다. 여기서 우주란 우리가 지금 생각하는 지구 밖의 천공이나 허공과 같은 공간개념이 아니라 카오스 또는 혼돈과 반대되는 질서 혹은 조화로서의 세계였다. 그들에게는 가시적인 현상은 카오스적이며 무질서하고 변화하는 무엇이었지만 그럼에도 불구하고 이런 것들 배후에는 현상들을 조정하고 통제하는 절대적인 어떤 원리가 있다고 그들은 믿었고 그래서 그들은 그것을 찾고자 했다. 그리고 그것을 보는 능력이 인간 자신 안에 있다고 믿었는데 그것을 이성이라고 그들은 여겼다. 여기서 비로소 '본다'라는 것이 의미가 있는데 고대인들은 '어떤 것이 있다'라는 사실을 정확하게 알기 위해서는 그것을 '눈으로 보아야 한다'는 생각을 했다. 여기

서 '눈'이란 물론 우리의 시각을 포함한 이성을 말한다. 그래서 '테오리아'라는 헬라어에서 오늘날 우리가 익히 아는 '이론'이라는 뜻을 가진 '테오리(Theorie)'라는 단어가 나오게 된 것은 결코 우연이 아니다. 그들에게 이성이란 변화무쌍한 현상계 배후에 있는 불변의 어떤 궁극적인 원리를 보는 눈이었다. 궁극적인 원리를 보는 눈이라고 할 때 이 눈으로 현상계를 보면 이 세상은 비로소 조화와 질서의 아름다운 세계로 보인다는 것이다. 불변의 영원한 세계가 플라톤에게는 이데아의 세계로 표현되기도 하고 아리스토텔레스에게는 '신'이라 불리는 부동의 동자라는 표현으로 나타나기도 한다. 즉 자신은 전혀 움직이지 않고 타자를 움직이게 하는 어떤 정신적이고 형상적인 원리와 같은 절대 원인과 같은 존재인데 아리스토텔레스는 이 원인을 신이라 칭했고 신은 가장 모든 현상들 배후에 있다고 여겼다. 현상은 원인과 결과라는 인과율에 의해 구성되어 있으며 이 모든 극점에는 오로지 원인으로만 존재하는 절대 원인이 있는데 그것을 '제일 원인(causa prima)'이라 불렀고 그것이 곧 신이다.

9. 고대 헬라인들이 '원리를 보는 이성의 눈'을 강조하게 된 것은 아마도 자신들의 정신적인 안식처를 위한 것이었는지도 모른다. 자신들에게 항거할 수 없는 무거운 힘으로 다가오는 자연의 현상들에 대해 느낄 수 있는 인간의 무력감과 아울러 인간이 이러한 자연을 이기지 않으면 살 수 없다는 자각이 인간 안으로 내면화되면서 그 속에서 절대적인 원리를 발견하고자 한 것이었다. 항거할 수 없는 자연의 힘 앞에서의 무력한 인간의 내면적인 보상이라고 할 수도 있겠다. 그래서 그들은 그 자연을 이길 수 있는 힘이 인간 안에 있음을 증명함으로써 자신들의 무력함에 대한 안식을 얻고자 로고스를 구했을지도 모른다. 이러한 욕구에서 비로

소 '인간은 이성을 가진 존재'라는 동기가 탄생한다. 정확하게 말한다면 '이성을 가지고 자연을 정복해야 한다'는 소망에서 생긴 것이라고 해도 과하지 않다.

10. 고대인들이 이성의 능력과 탁월성을 강조한 것은 자신들 앞에 서 있는 강력한 자연 앞에서 살아남기 위함이며, 그 자연을 정복하고 이겨야 한다는 생의 욕구 때문이라고 볼 수 있다. 자연 안에 있는 인간이 자연을 넘어서려는 생의 욕구! 그것이 '인간은 이성을 가진 존재'라는 동기를 만들어 낸 것이라 하겠다. 따라서 '인간이 이성적 존재이다'라는 인간관의 동기는 인간이 자연과 대립하여 한편으로는 자연에서 살아남기 위한 생의 의지와 또 한편으로는 자연을 정복하고 지배하려는 생의 본능의 종합이다.

11. 이러한 헬라인의 결론인 '이성적 존재자로서의 인간'은 기독교의 진리와 묘하게 합쳐져 소위 혼합주의가 되면서 더 깊은 의미를 지니게 된다. 우리가 알다시피 기독교의 진리는 인간과 하나님과의 개인적인 만남과 개인의 중요성을 많이 강조한다. 예를 들면, 목자가 100마리의 양 가운데 길 잃은 양 한 마리를 찾기 위해 나머지 99마리를 두고 한 마리를 찾아 나서는 비유라든지, 10개의 드라크마 가운데 잃은 한 드라크마의 중요성을 강조한다든지, 아버지와 함께 있는 큰아들보다 집을 나간 탕자가 돌아온 것을 아버지가 더 기뻐하며 돌아온 아들을 위해 잔치를 배설하는 이야기 등은 헬라의 인간관과 묘하게 연결되면서 개인의 의미가 대단히 강조된다. 고가르텐(F. Gogarten)이라는 현대 신학자는 세속화 내지 혼합화는 기독교 신앙이 세상과 관계하면서 나타나는 당연한 결과

라고 이해한다.[10] 그에 의하면 인간의 자유와 세상과의 관계에서 인간은 기독교 신앙이 아니면 단지 '세상으로부터의 자유(Freiheit von der Welt)'를 위해 노력하게 되며 그 결과는 오히려 인간이 세상에 둘러싸이는 관계를 가진다고 한다. 그러나 그는 기독교 신앙으로 인하여 비로소 '하나님 앞에서 세상을 위한 자유(Freiheit für die Welt vor Gott)'가 될 수 있다고 말한다. 또한 세상을 다스리는 인간의 주관성은 근대 이후의 인간들이 가지는 특성으로서 이것 때문에 현대인들은 세상을 기술 사회 또는 문화사회로 만들게 되었다고 진단한다. 그러나 거기에서 참다운 주관성을 상실하게 되었다고 한다. 그는 이것을 인간의 실재성 상실로 진단한다. 이 실재성 상실의 문제는 인간이 기독교 신앙으로 다시 원래의 주관성을 가지고 세계를 관리하는 존재가 되어야 한다고 그는 말한다. 세상을 기독교 신앙으로 다스리는 인간의 자유를 그는 '하나님 앞에서 세상을 위한 자유'로 단정한다.

12. 여기서 '개인'이라는 의미는 그 기원이 헬라어로 '프로소우폰'이라는 단어에 두고 있으며 라틴어로는 '페르소나(persona)'라는 단어에 두고 있다. 이 두 개의 단어는 모두 '가면'이라는 뜻을 가지고 있는데 이 단어들은 원래 하나님의 삼위일체의 진리를 설명하기 위해 후기 사도들이(예를 들어, 터툴리안) 사용하였으며, 칼케돈 종교 회의 전후에는 그리스도의 위격을 설명하는 단어로 사용하였고 많은 교리적인 신학적 논쟁을 거치고 난 후에는 관계성의 개념으로 바뀌었으며 근대 이후 칸트 철학에서는

---

10 참고. F. Gogarten, Der Mensch zwischen Gott und Welt, Stuttgart, 1956; F. Gogarten, Die Wirklichkeit des Glaubens, Stuttgart, 1957, 그리고 R. Bultmann, Glauben und Verstehen, Bd. IV, Tübingen, 1993, 113-127를 참고하라.

인간성으로서의 인격 개념으로 변질되었고 피히테의 철학에서는 자아의 개념으로 바뀌어 졌으며 헤겔 철학에서는 주관(Subjekt)이라는 개념으로 사용되었다.[11]

13. 기독교의 진리에서 두드러지게 강조되는 '개별성'의 의미와 헬라의 '로고스를 보는 이성의 눈'의 동기가 서로 결합하여 차츰 형이상학적으로 체계화되었고, 근대 이후에는 '이성을 가진 개별성' 또는 '합리성을 소유한 개인' 혹은 '이성적 존재(animal rationale)'라는 인간관이 형성되었다. 그래서 현대에서 '인간이 무엇인가'라고 물으면 곧바로 이성을 가진 인간을 가리키는 '호모 사피엔스(homo sapiens)'나 도구를 만드는 인간을 뜻하는 '호모 파버(homo faber)'라는 개념을 지닌 인간이라고 말한다. 인간이 마치 이성을 인간 안에 소유한 존재인 것처럼, 그리고 그것이 인간의 고유성을 대변하는 말인 것처럼 통용하고 있는 셈이다. 그러므로 지금 우리가 이해하는 인간관, 즉 '인간은 이성적인 존재'라는 아이디어 뒤에는 사실 자연을 정복하려는 인간 생의 의지를 반영하는 헬라 철학과 기독교의 개별성의 소중함이 뒤섞여서 종합된 세속화된 혼합주의의 결과라고 하겠다.

14. 그러나 성경은 인간을 처음부터 이성적인 존재로 말하고 있지 않는다. 성경 창세기에서 하나님은 사람을 창조하시고 그 사람에게 "생육하고 번성하여 땅에 충만하고 그것을 정복하여라(창1:28)"고 명령하셨다.

---

11   Person개념의 변천 과정을 알기 위해서는 다음과 같은 책이 도움이 된다. W. Pannenberg, Grundfragen systematischer Theologie Bd. 2, Göttingen, 1980, 80-95, 그리고 M. Müller, Erfahrung und Geschichte, München, 1971, 83-123. 특히 필자의 박사 학위 저서인 "Die Wirklichkeit des Menschen im Personalismus M. Bubers, F. Ebners, E. Brunners und F. Gogartens(Hamburg, 2001)"에서 이 문제를 취급하였다.

그 창조의 명령은 사람이 이성이라는 능력으로 자연을 인위적으로 정복하고 지배하고 다스리라는 요구는 결코 아니다. 이 신적 명령은 자연과 인간이 서로 대립하는 관계를 가지라는 의미를 가지는 것이 아님을 말한다. 자연과 땅은 말 그대로 사람에게 경작되는 땅으로서의 기능을 가진다. 땅은 사람의 정직한 노동을 향해 그 소산을 공급한다. 자연은 사람에 의해 본연의 자연성(Natürlichkeit)을 가지게 된다. 그 자연성은 사람의 사람다움 내지 사람의 인격성(Personalität)에 의해 계발되고 재창조되어 하나님의 실재성을 찬양하는 성질을 지닌 생명체를 지칭한다.

15. 그런데 고대 헬라인들의 인간관인 '이성적 인간'은 기독교의 창조 명령과 혼합되어 인간과 자연을 서로 대립하게 하였고 인간은 자연을 이성의 능력으로 철저히 깎아내고 벗겨내어 분석하고 쪼개고 난도질하여 문자대로 정복하고 약탈하는 방식을 취하였다. 여기에서 생긴 문화적인 행위가 바로 '기술(Technik)'이다. 기술의 본질은 원래 구약에서 성막을 만들게 하는 하나님의 계시의 성격을 가진다(참고. 출31장). 인간들에게 지혜를 주어서 하나님은 자신이 거할 성막을 짓도록 했는데 거기에서 기술의 본질을 엿볼 수 있다. 즉 보이지 않는 하나님은 성막이라는 형태를 만들도록 하여 자신을 인간들에게 자발적으로 보여주는 계시의 하나님이셨는데 기술은 이런 계시의 성질을 가진다. 그래서 고대 헬라어로 기술을 '테크네'라고 하는데 이 단어는 인간 내면에서 반짝이는 창조적인 아이디어를 구체화시켜 인간 자신 밖으로 끄집어내는 것을 가리킨다. 말하자면 기술의 본래의 의미는 원래 타자가 자신을 스스로 혹은 자발적으로 나타내고 드러내는 일종의 계시의 성격을 표현하는 말이었다. 마치 꽃이 때가 되면 스스로 자신을 열어서 보여주는 형태와 유사한

셈이다. 그러나 현대 기술은 이런 계시의 성격과 전혀 무관하게 오로지 인간 자신이 원하는 무엇을 얻기 위해 자연이라는 타자를 철저하게 하나의 물화된 '그것'으로 여기면서 일종의 폭행의 방식으로 그것을 정복하는 형태를 가진다. 현대 기술은 인간의 이성이 자연을 하나의 적이나 노예로 생각하고 그 자연에서 인간이 원하고 바라는 것을 얻기 위해 특정의 부분만 떼 내어서 철저히 분석하여 인간의 욕구대로 인간의 편리를 위해 인간만을 위한 문화적인 활동의 대상으로 만드는 기술이다. 이런 점에서 기술이라고 할 때 사실 기술 자체가 문제가 된다기보다 기술을 가진 인간의 병든 마음이 문제가 된다고 하겠다. 타자라고 불리는 자연을 일방적으로 인간의 유익을 위해 다그치고 폭행적으로 혹은 야만적인 약탈이나 정복, 그리고 폭력으로 지배할 때 자연이라는 타자는 더 이상 스스로 혹은 자발적으로 자신의 생명을 우리 인간에게 보여주는 것이 아니라 오히려 자신의 생명의 실재를 감추어 버린다. 자연의 생명을 인간 이성의 힘으로 강제적으로 닦달하고 몰아대면서 다그칠 때 자연은 자신의 고유한 생명을 숨겨버리고 은폐시킨다. 그로 인해 인간은 자연과 대립하고 적대 관계를 가진다. 따라서 현대 기술이야 말로 기술이 가지는 고유한 의미의 상실이며 그로 인해 인간도 생명을 서서히 상실하게 되는 비극을 맞이하게 되었다. 현대 기술은 하이데거의 말대로 생명의 상실을 지적하는 '형이상학의 종언'이며 나아가서 니체의 말대로 '신이 죽었다'라는 말로 표현될 수 있다.[12]

16. 진화론의 사상은 이러한 시대정신의 적절한 반영이라고 볼 수 있다.

---

12 필자의 저서인 '기독교인을 위한 인간학', 도서출판 지평, 2013, 26-33을 참고하시면 도움이 되겠다.

그에 의하면 인간은 하나님에 의해 창조된 생명체가 아니라 단세포인 아메바에서 오랜 시간을 통해 스스로 진화, 발전된 존재가 되었다. 단세포라는 자연에서 나온 인간이 이제는 이성을 통해 모든 자연을 정복하고 자연의 지배자로 군림하게 되었으니 진화론은 인간이 자연에서 나와 결국 그 자연을 이겼다는 인간 이성의 승리의 찬가일지도 모른다. 왜 그런가? 우리가 알다시피 아메바는 가장 미개한 단세포이다. 진화론은 단세포보다는 쌍세포가 우세하며 쌍세포보다는 다세포가 훨씬 우등하며 세포가 많으면 많을수록 우등한 성질을 가진다는 전제를 가진다. 그래서 지렁이보다 메뚜기가, 메뚜기보다 새가, 새보다 원숭이가 훨씬 우등한 존재이며, 원숭이보다 인간이 고등 동물이라고 한다. 소위 인간이 고등 동물이라는 의식이 세상적인 인간관의 골자인데 인간은 동물이긴 한데 우등한 동물이고 그로 인해 인간보다 열등한 동물을 마음대로 처분할 수 있음을 보여준다. 그래서 열등한 동물은 우등한 동물에게 지배되어야 하며 고등 동물은 당연히 하등 동물을 마음대로 처분할 수 있고 지배해야 한다는 논리가 성립한다.

17. 이러한 수직적인 계급 구조의 의식은 자연과 인간과의 관계를 다루고 있는 생물학에서만 적용되는 것이 아니라 인간과 인간과의 관계에서도 다양하게 적용된다. 이런 진화론적 사고 방식은 로고스적일수록 우등하며 에로스적일수록 열등하다는 논리를 가지는데 일반적으로 심리학에서 여자는 에로스가 강하며 남자는 로고스가 강하다고 한다. 그래서 남자가 여자보다 우등한 존재이고 여자는 또한 어린이보다 더 우등한 존재라는 의식이 일어난다. 그래서 남자는 여자와 어린아이를 이성적으로 잘 다스려야 한다고 대부분 여긴다. 고대인들의 이러한 진화론

적인 의식이 현대에 와서 다윈에 의해 생물학적으로 증명되었을 뿐인데, 진화론은 다윈이 스스로 만든 이론이 아니었다. 다윈의 진화론은 당시 서구인에게 팽배한 의식, 즉 자연과 인간은 지배와 피지배의 관계 이외의 아무 것도 아니라는 당시 세계관의 표현일 뿐이다. 인간관계에서도 우등한 사람과 열등한 사람과의 구분이 있을 뿐 아니라 우등한 동물로서의 인간 사이에서도 여전히 우열의 수직적인 계급 구조가 나타난다. 배운 사람은 덜 배운 사람보다 우등하다고 여기며 배우지 못한 사람은 배운 식자들에 의해 정신적으로 혹은 육체적으로 지배를 받는 것이 당연하다는 논리가 정당화되며 심지어 많이 가진 자는 못 가진 자보다 우등한 동물적 본성으로서의 인간이므로 우등한 동물이 열등한 동물을 지배하는 것처럼 지배를 받는 것이 당연하다고 생각한다.

18. 이런 진화론적인 사상과 가장 잘 어울리는 사회 구조가 있다면 그것은 자본주의 사회 구조라고 하겠는데, 자본주의는 어쩌면 진화론이 만들어 낸 최고의 걸작으로 보인다. 자본주의의 동기는 바로 힘 있는 동물은 살아남고 힘 없는 동물은 스스로 도태되어야 한다는 적자 생존의 진화론의 사상과 뗄 수 없는 관계에 있다. 이로 볼 때 자본주의는 많이 가진 자가 당연히 많이 가져야 한다는 가진 자의 사회 구조이다. 그래서 자본주의 사회에서 가장 살기 힘든 자는 병든 자와 가지지 못한 자, 그리고 적응력이 열등한 자이다. 자본주의는 그들이 가장 빨리 도태되는 사회 구조인 셈이다. 그래서 막스(K. Marx) 같은 이들은 자본주의를 '인간 소외의 구조'라고 신랄하게 비판했다.

19. 자본주의는 이성적인 존재로서의 인간관이 완성한 사회 구조로 비

친다. 그러나 이 인간관에는 이미 묘한 전제가 들어 있다는 사실을 간과할 수 없는데 '인간이 이성적이다'는 명제는 마치 서술적인(Indikativ) 혹은 술어적인 표현같이 보이지만 사실은 내면으로는 명령적(Imperativ)인 표현이다. 인간은 이성적인 존재이어야 한다는 명령이 그것이다. '인간이 이성적인 존재이다'는 서술어는 '인간은 이성적이어야 한다'라는 당위성의 형태를 가지고 있다.

20. 이러한 당위성이 칸트의 철학에서는 보편적이고 무조건적인 명령(Imperativ)으로 나타난다. 명령과 당위성이 하나라는 것은 인간을 율법적으로 만들고 그 영혼을 병들게 한다. 인간의 이성적인 요구를 보편적이고 무조건적인 신적 명령으로 받아들이라는 율법이 신으로 성립하는 셈이고 그 율법은 곧 신의 명령이 되어 인간을 오히려 부자유하게 한다. 왜 인간이 그 명령을 지켜야 하는지를 물으면 칸트는 인간이기 때문에 당연히 지켜야 한다는 식으로 대답하는데 과연 이런 그의 대답이 자유를 희구하는 현대인에게 얼마나 설득력이 있는지는 의심스럽다. '인간이 이성적인 존재이다'라는 존재 개념은 동시에 '인간이 이성적인 존재이어야 한다'라는 당위성을 가진 명령의 명제로 자연스럽게 비약된다. 그러므로 인간은 날마다 이성적인 존재가 되기 위해 노력하는 셈이다. 이성적이기 위한 노력은 현실적으로 인식 탐구의 형태로 나타난다. 이성은 앎의 근거가 되고, 앎은 인식의 관계를 의미하며, 인식의 관계는 인간이 모든 생명을 하나의 사물(das Ding)로 만든다는 것을 말한다. 사물이란 죽은 물건을 가리킨다. 쉽게 말해 살아 있는 생명을 죽은 사물로 만드는 셈이다. 여기서 사물화(Verdinglichung)가 생기는데 인식은 생명을 철저히 죽은 물건으로 만드는 사물화의 과정이다. 인식은 살아 있는 생

명을 죽은 사물로 만드는 작업이다. 인식은 모든 생명체를 살아 있는 인격으로 만나는 것이 아닌 하나의 죽은 사물로 만나는 인간 정신이다. 그러므로 여기에서 인간 정신의 소외 문제가 발생하게 된다.

21. 인식은 오성의 문제와 직접적으로 관계한다. 현대 신학자인 에밀 브룬너(E. Brunner)는 오성을 잘게 쪼개는 능력으로 정의했다. 여기서 '쪼갠다'는 말은 학문적으로 '분석'을 의미한다. 그는 잘게 쪼개고 부수는 이런 오성의 본질을 '쪼개는 능력'으로 정의하였다.[13] 칸트에 의하면 인식은 오성과 대상과의 관계에서 일어난다고 한다. 오성은 선천적인 카테고리를 가지는데, 이 형식적인 카테고리를 가지고 인간 오성은 그에게 주어진 대상을 항상 형식화 혹은 카테고리화(Kategorisierung)한다. 그런데 이 형식화하는 가운데 필수적인 작업은 '분석' 작업이다. 오성의 기능 가운데 가장 뚜렷한 작업은 대상을 항상 잘게 부수고 쪼갠다는 것이다. 분석이라는 말은 사실 대단히 고상한 표현이며 이 말을 달리 표현하면 '끝임 없이 잘게 부순다'는 뜻이다. 이 세상의 생명치고 잘게 부수는데 생명을 유지할 수 있는 생명체가 과연 있을까? 단 하나도 없다는 사실을 우리는 쉽게 상상할 수 있다. 예컨대, 최근의 현대 기술의 꽃이라 불리는 반도체는 무엇을 초미세먼지보다 더 작은 것으로 무한히 잘게 부수어서 소위 마이크로 칩을 만드는데 있으며 그 칩 안에다 엄청난 빅테이트를 집어넣는 작업을 하고 있으며 이 작업을 제 4차 혁명이라고 부른다. 그러나 이런 작업을 하면서 인간 정신 역시 무한히 해체가 되고 분해가 된다. 이렇게 무한히 잘게 쪼개는 데 살아남을 생명체가 있을까? 분명한

---

13 E. Brunner, Erlebnis, Erkenninis und Glaube, 2/3, Tübingen, 1923, 62.

잘게 쪼개는 작업이 곧 생명을 죽이는 작업이라는 사실을 우리의 심장이 말한다. 그래서 칸트가 발견한 인간의 오성(Verstand)은 인간이 자연을 얼마나 잘 죽일 수 있는 능력을 가지고 있는가를 말해 주는 이성 철학이었다.

22. 칸트의 순수 이성 비판은 인간이 생명을 얼마나 잘게 부수는 능력이 있는가를 증명해 준 비판 철학이다. 그래서 그가 정의한 오성 덕분에 자연 과학이 더욱 고도로 발달하는 데 기여했으며, 오늘날의 현대 자연 과학은 오히려 모순적으로 인간 정신의 소외 문제로 이어지고 있다. 서양인은 확실히 오성이라는 단어를 잘 사용하는 듯하다. 그러나 동양인이나 히브리인들에게는 '오성'이라는 개념이 없는 것 같다. 브룬너는 이성적 진리 혹은 오성적 진리 개념은 성경의 사상과 거리가 멀다고 밝힌다. 이것이 오히려 헬라의 철학적인 사유에서 기인되었다고 그는 단언한다.[14] 고대 유대교에서 하나님과 직접 함께 한 이스라엘 백성들의 생각과 언어에서 칸트와 같은 식의 '오성'이라는 개념은 전혀 등장하지 않는다. 그러면 고대 이스라엘 백성은 칸트와 달리 오성적이지 못한 백성들인가? 그럴 리가 없을 것이다. 그들과 현대 자연 과학자들의 인간 정신과 무슨 차이가 있겠는가? 칸트와 같은 철학자만 사유하는 능력이 있었고 이스라엘 백성들은 전부 밥이나 먹고 잠이나 잤던 동물이었던가? 아니다. 이스라엘 백성들이나 동양인들은 창조주와의 만남에서 오성이 그리 중요하지 않다는 것을 일찍부터 알았기 때문에, 잘게 쪼개는 작업을

---

14   E. Brunner, Offenbarung und Vernunft, Zürich, 1961, 338: "…즉 이성적 인식 혹은 이성적 진리와 계시의 진리가 어떻게 관계하는지의 질문은 성경과 거리가 멀다. … 선지자들과 사도들은 이성이라는 추상적인 지점을 대상으로 반성하지 않았다. 이런 추상적인 문제제기는 복음이 헬라의 철학적 사유의 세계 안으로 들어갔을 때 나타났다."

주로 하는 오성의 능력에 깊은 관심을 가지지 않음으로 인해 발달되지 못했을 뿐이다. 오성이 중요했다면 모세가 우선 강조했을 것이고 지혜가 많았던 솔로몬이 먼저 언급했을 것이다. 히브리인들에게는 생각이나 사유, 그리고 판단이나 분석도 소위 두뇌 작용이 아니라 마음 혹은 심장에서 나온다는 것을 이미 체험적으로 알고 있었다. 그들은 인간 정신의 모든 작용들이 머리에서 나오는 것이 아니라 가슴에서 나오며 이성에서 나오는 것이 아니라 마음에서 일어난다는 점을 일찍부터 깨달은 자들이었다.[15]

23. 오성은 17세기 이후의 자연 과학의 발전과 함께 생겨난 인간의 자기 이해에서 기인된 개념이다. 그런데 과연 오성이라는 인간 정신의 한 기능을 발견한 것이 인간의 생명에 어떤 유익을 주는지에 대한 질문이 있을 수 있다. 특히 하나님과의 영적 관계에서 이 오성의 발견이 무슨 유익을 줄까? 오히려 오성이야말로 창조주를 만나지 못한 인간 정신의 굶주림의 표현으로 비친다. 그래서 칸트가 의미 있게 정의한 오성의 개념은 사실 영적으로는 인간 정신이 아사 직전에 있는 정신의 처절한 절규 외에 다른 의미가 없어 보인다. 오스트리아 언어 철학자 에브너(F. Ebner)는 "이성이 오성에게 처분하도록 내맡긴 개념들과 함께 오성은 작업한다"고 말하면서 오성에 입각해서 인간 정신을 분석과 조직을 통해 추상적인 개념으로 짜 맞추는 철학적 행위를 가리켜 정신적인 생의 굶주린 유형이라고 통렬하게 비난한다.[16]

---

15   이를 위해 보만(Th. Boman)의 저서인 "헬라적 사유와 비교한 히브리적 사유(Das hebräische Denken im Vergleich mit dem Griechischen)"라는 책이 크게 도움을 준다.
16   참고, F. Ebner, Zum Problem der Sprache und des Wortes, in: Fragmente Aufsätze Aphorismen, München, 1963, 703: "이성은 감지함, 즉 들음과 그것을 자신 안으로 취함에서 기인한다."

24. 오성의 개념은 인간 실존과 영혼, 그리고 하나님과의 영적 만남에 어떤 유익을 주고 있을까? 오성이야말로 생명체들을 무한히 잘게 쪼개고 결국 죽여서 생명의 자연을 지배하려는 인간 정신의 정신적 폭력의 수단이지 않는가? 왜 인간 정신은 굳이 생명의 자연을 끝임 없이 쪼개면서 인식하려 할까? 왜 인간 정신은 생명인 자연을 그냥 인격적으로 만나지 못하고 항상 분석이라는, 무수하게, 잘게, 그리고 무한하게 쪼개는 작업으로 인식하려 할까? 무엇을 위해서인가? 이러한 인간의 오성 능력 때문에 인간 정신도 오직 인식하는 존재로서 자리를 굳힌 셈이다. '인간은 인식하는 존재'라는 표현은 인간이 인식해야 한다는 당위성을 가지는 명령과 같은 표현이기도 하다. 여기에서 서서히 인간 영혼의 비극이 시작된다. 이것은 인간 이성이 본질적으로 문제가 있음을 가리키는 표현은 아니다. 이성이란 원래 타자인 하나님의 낯설고 이질적인 생명의 말씀을 감지(Vernehmen)하는 기능을 가지기 때문이다.[17] 이성은 인간 정신이 가지는 다양한 기능들 가운데 하나인 감지하는 기능을 가진 기능적인 능력이지 그 자체가 정신의 주인이거나 인간의 탁월성을 결정하는 동기가 아니다.

25. 그러나 성경의 증거대로 타락한 죄인이 사용하는 이성은 이성주의라는, 이성을 세속주의로 변질시킨 형태이다. 본 책에서 인간 정신의 비극, 즉 이성주의가 몰고 온 비극 하나를 예로 들어 보기로 한다. '인간은 이성적인 존재다'라는 사상 속에는 인간이 존재 혹은 실재성을 상실했음을 가리키며 실재성 상실은 자연 과학인 진화론과 혼인하였고 진화론

---

17 F. Ebner, Das Wort und die geistigen Realitäten. Zu einer Pneumatologie des Wortes, hrsg. von F. Seyr, München, 1963, 154 이하.

은 현대 기술을 낳았으며 현대 기술은 자본주의 구조를 활성화시켰다. 그런데 자본주의의 꽃이라고 해당하는 제도 가운데 하나를 꼽으라하면 '소수 정원제'로 보인다. '소수 정원제'란 특정 소수의 능력자만 뽑고 나머지 열등한 자들을 걸러내는 제도를 가리키는데 소위 자본주의가 발전한 나라치고 이 제도가 없는 나라는 거의 드물 것이다. 이 제도는 자본주의를 신봉하고 현대 기술을 발전시키는 한국에서도 대단히 눈에 띄는 제도이다. 학교나 직장, 그리고 심지어 결혼이라는 제도에까지 경쟁력이 있는 특정 소수만이 들어갈 수 있다. 거기에는 타인과의 치열한 경쟁과 나아가서 그 타인을 절망시키는 고통을 안겨주고 얻은 대가를 챙기는 적자 생존이 핵심으로 작용한다. 인간의 창조력과 창의성을 계발하는 예술이나 몸의 단련을 위한 체육의 영역에서도 이 제도는 깊숙이 개입하고 있다. 야구를 잘한다고 수백억이라는 몸값을 지불하는 야구 구단들이 있으며 아름다움을 최고의 선으로 여기는 예술계의 비리는 권력과 돈에 얼룩져 있음도 상식이다. 야구의 경우 투수가 던진 볼을 타자가 잘 쳐서 홈런을 내면 관중과 구단은 열광하며 그 타자는 무한한 존경을 받고 성과급으로 우대받는다. 그러나 그 공을 던진 투수는 절망이라는 정신적인 정서를 느껴야 한다. 그리고 대중들은 절망하는 투수에 전혀 관심이 없고 오로지 홈런을 친 그 타자를 향해 아낌없는 박수를 보내며 몸값을 지불한다. 과연 이것이 체육이 가지는 참된 의미인가? 골인을 하는 축구 선수에 대하여 골키퍼는 좌절과 절망을 경험하지만 대중은 그 절망을 즐기며 동시에 골인시킨 축구 선수에게 열광한다. 현대 기술 역시 승리와 찬사, 그리고 모든 것을 가지는 일등자에게 오로지 주목하고 거기에 초점이 맞추어져 있다. 일등을 해야 칭찬과 돈, 그리고 관심을 집중적으로 받는 현대 기술 사회는 오성이 낳은 자연스러운 결과이지만 우리들은 이런 현상을 단 한 번도 정신병적인 증세라고 여기지 않고 너무도 당연하게 받아들이며 즐긴다.

26. 그러나 소수 정원제라는 제도에는 이미 어떤 조건이 전제되어 있다. 그 조건이란 이성적인 능력이 다른 자들보다 우세해야 한다는 점이다. 이때 말하는 능력은 실증주의적이고 이성적인 능력인데 실증주의는 소위 사물을 자연 과학적으로 사유하고 탐구하는 정신을 말한다. 프랑스의 실증주의 사회철학자인 콩트(A. Comte)는 인간 정신의 발달 과정을 신화적인 단계와 형이상학적인 단계, 그리고 마지막으로 실증적인 단계 등으로 구분했다. 신화적인 단계에서는 신학이 중요한 학문이었고 형이상학의 단계에서는 철학이 중요한 역할을 하였으며 실증주의의 단계에서는 과학이 주된 학문이었다고 그는 단정한다. 그래서 콩트는 과학을 신학이나 철학보다 가장 성숙한 학문이라고 생각하면서 실증주의와 자본주의에 대해 상당한 호감을 가졌다. 이때 과학이란 실증주의적인 과학인데 어떤 이론을 제시하면서 항상 가설을 세우고 그 가설을 증명할 만한 자료를 가져야 하며 그 가설을 진리로 입증하기 위해 철저하게 인과율에 따라 명석하고 판명한 보편적인 방법으로 펼쳐가야 된다는 학문적 이론에 의거한 사상이다. 그러므로 실증주의는 모든 사람들이 보편적으로 공감하고 납득하는 가장 합리적인 이론이 되어야 한다고 그는 주장했다.

27. 자신의 예언대로 콩트가 이때 제시한 과학이라는 것이 확실히 현대 과학의 기술 시대를 여는 단초가 되었다. 그러나 이런 과학주의자들 때문에 진리는 창조주와의 영적-인격적 관계 없이 방종하게 인간의 임의

대로 세워지고 허물어진다. 만약에 과거의 인간이 신화에 눈이 빼앗겼다고 가정한다면 현대 기술 사회의 인간은 자연 과학에 눈이 어두워져 중독이 되었다고 할 수도 있겠다. 이렇게 본다면 신화적인 인간관에 종속된 고대인과 현대 과학에 중독이 된 현대인 사이에 별반 차이가 있을까? 만약 고대인들이 신화에 사로잡혀 모든 것을 신적으로 생각하고 판단했다면 현대 기술의 현대인은 과학적 사고 방식에 사로잡혀 매사를 과학적으로 판단하고 규정하는 차이가 있을 뿐이다. 스마트폰에 중독이 되어 사는 현대인이나 신에 사로잡혀 살았던 고대인이나 과연 인간성에서 어떤 차이가 있으며 인간성의 내용면에서 어떤 차이를 가지고 있을까? 이런 과학 추종자의 오성 때문에 현대인은 과거의 자신을 토대로 스스로 자신의 미래의 운명을 점쳐가며 동시에 그 운명을 스스로 저주해 가면서 죽어간다. 미래도 과거로부터 축적된 정보나 자료들을 통계로 어떤 확률을 추론해서 그 확률을 가지고 다가올 미래를 넘겨보고 추론하는 태도를 가지는데 이 때 미래란 놀람이나 충격, 그리고 당황으로 다가오는 미래가 아니라 과거에 의해 이미 예상된 인과율적인 미래이다. 컴퓨터와 빅데이트, 그리고 인공 지능이라는 첨단의 현대 기술이 인간의 미래를 움켜쥐고 있으며 현대인은 놀람이나 당황이 전혀 필요없는, 그 기술이 주는 이미 예상된 미래의 '오늘'에서 이미 정해져서 다가오는 '미래'에다 아낌없이 자신을 내맡긴다. 그러면서 그 실증주의적인 두뇌로 '인간'을 나름대로 규정하고 살고 있다.

28. 소위 과학 추종자들이란 인과율적-실증주의적 정보와 지식을 최고의 지혜로 삼으면서 비과학적인 사실을 '무식' 혹은 '무지'라는 말로 규정하면서 자신들의 실증주의적 지식에 허세를 부리는 자들이다. 과학이

왜 가장 성숙한 학문일까? 오성의 사용을 핵으로 하는 과학은 과연 인간의 전체성에 해답을 주는 방식이라고 말할 수 있을까? 오성이나 이성을 사용하는 과학은 영감이나 육감을 사용하는 마음에 비해 비록 가까운 것을 잘 보지만 정작 먼 것을 보지 못하는 근시인과 유사하다고 하겠다. 이런 점에서 두뇌 작용인 오감만 사용하여 생명의 비밀을 점치는 자는 젊음을 잃은 자이며 반대로 마음에서 주어지는 영감을 사용할 줄 아는 자는 젊음을 가진 자가 분명하다. 그렇다면 현대 과학 시대에서 태어나고 사는 자들은 태어나면서 젊음을 상실하고 곧바로 늙어버린 자로 비친다. 과학은 영적인 만남에서 일어나는 인격에 대해서는 전혀 무지하며 또한 반드시 알아야 하는 영적인 진리에 대해서는 정작 알지 못하고 그 가치를 또한 숙고하길 원하지 않는다. 자신의 생명과 별로 무관한 정보나 지식들에게 자신의 소중한 목숨을 내거는 어리석음을 가진다. 소수 정원제는 바로 이러한 현대 과학주의에 의해 구체화된 사회 제도라고 해도 과언이 아니다. 소수 정원제의 산물인 과학주의는 썩고 허망한 것에 우리의 고유한 생명을 맡기라고 명령하는 카리스마를 발휘하는데 영적 분별력이 없는 부패한 자들에게는 그 카리스마가 마치 신적으로 비치기도 한다.

29. 소수 정원제와 함께하는 영재 교육이라는 제도도 있다. 영재 교육은 마치 아이가 이미 영재로 타고났는데 후천적인 영재 교육을 받으면 다른 아이들보다 나은 영재가 된다는 과학주의의 전제하에서 마련된 교육 제도라고 볼 수 있다. 이것은 전형적으로 '인간은 이성적인 존재'라는 명제에 깊이 뿌리를 박고 있다. 영재 교육, 소수 정원제, 그리고 과학주의는 현대 자본주의 사회에서는 놀라울 만큼 그들의 키와 몸무게, 그리고

얼굴이 비슷하여 마치 한 형제들처럼 비친다.

30. 지금의 대한민국은 이상하게 영적인 눈이 어두워져 유치원부터 대학교에 들어가는 것, 그리고 대학 졸업과 취업, 나아가서 사망에 이르기까지 모두 소수 정원제, 영재 교육, 그리고 과학주의라는 제도들에 의해 지배를 받고 있다. 여기서 '소수'란 항상 다른 사람과 비교하여 우등한 재능을 가지고 있는 자들을 말한다. 물론 소수의 영재라는 표현은 자신의 타고난 고유한 재능을 말하는 면도 있지만 그 뒷면은 오히려 다른 사람과 비교하여 남다른 점을 영재로 간주하고 그 부분을 집중적으로 교육시켜 발달시키려는 오성의 매서운 칼날을 가지고 있다. 여기서는 전인으로서의 사람 의식(Personbewußtsein)은 완전히 사라지고 번뜩이는 과학과 차가운 오성으로 잘게 쪼개고 분해하는 능력만이 계발된다. 어릴 때부터 스마트폰과 컴퓨터, 그리고 인공 지능에 의한 교육이라는 조기 교육을 시켜 자기 자녀들의 실증주의적인 이성적 능력을 점검해 본다. 그래서 남보다 빨리 성장하고 남보다 빨리 쪼개는 자식들이 이 한국에서 승리하는 꿈을 부모들은 가진다. 대학교에 들어가는 것도 소수의 서울의 특수한 대학들을 선호하며 거기에 입학하기를 꿈꾼다. 남보다 암기력이 뛰어나거나 무엇을 논리적으로 증명하고 사물을 이치에 맞게 풀어 나가는 능력이 남보다 우세한 자들만이 특정의 우수한 대학교에 들어갈 수 있고 그들이 취업을 하는데도 우선권을 가진다. 이 과정에서 철저히 과학주의의 인간성이 제작되는 셈이다. 이 모든 것들이 소수 정원제, 영재 교육, 그리고 과학주의로부터 비롯되는데 이것들은 대학교의 본 기능이 도대체 무엇인지 의문을 가지게 하며 나아가서 영적 인간의 실재성을 상실한 결과들로 비친다.

31. 이런 제도들에서 인간은 더 이상 도구를 창의적으로 만드는 인간인 '호모 파버(homo faber)'가 아니라 오히려 인간에 의해 만들어진 도구에 의해 하나의 도구가 된 인간인 '호모 파브리카투스(homo fabricatus)'가 된다. 여기서 '호모 파브리카투스'라는 말은 '제작된 인간'이라는 뜻인데 이렇게 인간은 교육부터 과학에 의해 항상 조건화된 정신성을 소유하게 되며 대학교를 졸업하고 나서도 여전히 소수 정원제는 끝나지 않는다. 직장 역시 철저한 소수 정원제로 되어 있고 그로 인해 특정 기업이 원하는 인물의 특성에 따라 제한된 소수가 임용된다. 그 제한된 소수는 그 기업이 가지는 이념과 과학적인 생각에 따라 한평생 일하면서 끝내는 이 과학주의를 버리지 못하고 또한 부정(Negation) 한번 해 보지 못하고 인생을 그렇게 살다가 갈 것이다.

32. 소수 정원제, 영재 교육, 그리고 과학주의에서 가장 두드러진 현상은 '경쟁'이라는 개념이다. 경쟁은 같은 종끼리의 피나는 투쟁을 말하는데, 이 경쟁이 어디에서 기인된 것인가? 바로 인간이 자연에서 살아남기 위해 오성의 야만적인 폭력으로 자연을 지배하고 정복하려 했던, '이성적인 인간'으로서의 인간관에서 나온 가공할 만한 이성이라는 무기로부터 나왔다. 여기서 경쟁은 무엇을 위한 경쟁인가? 오직 생존(Überleben)을 위한 경쟁이다. 경쟁은 친구를 적으로 만들면서 그 적을 밟고 서야 살아남을 수 있다는 적자 생존의 진화론적인 발상에서 나왔다. 진화론적 가치관에서 인간의 생은 더 이상 '생'이 아니라 '생존' 내지 '잔존'이다. 현대인의 생은 더 이상 생이 아니고 생존이다. 지금 우리가 사는 방식은 이제 더 이상 사람이 사는 영적-인격적인 생이 아니고 살아남기 위해 타인을 좌절, 절망하게 하는 잔존의 투쟁의 삶이 되었다. 그러나 우리가

대학교에서 전문 지식을 배우는 것은 단순히 잔존하기 위함이 결코 아닐 것이다. 자연을 오성의 폭력으로 지배하기 위함이 아닐 것이다. 직장에 들어가야 하는 이유 역시 우리가 노동을 통해 자유를 얻기 위함이지, 돈이라는 정신의 환원된 재화를 벌어서 단지 먹고 살려는 생존 때문만은 아닐 것이다. 노동이 유희가 되는 삶을 가진다면 너무 좋겠지만 그런 사회는 역사상 단 한 번도 실현된 적이 없기 때문에 거창하게 노동을 유희로 여기는 사회를 소원할 수 없다. 그럼에도 불구하고 단지 먹고 입고 마시기 위해 우리가 생을 살아야 한다면 그것은 더 이상 사람이 사는 생이 아니다.

33. 소수 정원제는 엘리트 사상이다. 그것은 힘 있는 자만 살아야 한다는 적자 생존의 가치관이다. 인간이 오직 이성적 동물이 되어야 한다는 세속적 인간학의 실현이다. 이러한 세속적 인간학의 동기는 인간주의(Humanismus)이다. 신 없이도 인간이 살 수 있다고 여기는 '자율적인 존재'라는 인간 해방의 슬로건이다. 지배를 했으니 그 지배한 것을 이제는 지키기 위해 방어를 해야 하는, 오직 탄탈로스의 영원한 반복같이 지배와 방어라는 도식에서 끝없이 순환해야 하는 광대놀음이 아닌가? 한 마디로 정신병이라고 해도 지나침이 없어 보인다. 하루에 자살자가 40여 명에 이른다는 사실이 병든 사회임을 보여주고 있지 않은가? 그래서 우리가 이런 상황에 놓여 있으니 다시 근원으로 돌아가야 할 사명을 느낀다. 그리고 '사람'이란 도대체 무엇인가를 창조주에게 물어 보아야 한다. 사람이 무엇인지는 인간 자신에게서 물어야 하는 것이 아니라 사람을 창조하신 하나님에게 물어 보아야 한다. 즉 신학적 인간학은 인간에게서가 아니라 오직 하나님에게서부터 출발해야 한다.

성경적 인간관

1. 이성적 존재로서의 인간이 세속적인 인간관의 근거라면, 성경에서는 인간을 무엇이라고 제시하는가? 성경은 처음부터 인간을 '하나님의 형상'이라고 가르친다. 성경은 창조주가 계시고 그 창조주에 의해 사람이 지음을 받았다고 증언한다. 그렇다면 영적인 인간의 발견은 처음부터 성경에 나오는 '하나님 형상(Imago Dei)'으로서의 사람에서 출발해야 한다. 놀랍게도 성경은 창조주가 계신다는 선포를 창세기 첫 장의 기록에서부터 시작하면서 자연을 만드신 분이 사람도 지으셨고, 그 사람을 자신의 형상으로 창조하셨다고 기록한다. '이성적인 인간'의 발견은 인간이 자신을 스스로 자연과 대립시켜 거기에서 기인된 인간의 개념이라면 '하나님 형상'으로서의 인간관은 처음부터 인간이 스스로 자신을 반성, 추론하여 발견한 내면화의 산물이 아니라 창조주의 선언에 의한 관점이다. 인간이 하나님과 유사하다는 사실은 인간학적인 추론이 아니라 신학적인 선언이다. 인간 자신에게서 추론하여 인간을 스스로 규정하는

모든 세속주의 철학적 인간학은 인간을 하나의 자율적인 본질 즉 스스로 사유하고 판단하며 자충족한 존재로 간주한다. 그렇지만 신학적이고 교의학적 인간학은 오직 하나님과의 관계 즉 하나님의 계시와의 관계에서 인간을 이해한다. 인간을 처음부터 신학적 인간(homo theologicus)으로 파악하는 셈이다. 신학적 인간학이란 자충족한 인간을 말하는 것이 아니라 창조와 구원이라는 하나님의 구속 사역에서 인간을 이해하려고 하는 시도를 말한다. 창조와 구원이라는 두 개의 관점들이 신학적 인간학을 가능케 하는 근거이기 때문에 신학적 인간학은 인간을 하나님의 형상이라는 근원적인 출발점에서 펼쳐진다.[18]

2. 여기서 우리는 결단할 수밖에 없다. 두 개의 인간관 가운데 어느 한 개를 선택해야 하는 결단이 요구된다. 우리가 결단을 해야 하는 이유는 하나님 형상으로서의 인간관이 인간 스스로 자신을 반성하여 발견한 관점이 아니라 창조주가 처음부터 그렇다고 선언하신 사실을 믿는 신앙에서 출발하기 때문이며 인간이 과연 하나님의 형상인가 하는 문제에 대하여 인간 스스로 확인하거나 증명할 만한 근거가 전혀 없기 때문이다. 인과율을 출발점으로 삼는 과학을 가장 설득력 있는 학문으로 생각하는 현대인에게는 하나님 형상으로서의 인간관은 확실히 신화같이 보이는 사상임이 분명하다.

3. 만약 현대 기술 사회에서 사는 우리들의 생각과의 관계를 두 가지 관점, 즉 '위에서 아래로'의 관점과 '아래에서 위로'의 관점에서 고려한다면

---

18 참고 R. Prenter, Schöpfung und Erlösung, Göttingen, 1960, 231.

하나님의 형상에 대한 이해는 처음부터 '위에서 아래로'의 관점에 해당된다. '위에서 아래로'의 관점은 신학이 하나님에 대해 말하는 것이며 하나님이 인간에게 말씀하신 대로 모든 것은 '하나님'에게서 출발해야 한다는 것이다. 이것은 기독론과 삼위일체와의 관련성을 강조한다.[19] 그리고 하나님이 말씀하신 것을 믿으면서 하나님에게서 출발하는 관점이며 이것을 '신 중심적 사유(Theozentrik)'라고 부른다. 신 중심적 사유를 철학에서는 헤겔의 사변 철학에서 볼 수 있고 신학에서는 바르트(K. Barth)의 신학에서 찾아 볼 수 있겠다. 반면에 인간 중심적 사유는 헤겔을 반대하여 헤겔이 말하는 '절대 정신'의 자리에 '절대 인간'을 세워 놓은 포이엘바흐(L. Feuerbach)를 들 수 있고 신학에서는 바르트의 신 중심적 사유에 반발하여 하이데거의 실존과 역사의 개념을 신학에 응용하여 사유한 불트만(R. Bultmann)을 들 수 있다. 현대 신학은 이러한 두 개의 관점들이 팽팽하게 대립되면서 전개되지만 그럼에도 어떤 확실한 해결의 실마리가 주어지는 것은 아닌 듯하다. 신 중심적 사유에 선 신학자는 바르트, 하임(K. Heim), 디임(H. Diem), 베버(O. Weber), 골비쳐(H. Gollwitzer), 몰트만(J. Moltmann), 포겔(H. Vogel) 등을 꼽을 수 있겠고 인간 중심적 사유에 선 신학자는 불트만, 고가르텐(F. Gogarten), 에벨링(G. Ebeling), 푹스(E. Fuchs), 브라운(H. Braun), 케제만(E. Käsemann) 등을 꼽을 수 있다. 그리고 신 중심적 사유와 인간 중심적 사유의 조화를 시도해 보려는 관점은 브룬너(E. Brunner)의 신학이라고 판단되며, 브룬너의 신학은 특히 부버(M. Buber)와 에브너(F. Ebner)의 언어 철학을 가지고 조화를 시도하려 한다고 볼 수 있다. 반면에 '아래에서 위로'의 관점은 철저히 인간의 이해에

---

19   O. Weber, Grundlagen der Dogmatik II, Düsseldorf, 1987, 22.

서 출발하는데 하나님이 인간에게 말씀하신 것은 적어도 인간에게는 이해가 되어야 한다는 전제하에서 신학의 모든 진리들을 인간이라는 장소에서 출발시키고자 한다. 이런 관점을 '인간 중심적 사유(Anthropozentrik)'라고 부른다.

4. 이 두 가지의 관점에서 대두되는 문제들이 사실상 현대 신학의 논쟁점에 해당되는 것들이다. 예를 들면, 하나님이 주권적으로 말씀하신 계시냐 아니면 인간사에서 일어나고 있는 역사냐 하는 문제와 신적 선물로 주어진 신앙이냐 아니면 이성의 원리에 따라 사유해야 하는 학문으로서의 신학이냐 하는 문제이며 나아가서 교의신학이냐 아니면 역사 신학이냐 하는 문제에 해당한다고 할 수 있다. 이런 모든 문제들은 결국 신학이 '하나님'에게서 출발해야 하느냐 혹은 '인간'에게서 출발해야 하느냐의 문제에서 빚어진 것이다. 신학의 모든 내용을 '하나님'에게서 출발시키고자 하는 노력은 현대 신학자들의 노력의 산물은 아니었다. 이미 종교 개혁자들의 신학 사상이 그러했으며 더 거슬러 올라간다면 교부시대의 신학적 사유들이 이미 그러했다고 볼 수 있다. 다만 현대 신학자인 바르트(K. Barth)를 중심으로 하여 신 중심적 사유를 고집하는 현대 신학자들은 그러한 전통을 그대로 유지하면서 신학을 현실적인 상황에 맞게 발전시키려는 생각을 한 사람들이었다고 할 수 있다. 반면에 인간 중심적 사유를 신학에 도입하는 신학자들은 신 중심적 사유를 하는 자들과 대립하는데 신 중심적 사유가 전통을 고집하지만 전통이라는 것도 따지고 보면 결국 하나님이 그렇다고 확실하게 말씀한 것이 아니라 단지 교의학적 전통에 서서 사유한 인간적인 사유라는 점을 주지시킨다. 예를 들면, 성경에 근거하여 만든 여러 도그마들은 비록 그것들이 성경

에 근거했지만 교회사적으로 본다면 그 당시의 시대적 상황에서 특정 교의를 인간의 철학적 사유로 세워 놓은 것으로 인간 중심적 사유를 주장하는 자들은 간주한다. 그들은 성경이 하나님 말씀이고 그것이 절대적인 권위를 가진 것이라면 적어도 성경을 소위 역사-비평적 연구의 방식을 가지고 객관적으로 그 권위를 인정받아야 한다고 생각한다. 그래서 성경 해석에서 가장 미묘하고 예민한 부분에 해당되는 역사-비판 연구(hirstorisch-kritische Forschung)에서 인간 중심적 신학은 신 중심적 신학과 분명한 선을 긋는다.

5. '하나님'에게서 출발하려는 신 중심적 신학도 흥미롭게도 사실상 성경 자체에서 출발한 신학이기보다는 오히려 '성경에 근거한 신학적 교리'에서 출발한 신학이라고 볼 수 있겠는데 인간 중심적 신학은 바로 이 점을 예리하게 비판한다. 지금 우리가 인정하고 고백하는 교리는 분명히 교리가 만들어지는 그 시대에서 하나님의 권위를 세우려는 교의학자들의 의도로 인해 체계화된 신학 사상이 담겨있다. 그 교리들은 인간에게 유익을 주기 위해 또는 기독교의 진리들을 수호하고 전도하기 위해 오랫동안 신학자들이 고민하고 신학적-철학적 사유를 반영시키면서 체계화된 형태이다. 인간 중심적 신학은 바로 그 점을 간과하지 않는다. 그래서 인간 중심적 신학자들은 신학이 교리에서 출발해야 되는 것이 아니라 신학의 출발점인 성경에서 출발해야 한다고 말한다. 또한 신학이 성경에서 출발하려면 성경을 싸고 있는 많은 주변적 사상들, 특히 고대 근동의 신학적 정치적 배경이나 영지주의, 그리고 문서비평학이나 고대 기독교(Urchristentum)의 역사적 배경과 사상까지 연결해서 생각해야 한다고 주장한다. 그러나 인간 중심적 신학자들이 성경에서 출발해

야 한다고 주장했지만 결과적으로는 신학이 '하나님에 대해 말하는 신학'이 된 것이 아니라 '하나님에 관해 생각하는 인간학'이 되면서 신학을 하나의 종교학 혹은 종교적 인간학으로 전락하게 만드는데 기여하게 되었다. 아이러니컬하게도 나중에는 하나님이 인간 혹은 죄인에게 무엇이라고 말씀하시느냐를 묻는 것이 아니라 성경 저자들이 무엇이라고 말했는가를 묻는 신학, 즉 종교학이 되어 버리는 결과로 종결된다. 이 점은 현대 인간학적 신학이 가지는 '신학의 정체성 위기'라고 판단된다. 다시 말해 인간학적 신학자들은 성경을 신학의 출발점으로 삼고 성경에서 분명한 '하나님의 말씀'의 흔적을 찾기 위해 방법론적으로 '역사-비평'이라는 방식으로 연구하게 되는데 그 연구에서 얻은 결론은 '성경은 인간 실존을 위한 하나의 역사적인 문서'라고 결론짓는다. 그래서 그들은 공통적으로 성경이 지금의 인간에게 의미가 있는 것들만 받아들이고 현대인의 정서와 이성에 용납할 수 없는 것들은 제거해 버리는 결과를 당연하게 여긴다. 그로 인해 인간 실존과 그 실존에게 의미를 주는 역사만을 강조하게 된다. 전통적인 신학에서 취급하는 '신론'의 주요 테마는 오직 지금의 현대인인 인간 실존과의 관련성에서만 이해한다. 그래서 신학의 중심인 신론은 곧 인간학이 되었다.

6. 반면에 신 중심적 신학에서는 인간 중심적 사유와 달리 '신론'이 곧 신학이 되는데 인간론은 신론 안에 포함된 한 부분에 지나지 않는다. 즉 '하나님이 말씀하셨던 것(Deus dixit)'이 곧 신학이고 신학은 신을 알고 신에게로 나아가는 길이 된다. 이런 관점은 자칫하면 사변 신학에로 나갈 우려가 상당히 많다. 판넨베르크(W. Pannenberg)는 현대 신학의 거봉이었으며 신 중심적 사유의 주역이었던 바르트의 신학을 헤겔의 사변 철

학과 비교하면서 "바르트는 하나님의 주권이라는 이름으로 근대의 자율적인 인간의 주관성을 하나님의 자율적인 주권성으로 바꾸면서 근대적 인간의 자율성과 열심히 싸웠지만, 사실 그의 싸움은 칸트 이후로 강하게 취급되는 주관성 철학의 수단을 가지고 싸운 것"이라고 진단한다.[20] 더 나아가서 그는 헤겔의 사변주의 철학에서 말하는 정신이라는 주관성과 바르트의 신론의 핵심인 삼위일체의 구조에서 말하는 하나님의 주관성은 서로 비슷한 사변주의적인 성질을 가지고 있다고 규정한다.[21] 사실 이런 지적은 타당하게 보인다. 실재를 꿈꾸는 인간의 사유에 방점을 두거나 아니면 인간이 없는 천상의 신에게 방점을 두는 사변주의는 19세기 개신교 신학의 아버지라 불리는 슐라이어마허나 그와 동시대의 사변주의 철학의 절정이라 불리는 헤겔에게서 노골적으로 볼 수 있기 때문이다. 신학이 만약 '신을 알아야 하고 신에게로 가는 길'이라고 하면, 그 주장을 하는 자는 사실 신 자신이 아니라 바로 인간임을 이 사변주의가 간과하고 있는 셈이다. 다시 말해 유한한 인간이 신학을 '신을 아는 신의 길'이라고 정의하고 있는 셈인데 유한자인 인간이 무한자인 신을 아는 것은 근본적으로 가능할 수 없을 것이다. 그럼에도 그런 주장을 한다면 유한한 인간이 스스로 무한자인 신에게 이르기를 원하는 자신의 희망사항을 표현한 주장인 셈이다. 그래서 이런 신학은 메타 심리학이나 초월적인 형이상학으로 나갈 여지가 대단히 많은데 바로 이런 실수를 슐라이어마허와 헤겔, 그리고 바르트가 범했다고 할 수 있겠다. 그들은 신학이란 '유한한 인간이 하나님에 대해 말하는 것'이 아니라 '무한한 하나님

---

[20] 참고. W. Pannenberg, Grundfragen systematischer Theologie, Göttingen, Bd. 2, 1980, 97-111; W. Pannenberg, Problemgeschichte der neueren evangelischen Theologie in Deutschland, Göttingen, 1997, 248-260.

[21] 참고. O. Weber, Grundlagen der Dogmatik II, 23.

이 유한한 인간의 사유를 통해 자신을 계시하신 것'이라고 생각했다. 그래서 그들의 사상은 자주, 그리고 흔하게 성경의 증거로 증명될 수 없는 사변성과 형이상학적인 요소를 상당히 많이 함축하고 있다.

7. 우리는 이런 신학적 틈바구니에서 우리의 주테마인 '영적 존재에로의 인간학'을 생각하고 있으며 그것이 '하나님의 형상'이라는 사상에 근거해 있다는 것을 전제로 하고 있다. 그리고 우리는 우선 '하나님의 형상' 이론이 성경의 분명한 증거와 아울러 전통적인 교의학자들에 의해서 체계화된 사상임을 알고 있다. 그래서 우리의 출발점은 전통적 교의학과 성경의 전체적 사상을 고려하면서 이 문제를 풀어 나가야 한다. 이를 위해 우선 전제할 것은, 성경이 하나님 말씀이라는 '말씀의 실재성'을 믿고 하나님의 영을 체험한 저자들의 고백임을 믿거나 처음부터 비과학적인 사실을 담은 신화라는 것 둘 중의 한 개를 분명히 선택해야 한다. 만약 우리가 성경을 하나님의 실재성을 체험한 저자들의 고백이 아니고 역사-비평적으로 또는 자연 과학적으로 검증받아야 하는 역사적 문서로 취급하여 소위 알량한 고고학적인 지식의 대상으로 삼는다면 우리는 처음부터 성경을 오해하고 있었음에 틀림없다.

8. 성경과 하나님 말씀과의 관계를 생각하자면 이것은 상당히 복잡한 문제가 아닐 수 없다. 만약 '하나님 말씀'이 무엇이냐는 질문이 주어진다면 우리는 쉽게, 그리고 당연히 성경이 곧 하나님 말씀이라고 대답하곤 한다. 그러나 신학적으로 본다면 '성경이 하나님 말씀이다'라는 말은 이미 많은 문제를 담고 있음을 곧 발견한다. 고대 프로테스탄트 신학은 '기록된 말씀'과 살아계시는 '하나님 말씀'을 동일시한다. 그러나 이런 이해

는 종교 개혁자들로부터도 비판을 받는다. 종교 개혁자들의 관점은 '하나님 말씀'이란 엄격한 의미에서 기록된 문서가 아니라 '구두적인 말씀(mündliches Wort)', 즉 '살아 있는 말씀(비바 폭스: viva vox)'이었다. 그리고 '살아 있는 말씀'이란 '지금 여기서(힉 엣 눈크: hic et nunc)' 선포로 인간에게 말을 거는 하나님의 말씀이라는 데 의미가 있다.[22] 어쨌든 성경이 곧 하나님 말씀이라는 주장을 우리가 '하나님이 직접 성경을 썼다'는 식으로 단순하게 이해한다면 과학주의에 젖어 사는 현대인에게 그다지 설득력 있는 말로 들리지 않는다. 하나님이 어떤 모국어로 썼다면 그때 사용한 언어는 신적인 언어가 될 것이고 그 언어를 우리는 이해하지 못할 것이며 그 언어는 신성시되어야 마땅하겠다. 그러나 실제로 하나님이 어떤 특정의 언어로 말씀하셨다는 구체적인 증거를 내놓기가 결코 쉽지 않기 때문이다. 그래서 자유주의자들은 역사-비평 연구의 방식을 통하여 그것을 확인하고자 하려 한다. 현대 신학자인 에벨링(G. Ebeling)에 의하면 하나님 말씀은 인간의 언어를 초월해 있는 특수한 말도 아니며 그렇다고 인간의 언어와 동일시할 수 없다고 하면서 그것은 '인간의 언어로 나타난다'고 주장한다. 하나님의 말씀은 실재성을 일으키는 선포와 관계한다고 한다.[23] 그는 '말씀'이라는 표현을 '말씀이 일어나는 사건' 혹은 '말씀 사건(Wortgeschehen)'으로 이해한다. 성경이라는 기록된 문장들은 소위 전승인데 그 전승 속에는 '말을 거는 자'와 그 말에 '응답하는 자'와의 인격적이고 영적인 관계인 '말씀 사건'이 있다는 것이다. 말씀이 일어나는 사건은 영적이고 인격적인 사건인데 이것을 가져오는 것은 곧 하나님의 실재성과 관계되는 선포이고 또한 이것을 선포해야 한다고 그

---

22 G. Ebeling, Wort Gottes und Tradition, Göttingen, 1966, 165.
23 참고. G. Ebeling, Das Wesen des christlichen Glaubens, Tübingen, 1959, 245.

는 말한다.[24] 밀러 슈베페(H-R. Müller-Schwefe)는 자신의 저서인 "언어와 말씀(Die Sprache und das Wort)"에서 '성경은 증인들의 고백'이라고 단언하면서 인간의 언어가 근원적으로 하나님의 말씀(das Wort)에서 나왔으며 하나님의 말씀은 곧 인간의 실재성을 가리킨다고 말한다.[25] 성경이 당시의 저자들이 예수 안에 있는 하나님의 실재성의 사건을 보고 체험한 증인들의 고백을 담은 실재성의 증거라면 18세기 말 이후부터 대두된 역사적 예수 연구와 양식사 비평, 자연 과학적 혹은 실증주의적인 방식으로 성경을 쪼개기 시작하는 것은 분명히 신학적인 넌센스에 해당될 것이다. 역사-비평 연구 방식은 특히 신정통주의 신학자라 불리는 바르트에게 혹독한 비판을 받는다. 바르트는 자신의 저서인 "로마서 강해"에서 신학적 과제는 성경 말씀의 역사 비평 이해에서 고갈되는 것이 아니라 오히려 더 깊은 차원으로 앞서 나아가고 있어야 한다고 주장하는데 그런 의미에서 바르트의 주저인 "교회 교의학(die kirchliche Dogmatik)"은 역사-비평 연구 방식에 완전히 대립하여 철저한 거리를 두고 있는 저서들이라고 해도 과언이 아닐 것이다.[26] 성경이 예수 안에서 역사하시는 하나님의 실재성을 체험한 저자들의 고백이라면 마치 성경이 객관적인 사료나 고고학적인 문서인 것처럼 쪼개고 분석해서 예수가 실제로 메시아 의식을 가졌느냐 혹은 더 나아가서 예수가 진짜 실제의 인물이냐를 찾고자 하는 역사-비평 방식은 신 중심적 사유의 관점에서 보면 분명히 심

---

24 G. Ebeling은 자신의 저서인 "신학과 선포(Theologie und Verkündigung, Tübingen, 1962)"는 '지금 일어나는 케리그마'의 관계를 불트만 신학과 더불어 취급하고 있다. 특히 그 책 83-103는 그의 결정적인 테제를 정리했는데 참고하면 도움이 될 것이다.

25 이 학자와 동시대의 현대 신학자 투루나이젠(E. Thurneysen)은 과거 독일에서 간행되던 잡지인 "Theologische Zeitschrift"의 1964년 20호에서 슈베페의 책을 서평하고 있다. 슈베페는 자신의 저서인 "언어와 말씀"이라는 책에서 인간의 언어와 하나님 말씀과의 본질적 관계를 취급하고 있다.

26 참고. H. Fischer, Christlicher Glaube und Geschichte, Gütersloh, 1976, 164.

각한 신학적 오류이다. 그렇다고 역사-비평을 완전히 무시한다면 우리의 부패한 마음은 예수를 하나의 신화적인 인물 혹은 초자연적인 신적 존재로 그리면서 성경 자체를 전설로 만들어서 숭배할 것이다. 그렇다면 역사-비평은 성경과 관련하여 교회와 복음 선포에 유익을 주는 방식으로 그 한계를 정하는 것이 타당하게 비친다.

9. 여기서 의미 있는 것은 성경이 '고백'이라는 데 있다. 성경이 고백이라 함은 우리가 아는 바 성경은 처음부터 어떤 동기나 허황된 사실을 조작하여 만든 문학 작품이 아니라 그 고백을 이해하는 사람들만 당시 저자들의 고백에 함께 동참할 수 있음을 전제하고 있다. 그래서 성경이라는 전승과 관련하여 가다머(H. G. Gadamer)의 말대로, 말씀의 역사는 이해(Verstehen)되어야 하는 것이지 인식되어야 하는 것은 아니다. 가다머는 인간의 언어를 통해 어떻게 하면 과거의 영적인 사건의 결과인 전승(Überlieferung)과 만날 수 있는가를 해석학의 주제로 삼는다. 해석학의 과제는 전승 속에서 과거적이고 기록적인 사료(Historisches)를 만나는 것에 있는 것이 아니라 체험적이고 경험적이었던 영적인 만남이 지금 현재 다시 일어나야 하는 사건적인 것이 될 수 있는가 하는 점에 있다. 그래서 전승과의 만남은 말씀이 일어나는 사건이고 동시에 언어의 사건(Wortgeschehen)이며 이 사건을 실존적인 삶의 해석으로 만나야 한다고, 그는 강조한다.[27]

---

27   그의 논문집 Hermeneutik II, Wahrheit und Methode, Tübingen, 1986에 실린 논문 가운데 "Mensch und Sprache", "Sprache und Verstehen", "Hermeneutik und Historismus", "Hermeneutik" 등의 논문을 읽으면 그의 해석학적인 이해에 대하여 참고가 될 것이다.

10. 가다머의 말처럼 성경은 해석학적 경험 또는 '체험'이라는 이해의 기반에 서서 해석되어야 하는 책이지, 인간 오성에 의해 잘게 쪼개져야 하는 대상으로서의 단순한 책이 아니다. 그래서 성경이 쪼개는 인간 오성의 대상이라면 성경은 인간이라는 저자들의 신학들이 자신들의 공동체를 위해 스스로 만들어 낸 신화이거나 날조된 문서가 분명할 것이다. 비평주의 학자들이 이런 오해를 했다고 볼 수 있는데 비평주의 학파란 이미 18세기 말에 한때 있었던 종교사학파이다. 그들은 '과학' 혹은 '학문'이라는 이성적인 칼로 성경을 난도질하다가 바르트(K. Barth)나 브룬너(E. Brunner), 고가르텐(F. Gogarten) 등에 의해 욕을 먹은 자들로서 자연과학의 영향을 받은 학자들이다. 역사 비평가들은 공통적으로 성경이 저자들의 고백을 담은 기록이라는 사실을 무시하면서 계시는 반드시 인간의 이성에 의해 검증을 받아야 된다고 생각한 자들이었다. 소위 양식사 학파란 18세기부터 역사-비평 방식으로 성경이라는 전승을 연구하여 신학을 단순히 종교적 학문으로 만들려고 노력한 자유주의자들을 말한다. 이들은 종교 개혁자들에 의해 고수되었던 정경의 절대성과 통일성의 관점을 무시하고 정경의 상대성과 비통일성이라는 관점으로 구약과 신학의 통일성을 깨버렸다. 구약학에서 드베테(W. M. L. de Wette; 1780-1849)는 19세기의 주된 테마였던 모세 오경이 이스라엘의 초기 역사에 기록된 것이 아니라 상당한 후기 시대의 작품이라고 주장했다. 문학 비평 사가로는 궁켈(H. Gunkel: 1862-1932)이 대표적이고 종교사학파로는 그레스만(H. Greßmann:1877-1927) 등을 들 수 있겠다. 그레스만은 문학 비평사적으로 성경을 주석하면서 성경을 구성하는 여러 양식들을 구분했다. 신약 부문에서는 당시에 역사-비평 방식으로 교회 교의학의 근거인 성경을 분석하여 신학을 하나의 종교학 내지 고고학으로 전락시키는 연

구도 함께 이루어졌다. 특히 이들에 의해 역사적 예수 연구도 절정을 이루었다고 할 수 있다. 예수의 제자들인 사도들이 쓴 내용과 예수 본인이 말한 내용은 엄격하게 구분되어야 한다고 주장하면서 예수의 가르침은 단순히 전통에 국한되어 있었으나 사도들이 그 가르침을 확대, 해석해서 기독교를 만들었다고 주장하는 라이마루스(H.S. Reimarus)와 성경이 가리키는 예수에 대한 묘사는 신화적인 요소가 너무 많기 때문에 현대 역사이해와 맞지 않는다고 주장하는 슈트라우스(D.F. Strauß: 1808-1874)가 대표적이다. 브레데(W. Wrede: 1859-1906)는 복음이 역사적인 보도가 아니라 당시 예수를 따르던 공동체의 신앙적 반성에 불과하다고 주장했으며 슈바이쳐(A. Schweitzer: 1875-1965)는 예수 당시의 유대 묵시록적 자료들을 연구하여 예수의 해석을 역사적 내지 학문적으로 연구했다. 이러한 역사 비평 연구에 슈미트(K.L. Schmidt), 디벨리우스(M. Dibelius), 불트만(R. Bultmann)도 함께 가담한다. 이런 추세에서 당시에 활약했던 학자들을 나열해 본다면, 레싱(Gotthold Ephraim Lessing), 젬러(Johann Salomo Semler), 바우어(Ferdinand Christian Baur), 슈트라우스(David Friedrich Strauß), 벨하우젠(Julius Wellhausen), 바이쓰(Johannes Weiß), 슈바이쳐(Albert Schweitzer), 하르낙(Adolf von Harnack) 등을 꼽을 수 있다.[28] 특히 젬러(J.S. Semler)는 신약과 구약의 비통일성을 은근하게 주장하면서 "기독교 진리의 내용은 더 이상 하나의 종교 회의의 권위를 통해 대표되어야 하는 것이 아니라 각자 개인적인 신학적 성향의 수단에서만 그 일반성을 가질 수 있어야 한다"고 말한다.[29] 이런 발상들은 확실히 계몽주의의 영향으

---

28 참고. Evangelisches Kirchenlexikon, Bd.1, Göttingen, 1985, 450-461; H. Zahrnt, Die Sache mit Gott, München, 1966, 276.

29 W. Pannenberg, Problemgeschichte der neueren evangelischeen Theologie in Deutschland, 36.

로 인한 개인의 자유와 자율성에 입각한 합리주의의 성향이 담긴 주장이라고 볼 수 있다. 이런 자유주의의 사조들이 신학사에서 약 200년 정도 신학의 중심 부분에 차지하고 있었다. 이런 역사-비평적 신학적 사조에 대해 "조직신학적 반성 없이 직접 성경의 주석에서 성경을 가지고 설교할 수 있다고 생각하는 것은 기만적(trügerisch)이다"고 말하는 판넨베르그의 말을 깊이 생각해 보면 이 말이 상당히 일리 있게 와 닿는다.[30]

11. 성경이 예수 당시의 성경 저자들이 그리스도 안에서 역사하시는 살아계신 하나님을 직접 체험한 자들의 고백이라고 한다면 현대 고고학적인 접근이나 자연 과학적인 혹은 역사 비평적인 접근 가지고는 성경이 선포하는 생명이신 하나님의 실재성을 인격적으로 만나는 것은 거의 불가능할 것이다. 이런 과학적인 접근 방식에 마주하여 결국 인간이 하나님의 말씀역사의 사건으로서 성경을 신앙과 인격적으로 받아들이느냐 아니면 거부하느냐 하는 최초의 결단과 함께 전승을 이해하는 것이 중요하다. '하나님 형상'으로서의 사람은 바로 이러한 최초의 고백, 즉 성경은 그리스도 예수 안에서만 발견되는 하나님의 실재성을 체험한 저자들의 인격적인 고백이며 이 실재성은 전통과 성경의 전체적인 사상적 맥락에서 이해되어야 한다는 출발점에서 시작되어야 한다. 하나님의 실재성은 당시에만 일어났을 뿐 아니라 오늘도 역시 여전히 일어난다는 것을 믿는 신앙에서 시작되어야 한다.

12. 성경이 하나님의 생명인 하나님의 실재성을 하나님의 말씀으로 받

---

30 W. Pannenberg, Theologie und Philosophie, Göttingen, 1996, 11.

은 저자들의 인격적인 고백이라면 이야기는 처음부터 하나님의 실재성을 믿는 신앙에서 시작되어야 한다. 기독교 신앙이란 곧 그리스도 예수 안에서 역사하시는 하나님의 실재성을 믿는 것을 말한다. 그 창조주의 실재성을 그리스도 안에서 체험한 성경 저자들과 전통적인 교리를 체계화시킨 교의신학에서 '하나님이 인간을 자신의 형상으로 만드셨다'고 강조한다. 신학적 인간학의 중요한 주제 가운데 하나인 '하나님의 형상' 이해는 고대 기독교 교회 이후부터 항상 신학의 중심에 있었던 문제였다. 즉 사람은 하나님의 상을 따라 또는 하나님과 유사하게 창조된 생명체이다. 바르트(K. Barth)는 창세기 1장 26절을 '우리의 근원적 상(Urbild) 속에서 우리의 원형(Vorbild)에 따라'로 번역하면서 근원적 상과 원형이라는 말을 사용하였고 구약 학자 폰 라드(G. von Rad)는 그 구절을 '우리의 상으로서(als unser Bild)'로 번역했다. 이 '하나님의 형상'이라는 말은 성경에 자주 사용되는 말은 아니지만 창세기 5장 1절 이하와 창세기 9장 6절에 나오고 의미적으로는 시편 8편 6절 이하에도 이런 사상을 담고 있다. 신약에서는 야고보서 3장 9절과 고린도전서 11장 7절에서 사용되었다고 할 수 있다.[31] 그래서 사람이 누구인가 하는 문제는 계몽주의자 칸트처럼 인간이 자기 자신과의 관계에서 스스로를 쪼개고 분석해서 이렇다 혹은 저렇다고 말해야 하는 것이 아니라 오직 창조주 하나님과의 영적 혹은 인격적인 관계에서 사람이 어떠한 존재인가를 알 수 있다고 해야 한다. 이런 점에서 "주로서의 하나님을 만나는 것이 곧 피조물로서의 자신을 아는 것이 된다"고 말하는 브룬너의 주장이 음미해 볼만하다.[32]

---

31 참고 O. Weber, Grundlagen der Dogmatik I, Düsseldorf, 1987, 615-616; H-G. Fritzsche, Leittexte der Bibel. Systematische Theologie auf der Grundlage biblischer Text, Berlin, 1981, 27-29.

32 E. Brunner, Dogmatik II, Zürich, 1972, 65.

13. 그리고 성경이 그리스도 예수 안에서 인격적 혹은 영적으로 만나는 하나님의 실재성을 체험한 저자들의 고백이고 증언이라면 하나님의 실재성은 오로지 예수 안에서 지금 오늘 우리에게도 항상 일어나며 또한 이 진리를 믿는 기독교 신앙으로 성경적 사상을 통찰할 때 비로소 신학적 인간관의 근거가 성립된다. 우리에게 전승된 성경이라는 텍스트(Text)는 하나님의 실재성의 체험이며 그 텍스트를 감싸고 있는 당시의 컨텍스트(Kontext)는 예수 그리스도라는 하나님의 텍스트를 위해 있다고 말하면 지나칠까? 예수 그리스도는 인간을 향하신 하나님의 텍스트이시며 그분의 가르침을 신앙으로 받을 때 2천년 이상의 역사적, 문화적, 인종적, 언어적 간격이 있음에도 불구하고 지금도 여전히 나에게도 체험되는 영적 실재성으로 나타난다. 우리가 신앙하는 하나님은 죽은 자의 하나님이 아니라 살아계신 하나님이시기 때문이다. 또 다음과 같이 이해할 수도 있을 것이다. 당시의 성경 저자들은 하나님의 실재성을 체험하고 난 후, '이렇게 하면 하나님을 체험할 수 있다'는 사실을 기록하여 하나님을 증거하고 있다고 할 수도 있다. 그들이 예수 안에서 하나님의 실재성을 체험한 후 '이렇게 하면 하나님을 체험할 수 있다'는 진리를 영적으로 증거한 것이 성경이기도 하다. 그래서 성경과 하나님의 실재성은 뗄 수 없는 연관성에 있으며 영적으로 혹은 인격적으로 직결되어 있는 문제이고 이것을 믿는 기독교 신앙으로 체험할 수 있다.

14. 그러므로 우리에게 전해진 성경이라는 전승을 토대로 하는 신학적 인간관은 신앙의 고백에서 출발해야 한다. 전승된 성경은 인간 정신의 인식론적 사유를 위한 자료나 정보들을 제공해주기보다는 인간의 중심인 '나'의 생명의 실재성을 말씀해 준다. 생명의 실재성이란 오직 창조주

의 영적 관계에서 인간의 실재성(Wirklichkeit)으로 나타난다! 그 창조주는 영(Pneuma)이시고 영이신 그분이 사람을 자신의 형상대로 만드셨다고 우리에게 선언하셨다. 그러면 하나님은 창조주의 영이시고 사람은 피조된 영적 존재가 분명하다. 인간은 피조된 영, 즉 영적 존재이다. 여기서 말하는 영적 존재라는 말은 '사람(Personsein)'이다. 필자는 본 책에서 독일어권의 신학의 터 위에서 자주 사용하는 '페르존자인(Personsein)'이라는 말을 한글로 가져오면서 '사람'이라는 표현으로 사용하고자 한다. 물론 사람을 인격적 존재로 혹은 때로는 '사람'이라는 용어로 사용할 것이다. 이 표현을 사용되는 용례는 오로지 영이신 하나님과 그분의 형상인 인간 자신과의 영적 관계를 가리킨다. 우리가 '인격'이라고 할 때는 오로지 하나님만이 인격이심을 우리는 고백한다. 그리고 인간인 우리는 인격이신 하나님과 관계할 때만 비로소 인격적 존재가 된다고 믿는다. 만약 하나님과 관계하지 않고 우리가 우리 자신과 관계할 때도 우리를 인격적 존재라고 규정한다면 그것은 '인격(Person)' 개념을 근본적으로 오해한 판단이라고 규정한다. 차츰 이 문제를 밝혀 가겠지만 우선 '페르존자인(Personsein)'이라는 단어는 필자의 좁은 소견에는 문자적인 번역으로 이해하기보다는 우리 한국어 가운데서 널리 사용되는 '사람'이라는 단어로 이해하는 것이 가장 적합하다고 판단한다. 사람은 영적 존재이고 하나님의 인격인 영은 인간을 사람으로 만드는 인격이다. 오로지 하나님과의 인격적인 만남에서만 인간이 비로소 영적 존재인 사람이 된다고 확신한다.

15. '사람'이 가지는 깊은 의미를 생각하기 전에 먼저 인간이 영적인 존재라는 사실을 어떻게 이해할 수 있는가 하는 문제를 집고 넘어가야 할

것이다. 영적인 존재라는 자기이해가 있어야 고백이 나올 수 있기 때문이다. 인간이 어떻게 자신을 영적 존재라고 생각할 수 있을까? 이 문제의 해답을 위해 최소한 두 개의 길이 주어질 수 있다고 판단된다. 하나는 인격주의 철학적-신학적 사유의 길로 가는 방법이고 다른 하나는 단순히 신앙하는 길이 있다고 본다. 전자의 방법은 인간의 영적 사유의 방식대로 가는 길이라고 하겠다. 즉, 여러 철학자들이 하듯 사유로 가는 길이 있는데 이때의 사유란 '창조주를 고백하기 위한 사유'라는 전제가 있다. 오트(H. Ott)는 이것을 가리켜 '변증적인 사유(apologetisches Denken)'라고 하면서 신학은 계시와 직접 관계하는 것이기 때문에 신적 계시와 사람이 직접 만나는 방식인 '기도'와 같은 방식이 되어야 하며 또한 신앙 자체를 이해하는 사유라고 규정하기도 한다. 이러한 사유는 역사를 통해 우리에게 전달된 하나님 말씀인 전승을 인격적으로 해석하면서 그 해석을 불신자들에게 변증하면서 전하는 사유라고 한다.[33] 형태상으로는 여느 형이상학자들과 비슷한 사유의 길이지만 이 길은 창조주를 인격적으로 고백하기 위한 길이고 또한 세상 사람들에게 성경의 진리를 변증하고 나아가서는 전도하는 목적이 있는 길이다. 그래서 이 길은 목적과 방향 없는 철학자들의 근본적인 사유(fundamentales Denken)와는 차이가 있다.

16. 이 길을 가는 데는 좋은 점도 있고 또한 문제점도 있을 수 있다. 좋은 점은 신비주의나 이상주의와 같은 그릇된 심리주의를 피해 갈 수 있다는 점이다. 그러나 문제점은 이 길도 역시 사유의 길이기 때문에 사유

---

33 H. Ott, Apologetik des Glaubens, Darmstadt, 1994, 9-32를 참고하면 도움이 될 것이다.

의 경험일 수 있다는 위험과 아울러 성경의 직접적인 증거가 드물기 때문에 혹 사변적이라는 비판을 받을 수 있다는 점이다. 그래서 여기에서 또 다른 길을 생각할 수 있겠다. 그것은 단순히 믿어 버리려는 태도인데 논리적인 확신의 과정 없이 무조건 믿는 것을 말한다. 이렇게 믿는 것을 보통 사람들은 '믿음은 하나님의 선물'이라는 표현으로 생각하고 있는 것 같다. 그냥 쉽게 믿어 버리는 것을 가리켜 '하나님의 선물'이라고 생각하며 더 이상 질문하거나 복잡하게 사유하기를 꺼려하는 단순하고 착한 사람들이 보통 생각하는 길일 것이다. 어쩌면 이 길이 정답일는지 모른다. 하나님은 인간이 단순히 믿어야 하는 생명이다. 그런데 현대 기술 사회에 사는 우리는 자신들의 사고가 더 이상 단순하고 착하지 못하다는 데 문제가 있다. 그래서 어려운 시험이나 풀리지 않는 인생의 질문 앞에 서면 사유하지 않거나 못하기 때문에 쉽게 오히려 추락한다.

17. 단순히 믿는 방법 역시 장단점이 있다. 장점은 이미 이야기했듯이 사유라는 어려움을 겪을 필요가 없으며 그로 인해 심정적 혹은 심리적인 체험이 자주 일어날 수 있다는 점이다. 그러나 단점은 그 체험이 과연 기독교적인가 하는 의문에 분명한 답을 가질 수 없으며 그 체험의 잣대가 불확실하다는 문제점을 가진다. 그로 인해 결국 잘못하면 신비주의(Mystizismus)나 이상주의(Idealismus), 그리고 심리주의(Psychologismus)에 빠질 여지가 있다는 점이다. 우리가 만약 하나님의 진리가 너무 고상하다고 생각하며 동시에 영이신 하나님의 실재성이 영적이라고 전제한다면 이 고상하고 신비한 진리를 신비주의나 이상주의, 그리고 심리주의라는 인간적 이해의 방식에 빠지는 것에 대해 우려를 해야 한다. 필자는 이상주의와 신비주의, 그리고 심리주의가 무신론의 기술주의만큼 성경

의 적수라고 판단된다.

18. 이상주의는 '사변주의(Idealismus)'라고 부르기도 하며 이 말이 주는 문자적인 뜻과 같이 실재성(Wirklichkeit)과 정반대되는 추상적인 사상을 절대적으로 신봉하는 체계이기도 하다. 이상주의의 큰 오류는 인간이 가질 수 있는 이상적인 생각(Idee)을 실재(Wirkliches)와 동일시한다는 데 있겠다. 이상주의의 역사는 서양의 형이상학의 역사이기도 하다. 인간은 실재성을 찾기 위해 이성을 최고의 수단으로 삼는데 독일 관념주의에 오면 이성과 실재가 인간의 사유 안에서 자연스럽게 일치된다. 그래서 이상주의는 헤겔의 말처럼 '현실은 이상이고 그 이상은 곧 이성적인 것'이 된다. 이상과 실재가 인간의 정신 안에서 동일시되는 사상을 가리킨다. 이에 반해 신비주의는 절대적인 진리를 인간의 알량한 감정으로 일치시키려는 사상인데 인간의 오성 능력으로 인식되지 않는 신비한 진리를 인간의 감정이나 직관으로 인식하려는 노력을 한다. 그래서 신비주의는 타협 없는 주관주의의 형태를 띠게 된다. 마지막으로 심리주의는 절대적인 진리를 인간의 심리로 이해하면서 객관화시키는 것을 말한다. 절대적인 진리나 그 진리를 이해하는 자신도 모두 객관적인 존재가 되어 실재성을 단순히 하나의 인간 심리적 차원으로 끌어 내리는 것을 말한다. 그래서 심리주의는 객관주의라는 형태로 인간과 하나님과의 관계를 묘사한다.

19. 이 세 가지들의 공통점은 절대적인 진리를 영적으로(pneumatisch) 혹은 인격적으로(personal) 만나려는 것이 아니고 인간 정신이 가지는 여러 기능들 가운데 한 기능을 가지고 거기에 일치시켜 이해하려는 데 있다.

즉 계시는 인간 정신에 의해 충분히 소유될 수 있는 것이며 인간 정신이 이해할 수 있는 것이어야 한다는 점을 이들 사상들은 확신한다. 달리 말하면 계시란 인간의 이해를 위해 있는 것이고 인간이 계시와 인격적으로 만나는 것이 아니라 계시를 인간의 자리로 끌어 내리는 것이라고 할 수 있겠다. 인간이 계시의 자리에서 거룩한 하나님을 만나는 것을 '거룩(Heil)'이라고 한다면 거룩한 것을 인간의 자리로 끌어 내리는 것을 '세속주의'라고 할 수 있다. 이상주의와 신비주의, 그리고 심리주의는 신적 거룩을 세속주의 형태로 비하시키는 인간 정신의 부패에서 나온 산물들로 비친다.

20. 그런 점에서 이상주의와 신비주의, 그리고 심리주의는 신적 거룩성에 대립하는 세속주의임이 분명하다. 이런 세속주의는 곧 인간주의라고 할 수 있겠다. 그러므로 우리는 기독교의 진리를 인간 중심주의로 끌고 가서는 안 된다. 이런 인간 중심주의 즉 신령한 신적 거룩을 인간의 자기 이해의 차원으로 해석하는 세속주의적 인간 이해는 기독교 진리의 무서운 적수들로 비친다. 이것은 하나님의 생명과 그분의 형상이 인격적으로 관계하는 영적인 신비가 가지는 거룩한 비밀을 등한시해서 나온 결과이기도 하며 하나님 말씀의 영적인 의미를 개별적이고 주관적인 경험주의로 실증주의화(Positivisierung)시키는 결과로 이해된다. 우리는 '영적인 존재'라는 주제를 창조주 하나님의 실재성을 체험한 사람들의 선언과 그것을 믿는 기독교 신앙으로 출발할 때 비로소 이 주제에 대한 해답의 실마리를 찾을 수 있을 것이다. 그래서 인간이 영적인 존재임을 어떻게 생각할 수 있는가 하는 문제를 먼저 풀기 위해서는 단순히 믿어버리는 쉬운 길을 가는 것이 아니고 사유라는 고통과 정신적 통증을 수반하는 길로 돌아가야 하는 불가피성에 직면한다.

본 연구를 위한 방법론

1. 영적 존재인 인간을 어떤 방법들을 통해서 설명할 수 있을까? 인간의 참된 모습은 '영적 존재로서의 사람'에 있다. 그런데 '영적 존재로서의 사람'이 무엇인가를 밝히는 작업은 기존 학문적인 방식, 즉 인과율적 사고 방식을 통해서는 밝혀질 수 없을 것이다. 여기서 말하는 기존 학문적인 방식이란 인과율에 입각한 과학적 인식 방식이라는 말과도 같은 말이다. 과학이란 보통 객관성과 합리성을 강조하며 동시에 보편성을 지녔다고 말한다. 이 방법은 자연과 인간이 관계할 때 사용되는 방법이다.

2. '과학적'이라는 말에는 이미 하나의 전제를 가지고 있다. 그것은 상대라는 생명을 하나의 고정된 존재자로 여긴다는 점이다. 상대라는 생명을 더 이상 움직이지 않고 서로 관계하지 않으며 정지하고 있는, 하나의 그것(das Es)으로 존재하는 것으로 전제하면서 그것을 관찰과 통계, 그리고 검증과 결론을 가지는 방식이다. 상대가 '그것'으로서의 사물이 되어

그것을 파악하는 주체인 인간 이성의 인식 대상이 되고 그렇게 사유된 사물은 인간 정신의 분석과 종합, 연역과 추론의 과정을 거쳐 가장 공정하고 객관적이며 보편적인 타당성과 진위 여부를 밝히려고 한다. 학문이란 자연과 인간과의 관계를 소위 객관적이라는 이름으로 상대를 '그것'으로 취급하는 인간 정신의 작용이다. 그러나 이 방법은 눈에 보이지 않는 세계 혹은 정신적인 세계를 취급하는데 많은 한계를 가지고 있다. 특히 하나님의 생명 문제에 대해서 과학은 침묵해야 한다. 왜냐하면 하나님은 처음부터 '그것'으로 실재하는 분이 아니기 때문이다. 과학이라는 방식이 가지는 근본적인 문제를 보게 되는데 어쩌면 이 방식은 이미 연구자가 가설을 설정하고 그 가설에 대한 결론까지 정해 놓은 상태에서 그 결론에 도달하기 위해 여러 검증과 증명의 방식을 동원하는 방식일지 모른다. 그러나 과연 가설을 완전히 배제한 채 진실로 객관적인 과학이 가능할까? 비록 과학이 '사실 자체에서(die Sache selbst)'라는 명분을 세우고 엄밀한 인과율의 방식으로 추론하고 연역하지만 '사실 자체'라는 것도 어쩌면 또 하나의 가설일지 모른다. 왜냐하면 과학을 포함한 모든 학문들은 어떤 사실에 대한 일종의 해석이기 때문이다. 해석하는 인간 정신을 완전히 배제한 상태에서 학문은 성립하지 않는다. 따라서 엄밀하고 객관적인 사실만 가지고 진리를 찾으려는 과학도 역시 해석하는 인간 정신을 떠나서는 성립하지 않기 때문에 완전한 의미의 과학이란 존재할 수 없다. 있다면 엄밀한 추론으로 과학하려는 인간 정신의 태도가 있을 뿐이지, 엄밀한 과학은 사실상 성립하지 않는다고 해야 한다. 수십억 개의 자료들을 가져서 통계상으로 분석하고 정리하여 어떤 결론을 내리는 인공 지능의 방식이 오히려 가장 엄밀한 의미에서의 과학으로 비친다. 그러나 인간 정신이 하는 모든 정신적 작업은 원하든 혹은 원치 않든 비과학적이며 주관적이다. 과학이라는 이런 한계를 고려하고 있다면 인간의 실재성이 '그것'으로 존재하지 않으시는 하나님의 인격과 관계할 때만 나타난다는 이 주장 역시 결코 비과학적이라고 할 수 없겠다. 살아 계시고 역사하시며 관계하시고 자신을 계시하시는 하나님과 인간이 관계할 때 인간은 참다운 인간, 즉 사람이 된다. 그러면 이 관계를 어떻게 설명할 수 있을까?

3. 우리는 영적 존재로서의 사람을 살아계시는 하나님과의 관계에서 찾을 수 있다. 이 관계를 설명하려는 것이 본 연구의 목적이기도 하다. 여기서 우리는 이 목적을 수행하기 위하여 소위 인과율의 법칙에 따른 과학적 방법을 사용하지 않는다. 또한 과학적인 방법만 '학문적'이라고 보지 않는다. 과학적인 방법만 학문적이라고 본다면 자연스럽게 자연 과학을 선호하는 학문의 편견이 생긴다. 우리는 본 연구를 위해 하나의 다른 방법적 가능성을 제시한다. 그것은 '문자(그라마)'에서 '영(프뉴마)'을 찾는 작업이다. 문자에서 '사실(fact)'을 찾는 것을 이성적 방법이라고 한다면 '문자'에서 '영'을 찾는 방법은 결코 이성적인 작업은 아닐 것이다. 우리는 이 방법을 '영적인 방법'이라고 명명한다. 인간은 이성적 존재자만 되지 않는다. 인간은 자주 '마음'이 되는 존재이기도 하다. 문자에서 영을 찾는 것은 인간이 마음이 되는 것을 뜻한다. 영이란 이성적인 분석, 비판 작업에서 해명될 수 없을 것이다. 영이란 마음에서 일어나고 마음에서 이해되며 거기에서 인정되는 생명이 분명하다. 그래서 '문자'에서 '영'을 찾는 방법은 인간이 이성에서 마음으로 향하는 방법이기도 하다. '영적 존재로서의 인간'을 해명하기 위해 바로 이 '영적인 방법'을 사용한다. 문자란 그 자체가 실재가 아니라 오히려 실재로 들어가도록 하는 하

나의 길이며 실재를 비추어주는 상징이기도 하다. 상징은 그 자체가 해답이나 정답이 아니라 오히려 해답이나 정답을 제시하는 하나의 안내자의 역할만 할 뿐이다. 문자 없는 실재란 허망한 사변이 될 것이며 반대로 실재 없는 문자는 문자 그 자체가 실재가 되어 문자가 곧 생명이 되는 오류를 범한다. 그로 인해 문자와 실재를 구분할 수 없어서 우리로 하여금 율법주의자로 만들어서 생명을 하나의 법으로 여기며 살게 한다. 그러나 문자는 실재를 가리키는 하나의 상징이다.

4. '영적인 방법'이란 도대체 무엇인가? 본 연구에서는 '영적'이라는 개념을 신비적, 심리적, 사변적인 개념으로 이해하지 않는다. '영적'이라는 개념을 우리는 하나의 '인격적인' 개념으로 이해한다. 인격은 생명의 실재성이고 오직 '나와 너'의 창조 근원적인 카테고리로 생각한다. 이 카테고리로 인해서 인간의 참된 실재성이 밝혀질 것이다. 본 연구에서는 이 관계 개념으로 '영적 존재'로서의 사람을 이해하려 한다. 이를 위해 본서에서는 신학적 인격주의(theologischer Personalismus)들의 신학적 사유의 도움을 받으면서 진행한다.

영적인 사유를 위한 길

1. 먼저 이해를 돕기 위해 '영'이라는 용어에 대하여 일반적으로 이해하는 바를 설명해 보기로 한다. 여기서 '영'이란 단어는 통상 독일어로 '가이스트(Geist)'로 번역되며 우리 한국어로는 '하나님의 영' 또는 '성령'을 두고 말한다. 보통 '영'이라고 할 때 우리 인간을 지칭할 때와 '하나님의 영'을 지칭할 때와는 차이가 있다. 인간은 육과 영혼으로 되어있으며 정확하게는 '육체를 가지는 영혼'이라고 인간을 규정한다면 이 때 '영'은 '하나님의 영'과 다른 존재이다. 인간을 육과 영혼 혹은 육체를 가지는 영혼이라 규정하면서 영혼이라는 표현을 사용하는데, 영혼은 영과 혼의 결합을 가리킨다. 물론 영과 혼은 구분되지만 절대로 분리되지 않는다는 점에서 영을 영혼이라고 해도 크게 문제가 되지 않아 보인다. 그럼에도 '혼'은 독일어로는 '젤레(Seele)'라고 하며 그리스어로는 '프시케'라고 불린다. 그리고 이 단어에서 '심리'라는 단어를 지칭하는 '프지케(Psyche)'라는 용어가 나왔다. 그러나 '영'은 프시케가 아닌 '프뉴마'로 지칭된다. 프뉴

마는 보통 우리말로 '성령' 또는 '영'이라고 번역된다. 프뉴마는 고대 헬라어이며 라틴어로는 '스피리투스(spiritus)'라 하는데 프뉴마는 '분다'라는 헬라어 동사 '프네이오'에서 기원하여 그 여자적으로는 '숨' 또는 '바람'이라는 뜻을 가진다. 프뉴마는 독일어로는 '가이스트(Geist)'라고 번역되며 '가이스트'라는 단어는 어원적으로 '가이스타(gaista)' 또는 '가이스타츠(gaistaz)'라는 단어에서 나왔으며 인도게르만어로는 '가이즈드(gheizd)'에서 뿌리를 두고 있다고 한다. '가이즈드'라는 단어는 '가이(ghei)'라는 동사에서 나왔는데 그 뜻은 '살아 움직인다'라는 흥미로운 뜻을 가진다. 독일어 '가이스트(Geist)'가 철학에서는 '상을 실재적으로 만드는 것'으로 이해되는데 영이라 불리는 '가이스트'는 인간의 사유를 살아 있는 것(lebendig), 즉 사유를 '의미'로 바꾸는 역할로 이해된다.

2. 철학에서도 영이라는 표현이 흔하게 사용된다. 거기에서는 주로 '영'을 '정신'으로 이해한다. 고대 철학자 아낙사고라스는 정신을 '누스(Nous)'라고 하면서 세계를 질서정연하게 하는 어떤 힘으로 이해한다. 플라톤은 정신을 영원한 것을 보게 하는 것으로 이해하고 영원한 관념적인 존재인 이데아의 세계를 직관하는 능력으로 파악한다. 아리스토텔레스는 어떤 세포를 스스로 발전시켜 어떤 형태를 만드는 힘, 즉 유한한 '젤레(Seele)'에 있는 영원한 존재로 정신을 이해한다. 그래서 이것은 인간이 선천적으로 가지고 있는 것이 아니라 밖에서 주어지는 것이며 이 개별적인 것들을 가지고 일반적인 원리를 만들 수 있는 능력으로 이해하기도 한다.

3. 아우구스티누스(어거스틴)는 프뉴마에 대하여 상당히 성경적으로 설

명하고 있는데 그는 '아니무스(animus: Geist)'와 '아니마(anima: Seele)'를 구분하면서 이 두 가지 요소는 비록 구분되지만 인간 안에서 서로 떼어놓을 수 없는 관계에 있음을 말한다. 아니마(anima)는 생명체의 원리와 같은 것이고 아니무스(animus)는 생명 있는 것을 살아 움직이게 하는 빛으로 이해한다. 이와 비슷하게 토마스 아퀴나스도 프뉴마를 '루멘 나투랄레(lumen naturale: 자연의 빛)'로 정의하는데, 이것은 인간 속에 있는 하나님의 신성과 같은 빛으로 이것 때문에 하나님의 은혜에 참여한다고 주장한다. 이것은 변화무쌍하고 일시적인 유한한 것을 영원하고 불변의 것으로 추상화시키는 능력을 말한다. 그런데 아퀴나스는 '젤레(Seele)'와 '가이스트(Geist)'를 때로는 구분하지 않고 같은 것으로 이해하기도 한다. 근대 철학자 헤겔은 영을 이성적인 주관성을 가진 절대 정신이라고 이해하는데 영인 정신은 스스로 외화하면서 전체성 또는 실재성을 찾아가는 능력으로 그는 이해하고 있다.

4. 그러나 성경은 우리에게 이런 철학적인 이해보다는 실재적인 이해를 준다. 70인역(LXX)에서는 히브리어로 영을 가리키는 '루아흐'라는 단어는 헬라어 '프뉴마'로 번역되고 있다. '루아흐'는 구약 성경에서 무려 389회 사용되었고 113회 이상이 '바람'을 가리키는 데 사용되었고 136회는 바로 '하나님'을 가리키는 데 사용되었다. 구약에서 '인격(Person)'이라는 의미를 담고 있는 '네페쉬'는 하나님을 지칭하는데 불과 21번 사용되었고 '루아흐'가 더 많이 사용되었다는 것은 특이한 점이다. '루아흐'란 '떠도는 바람', '숨', '창조적인 생명력', '자립적인 존재로서의 영'을 의미한다.[34]

---

34 참고 G. Kitel, Theologisches Wörterbuch, Bd. VI, Stuttgart, 1959; R. Bultmann, Theologie des Neuen Testaments, Tübingen, 1984, 155-186; J Moltmann, Der Geist des Lebens, München, 1991, 52-56;

5. 인간이 영적인 존재라는 사실을 과연 어떻게 알 수 있을까? 물론 여기서 '안다'라는 표현은 우리가 사물을 인식하고 종합하며 개념화시키는, 칸트의 순수 이성 비판에서 보듯이 대상과 그 대상을 쪼개고 분석하는 오성과의 3인칭적인 관계(Ich-Es-Verhältnis)를 두고 말하는 것은 아니다. 현대 신학자 골비쳐(H. Gollwitzer)는 인간 정신의 인식이론적인 사유로 하나님의 존재를 3인칭적인 관계에서 파악하려고 할 때는 기껏해야 칸트의 실천 이성 비판에서 나오는 형태로밖에 존재할 수 없다고 말한다. 그는 "우리의 그 어떤 3인칭적인 문장에서도 하나님은 결코 존재하지 않는다(Im Sinne unserer sonstigen Ist-Sätze ist Gott nicht)"라고 주장한다.[35] 물론 그의 이러한 단언은 부버(M. Buber)나 에브너(F. Ebner)의 인격주의적인 인간학(personalistische Anthropologie)의 영향하에서 나온 주장이다. 그러나 벌써 지각 있는 서구인들도 하나님의 실재성은 '고백'이라고 하는, 순수하게 1인칭과 2인칭으로 표현되는 인격적인 관계(Ich-Du-Beziehung)가 아니면 불가능하다는 것을 깨달았기 때문에 이런 주장이 나올 수 있었다고 본다.

6. 우리가 찾는 것이 바로 이 관계이다. 고백은 보통 우리가 비과학적이고 주관적인 어떤 감정에서 나온 임의적인 판단 정도로 생각하는데 고백은 이러한 감정의 표현이 아니라 어떤 생명과 순수하게 1인칭과 2인칭의 관계에 서는 것을 말한다. 1인칭의 관계란 부버의 표현대로라면

H. Berkhof, Theologie des Heiligen Geistes, Neukirchener, 1968; Herders Kleinines philosophisches Wörterbuch, Breisgau, 1967; Handbuch philosophischer Grundbegriffe, München, Bd. 2, 1973; Begriffs Lexikon zum Neuen Testament, Wuppertal, 1967; H.W. Wolff, Anthropologie des Alten Testaments, München, 1973.

35 H. Gollwitzer, Die Existenz Gottes im Bekenntnis des Glaubens, München, 1964, 162-168.

'나와 너(Ich und Du)'의 관계를 뜻한다. 상대가 나의 주격 혹은 1인칭이고 상대를 마주하고 있는 나 역시 1인칭으로서 '나와 너'의 관계를 가리킨다. 우리는 이 관계를 영적 혹은 인격적 관계라고 칭한다. 도대체 하나님 창조주의 영과의 만남이 어떻게 3인칭의 관계로 표현될 수 있겠는가? 3인칭의 표현이란 잘게 쪼개는 인간 오성과 죽은 사물과 관계를 가지는 것을 뜻한다. 그런데 그 속에서 어찌 살아 있는 생명과의 인격적인 만남을 기대할 수 있겠는가? 그래서 인간이 영적인 존재라는 사실을 안다는 것은 처음부터 1인칭과 2인칭의 관계에서 출발하지 않으면 안될 것이다. 영은 절대적으로 이 관계에서 일어나며 그로 인해 고백의 형태에서 임한다. 영은 바로 이런 인격적인 관계에서 기인하는 고백에서 임한다고 해야 한다. 대상은 인간 정신의 인식에서 세워지지만 영은 고백에서 스스로를 드러내며 그로 인해 실재성과 직접 만난다.

7. 그러면 이 세상에는 인식과 고백이라는 두 개의 구조뿐인가? 이 두 개의 조건들이 첨예하게 대립되는데 사람이 어떻게 처음부터 고백의 자리에 설 수 있으며 또한 어떻게 인식의 자리에만 머물 수 있겠는가? 분명히 이 두 개의 관계는 밀접하면서 또한 아주 먼 차원일 것이다. 보통 학문은 인식과 관계한다고 말한다. 과연 그 말이 자명한 진리이어야 하는가? 학문이 인식과 관계한다고만 한다면 우리가 과연 영의 세계가 있다는 것과 하나님은 영이시라는 사실을 어떻게 고백할 수 있겠는가? 특히 신학이 하나님에 대해 말하는 학문이라면 인식이라는, '나와 그것'과의 관계에서 하나님의 실재성을 만나겠다고 말한다면 확실히 잘못된, 스스로 속고 있는 것이 분명하다.

8. 우리가 이 두 개의 가파른 대립을 생각할 때 한편으로는 이러한 질문이 떠오른다. 인식에서 고백으로 나아가는 길은 없는가? 어쩌면 인식은 인간의 피할 수 없는 운명일지도 모른다. 그래서 부버(M. Buber)는 "그것 없이(인식 관계 혹은 그것과의 관계) 인간은 살 수 없다. 그러나 그것과 사는 자는 인간이 아니다"라고 한다.[36] 물론 여기서 말하는 '그것'은 부버에게는 '나와 그것'의 세계, 즉 인간 인식의 세계를 두고 말한다. 그에 따르면 인간이 인식과 관계하지 않고는 살 수 없다. 그럼에도 인간이 오직 그것만 가지고는 사람이 아니라고 말한다.

9. 과연 인식과 고백 사이의 매개가 있을까? 특히 엄격한 인과율과 검증과 반증에 익숙해져 있고 자연 과학적인 지식과 상식으로 무장된 현대인이 고백이라는 차원으로 곧바로 쉽게 들어갈 수 있을까? 어쩌면 반드시 '인식'이라는 '그것'의 세상에서 한참 동안 머물고 거기에서 한계를 느껴보고 난 후에야 비로소 서서히 고백의 차원으로 나아가는 것은 아닐까? 현대인치고 처음부터 고백의 차원에서 살려고 하고 또한 그렇게 사는 사람이 과연 얼마나 될까? 오히려 인식의 차원에서 헤어 나오지 못하는 경우가 아주 많다. 그래서 우리는 '나와 그것'이라는 인식의 지평에서 '나와 너'라는 고백의 지평으로 넘어가는 차원이 과연 가능한가를 한번 생각해야 한다. 고백은 초월자를 감정에서 만나는 일시적이고 초월적인 감정에 기인된 자기만족적인 성취감이 아니다. 고백이야말로 인식 위에 있는 차원 또는 인식과 전혀 다른 차원인 '나와 너'의 세계를 발견하는 것이고 그 지평은 오로지 마음이라는 지점에서만 주어짐을 뼈저리게 깨

---

36 M. Buber, Werke, Bd. I, München, 1962, 101.

닫는 자에게만 주어진다고 하겠다.

10. '나와 그것'이라는 인식의 차원에서 '나와 너'라는 고백의 차원으로 나아가려고 시도한 철학이 있는데 바로 현대 실존주의 철학이 그것이다. 그 가운데 하이데거(M. Heidegger)의 실존 철학을 통해 인간인식의 한계와 그 경계선에서 고민했던 한 사람의 철학자의 고뇌를 읽을 수 있다. 하이데거의 실존 철학은 인간이 창조주께 자기 스스로의 힘으로 나아간다면 과연 어디까지 갈 수 있는지를 말해 주는 철학이라고 할 수 있겠다. 실존 철학은 인간이 창조주의 도움 없이 혼자서 창조주께로 나아간다면 도대체 어디까지 들어갈 수 있는가를 보여 주는 인간 정신의 한계에 대한 도전의 철학이다. 특히 하이데거의 후기 철학에서 인간 실존에 대한 짙은 향수를 느낄 수 있다. 그의 후기 철학은 '존재(Sein)'와 '무(Nichts)'의 문제로 집중되어 있는데 아마도 지금까지의 철학자들 가운데 하이데거만큼 '무'의 문제에 대해 고민한 사람은 그다지 많지 않을 것이다.

11. 하이데거의 철학에서 '무'란 '존재'와 직결되어 있는데 놀라운 점은 동양에서는 기원전 500년 전에 이미 노자라는 사람이 이 문제를 어느 정도 사유했다는 사실이다. 노자의 저서 '도덕경(Buch des Tao)'에서 무의 신비를 어느 정도 느낄 수 있다. 예를 들면, '도에서 하나가 나오고 하나에서 둘이 나오고 둘에서 셋이 나오고 셋에서 피조된 만물이 나왔다. 피조된 만물은 뒤로는 음(Yin)을 가지고 앞으로는 양(Yang)을 가진다…'고 도덕경에 기록하고 있다.[37] 이 말은 마치 성경의 창세기와도 같이 묵시

---

37 Laotse, Hrsg. von Lin Yutang, Hamburg, 1948, 146.

록적인 무엇을 말하고 있는 듯하다. 그리고 노자가 존재의 생성에 대해 "땅 위의 인간들이 아름다움을 아름다움으로 인식할 때 거기에서 추함이 생기고 선을 좋은 것으로 인식할 때 악이 생긴다. 그래서 존재와 무는 생성할 때부터 이미 함께 했다. 무거운 것과 가벼운 것은 드는 것 속에서 이미 함께 한다. 긴 것과 짧은 것도 대립하는 관계에서 이미 함께 한다…"고 말했다.[38] 더 흥미로운 것은 돌아감의 원리에 대해 "도의 행함은 돌아감이고 도의 나타남은 부드러움이니 만물은 존재에서 나왔고 존재는 무에서 나왔다"고 말하고 있다.[39]

12. 노자가 왜 당시의 동양적 사고로 무에 대해 관심을 가질 수 있었으며 감히 무를 말할 수 있었을까? 이런 점을 본다면 확실히 동양 철학은 서양 철학에서 없는 점들을 앞서 말해 주고 있는 것 같다. 서양 철학은 처음부터 쪼개는 분석 작업에서 전체를 파악하려 했다면 동양 철학은 비록 불투명하지만 먼저 전체를 그리면서 세부적인 것으로 나아가는 듯한 인상을 준다. 그리고 세부적인 것도 절대로 구체적으로 시사해 주는 바 없지만 다만 직관을 통해 직접 만나는 방식을 택한다. 그래서 하이데거도 도교를 자신의 철학과 유사하다고 밝힌 바와 같이 그 생각하는 바가 상당히 유사한 점이 있다. 노자의 이런 주장은 오감을 주로 사용하는 인식의 범주에서는 결코 나올 수 없는 말로 들린다.

13. 그런데 노자와 하이데거의 철학에서 말하는 '무'란 과연 무엇인가? '무'란 상식적으로는 '아무 것도 없는 것'으로 보통 이해하는데 사실은

---

38 위의 책, 40-41.
39 위의 책, 142.

'무'가 이런 상식적인 개념이 아니라는 점이 문제로 보인다. 하이데거는 놀랍게도 '존재'가 바로 '무'에서 나왔으며 '무'는 스스로 나타났다가 스스로 자신에게로 돌아가는 '진리의 심장'이라고 규정한 바가 있다. 그는 지금까지의 서구 전통적인 형이상학과 자연 과학이 정의하는 대로 인식과 대상의 관계에서 인과율에 의해 서로 일치하는 것을 진리라고 하지 않는다. 진리는 하나의 존재 방식인데 그것은 마치 '퓌시스(φύσις)'적인 것으로 스스로 나타났다가 스스로 자신에게로 돌아가는 무엇이다. 이런 진리는 물론 존재 또는 퓌시스가 가지는 독특한 방식인데 이 존재가 궁극적으로 '무(Nichts)' 또는 '레테(λήθη: 은폐)'에서 나온다는 점이다. 말하자면 '무'는 모든 존재자의 궁극적인 존재의 기반인 셈이다. '무'가 일어나기 때문에 존재가 있고 존재가 일어나기 때문에 존재자가 있는 셈이다. 그래서 '무'와 '존재'는 단순히 있음과 없음을 가리키는 표현들이 아니라 자신을 스스로 드러내며 동시에 자신을 은폐하는 어떤 주권적인 혹은 주체적인 역사를 지칭하는 말들이다.

14. 그러면 이러한 존재의 근원을 어떻게 아는가? 노자는 스스로 무로 돌아가라고 했고 하이데거는 탈존(Ex-Sistenz)을 말한다. 여기서 그들의 묘한 차이를 느낀다. 노자는 '무로 돌아가는 존재자'를 말했을 때 모든 인생의 문제가 '자아(das Ich)'에서 기인된다는 것을 느끼게 한다. 노자에게 인간이란 '나라는 존재(das Ich)'인데 인간이 '나'인 한 항상 번뇌와 고뇌, 그리고 인생문제가 고통으로 힘들게 살 수밖에 없음을 암시한다. 인간이 '나(Ich)'이기 때문에 인생의 모든 문제들이 괴로움으로 느껴지고 다가온다. 그래서 그는 '나'가 아니라 '무'로 돌아간다면 이러한 인생의 문제로 인해 고통하지 않을 것이라고 생각했다.

15. 노자의 심오한 사상을 후대에 발전시킨 장자 이후의 도교에서는 '도인의 사상'을 말한다. 도인이란 무로 돌아갈 줄 아는 인간을 말하는데 무에서 참다운 자유를 누리는 인간을 가리킨다고 해석되겠다. 반면 하이데거는 초기에는 실존을 언급했다가 후기에는 탈존을 말한다. 탈존은 실존과 유사한 개념이지만 어쩌면 실존보다 더 깊이 있는 의미라고 파악된다. 실존(Existenz)을 문자적으로 말한다면 '무에서 나와 서는 것'을 말하는데 하이데거의 실존 개념에서는 실존이 존재자인 '나'에서 빠져 나오는 것이라면 '탈존(Ex-Sistenz)'은 나에게서 나와 서는 실존 개념보다 더 적극적으로 이제는 '나'가 '무'에게로 들어가는 방식을 가리킨다고 할 수 있겠다. 실존이 진리를 보고 진리를 만나기 위해 우선 자기 자신에게서 빠져 나오는 존재라고 한다면 탈존은 이러한 실존을 근거로 영웅적인 기개로 과감히 무에게로 들어가는 존재를 가리킨다.

16. 노자와 하이데거는 공통적으로 인간의 궁극적인 문제를 '나'의 문제로 보았다. 노자는 '나'를 버리라고 했지만 하이데거는 나를 무에게로 집어넣으라고 했다. 물론 노자가 '나'를 버리라고 한 것도 따지고 보면 하이데거의 탈존의 개념과 같이 무에게로 들어가라는 요구로 비친다. 그러나 노자는 '나'를 버리는 행위를 하이데거처럼 강조하지 않는 듯하다. 마치 그냥 인간이 무와 함께, 그리고 무 안에서 살 수 있는 존재로 생각하는 듯한 인상을 준다. 반면에 하이데거의 '나'는 '무'에게서도 잃지 않는 '나'인데 무 앞에 서 있는 존재로서의 '나'를 강조했다고 볼 수 있겠다. 노자는 나를 완전히 버릴 것을 말하지만 하이데거는 '나'는 완전히 버릴 수 있는 존재가 아니고 오직 무 앞에서 '나'를 매순간 그대로 유지해야 하는 존재(Jemeinigkeit)로 보았다.

17. 확실히 이 두 사람은 알량한 사유로 지식을 자랑하는 다른 철학자들보다 탁월한 철학적 지성을 지닌 자들로 비친다. '실존'에 대하여 하이데거가 서양인답게 '분석적'으로 연구했다면 노자는 동양인답게 분석이 아닌 '직관'으로 연구했다. 그래서 노자보다 하이데거의 철학이 더 분석적이다. 그럼에도 그들이 보고자 한 것은 동일하다고 판단된다. 도대체 이 두 사람의 석학들이 보려고 했던 것은 과연 무엇이었을까? 분명한 것은 '나와 그것'이라는 인식과 대상과의 관계는 아니라고 하겠다. 인식과 대상과의 관계는 항상 인간 사유 안에서 일어난다. 그러나 그들이 인식과 대상과의 관계를 말하고 있지 않다면 현상계를 넘어서는, 소위 '종결된 역사(Historie)'의 지평을 넘어서는 세계 즉 '살아 있는 역사(Geschichte)'의 문제를 고민하고 사유하려고 했다는 생각이 든다.

18. 인식과 사유의 지평을 넘어서는 세계란 도대체 어떤 세계이겠는가? 비약해서 말한다면 우리가 말하는 '영' 또는 '정신 세계'가 아닐까? 성경에서는 처음부터 영적인 진리를 선언하지만 성경적인 증거가 없었던 고대에 인식과 대상의 경험적인 세계 너머에 있는 또 다른 차원의 세계를 노자가 직관한 것처럼 비친다. 그렇지 않고서야 어찌 존재가 무에게서 나온다고 감히 말할 수 있었겠는가? 그래서 이때 노자가 말하는 무는 단순히 '어떤 것이 없다'라는 의미가 아니라 '인식으로 명명될 수 없는 것'을 가리키는 것이 분명하다. 하이데거도 역시 마찬가지인데 그가 말하는 '무'는 우리가 보통 상식적으로 말하는 '존재하지 않음'이 아니라 인간의 언어로 '명명될 수 없음'이라는 의미를 지닌다.

19. 예거(A. Jäger)라는 현대 생명신학자는 하이데거의 무를 "사유되지 않

은 존재 내지 신"으로까지 생각한다.[40] 이것은 무가 상식적인 의미로 '아무 것도 없음'의 의미가 아니라 인간의 인식으로는 도저히 사유되지 않는 어떤 무엇을 말한다. 그래서 인간의 인식으로는 사유되지 않음에도 불구하고 인식의 지평 넘어 자신을 은폐시키고 있는 그 '무'가 '존재(Sein)'라는 거대한 덩어리를 떠받치고 있는 셈인데 그러면 무가 인간에게 사유되지 않으면서도 존재한다는 것은 어떻게 아는가? 하이데거는 인간이 그것을 만나는 것뿐이라고 생각한다. 그래서 무를 만나는 존재를 '탈존'이라 하고 있다. 예를 들어, 하이데거의 사유를 빌려서 인생사에서 일어나는 '불안'이라는 생의 동기를 숙고하자면 인간은 불안을 통해 무를 어느 정도 감지하게 된다. 말하자면 불안은 인간이 무 앞에서 존재하고 있다는 사실을 고발한다. 탈존은 자신의 한계를 뼈저리게 고백하는 존재자인 셈인데 특히 하이데거는 이러한 무를 '죽음에 대한 불안'을 통하여 알 수 있다고 주장했다. 죽음에 대한 불안이 바로 무가 역사 이편에서는 자신을 은폐시키면서 오로지 역사 저편에서 존재하는 것을 알게 한다는 것이다. 그래서 하이데거에게는 죽음에 대한 불안을 계속 유지하는 것이 중요하다. 여기서 말하는 죽음은 실재로 나이가 다 차서 맞이하는 자연적인 사망이 아니고 실존론적인 죽음에 대한 의식인데 즉 죽음을 미리 선취함으로 내가 가지는 결단을 말한다. 죽음을 앞당겨서 그것에로 자신을 던짐으로써 자신에게서 나오고 무를 체험할 수 있다고 한다.

20. 우리는 하이데거의 무와 노자의 무를 생각하면서 당연히 절대자의

---

[40] A. Jäger, Gott, nochmal Heidegger, Tübingen, 1978, 409-445를 참조.

개념인 하나님을 생각하지 않을 수 없다. 여기서 중요한 질문이 하나 생긴다. 왜 절대자와의 만남이 항상 인간의 인식과 대상의 관계 저편에 서 있고, 지금 우리 인간이 보기에는 항상 무로 보이는가 하는 질문이다. 만약 하이데거와 노자가 가리키는 '무'가 신을 가리킨다면, 그리고 그 신과의 관계는 '나'와의 문제라고 그들이 보았고 그로 인해 실존과 도인을 말했다면 왜 신과의 관계가 인식과 대상과의 관계가 아니라 실존과 도인과의 관계임에도 불구하고 두 사람에게는 공통적으로 무로 보였을까? 더 정확하게 묻는다면 하나님이 실재하시는 생명세계는 왜 우리 인간에게는 '무(Nichts)'로 보이게 되는 것인가 하는 의문이다. 이것은 영적인 세계가 어떠하다는 것을 보여 주는 것이 아닐까? 놀랍게도 성경은 하나님의 세계가 '무'가 아니라 천사와 영들의 세계로 묘사하고 있다. 사도 요한이 본 것은 새 예루살렘인데 이것은 단순히 환상이 아니라 이상(Vision)이었다. 이 이상은 하이데거나 노자가 본 것과 달리 무가 아니라 오히려 즐거움과 영광의 세계라고 기록하고 있다. 과연 성경 저자들이 본 것은 단순한 환상(Illusion)인가? 오히려 환상이 아니라 이상(Vision)이라고 하지 않는가? 환상과 이상의 차이는 간단하다. 환상은 실재성 자체가 없는 것이 실제인 것처럼 나타나는 것이고 이상은 참된 실재성이 명명될 수 없는 형태로 나타나기 때문에 이상이라고 한다.

21. 성경에서 나오는 이상과 하이데거와 노자가 본 무와는 어떤 관계인가? 이 해답을 위해 우선 노자와 하이데거가 본 '무'를 구분해야 한다. 두 사람 다 인식 저편의 명명될 수 없는 세계를 무로 보았는데 그러나 무로 접근한 방법이 차이가 난다는 것을 간과해서는 안 될 것이다. 하이데거는 철저히 분석이라는 방법에 의해 접근해 갔으며 노자는 직관을 통해

나아갔다고 하겠다. 그런데 분석이든 직관이든 둘 다 역사 저편의 세계를 인격 또는 '너(Du)'로 만나려고 한 것이 아니라 인과율로 만나려 했다는 점이다. 하이데거가 인과율의 한계를 극복하려고 했지만 그 역시 역사 저편의 세계를 이성적인 사유의 방식인 분석을 통해 만나려고 하였다. 노자는 분석 대신에 직관이라는 동양적 특유의 지적 능력으로 피안의 세계를 만나고자 했다.

22. 이 두 석학들의 사유 방식에서 결정적으로 빠져 있는 것이 '인격(Person)'의 개념이다. 여기서 인격이란 칸트의 인간학에서 말하는 '자기 스스로 판단하고 스스로 책임지는 인간주의적인 자율의 능력'이 아니라 창조주가 인간에게 말을 거는 말씀이 가지는 성질을 두고 말한다. 창조주가 피조물인 인간에게 말을 거는 것은 창조주가 인격이 아니면 전혀 불가능하다고 해야 한다. 신학에서는 이것을 '계시(Offenbarung)'와 관련지어서 표현하기도 한다. 물론 하이데거에서도 존재 자체가 자신을 비추는 계시의 성격을 어느 정도는 있다고 여겨진다. 그러나 하이데거의 존재의 빛은 순수한 인간 사유의 빛이지, 인간 밖에서 인간의 사유와 무관하게 비추시는 인격적이고 계시적인 빛은 아니다. 인격이란 자신을 우리에게 알게 하시며 피조물인 인간에게 말을 거는 것을 두고 말한다. 자신을 알게 하시기 위해 자신을 비추면서 동시에 자기 자신을 주시는 것을 인격이라고 한다. 그래서 인격은 오직 창조주 하나님 한 분뿐이다.

23. 이제 하이데거와 노자의 '무'의 개념에 대하여 정리해 보자. 피안의 세계는 인격과의 만남이 아니면 오직 '무'로밖에 보이지 않는다는 점을 간과해서는 안될 것이다. '무'란 피안의 세계를 인식이나 직관으로 만날

때 우리 인간에게는 도저히 명명할 수 없고 또한 알 수 없는 '무'로밖에 보이지 않는다. '무'란 인식이나 직관의 눈으로는 도저히 보이지 않는다는 인간 사유의 외침이고 탄식이다. 창조주가 자신을 계시하셔서 피조물에게 말을 거는 인격이 아니고는 인간이 아무리 찾으려 해도 그것은 무로밖에 보이지 않는다. 창조주가 우리에게 말을 걸지 않으면 인간은 아무리 노력해도 오직 '무', 즉 도저히 명명되지 못하는 존재인 '무'를 보게 된다. 인격으로 만나면 그것은 '무'가 아니라 '영(Pneuma)의 세계'가 되는 셈이다.

24. 노자와 하이데거가 본 '무'는 성경에서 말하는 영의 세계와 유사하지만 성경적인 영의 세계는 결코 아니다. 그들은 그것을 인간의 사유로 보았기 때문에 도저히 명명될 수 없는 '무'로 비친 것이다. 그러나 그 피안의 세계를 인격으로 만나게 되면 영의 세계가 실재한다는 것은 분명하다. 영의 세계는 오직 인격과 관계되는 세계이며 인격과의 만남의 세계라는 사실! 그래서 인간이 인격과 만나는 인격적 존재가 되지 않고는 도저히 접근 불가능한 세계이기도 하다. 영의 세계는 바로 인격과의 만남의 세계라는 사실이 중요하다. 그래서 인간이 인격과 만나는 인격적 존재인 사람이 되지 않고는 만날 수 없으며, 그 어떤 사유로도 접근을 허락하지 않는 세계가 바로 영의 세계이다. 그 세계에 들어가기 위해서 인간은 사람이라는 인격적 존재가 되어야 한다. 인격적 존재가 되지 않으면 영의 세계와의 만남이 일어나지 않으며 그로 인해 그 세계로 들어갈 수 없다. 여기서 말하는 인격의 개념은 칸트의 인간학적인 인격 개념이 아니다. 칸트의 인격의 개념은 자율(Autonomie)이지 영적인 인격의 개념이 아니기 때문이다. 뢰비트(K. Löwith)는 칸트의 인간주의적 도덕성의

궁극적 전제가 도덕성이라는 생각에 있는 것이 아니라 사실은 세속화된 창조 신앙에 있다고 주장한다. 칸트에게는 결국 인간성이 '거룩한 어떤 것'이 되기 때문이다. 그래서 칸트는 창조자가 자신의 지혜로 세상을 만드시고 유지하신다는 것을 말하기보다는 인간이라는 자연의 지혜를 말하는데 그래서 피조물인 인간이 세상의 주인이 되는 것을 강조하는 철학이다.[41] 이런 점 때문에 인격이라는 말이 그의 철학에서 흔하게 표현되지만 하나님의 고유한 '나'가 계시되고 인간이 또한 '나'로서 그것을 수납함으로 일어나고 반응한다는, 성경적이고 신학적인 인격 개념은 아니다.

25. 성경에서 말하는 인격이란 칸트의 '자율'이라는 의미를 지닌 것도 아니며 타인에게 인간적인 '배려(Achtung)'를 베푸는 인격 정도도 결코 아니다. 그렇다면 창조주와 만나며 창조주의 세계로 들어갈 수 있는 인격이란 과연 무엇인가? 다시 말해 인간이 사람이라는 인격적 존재가 되어야 창조주의 세계에 들어갈 수 있다고 할 때 이 표현에서 가리키는 인격적 존재는 과연 무엇인가? 우리는 이것을 영적 존재라고 밖에 달리 말할 수 없다. 이때 말하는 영적 존재란 심리적 존재라 부르는 '혼(Seele)'을 말하는 것이 아니고 '사람(Personsein)'을 두고 말한다. 인간이 사람이 되지 않으면 창조주의 영(Pneuma)의 세계를 만날 수 없다. 오직 사람만이 창조주의 영의 세계를 만날 수 있으며 사람만이 하나님을 만난다. 그리고 사람만이 영적 존재이다. 사람의 영은 피조된 영이며 이 피조된 영이 창조주의 영을 만난다. 창조주의 영은 프뉴마이지만 피조된 인간의 영은 프뉴마를 만남으로 인해 영적 존재가 된다. 그것은 하나님의 영인 프뉴마

---

41   참고. K. Löwith, Wissen, Glauben und Skepsis, Göttingen, 1956, 72-73.

앞에 항상 껍데기로 존재하며 그의 영으로만 생각을 얻으며 그 영이 주는 바람으로만 생의 의미를 발견할 수 있다.

26. 인식에서 하나님을 만나는 길이 과연 가능할까? 만약 가능하다면 결국 무(Nichts)로 가는 길임을 하이데거와 노자에게서 보게 되는데 그렇기 때문에 인식에서 영적인 관계로의 길은 없다고 하는 것이 옳다. 그러면 우리는 다시 어떻게 영의 세계로 들어갈 수 있는가를 생각해야 한다. 처음부터 고백에서 시작하지 않으면 안 된다는 것이다. 다시 말해 영의 세계가 오직 1인칭과 2인칭 사이에서 일어나는 인격과의 만남이라면 처음부터 우리는 2인칭에서 출발해야 한다. 3인칭적인 관계에서는 영적인 세계가 주어질 수 없다면 우리는 처음부터 '인격'이 무엇인가를 고민해야 할 것이며 '하나님은 인격'이시라는 신학의 대주제를 다시 의미 있게 고백하는 수밖에 없을 것이다. 또한 모든 3인칭적인 인식의 작업을 완전히 내려놓을 수 있는 결단이 필요하다는 것을 알게 된다. 그러나 인간 정신이 구체적인 세상과 관계하면서 살아야 하는 이상 3인칭과 관계하는 세상을 부정할 수는 없을 것이다. 3인칭의 세계는 운명적으로 우리에게 항상 주어져 있다. 그러나 2인칭의 세계는 결단과 고백으로 들어가야 하는 은혜의 세계가 분명하다. 2인칭적인 차원으로의 결단은 존재의 용기가 아니면 힘들다. 존재의 용기는 곧 우리의 정신이 사느냐 죽느냐의 문제일 것이다. 우리는 이 문제 앞에 용기를 가지고 결단해야 한다.

고백과 인식의 근원

1. 우리는 영적인 사유를 위해 먼저 분명히 구분해야 할 사실을 정리해야 할 것 같다. 그 가운데 가장 우선적인 구분은 위에서 살펴본 대로 영적인 관계는 1인칭과 2인칭 사이에서 일어나는 사건인데 그것은 항상 현재적인 사건이다. 그러나 인식의 관계는 오직 3인칭 안에서 서술되는 사실(Sache)과의 관계를 말한다. 전자는 '실재성(Wirklichkeit)의 관계'이며 후자는 '진리(Wahrheit)의 관계'라고 표현할 수 있다. 즉 전자를 신앙과의 관계로, 후자를 지식과의 관계로 명명할 수 있다.

2. 간략하게 말한다면 우리 정신이 1인칭과 2인칭의 관계에서 일어난다면 그것은 인격에 근거한 만남의 관계라고 말할 수 있다. 그러나 우리 정신이 3인칭적인 관계에서 서술되거나 기술, 묘사된다면 그것은 아무리 실재성을 표현한다고 해도 이미 '인식된 사실'이고 비인격적이고 객관화된 사실이 된다. 인식된 사실이란 이미 과거가 된 사실을 두고 말한

다. 그러나 실재성의 문제는 오로지 현재와 관계하지, 과거와 관계할 수 없다. 따라서 우리 정신은 처음부터 2개의 세계 앞에 놓여 있다. 실재성을 현재에서 만나는 인격의 세계인가 아니면 생각이나 사유 속에서 인식의 세계를 만나는가 하는 것이다. 인격적인 만남은 인식에서 갈라져 나온 인식의 변종도 아니고 인식과 혼합되어 굳어진 인식의 사생아도 아니다.

3. 실재성의 세계는 영적인 세계라고 하며 이 세계는 인식론적이고 인과율적인 공간적 개념의 세계가 아니다. 오로지 프뉴마적이고 인격적인 시간적 세계라고 할 수 있다. 이런 관점에서 우리 인간이 관계해야 하는 세상은 창조주의 세계와 피조물의 세계이다. 전자는 영적인 세계라고 하고 후자는 자연이라고 한다. 자연은 우리가 아는 바대로, 그리고 칸트가 순수 이성 비판에서 밝혀 놓았듯이 '시간과 공간'의 인과율적인 세계이다. 이 세계에서 존재하는 인간은 이 시간과 공간이라는 선천적인 카테고리를 가지고 자연을 대상으로 삼으면서 인식이 시작된다. 그래서 인식은 자연과 관계하는 방식이다.

4. 그러나 칸트가 말한 대로 인식의 세계가 아닌 실천 이성의 세계와 인간은 불가피하게 관계해야 한다. 실천 이성의 세계란 칸트에 의하면 하나의 요청된(regulativ) 세계인데 순수 이성으로는 경험 불가능한 세계이다. 칸트는 자연 과학적인 방법으로 이 세계가 우리에게 선천적으로 주어져 있다고 말한다. 이것은 인식의 세계가 아닌 초월적인 세계에 대한 인간의 본질적인 동경을 말해준다. 칸트의 실천 이성의 대상의 세계는 따지고 보면 인식의 세계를 넘어서 있는 피안의 세계를 말하는 것이다.

그것은 창조주의 세계를 암시하고 있으며 그것 때문에 종교가 가능하다고 보았다. 그렇다면 인식의 손이 미치지 못하는 세계가 우리에게 주어져 있다는 사실인데 그 세계는 무엇으로 사유가 가능할까? 바로 그것이 신학의 주제인데 신학에서는 신앙이 아니고는 불가능하다고 말한다. 그 세계는 처음부터 '나와 너'에 대한 지평이다.[42]

5. 영적인 세계는 처음부터 인식의 대상이 될 수 없고 오로지 고백에 근거한 신앙의 상대일 수밖에 없다. 그러면 여기서 말하는 고백이란 무엇인가? 인식이 인과율에 기초한 과학에서 진리와 관계하는 것이라면 고백은 신앙에 기초한 정신의 실재성과 관계한다. 그러면 고백은 인식보다 비과학적이거나 신화적이거나 초월적인 성격을 가지는 것인가? 고백을 가리켜 비과학적이라고 한다면 그는 '과학'을 근본적으로 잘못 이해한 결과에서 나온 무지의 소치로 비친다. 오히려 인식과 고백은 서로 다른 차원에서 활동한다고 해야 옳을 것이다. 즉 사유하는 방식이 다르다고 하겠다.

6. 인식과 고백은 인간 정신이라는 동일한 근원에서 나왔지만 인식은 진리의 길이고 고백은 실재성에로의 길이다. 인식은 하나님이 창조한 자연과 관계하는 길이고 고백은 하나님과 직접 관계하는 길이다. 인식의 출발이 오성에서 시작된다면 고백의 출발은 영(Pneuma)에서 출발한다. 따라서 고백이 인식에 비해 비과학적이거나 신화적이거나 초월적이라고 경시하는 것은 무지의 결과이다.

---

42 이를 위해 M. 부버의 "나와 너"라는 책은 중요한 길잡이가 된다. 이 책은 한글로 이미 번역되어 나왔기 때문에 참고하면 큰 도움이 될 것이다. 이 개념은 철학과 신학, 사회학, 종교학, 교육학 등 광범위한 영역에 영향을 미치면서 "대화"의 인격적인 관계를 제시하고 있다.

7. 그리고 인식과 고백의 차원은 다른 지향점을 가진다! 인식은 진리를 지향하고 고백은 실재성을 지향한다. 이런 점에서 인간에게는 본질적으로 두 개의 차원이 주어지는데 그 가운데 한 개를 결단할 수 있다. 그러나 인식을 선택하는 것은 사실 선택하는 것이 아니다. 왜냐하면 인간 본성은 인식을 자연스럽게 하고 인간이 태어나자마자 필연적으로 혹은 운명적으로 행하는 것이기 때문이다. 인식은 주어지기 때문에 행하는 것이며 따라서 사실 인간이 선택한다고 할 수 없다. 그러나 고백은 결단의 문제이다. 인식은 하나님이 창조하신 자연으로부터 주어지는 것이지만 고백은 창조주로부터 직접 주어지는 것이다. 그래서 이것은 선물 내지 은혜라고 한다. 따라서 고백은 처음부터 신앙과 관계한다. 하나님은 신앙에서 피조물인 인간에게 자신을 계시하시며 그 계시는 인간이 고백으로 이해한다. 신앙이란 계시에 대한 인간의 응답 혹은 반응 내지 대답이라고 할 수 있다.[43]

8. 참된 이해는 고백에서 성립된다. 이해(Verstehen)란 '자리를 서로 바꾸는 것(Ver-stellen)'이고 '나를 상대의 아래에 세우는(under-stand)' 인격적인 겸손이다. 내가 창조주 하나님의 자리에 서 있고 하나님이 죄인인 인간 나의 자리에 서시는 것을 의미한다. 인간 '나'가 하나님의 중심에 서 있어야 비로소 하나님의 의지와 뜻을 이해할 수 있게 된다. 그래서 바울은 "너희가 하나님의 성전인 것과 하나님의 성령께서 너희 안에 계시는 것을 알지 못하느냐(고전 3:16)"고 말할 수 있었다. 우리 인간이 하나님의 자리에 서 있고 동시에 하나님이 우리의 중심과 마주하시고 계시는 상태

---

43   참고. R. Bultmann, Glauben und Verstehen III, Tübingen, 1993, 33.

에서 비로소 우리는 하나님을 이해하게 되며 그로 인해 우리의 마음에서 만들어진 진실한 문장들을 토설하게 된다. 그 토설된 문장을 우리는 '고백'이라 하며 그 고백으로 하나님의 뜻과 일치함을 이해할 수 있다. 하나님의 인격과 마주할 때 비로소 '나'라는 인간 정신이 가지는 인식이 하나의 조잡한 기능적인 것임을 깨달으며 마음의 중심인 '나'가 하나님의 자리에 초대되어 하나님의 인격과 마주하는 영적 존재임을 깨닫고 비로소 그 무거움을 알게 된다. 거기에서 하나님을 창조주로 이해하며 또한 자신을 피조물로 뼈저리게 깨닫는다. 그리고 하나님도 나의 자리에서 나의 이성과 감각과 판단을 이용하셔서 하나님 자신을 보게 하신다. 여기서 신앙이 성립한다. 그래서 신앙이란 하나님이 나의 판단과 이성, 감각을 가지고 자기 자신에게로 가져가는 것이며 동시에 하나님의 비밀을 나에게로 가져오게 하는 신비를 가리킨다. 기독교 신앙은 인간이 신을 자의적으로 믿어주는 신념과 본질적으로 구분된다. 신념은 자연과 관계하면서 가지는 인과율적이고 통계적인 확신이지만 신앙은 하나님 자신과 관계하면서 나와 하나님과의 영적인 관계인 '나와 너'의 관계에서 일어난다. 신앙으로 고백은 주어지며 고백은 신앙의 산물이기도 하다. 신앙은 처음부터 창조주 하나님이 주시는 신적 선물이다. 창조주 하나님이 자신을 우리에게 주시고 우리가 그 '자신'에 응답함으로 인해 일어나는 영적 관계이다. 그래서 하나님 자신이 우리의 자리에서 우리의 지각에 따라 하나님 자신을 보게 하는 것이다.

9. 고백은 신앙과 관계하지만 인식은 신념과 관계한다. 신념은 하나님이 만드신 자연과 관계할 때 가지는 인과율적이고 통계적인 자기 확신이다. 자연을 움직이는 고유한 법칙이 '반복'이라는 형태로 일관성 있게

혹은 통계적으로 인간에게 주어질 때 인간은 인식이라는 형태로 이성이 동의하고 그로 인해 자연스럽게 가지는 확신이다. 그래서 신념은 자연이 주는 선물이다. 그러나 신념과 고백은 어떤 차이가 있을까? 어쩌면 관계하는 대상이 본질적으로 다르다는 것에 있을지도 모른다. 자연은 인과율에 의해 유지가 되기 때문에 인과율 자체가 자연의 목적이 되는데 그로 인해 인간 정신을 목적론적으로 끌고 가게 한다. 반면에 하나님은 인격이라는 자신의 계시로 인과율과 전혀 다른 차원인 영의 판단을 하게 한다. 인식은 신념과 관계하기 때문에 여기에 집착하면 인간이 자연 안에서 자신의 생명의 집을 지을 것이다. 그러나 고백은 신앙과 관계하기 때문에 이 은혜를 가지는 인간은 하나님 안에서 하나님의 생명의 집에 거할 것이다.

10. 우리는 두 개의 정신 세계 가운데 어느 한 길을 결단해야 하는 기로에 서 있다. 고백-신앙-실재성의 길인가 아니면 인식-신념-진리인가의 기로에 서 있다. 이 두 개에서 타협은 쉽지 않을 것이다. 이것은 마치 하나님과 세상 가운데 어느 하나를 선택해야 하는 것과 같다. 그러나 후자의 길을 가는 것은 결단이나 선택 사항이 아니라 사실 우리의 본성이 가고 싶어 하는 길이고 자연스러운 길이다. 선택이라 함은 오히려 후자로 가지 않기 위해 전자의 길을 선택해야 하는 인격적 결단이 요구될 뿐이다. 그래서 영과의 만남을 위해 우리는 처음부터 고백의 길에 서야 한다. 인식에서 실재성의 세계로 다시 말해서 진리에서 실재성의 세계로 가는 길을 하이데거나 노자가 시도했지만 그것은 처음부터 성공될 수 없었다. 창조주의 영을 만나기 위해 고백의 길을 가는 것이 가장 신앙적인 길을 가는 것이라 하겠다.

인식의 종말

1. 위에서 본 대로 인식은 고백이라는 차원과 완전히 다른 길에서 출발하며 또한 완전히 다른 결론으로 종결된다. 인식과 고백은 사실 인간 정신이 가는 완전히 서로 다른 길이며 이 두 개의 길에서 어떤 공통점이나 공유할 만한 점들을 찾는 것은 불가능하다. 인식과 고백은 사실 모태의 종류가 틀리다고 할 수 있기 때문이다. 분명히 고백에서 우리는 하나님의 실재성을 체험한다. 그러나 인식에서는 하나님에 관한(über) 인간적인 생각(Idee)만을 만들 뿐이다. 여기에서 인간 정신은 기껏해야 사변주의를 만들 뿐이다. 그래서 고백과 인식의 문제는 실재성과 생각(Idee)의 문제이며 궁극적으로 하나님 자신(Gott selbst)과 하나님에 관한 인간의 생각(Idee über Gott)의 차이 문제이다.

2. 고백은 하나님의 실재성을 체험함으로 토설된다. 그러나 인식의 종결점은 하나님의 실재성이 아니라 하나님에 관해 인간이 가질 수 있는

다양한 생각들로 종결된다. 그러면 인식이 어떻게 시작하고 어떤 과정에서 발전하여 결국 하나의 아이디어로 종결되는지를 살펴보아야 할 것이다. 인식은 고대에도 있었지만 고대의 인식론은 현대만큼 체계적이지 못하며 그럼에도 불구하고 어쩌면 고대인들이 현대인들보다 더 실재성에 가까운 사유나 인식을 했다는 생각을 가지게 한다. 플라톤이나 아리스토텔레스적인 사유를 가리켜 보통 인식론적인 사유라고 한다면 그렇게 틀린 말은 아니지만 그들의 사유는 현대적인 의미에서의 인식론적인 사유는 아니라고 말할 수 있다. 여기서 말하는 현대적인 의미에서의 인식론적인 사유란 고대인들과 달리 철저히 '생각하는 나(코기토: Cogito)'에서 출발하는 인식론을 말한다. 물론 고대에서도 인식하는 문제가 철학의 전반적인 문제였지만 인식의 주체가 되는 '나'의 문제를 현대만큼 고급스럽게 이론적으로 체계화시키면서 사유하지는 못했다고 할 수 있다. "고대 철학은 아직 나라는 존재에 대해 아무 것도 알지 못했다. 그것은 기독교의 정신, 즉 종교적인 동기에 의해 먼저 인간의 의식으로 전해졌다"고 주장하는 에브너(F. Ebner)는 '나'에 대한 의식이 고대 철학에서는 거의 소개되고 있지 않고 오직 기독교 정신을 통해 인간에게 활성화된 것이라고 한다.[44] 에브너의 이런 주장에 현대 신학자 고가르텐(F. Gogarten)도 동의한다. 고가르텐이 말하는 '나 의식'은 역사 개념과 직결되는 의식으로서, 그에 의하면 역사란 세상으로부터의 자유를 의미하는데 진정한 '나 의식'은 사실 근대 이후에 시작된다고 주장한다.[45]

---

44 참고. F. Ebner, Das Wort und die geistigen Realitäten, in: Fragmente Aufsätze Aphorismen, München, 1963, 84.
45 참고. F. Gogarten, Die Wirklichkeit des Glaubens, Stuttgart, 1957, 20-21.

3. 여기서 '인식'이라고 할 때 우리는 '인식하는 나'의 문제를 생각하지 않을 수 없다. 인식의 문제는 결국 '인식하는 나'의 문제를 말하는 것이기 때문이다. 여기서 우리는 이 문제를 가장 예리하게 생각했던 현대 실존주의 철학자 하이데거의 생각을 다시 빌려서 인식의 문제를 생각해야 한다. 그는 서구 정신사가 인식의 역사였으며 이러한 인식의 역사는 결국 '존재 상실의 역사'라고 싸잡아서 말하기 때문이다. 자신이 바로 서구인이면서 또한 탁월한 철학자인데도 하이데거가 어떤 근거에서 서구의 정신사를 인식의 역사였고 또한 인식의 역사는 곧 존재를 상실한 역사라고 과감하게 주장할 수 있었던가? 특히 그의 저서인 "니체"는 서구 정신사의 문제가 '생각하는 나'라고 하는 '코기토'의 문제에서 기인되었으며 이러한 '나'는 계시라고 할 수 있는, 숨었다가 스스로 나타나는 존재의 방식인 진리(알레테이아)를 결정적으로 상실하게 하는 장본인으로 고발하고 있다. 필자가 보기에 하이데거의 이러한 관점은 그의 독특한 실존론적 혹은 실존 철학적인 사유라는 점을 인정하지만 그럼에도 그 진단은 대단히 정확하다고 보며 스펭글러, 골비처, 부버와 같은 많은 학자들이 직접으로 혹은 간접으로 그의 이러한 진단에 동의를 하는 것으로 보아 그의 생각을 객관적으로 수용할 필요가 있음을 느낀다.[46]

4. 인식의 문제는 두말할 것도 없이 '주관과 객관의 관계' 혹은 '나와 그것의 관계'라고 한다. 주관과 객관 사이에서 서로 오가는 관계를 보통 '인식'이라고 말한다. 주관이 상대를 하나의 객관적인 존재로 세우면서

---

[46] 이미 앞에서 중요한 골자를 스케치했듯, 하이데거의 이러한 인식의 역사와 존재 상실의 역사의 개념을 알기 위해 독자들은 그의 저서들 가운데 특히 "니체 II"를 읽어야 하며 그의 "강연집과 논문집(Vorträge und Aufsätze)"을 참고하면 유익할 것이다.

주관이 원래 가지고 있는 판단의 범주로 상대를 객관적으로 형식화하는 것을 가리켜 '인식'이라고 한다. 그래서 인식의 문제는 '주관과 객관의 문제'이다. 그런데 여기서의 '주관(Subjekt)'이라는 표현은 별다른 존재가 아니라 바로 '생각하는 나'인 '코기토'를 두고 말한다. 그러니까 인식이란 '생각하는 나'에 의해 상대가 객관적 존재가 되고, 그로 인해 상대를 '그것'으로 만드는 인간 '나'의 주관성을 말한다.

5. 그러면 과연 여기서 말하는 '생각하는 나'란 무엇인가? 그것은 '의식(Bewußtsein)'을 말한다. 달리 말하면 의식하는 나와 나에 의해 의식된 대상과의 관계를 다루는 것이 바로 인식론이고 넓게는 형이상학이라고 부른다. 그래서 우리가 서구 전통적인 형이상학을 '의식의 철학(Bewußtseinsphilosophie)'이라고 해도 그리 틀린 말은 아니다. 이 의식의 철학에서는 인식이 의식의 주인공이 된다. 여기서 중요한 것은 '무엇을 인식했다'는 사실이 아니고 '무엇이 어떻게 인식되느냐'를 말하고 있다는 점이다. '무엇이 어떻게 인식되느냐'는 사실은 처음부터 생각하는 나를 전제로 하고 있다. '생각하는 나(Cogito)'는 주어진 여러 대상들을 어떻게 분류하고 나누고 판독하여 정리할 것인가 하는 문제를 다루면서 '인식'의 문제가 된다.

6. 그러면 '생각하는 나'는 어떤 과정에서 스스로를 인식의 주체가 되어 형이상학의 중심점에 앉아 있게 되었는가? 확실히 르네상스와 18세기 이후의 자연 과학적인 고급기술의 발달은 중세의 신 중심적 인간관을 완전히 바꾸어 놓았으며 새로운 인간 이해에로 들어가게 했다. 중세의 화석화된 교리적인 관계를 벗어나서 인간은 자연과의 새로운 관계를 가

지게 되었다. 그 관계는 신앙에 의해서가 아니라 이성의 능력으로 스스로 자신을 세우면서 가지는 관계이다. 근대에서 '생각하는 나'를 발견한 자는 데카르트였다. 그의 '나는 생각한다 그래서 나는 존재한다: cogito ergo sum)'라는 명제는 가히 새로운 사유의 지평을 열기에 충분하였다. 이런 그를 근대 철학의 아버지로 보통 여긴다. 그것은 놀라운 발견이었으며 개인의 주관주의를 여는 최초의 부싯돌이 되었다고 자타가 공인하고 있기 때문이다. 그러나 하이데거는 인식의 문제가 주관과 객관의 문제이고 주관은 생각하는 나에서 출발하지만 이미 고대 헬라 철학에서 이 인식의 문제가 어떻게 이해되었는가를 보아야 한다고 주장했다. 그래서 그는 인식의 문제를 데카르트에서 '생각하는 나'로 구체화되어 나타났다고 보았지만 그 근원은 사실 고대 헬라 철학에 있다고 보았다. 그는 "초월자에 대한 모든 문제는 그것이 존재론적이든 신학적이든 간에 전부 주관-객관의 관계 도식으로 얽혀 있다"고 선언했다.[47]

7. 인식의 문제가 '생각하는 나'로 구체화되고 그 근원은 주관-객관의 관계에 있다면 도대체 '생각하는 나'란 무엇이고 이것이 정신사에서 어떻게 전개되어 갔는가? 하이데거는 인간 정신사 특히 서구 형이상학의 역사는 한 마디로 '존재 상실의 역사'라고 단정했다. 그에게 존재란 존재자와 구분되는 개념이다. 그에게는 존재란 규정할 수 없으며 인간의 인식의 대상이 될 수 없는 근원적인 실재성으로 이해했다. 우선 그의 복잡한 생각을 논하기 전에 먼저 간단하게 정리하고 시작하는 것이 이해를 하는 데 도움이 되겠다. 이것은 세 가지로 정리해 볼 수 있다. ① 존재의 상

47　참고. M. Heidegger, Nietzsche II, Pfullingen, 1961, 378-379

실은 인간이 '존재'를 주관-객관(나와 그것)의 관계라는 자신의 인식의 대상으로 만들면서 시작한다. ② 주관-객관의 종말이 곧 현대 기술 사회를 가져왔고 그 종결은 '신이 죽었다'라는 니체의 선언으로 마감한다. ③ 니체의 '신이 죽었다'는 선언과 함께 현대인은 현대 기술을 잉태했으며 인간 사회가 기술 사회가 됨을 가리킨다. 즉 인간의 생명의 의미가 상실되었음이며 사람다움(Personalität)을 상실했음을 가리킨다.

8. 이를 조금 구체적으로 설명하자면, '존재(Sein)'라는 것이 고대의 전통적인 형이상학에서는 하나의 '존재자(das Seiende)'로 취급되고 있음을 하이데거는 발견한다. 그러면 왜 전통적인 형이상학에서는 존재가 존재자로 이해하게 되었을까? 하이데거는 그 근본적인 이유를 존재가 주관-객관이라는 인간 인식과 관계함으로써 그렇게 되었다고 규정한다. '존재'란 고대 헬라어로 '퓌시스'라고 하는데 이 용어는 소크라테스 이전에는 '스스로 나타났다가 스스로 자신에게로 돌아가는 어떤 무엇'을 가리키는 말로 사용되었다. 존재는 퓌시스로서 그것은 숨었다가 나타나는 방식을 취하는데 이것을 '진리(알레테이아)'라고 칭한다. 진리라는 말은 헬라어로 '알레테이아'라고 하는데 부정어 '아'와 '은폐하다'라는 뜻을 가진 '레테'의 결합어이다. 그래서 진리는 존재가 자신을 은폐시켰다가 동시에 스스로를 나타내는 것, 즉 '비은폐적인 것' 혹은 '비은폐성'이라고 한다. 존재란 스스로 나타났다가 스스로 은폐하는 진리의 방식으로 실재한다고 하이데거는 주장한다. 형이상학이란 바로 이러한 존재를 인간이 인식하는 노력에서 시작한다. 그런데 원래 '존재'란 인간이 인식의 대상으로 삼을 수 있는 그런 어떤 무엇이 아니었다. 그냥 자신이 스스로 일어났다가 스스로 자신에게로 돌아가는 것, 즉 '퓌시스'로서 존재이다. 그

런데 이 존재는 하이데거에 의하면 '무(Nichts)'에서 나온다고 한다. 여기서 '무'란 단순히 '아무 것도 없음'이 아니고 인간의 인식으로 '사유될 수 없는 어떤 것'을 가리킨다. 인간이 하는 학문인 형이상학은 사유될 수 없는 어떤 것을 인간이 사유할 수 있는 것처럼 여기고 그것을 존재라고 명하면서 사유하기 시작하는데서 생겼다. 형이상학으로 인해 '존재'는 하나의 '그것'이라는 존재자가 되면서 존재가 가지는 본래의 의미가 상실되는 역사가 시작되었다. 존재란 진리의 방식, 즉 스스로 나타났다가 스스로 은폐하는 방식으로 있는 '퓌시스'적인 무엇이다. 인간 사유의 대상이 될 수 없는 이 존재가 인간의 인식의 대상이 되면서 존재의 본래의 의미가 상실되는 역사는 헬라의 플라톤에서 시작되었다. 플라톤에게는 이 퓌시스적인 존재가 '이데아(ἰδέα)'로 나타난다. 플라톤의 이데아론은 사유할 수 없는 존재를 인간의 인식을 위한 하나의 객관적인 대상으로 세워진 최초의 철학적인 아이디어였다. 존재가 플라톤에게는 하나의 이데아로 표현되면서 눈에 보이는 어떤 것(Sichtbarkeit)이며 또한 '확실한 어떤 것(Anwesenheit)'으로 이해되면서 인간에게 유익이 되는 어떤 것이 되었다. 말하자면 플라톤에게서 존재는 존재자인 인간을 유익하게 만드는 이데아라는 어떤 존재가 된 셈이다. 사유될 수 없는 퓌시스적인 존재가 인간이라는 존재자에게 유익을 주는 어떤 이데아적인 존재로 플라톤에게 이해되었다. 여기에서 인간은 인식할 수 없는 존재를 인식하는 주관자로서 존재라는 무엇을 확실하게 보려는 자가 되었음을 가리키는 주관(Subjekt)이 되었다. 플라톤은 스스로 일어났다가 스스로 자신에게로 돌아가는 존재를 인간에게 유익하게 하는 어떤 이데아적인 것으로 인식했는데, 이때 인식하는 자인 인간은 존재를 '확실한 어떤 무엇으로 보는 자'가 되었으며 이것이 훗날 인간이 '스스로 존재의 기반을 놓는 존재자'로서의 주관이 되는 계기가 되었다. 이런 인간이 중세에서는 스콜라주의적인 진리관을 가진다. 중세에서 진리란 '참다운 것은 확실한 것(엔스 베룸 에스트 엔스 케르툼: ens verum est ens certum)'으로 정의된다. 진리란 원래 계시적인 것으로 스스로 나타나며 스스로 은폐하는 성질을 가지고 있지만 중세에 와서는 그것이 인간의 눈으로 확실하게 본 것으로 규정되었으며 나아가서 인간에게 분명하고 확실한 무엇으로 규정되었음을 뜻한다. 여기서 중요한 점은 중세에서는 존재가 인간의 인식으로 파악되었으며 그로 인해 측정할 수 없는 존재가 인간에게 '분명한 것' 혹은 '참다운 것'이 되었음을 뜻한다. 달리 말하면 인간은 존재를 인간 자신의 주관적인 해석으로 분명하고 참다운 무엇으로 만들었음을 가리킨다. 그러니까 존재가 인간의 거룩함이라는, 인간의 주관성으로 인해 교회적인 거룩함으로 세속화되었음을 뜻하는데 결과적으로 기독교는 소위 문화적인 기독교(Kulturchristentum)가 되면서 존재가 인간에게 거룩하고 참된 어떤 무엇으로 해석이 되었다.[48]

9. 존재를 나름대로, 그리고 주관적으로 해석하던 고대와 중세까지의 인간적인 태도와 달리 근대에 오면 인간이 스스로 존재의 기반 혹은 기초를 놓는 주관자가 되는 파격적인 변화를 가진다. 근대 철학의 아버지라고 칭함을 받는 데카르트의 유명한 명제인 '내가 생각한다. 그래서 내가 존재한다(코기토 에르고 숨: cogito ergo sum)'가 이런 근대의 태도를 잘 보여준다. 데카르트의 코기토(Cogito)는 '생각하는 나'라는 주관자가 인간임을 뜻한다. 그런데 이때 말하는 주관이란 '수브 옉툼(sub-jectum: 아래

---

48 참고. P.H. Joergensen, Die Bedeutung des Subjekt-Objektsverhältnisses für die Theologie, Hamburg, 1976, 30.

로 던져진 존재)'으로 '근원을 놓는 자'라는 의미를 지닌다. '수브 엑툼(subjectum)'은 오늘날의 '주관'이라는 뜻을 가지는 '수브엑트(Subjekt)'를 가리킨다. 그것은 '아래에 던져진 것'이라는 뜻을 가진 '주관'이라는 뜻을 가지는데 코기토라는 생각하는 주관자는 존재를 자신의 인식 아래 던져놓음으로 동시에 스스로 존재의 기반을 두는 존재자가 되는 것을 암시한다. 코기토라는 표현은 '내가 존재를 세운다'라는 의미가 깔려있으며 그 의미와 함께 인간 인식은 '생각하는 주관'이 된다. 그리고 데카르트의 '그리고(에르고: ergo)'는 삼단 논법에 의해 결론으로 들어갈 때 단순하게 쓰는 말이 아니고 '코기토(Cogito: 나는 생각한다)'와 '숨(sum: 나는 존재한다)'을 연결시키는 말로서 '그래서'라고 번역된다고 하이데거는 주장한다.[49] 그러니까 '에르고(ergo:그래서)'는 생각하는 나인 '코기토(Cogito)'와 존재라는 '숨(sum)'을 연결하면서 주관자인 인간이 생각한 것을 자연스럽게 존재로 규정하는 것을 가리키며 동시에 생각하는 주관자인 인간을 통해 생각되어진 것을 '다시 나타내기(repraesentatio)'위해 인간이 결단하는 것을 가리킨다.[50] 간단하게 말하자면 데카르트의 그 명제는 '인간 나는 스스로 존재의 기반을 놓는 나로서 존재를 생각하면서 동시에 존재한다'는 것으로 해석된다. 존재의 기반 혹은 토대조차 인간이 마음대로 놓는 '코기토' 개념은 칸트에게서 더 발전하게 된다. 칸트는 인간이 어떤 대상에게 대상의 성질(Gegenständlichkeit)까지도 규정하는 주관성이 된다. 존재는 칸트에게 오면 인간 인식 혹은 이성의 능력을 검증하는 도구로 내려앉게 된다. 즉 생각하는 인간의 코기토인 '나'가 인간 '나' 밖에 있는 모든 대상에게까지 소위 존재의 의미를 이성적으로 부여하는 전능적인 주관자

---

49 참고. M. Heidegger, Nietzsche II, Pfullingen, 1961, 160.
50 참고. 위의 책, 162.

가 된다. 칸트에게 진리는 객관성에 있다고 하겠는데 이 객관성은 사실 인간의 이성이라는 주관성에 의해 규정된 것으로 그 뿌리는 스스로 자신을 세우면서 생각하는 주관성에 있다.[51] 주관성은 생각하는 주관으로서의 인간이 자신 속에 있는 '인식의 범주'에 따라 모든 대상들을 규정하면서 인식과 대상과의 일치 속에서 진리를 찾고자 하는 길을 칸트가 닦아 놓았다. 주관이 인식의 범주라고 하는 소위 인간 정신 속에 있는 선천적인 판단 형식에 따라 대상을 규정한다고 하더라도 칸트에게는 정작 대상 자체가 가지는 본질인 물자체는 인간의 인식으로는 판단할 수 없는 것으로 남아 있었다. 즉 현상은 인간 정신이 원래 가지고 있는 인식의 범주의 능력으로 모든 대상을 규정하여 파악하고 개념으로 만들어 마치 객관적인 진리인 것처럼 그 대상에게 부여할 수 있지만 정작 그 대상 자체, 즉 물자체(Ding an sich)는 인간 인식의 능력으로 파악할 수 없다고 칸트는 보았다. 칸트는 다만 대상에 대한 인간의 주관적인 경험인 현상은 이성적으로 파악가능하다고 보았지만 대상 자체가 가지는 본질은 경험될 수 없다고 했다. 그래서 그의 인식론은 인간 이성이 경험하는 현상과 그 이성이 경험할 수 없는 물자체가 항상 이원론적으로 남아 있게 된다. 그래서 칸트의 비판 철학은 현상과 물자체라는 이원론이 해결되지 않은 채로 헤겔에게로 넘어간다. 즉 칸트의 이런 이원론의 문제도 헤겔에게 오면 전혀 문제가 없어진다. 칸트의 이원론이 헤겔에게서는 완전히 극복되면서 존재는 인간의 주관에 의해 스스로 '정신'이라는 개념으로 나타나면서 무조건적으로, 그리고 스스로 인간 인식에로 나타나는 존재가 된다.[52] 헤겔이 말하는 존재는 인간 정신 안에서, 그리고 인간 정

---

51 참고. 위의 책, 232.
52 참고. 위의 책, 299.

신의 이성적인 논리(Logik)에 따라 자신을 그렇게 나타내는 정신이 된다. 존재가 인간의 이성이라는 논리적인 사유를 빌려서 자신을 정신적으로 나타내니까 인간의 사유와 존재가 동일시되는 범신론의 성격을 가진다. 존재라는 무엇이 인간의 정신 안에서 자신을 나타내고 또한 자신을 구체적으로 나타내기 위해 인간의 논리를 빌리게 되는데 그로 인해 불가피하게 인간의 논리와 사유가 절대 정신이라는 존재와 동일시 된다. 이런 범신론적인 사유가 나중에는 외형적인 제도와 신의 절대 정신과 동일하다는 논리로 발전한다. 예를 들면, 절대 정신인 존재, 즉 신은 소위 국가라는 외형적인 형식을 빌려서 자신을 개현시키는 셈이다. 그래서 헤겔의 유명한 '이성적인 것이 곧 현실적인 것이다'는 명제가 성립한다. 여기서 인간의 논리는 절대 정신이 된 존재가 자신을 스스로 세우는 로고스(Logos)를 말하는 길이 된다. 로고스라고 불리는 절대 정신인 신이 인간 정신의 논리라는 길을 따라 스스로 자신을 나타내는 셈이다. 말하자면 인간 논리는 존재라는 신의 로고스가 나오는 길이 된다. 로고스라는 절대 정신인 존재 혹은 신은 인간 정신이 가지는 논리라는 이성이 만든 길에 따라 자신을 나타내는데 소위 가시적인 인간 이성의 생각(Idee)으로 자신을 표현한다. 그러니까 존재가 인간의 사유(Denken)라는 형식을 빌려서 자신을 인간 역사에서 구체화시키는 것이다. 그래서 헤겔의 범신론의 철학에서 보면 예컨대, '인간이 신을 생각하는 것'은 사실은 '신이 인간을 가지고 자신을 생각하는 것'이 되는데, 이 표현이 그의 사변주의 정신을 단적으로 표현해 주는 것이라 하겠다. 존재가 신이라는 이름으로 인간에 의해 칭해지면서 헤겔에 와서는 절대 정신이 되었고 그 정신이 구체적인 세상과 하나가 되는 사변주의로 발전하였다. 스스로 자신을 나타내기도 하고 동시에 은폐시키는 존재가 인간의 사유와 일치되면서 사유 안에서 존재가 거주하는 꼴이 되었다가 헤겔에 와서는 인간의 주관성을 빌려서 존재가 자신을 겨우 나타내는 것이 되어 버렸다고 하겠다. 그런데 헤겔의 절대 정신이 된 존재는 니체에게 오면 '힘에로의 의지'로 표현된다. 즉 이런 사변주의적인 형이상학을 니체는 완전히 부정한다. 하이데거의 표현을 빌리자면 헤겔의 무조건적인 주관성이 니체에게는 육체적인 것 혹은 충동이나 감정이나 힘에로의 의지 등으로 표현되었다는 것이다.[53] 존재가 플라톤부터 헤겔에까지 사변적으로 정처 없이 천상을 떠돌다가 니체에 와서 인간의 동물성으로 아예 주저앉아 버렸는데 니체의 사상인 '힘에로의 의지'나 '가치 전도'라는 사상들이 이를 반영한다고 하겠다. 결국 존재 상실을 가져온 주범이 다름 아닌 인간의 이성이라는 점을 하이데거는 발견하였고 그래서 그는 자신의 '니체의 신이 죽었다는 말(Nietzsches Wort 'Gott ist tot')'이라는 강연집 마지막에서 "수세기 이후로 높임을 받았던 (인간의) 이성이 (참된) 사유의 가장 완고한 대적자"라는 결론을 내리고 있다.[54]

10. 정리하자면 존재라는 것은 원래 고대 헬라인들에게는 자신을 스스로 나타내기도 하고 또한 스스로 숨기는 퓌시스적인 무엇으로서 진리의 방식으로 이해되었다. 이것이 플라톤에게는 인간을 유익하게 하는 이데아로 해석되었고 데카르트에게는 '생각하는 주관'인 코기토에 의해 존재하는 것을 해석되다가 칸트에게 오면 인식하는 인간이라는 주관의 범주 아래 놓이게 되었다. 그리고 헤겔에 와서는 그것이 인간의 사유와 동일

---

[53] 위의 책, 200: "헤겔의 형이상학에서 사변적-변증법적으로 이해된 힙리성이 주관성을 규정하면서 니체의 형이상학에서는 동물성이 (주관성을 위한) 실마리가 된다."
[54] M. Heidegger, Holzwege, Frankfurt, 1977, 267.

시되었다가 니체에게 오면 아예 '힘에로의 의지'라는, 가장 구체적이고 물화된 동물성으로 세속화되었다. 한 마디로 말한다면 인간에게 전혀 '사유될 수 없는 존재'가 현대 철학자인 니체에게 오면 우리의 동물적인 인간성으로 완전히 속화되어 마치 천상적인 무엇에서 지상의 어떤 동물적인 무엇으로 완전히 내려앉게 되었다. 가시적일 수 없고 어떤 가치로 도무지 환원될 수 없는 생명인 존재가 어떤 인간적인 가치의 형태로 속화되었다는 말이다. 여기서 중요한 포인트는 이런 형이상학의 결과가 바로 '현대 기술(moderne Technik)'이라는 점이다. 현대 기술은 인간이 코기토가 되어서 니체처럼 '신이 죽었다'고 선언하면서 만든 새로운 신이라는 점이다. 현대인은 신을 죽이고 그 대가로 현대 기술을 신으로 가지는 셈이다. 현대인은 현대 기술을 하나의 종교적인 신으로 섬기며 의존하고 살기 때문이다. 거기에는 신을 죽인 인간의 부패한 정신성이 잘 반영되어 있다.

11. 그렇다! 현대는 신에 대한 인간의 생각이 신의 실재성(Wirklichkeit)과 동일시된 시대이다. 인간은 자기의 작은 두뇌로 신을 생각하는 생각을 심지어 살아 있는 신으로 믿고 있고 생각하며 스스로 속고 있다. 여기서 분명히 해야 할 것은 '인간이 신을 생각하는 것'과 '신이 실재하신다'는 것과는 별개의 문제라는 점이다. 하나님을 믿는 것과 하나님을 생각하는 생각을 믿는 것과는 하늘과 땅 차이다. 전자는 신앙이고 후자는 사변이 분명하다. 서구인의 형이상학에서 우리는 무엇을 깨달아야 하는가? 하나님을 인간의 작은 머리를 가지고 인식의 대상으로 삼기 시작할 때 인간은 주관이 되고 인간이 주관이 되는 한 하나님의 실재성은 사라지고 남는 것은 '신은 죽었다'는 판결뿐이다. 현대를 살아가는 인간 정신

은 서서히 미쳐 가고 있다. 지금 우리는 무엇을 해야 하는가? '신이 죽었다'고 선언하는 서구인의 정신을 바라보며 우리는 무엇을 생각해야 하는가? '신이 죽었다'고 선언된 그 자리에는 미쳐가는 인간 정신이 있음을 알아야 한다.

12. 인간이 어떤 주관(Subjekt)인가? 무엇을 위한 주관인가? 신이 죽었다는 것을 선포하기 위해 인식하는 주관인가? 한마디로 인간은 자신의 정신이 가지는 꿈과 환상에 사로잡혀 있다. 인간은 자신이 현대 기술에 사로잡혀 서서히 미쳐 죽어가는 것도 모르고 오늘도 앉아서 자연을 달달 볶아댄다. 현대 기술은 현대인의 메마르고 강퍅하며 핍절한 영혼이 만들어 낸 산물이다. 최근의 현대 기술이 인공 지능이라는 기술을 윤리적인 판단 없이 발전시킨다. 현대인은 지금까지의 현대 기술이 주는 편리함과 신속성도 부족하여 이제는 불로장생하기를 원하고 있는 듯하다. 빅데이트와 인공 지능, 그리고 휴먼게놈과 인간 복제와 같은 첨단의 기술들은 이제 실험실에서 인간의 난자와 정자를 직접 만들 수 있게 될 것이다. 결국 인간이 인간의 창조자가 되는 셈인데, 과연 이런 인간의 종말이 어떠할까? 과연 인간이 기대하는 파라다이스가 올까? 아니면 정반대로 인간이 스스로 만든 생지옥이 기다리고 있을까? 분명한 점은 인간의 수명이 현대 기술로 150년까지 넘긴다고 해도 그와 비례하여 인간 영혼은 반드시 말라 죽을 것이다.

13. 하나님을 만나지 못하는 인간은 죽는다. 이 인식하는 주관자로서 인간이 죽고 나면 우리에게 새로운 존재가 일어나기 시작하는데 하나님의 주관에 의해 숨을 쉬며 사는 '사람'이라는 생명이 탄생하게 된다. 즉 인

간은 바로 여기서 비로소 사람이 될 수 있다. 인간이 죽어야 사람이 된다. 사람이 되어야 하나님을 만난다. 하나님을 만나야 살 수 있다. 하나님은 고백에서만 만나게 되어 있다.

2가지의 진리 인식 방법
-보는 것과 듣는 것에 관하여-

1. 하나님의 실재성과 관련하여 인간이 진리를 인식하는 방식을 생각해 보아야 한다. 하나님의 실재성과 관련하여 고백과 인식이라는 2개의 가파른 길이 있는데 이것은 곧 진리를 인간이 어떻게 인식하는가 하는 문제와 직결되어 있다. 보통 진리를 인식하는 방식에는 2가지가 있는데 그것은 헬라적 방식과 히브리적 방식이다.

2. 헬라적 방식은 고대 그리스의 철학자들이 즐겨 사용했던 특정의 진리 인식 방식이다. 여기서는 그들을 포함하여 좀 더 넓게 세속인들의 진리의 방식이라고 칭하는 것이 더 적절하겠다. 왜냐하면 세속인들이 가지는 진리의 인식 방식은 근원적으로 고대 헬라인들의 사유와 직결되며 그들에 의해 논리적으로 발전된 방법이고 그들에게서 세속적인 진리의 개념을 원시적으로 파악할 수 있기 때문이다. 반면에 '히브리적'이라는 표현 역시 고대 이스라엘 백성들이 독특하게 가졌던 진리의 방식이라고

생각할 수 있다. 그러나 이것 역시 광의적으로 보면 '기독교적'이라는 표현을 사용하는 것이 옳을 것이다. 그것은 또한 그리스도 안에서 구속받은 자아가 받아들이는 진리의 방식을 두고 말한다. 이렇게 두 개의 방식으로 구분하는 것은 그들이 진리를 받아들이는 방식이 뚜렷하게 차이가 나고 그 결과는 크기 때문이다. 영적 존재로서의 인간에 관한 진리를 이해하기 위해 이 두 개의 진리 방식을 비교해 보는 것도 의미 있다고 판단된다.

3. 헬라인들과 히브리인들은 사물이나 사태를 인식하는 방식에 대해서, 특히 사물을 인식하는 것과 관련하여 약간의 차이가 있다. 헬라인들은 '존재'를 본질적인 것 혹은 유일한 것으로 여기면서 이것은 불변하는 무엇으로 이해하였기 때문에 운동이나 변화하는 것이 아니라고 생각했다. 그래서 변화하는 것과 운동하는 것은 단순히 존재를 인식하는 인간이 가지는 하나의 일시적인 현상이라고 보았다.[55] 본질적인 것은 부동적인 것이고 영원한 것이라고 헬라인들은 여겼는데 이것을 이성이 파악할 수 있다고 생각했다. 그래서 그들은 이성을 정신의 눈으로 생각하고 이성으로 보면 영원한 것과 불변한 것을 보게 된다고 주장했다. 그들은 시각이라는 감각을 사용해서 보면 유한한 것, 일시적인 것, 변화하는 것이 보이지만 이성이라는 정신으로 보면 무한한 것, 변함없는 것, 영원한 것을 보게 된다고 믿는다. 또한 영원한 것과 변하지 않는 존재를 '신'이라 규정하고 그 신을 보는 것은 이성이라고 생각했다. 그들은 육신의 눈, 예를 들어, 감각을 통해 보는 것은 항상 부정확하고 분명하지 못하다고 여

---

55 Th. Boman, Das hebräische Denken im Vergleich mit dem Griechischen, Göttingen, 1952, 39.

졌으므로 감각에 의존하는 것은 어리석은 행동이라고 간주했다.

4. 사물을 이성을 통해 볼 때 중요한 사실은 '정확하게 보는 것'이다. 즉 인간이 이성을 통해 사물이나 사태를 파악할 때 필요한 것은 이성이 얼마나 정확하게 사물이나 사태를 보는가이다. 이성과 '정확하게 보는 것'과는 아주 밀접한 관계를 가진다. 이성으로 보는 것을 보통 우리는 합리적이고 사실적이라고 한다. 이성은 흥분하지 않고 냉철하게 보는 것이고 좌로나 우로나 치우치지 않고 객관적으로 보는 것이고 다른 여타의 선입견이나 선지식을 배제하여 아주 합리적으로 보는 것이라고 여긴다. 그래서 과학자들은 이성을 아주 선호한다. 이런 점에서 학문이나 과학은 항상 '이성적'이라고 믿는다.

5. 인간 정신이 이성이 되면서 창조한 위대한 결과는 현대 과학이라고 할 수 있다. 우리는 과학을 떠나서 몇 달도 못 살 것이다. 스마트폰이 없는 삶을 상상하지 못할 만큼 우리는 의존적이다. 그만큼 우리는 과학에 의존해 있다. 비록 인간이 과학을 창조했지만 이제는 인간이 그 과학에 의지하며 기대고 산다. 그러면 과학이란 무엇인가? 과학이란 인간 정신이 사물을 가능한 한 정확하게 보려고 애쓰면서 만들어 낸 정신의 창조물이다. 가능한 한 사물을 정확하게 본다고 했을 때 우리는 사물을 부정확하게 보는 것보다 정확하게 보는 것을 더 좋아함을 전제한다. 사물은 정확하게 보면 볼수록 확실하고 분명하기 때문이다. 분명한 것을 손에 쥘 수 있기 때문에 확실하고 명석한 것이 좋다. 그래서 어떤 것을 확실하게 파악한 것을 우리는 '진리'라고 부른다. 따라서 진리란 우리 정신이 사태나 사물을 얼마나 정확하고 확실하게 보느냐에 달려 있고 또 정확

하게 본 것을 얼마만큼 손아귀에 확실하게 쥐었느냐에 달려 있다. 손에 확실하게 쥐었을 때를 '파악했다'고 말한다.

6. 그런데 여기서 재미있는 사실을 보게 된다. 즉 우리가 사태를 정확하게 보기 위해 우리의 인간 정신은 '분석'이라는 능력으로 발전하게 된다는 사실이다. 우리 정신은 어떤 것을 정확하게 파악하기 위해 불가피하게 분석하게 되는데 정확하게 말한다면 우리 정신은 정확하게 알기 위해 '분석하는 정신'이 된다. 분석하는 정신을 현대 철학에서는 '오성'이라고 부른다. 이 오성을 칸트는 '이론이성'이라고 칭하기도 하는데 다른 말로 표현하면 '잘게 쪼개는 능력'이라고 할 수 있다. 어떤 것을 정확하게 알기 위해 인간 정신은 오성이 되면서 무엇이든지 잘게 쪼개기 시작하는 것이다. 예를 들어, '어항에 있는 물고기가 어떻게 헤엄을 치는가'에 대하여 알아본다고 하자. 물고기가 헤엄치는 방법을 알기 위해서 물고기를 어항에서 꺼내어 도마에 올려놓고 해부하여 잘게 쪼갠다. 그래서 물고기 속의 '부레' 때문에 헤엄칠 수 있다는 것을 알아낸다. 그러나 중요한 사실은 물고기를 분해하고 쪼개기 위해 물고기를 어항에서 꺼내는 순간 물고기가 죽는다는 사실인데 오성은 이 사실을 그다지 중요하게 여기지 못한다.

7. 과학은 가능한 한 세부적으로 잘게 쪼개고 부수어서 인과 관계를 유추해 낸다. 물론 여기에서는 이 쪼개는 작업이 나쁘다고 말하기보다는 우리 정신을 어떤 존재로 만드는지를 생각해야 한다. 인간 정신은 처음에는 어떤 것을 정확하게 알기 위해 대상을 쪼개기 시작하는데 나중에는 쪼개는 방법까지 창조해 낸다. 그러면서 사물을 쪼개면서 동시에 인

간 정신도 함께 쪼개지는 불가피성에 직면한다. 쪼갬는 인간 이성을 가리켜 '계산하는 능력으로 전환된 이성'이라고 규정할 수 있다. 쪼갬는 능력은 곧 계산하는 능력을 뜻한다. 인간 이성은 처음에는 사물을 알기 위해 사물을 쪼갠다. 사물을 쪼개면서 쪼갬는 자신도 쪼개어진다. 그러다가 결국 이제는 이성 자체가 '쪼개는 능력', 달리 말하면 '계산하는 능력'으로 바뀌게 된다. 단적으로 말하면 현대인의 이성은 하나의 '계산하는 능력'이 되었다고 해도 과하지 않다. 계산하는 능력이 되었다는 것은 인간 정신이 모든 존재를 수적인 개념으로 이해한다는 것을 뜻한다. 달리 말하면 모든 존재를 재화가치 내지 화폐 가치로 이해한다는 것이다. 또한 이것은 모든 존재를 '셈의 능력'으로 사유하게 된다는 것을 의미한다.

8. 계산하는 능력으로 바뀐 이성은 곧 양의 법칙과 관계한다. 수의 법칙과 양의 법칙은 밀접한 관계가 있다. 인간 정신이 수의 법칙에 지배를 받으면 반드시 양의 법칙에 매이게 된다. 수의 법칙이 가장 현실적이고 구체적으로 표현된 예로는 '돈'을 들 수 있다. 수의 법칙, 즉 인간 이성이 셈하는 능력과 가장 잘 어울리는 현실적 재화가치는 바로 '돈'이다. 돈이란 인간 이성이 하나의 계산하는 능력이 되었다는 것을 가장 잘 말해 주는 표현이다. 우리 현대인이 돈을 좋아하는 것은 그의 이성이 계산하는 능력으로 이미 변화했다는 증거일 것이다. '돈'과 '숫자'는 현대인에게 가장 익숙한 개념이 되었다. 현대인은 숫자의 개념으로 사유하는데 아주 익숙해져 있다. 돈은 항상 수의 법칙에 따라 계산된다. 돈을 세면서 우리 이성은 계산하는 능력으로 둔갑한다. 돈을 하나, 둘 세면서 이성은 수의 법칙에 매이는 셈이다.

9. 우리 정신은 이런 '수의 율법'에 매이면서 또한 불가피하게 '양의 윤리'에 따라 실재성을 판단하게 된다. 양의 윤리란 인간 자신을 중심으로 해서 많은 것은 좋은 것이고 적은 것은 나쁜 것이라는 윤리의식을 의미한다. 인간 정신은 수의 법칙 아래 놓이면서 양의 윤리를 자연스럽게 가지게 된다. 우리 이성 역시 마찬가지이다. 그래서 많은 것을 가지면 좋고 적게 가지면 불쾌한 것이다. 수의 율법에 사는 인간을 우리는 실증주의적인 존재라 부른다. 물질적 재화는 수와 양의 법칙이 서로 잘 어우러진 가장 현실적인 재화가치이다. 즉, 하나에 셋을 더하면 반드시 넷이 되는 수의 법칙에 따라 존재하고 동시에 많으면 많을수록 좋은 것이고 적으면 적을수록 불편하고 불쾌한 존재로 인간 정신은 양의 윤리에 따라 살아간다.

10. 수와 양에 매인 존재를 우리는 수량적 존재라 부른다. 수량적 존재는 모든 존재를 수와 양의 법칙에 따라 판단하고 가치를 평가한다. 하나보다는 둘이 많고 둘보다는 셋이 많고 셋보다는 열이 좋고 열보다는 백이 좋고 많으면 많을수록 좋은 것이다. 백만 원보다는 천만 원이 좋은 것이다. 수량의 법칙은 곧 인간 자신의 능력의 평가 기준이 되기도 한다. 많이 벌면 벌수록 능력이 있는 존재로 평가되고 적게 벌면 벌수록 무능력자로 평가된다. 이 수량의 법칙은 우리 인간을 더욱 더 실증주의적인 인간이 되도록 부추긴다. 여기서 우리는 이렇게 말할 수 있다. 이성에 의존해서 사물을 보려고 한다면 결국 우리 정신은 수량의 법칙 아래에 놓이게 되고 모든 존재 내지 생명을 수량적으로 계산하게 된다는 점이다. 돈은 수량의 법칙이 가장 효과적으로 표현되는 재화 가치이다.

11. 그러면 '보는 것'에 의존해서 발견되는 신은 어떤 신일까? 인간이 사유할 수 없는 존재, 즉 신을 만약 수량의 법으로 판단하는 인간 이성이 사유의 대상으로 삼게 되면 어떻게 될까? 그 신은 분명히 기독교에서 혹은 성경에서 말하는 하나님과는 다른 존재일 것이다. 그 신은 하나의 이데아에 기초한 신, 즉 최고 원인으로서의 신(causa prima)이라 할 수 있다. 왜 그럴까? 사유하는 인간은 모든 존재를 수량적으로 계산하는 정신으로 사유한다. 그러면서 하나의 바람직한 이상형을 제시하려 할 때 그것이 사변적으로 표현되는데 그것이 이데아이다. 이데아란 사유하는 정신이 자기 스스로 바람직하다고 여기는 하나의 '상(Bild)'이다. 스스로 바람직하다고 여기고 있기 때문에 이 상은 사실 실재성(Die Wirklichkeit)이 아니라 하나의 실재성을 찾고 있는 인간 정신의 요구이다. 하나의 실재성을 찾고 있다는 것은 형식적으로는 특정의 실재성을 논하고 있다고 볼 수 있다. 따라서 모든 철학은 각자의 이데아를 쫓고 있는 관념주의의 다양한 표현이다.[56]

12. 인간이 이데아, 즉 그 실재성을 찾고자 하는 욕구를 하나의 사변적 이론의 형태로 표현하는 것은 그가 본질적으로 실재성을 상실했기 때문이다. 그렇게 때문에 인간의 생명과 삶의 근거가 되는 이 잃은 실재성을 찾고자 하는 이론을 세운다. 즉, 실재성을 상실한 인간이 자연스럽게 행하는 것이 바로 이데아를 세우는 노력으로 나타난다. 따라서 인간이 생각하는 이데아의 밑에는 실재성을 잃어버린 인간이 자신의 고유한 실재성을 찾고자 하는 욕구가 항상 숨어 있으며 그 욕구는 하나의 그럴 듯한

---

56 F. Ebner, Das Wort und die geistigen Realitäten, 191.

이론의 형식으로 표현된다.

13. 실재성을 상실한 인간은 궁극적으로 자기를 내세우게 된다. 그 인간은 항상 이성을 통해 실재성을 찾으려고 한다. 이성에 의존해서 자신이 생각하는 바람직한 이상형을 하나의 이론의 형식으로 세우려 하는 것이다. 이론이란 자신을 세우는 하나의 정신적 행위이다. '내가 나를 세우고 싶어하는 것'인 셈이다. 내가 나 자신을 세우고 싶어하는 욕구를 니체는 '생의 의지'라고 표현했다. 생의 의지란 인간이 자신을 스스로 세우려는 본능으로써 그것이 억압되지 않고 발휘되어야 자유롭다고 그는 생각했는데 그것이 곧 그의 '힘에로의 의지' 사상이다. 그는 그런 존재로서 '초인(Übermensch)'이라는 개념을 자신의 이상형으로 제시했다. 초인이란 모든 것을 무화시키는 역사적 존재로서 동시에 자기 스스로를 새롭게 사유하며 의욕하는 인간성을 가리킨다.[57]

14. 이데아의 근원적인 의미는 '내가 나 자신을 스스로 세운다'는 생의 동기를 가진다. 인간 정신이 스스로 주체가 되어 자신을 대상 앞에 세우는 존재가 되는 것이다. 여기서 '주체' 혹은 '나'라는 말이 상당히 의미 있다고 판단되는데 원래 '나라는 존재'는 성경에서는 하나님의 자기 선언이었다. 출애굽기에 보면 불타는 떨기나무에서 모세에게 나타나신 하나님은 자신을 '나로 실재하는 생명'인 야웨로 소개하셨는데 그 의미는 '나는 나로서 거기에 있을 자로서 실재할 것이다'이다.[58] 이 말은 '나라는 존

---

57 S.H. Han, Die Wirklichkeit des Menschen im Personalismus M. Bubers, F. Ebners, E. Brunners und F. Gogartens, Hamburg, 2001, 38.

58 H. Gollwitzer, Krummes Holz-aufrechter Gang, München, 1071, 305.

재'로 실재하시는 분은 오직 하나님뿐임을 가리킨다.

15. 그런데 근대 이후, 특히 데카르트의 '사유하는 나(Cogito)'의 발견 이후에 인간은 스스로 사유하면서 존재하는 자가 되어 이제는 스스로 자신을 세우고 신이 가지는 '나'와 유사한 존재가 되는 근거를 세웠다. 정확하게 말하면 하나님이 본질적으로 '나로 실재하시는 생명'인데 인간도 신과 유사하게 '나를 스스로 세우는 존재'가 되었다는 것을 의미한다. 그러나 인간이 신과 유사하게 '나'라고 해도 사실은 하나님이 '나'라고 하는 것과는 차원이 다르다. 성경의 하나님은 '오직 나로 실재하시는 인격'이라는 의미에서 야웨이지만 인간은 그런 하나님 앞에서 스스로를 세우려는 하나의 시도에 불과하다. 자신을 창조주 앞에서 스스로 세우려는 노력은 사실 죄에 해당되는 정신적 행위이다. 타락한 인간은 그런 식으로 '봄(Anschauung)'을 통해 신을 사유하는 존재가 된 것이다.

16. 그러면 '봄'을 통해 사유되는 신은 도대체 어떤 신일까? '봄을 통해 사유한다'는 것은 정확하게 말하면 '인과율로 사유한다'는 것을 뜻한다. '인과율로 사유한다'는 것은 원인과 결과의 사슬고리에 따라 사유한다는 뜻이다. 인간 오성은 수량의 법으로 원인과 결과를 추적한다. 인과율로 신을 사유하는데 그때 발견된 신은 최고의 원인이라고 할 수 있는 제일 원인(causa prima)이다. 모든 생명체는 인과율, 즉 원인과 결과라는 법칙에 따라 존재하는데 유독 고유한 원인만 가지면서 결과가 없는 존재가 있다면서 그것을 제일 원인으로 본다. 그리고 그것을 '신'이라고 명명한다. 그래서 신을 '최고의 원인'이라고 규정한다. 이것은 고대의 아리스토텔레스 철학에서 논하는 신의 개념이다. 수량의 논리에서 발견된 신

은 최고의 원인이다. 과학적이고 객관적이며 인과율적인 엄밀성으로 원인과 결과를 추적해 가는데 그 종결은 '최고 원인'이 되는 것이고 그것을 '신'이라 부른다. 인과율적인 법칙을 따라가는 방식을 '학문적'이라고 부르기도 한다. 또한 원인과 결과의 법칙에 입각해서 모든 것을 이해하기 때문에 '객관적'이라고 부르기도 한다. 이런 점에서 과학이란 인과율의 자연성에 의해 생명을 파악하려는 이성적 작업이다. 인간이 인과율의 법칙으로 생명을 이해하려 할 때 인간 정신은 불가피하게 이성 또는 오성이 된다. 이성이란 생명을 인과율에 따라 파악하려 할 때 인간 정신이 집착하는 하나의 '자아 개념'이다. 자아는 '이성'이 되어 생명을 인과율로 파악하려 한다. 신 존재를 그런 식으로 파악하게 되면 인간 정신은 항상 어떤 율법적 존재로 나타나게 된다. 인간 정신이 인과율에 따라 생명을 이해하려 하면 자연스럽게 최고 원인을 추적하게 되고 그때 나타나는 최고 원인은 하나의 '이데아'로 보인다. 그 이데아 속에는 인간 정신이 마땅히 '해야 한다(Sollen)'는 형식(Kategorie)으로 된 명령이 담겨 있고 이 명령을 보편적이고 타당한 당위성으로 이해하려 한다. 칸트는 이 것을 정언명법(kategorischer Imperativ)이라는 말로 표현했다. 법이란 우리 정신이 인과율에 따라 생명이나 존재를 이해하려 한다는 증거이다.

17. 그러나 하나님을 아는 방식은 자연을 아는 방식과는 분명히 다르다. 과연 하나님을 아는 방식이란 무엇일까? 상식적으로 우리는 수량의 법칙으로는 결코 하나님을 알 수 없다는 것을 잘 알고 있다. 자연이나 재화가치는 수량의 법칙에 의해 가치와 그 의미가 계산될 수 있다. 그러나 살아 있는 하나님을 수량의 율법으로 측량할 수는 없을 것이다. 그렇다면 과연 하나님을 아는 방식은 어떤 방식일까? 사물을 인식하는 방식으

로 헬라인들이 주로 사용한 방식은 '보는 것'에 의존하는 것이었다. 그런데 이 방식 외에도 또 다른 방식이 하나 있다는 사실을 알게 된다. 그것은 '듣는 것'에 의존하는 방식이다. 진리를 보는 것에 의존해서 파악하는 방식으로 규정할 수도 있지만 그 방식은 인간 이성이 곧 수량의 율법에 매이는 결과를 가져 오고 그 방식에서 파악되는 진리는 이기적 실증주의적인 진리이고 이때 파악되는 신은 최고 원인으로서의 신 개념이다. 그러나 진리를 '보는 것'에 의존하는 것이 아니라 '듣는 것'에 의존한다면 어떤 진리가 주어질까? 다시 말해 우리가 듣는 것에 의존해서 진리를 얻게 되면 과연 그 진리는 어떤 진리일까?

18. '듣는 것'에 의존할 때 반드시 있어야 하는 존재는 '말하는 자', 즉 '상대(Gegenüber)'이다. 듣는 것으로 진리를 얻고자 할 때 중요한 것은 당연히 올바르게 듣는 것이다. 올바르게 듣는 것이란 과연 무엇일까? 우리는 정확하게 보기 위해 눈을 사용해야 하고 정확하게 듣기 위해 귀를 사용해야 한다. 정확하게 듣기 위해 우리는 귀를 어떻게 사용해야 할까? 정확하게 보기 위해 우리 정신은 오성이 되어 사물을 잘게 쪼개야 한다. 그러나 올바르게 듣기 위해서는 우리 정신은 '상대'가 하는 말을 끝까지 들어야 할 것이다. 상대가 하는 말을 끝까지 듣는다고 할 때 우리는 상대의 전부를 알지 못하면 오해에 빠지게 된다는 것을 잘 안다. 오해란 내가 상대 앞에서 나 자신을 세우는 것을 의미하는데, 이것은 내가 상대의 말을 듣지 않는다는 것을 뜻한다. 상대의 말을 '듣는다'는 표현을 우리는 '상대를 이해하는 것'이라고 할 수 있다. 상대의 말을 듣는 것은 곧 상대를 이해하는 것을 뜻한다. 그래서 이해는 듣는 방식에서 기인된 해석학적 개념임이 분명하다.

19. 상대의 말을 듣는다는 것은 나의 말이 사라지는 것을 의미한다. 내가 상대의 말을 듣는 순간부터 나의 말은 사라진다. 나의 말이 사라지면서 상대의 말이 들리게 되고 내가 상대를 생각하게 되고 그 상대를 비로소 이해하게 된다. 그래서 상대의 말을 듣는 것은 나의 말이 사라지는 것을 의미한다. 말은 '나'의 정신이 창조한다. '나'는 말을 창조하면서 '나'를 상대에게 세우게 된다. 나의 가치관, 나의 고집, 나의 사유, 나의 세계관, 나의 철학, 나의 기분 등을 세운다, 이런 '나'를 상대 앞에 세우고 내가 이런 존재임을 상대에게 확인시키는 것이다. 그러나 나의 말이 사라진다는 것은 더 이상 내가 '나'를 세우지 않는다는 것을 뜻한다. 내가 나를 세우지 않을 때 비로소 상대가 '말'로 들리기 시작한다는 것이다. 상대가 들린다는 것은 곧 상대의 마음이 들리기 시작한다는 뜻이다. 정확하게 말하자면 내가 나를 세우지 않을 때 비로소 상대는 하나의 '마음' 또는 '인격'이 되어 나에게 들리게 된다는 것이다.

20. 상대가 하나의 마음이 되어 나에게 들린다는 말은 무슨 의미인가? '나라는 존재'는 상대라는 생명이 일어나는 하나의 정신적 장소, 즉 '나'가 마음이 된다는 뜻이다. 나라는 장소에서 상대가 '살아 있는 실재'로 일어남을 가리킨다. 놀랍게도 '들음'에서 상대가 '살아 있는 실재'로 나에게 일어난다. '들음'에서 발견되는 진리는 '상대가 살아 있다'는 것이다. 반면에 '봄'에서 발견되는 진리는 '어떤 대상이 단순히 서 있음'이다. 다르게 표현하면 '봄'은 대상을 객관화시키고 대상을 운동하지 않고 고정적으로 서 있는 존재로 파악한다. "객관화시키는 행위인 봄을 위해서 현상들은 동시에 조용히 멈추어 있다! 내가 자연히 운동 과정을 객관화시키는 봄에 종속시키기 때문이다. 그로 인해 모든 운동 과정은 조용히 멈

추게 됨, 즉 조용히 멈추어 있음이 된다"고 말하는 것이 틀리지 않는다.[59]

21. 그러나 '상대가 살아 있다'는 것은 상대가 내 앞에 조용히 멈추어 있음을 뜻하지 않는다. 오히려 '상대'가 내 안에서 일어나고 역사하고 있음을 가리킨다. 말을 듣는 것은 말하자면 상대의 정신이 만든 문장을 내 마음에 받아들임을 의미하는데 그 문장은 상대의 정신이 고유한 '말'로 현현한 것과 같다. 마치 그리스도가 하나님의 현현인 것처럼 상대의 말, 즉 상대의 정신이 만든 문장 역시 정신의 육화된 문장이고 곧 정신의 현현이다. 정신의 현현인 '말'은 오로지 '들음'이라는 방식으로 나의 마음에 직접 들어간다. 상대의 정신이 만든 문장은 상대의 정신의 현현으로서 나라는 마음에 직접 들어가는 로고스인 셈이다. 그래서 상대의 말을 듣는다는 것은 상대가 내 안에서 '말'로 일어나는 것을 의미한다. 상대가 내 안에서 '말'로 일어나지 않으면 우리는 상대의 말을 들을 수 없으며 이해할 수도 없다. 상대의 말을 듣지 않으면 우리는 결코 '마음'이 될 수 없음을 가리킨다. '마음'이란 내가 '상대의 말을 듣는 정신'이 된다는 의미이다. 마음이 아니면 우리는 결코 상대의 말을 들을 수 없다. 상대의 말은 내가 마음이 될 때 일어난다. 말을 듣는 것은 내 정신이 이성이 되는 것이 아니라 내 정신이 마음이 된다는 것을 뜻한다. 바로 이 마음에 하나님이 거하시는 것이다. 그런 의미에서 하나님은 인간이 보아야 하는 존재가 아니라 반드시 들어야 하는 말씀이다.

22. 우리는 진리이신 하나님과 관련하여 '보는 눈' 외에 또 하나의 신비

---

59 R. Bultmann, Glauben und Verstehen, III, 119.

한 기관이 있음을 알게 되었다. 그것은 보는 눈이 아니라 듣는 귀, 즉 마음이다. 마음은 듣는 귀가 분명하다. 하나님은 우리가 눈으로 보아야 하는 분이 아니라 귀로 들어야 하는 분이라면, 우리는 그분을 마음으로 들어야 함을 전제한다. 마음으로 들어야 하는 분이기 때문에 하나님은 '말씀'이 분명하다. 그래서 하나님은 마음으로 들어야 하는 말씀이다.

23. 이런 관점에서 볼 때 우리가 해서는 안 되는 잘못이 있다. 그것은 하나님을 보아야 하는 분으로 오해해서는 안 된다는 사실이다. 즉 하나님을 '수량의 율법'으로 측량해서는 안 된다는 것이다. 하나님을 이성으로 규정하고 측량할 수 있는 어떤 존재자로 착각하는 순간부터 우리는 그 하나님을 수와 양의 율법 안으로 끌어들이게 된다. 그리고 하나님의 여러 말씀들을 '수와 양의 율법'으로 판단하려고 애쓰게 되며 내 행위와 공로라는 수량으로 그 말씀과 일치시키려 한다.

24. 우리는 하나님이 행하시는 거룩하고 신비한 큰일을 자주 수량의 법칙으로 이해하려는 어리석은 생각을 가지고 있는 것 같다. 그렇게 생각하는 것은 우리 정신이 얼마나 계산하는 능력으로 변질되었는가를 증명해 준다. 하나님의 역사를 수량의 법칙으로 계산하려는 행위가 바로 그것이다. 반대로 말하자면 하나님을 마음으로 듣지 않는 모든 행위는 인간 나 자신의 법칙, 즉 수량의 법칙 아래 놓여 있는 나 자신의 율법으로 듣는 것이 된다. 그러나 하나님은 마음으로 들어야 하는 생명이라는 사실을 기억해야 한다. 마음이란 '당신으로 인해 일어나는 자아'로서 상대의 살아 있음이 일어나는 정신적 장소이다. 하나님은 상한 마음과 애통하는 마음과 가난한 마음과 어린아이의 마음을 제사와 수양의 제물보다

더 기뻐 받으시는 영이시라고 성경이 표현한 점도 이와 같은 맥락이다. 하나님의 살아계심은 우리가 '듣는 마음'이 될 때 비로소 체험된다.

25. 우리는 하나님께 매이는 존재를 '인격적 존재'라 하고 세상의 법칙에 매이는 존재를 '수량적 존재'라 부를 수 있다. 인간 정신은 인격적 존재가 되든지 아니면 세상의 법칙에 매이는 수량적 존재가 되든지 둘 중 하나에 속한다. 즉 하나님을 섬기든지 아니면 수량의 법칙이 지배하는 세상을 섬기든지 해야 한다는 것이다. 그런데 현실적으로 우리는 이 두 개의 존재 방식에서 어느 한 개를 선택할 수 없다. 오직 하나님만 선택하는 인격적 존재가 될 수도 없고 반대로 세상만 선택하는 수량적 존재도 될 수 없다. 이 땅 위에는 오직 하나님만 선택하는 사람이 얼마나 되겠으며 반대로 세상만 선택하는 스크루지 같은 사람 또한 얼마나 되겠는가? 오히려 하나님을 사랑하면서도 재물을 섬기는 이중인격적인 형태가 우리의 현실적인 모습일 것이다.

26. 하나님을 사랑하면서도 우리는 수량의 법칙이 지배하는 세상 아래에서 산다. 마음으로는 하나님 아래에서만 살고 싶은데 현실은 수량의 법칙이 구체적으로 나타나는 재물 아래에서 허덕이며 산다. 이런 우리의 모습을 주님은 비난하실까? 마음으로는 하나님만을 사랑하며 살고 싶은데 현실적으로는 수량의 율법에 매여 부대끼며 사는 우리의 모습인데 이런 갈등하는 모습을 주님은 비난하실까? 마음으로는 하나님만을 사랑하며 또한 현실적으로는 수량의 율법에 매여서 살아가는 우리의 모습이 문제가 된다면, 하나님을 우리의 수량의 법칙으로 판단하면서도 우리 영혼이 전혀 갈등하지 않는 모습이 문제라고 본다. 마음으로는 하

나님을 의지하며 살기를 원하는데 현실은 자연의 율법 아래에 놓여서 갈등하며 사는 모습 자체가 문제가 아니라 측량할 수 없는 하나님을 우리의 육체적인 법칙으로 측량하면서도 전혀 문제 의식 없이 사는 우리의 모습이 가장 큰 문제일 것이다.

27. 이런 원리로 예수 시대에 있었던 바리새인과 세리의 문제를 들여다 볼 수 있다. 바리새인들은 행위로 의로워지려고 노력했던 자들의 대명사일 것이고 세리는 비천한 자신의 마음을 의롭게 여기시는 그리스도로부터 의롭게 여김을 받은 자의 상징이다. 인과율로 보면 바리새인들은 분명 하나님으로부터 세리보다 더 의롭다고 여김을 받아야 한다. 그러나 실제로는 그들은 예수의 저주의 대상이 되었고 반대로 세리는 예수의 측은의 상대가 되었다. 무엇이 바리새인들로 하여금 예수의 저주를 받게 했을까? 실제로 바리새인은 박하, 회향, 그리고 근채라는 보약재를 먹으면서도 십분의 일을 하나님께 드렸으나(마 23:23) 세리는 그런 행위를 했다는 기록이 없다. 노력과 수고를 보자면 바리새인들이야 말로 사실은 하나님과 가장 가까이 있었던 자들이라고 해야 한다. 그럼에도 그들에게 율법의 더 중요한 정신인 의로움과 긍휼, 그리고 신앙이 없었다(마 23:23). 이들에게는 율법의 행함은 있었지만 정작 율법의 정신이 없었다는 예수의 지적은 무엇을 암시하는 것일까? 인간이 무엇을 행한다고 했을 때 반드시 지배를 받아야 하는 법칙이 있다면 수량의 법칙이다. 수적으로 많이, 그리고 양적으로 크게 하면 할수록 옳은 행위가 된다. 옳은 행위일수록 수적으로, 그리고 양적으로 많아야 하고 크게 해야 의로운 행위가 된다. 이런 그들이 돈을 좋아한 것은 충분히 이해가 된다(참고. 눅 16:14). 그러니까 바리새인들은 하나님을 마음으로 들으려고 한

자들이 아니라 하나님을 세상적으로 보려고 한 자들이었다. 그들은 하나님과 인간들에게 잘 보이기 위해 행위로 율법을 지켰다. 즉 그들은 하나님을 자신들의 행위를 통해 보려고 하는 자들이었다. 그래서 그들에게는 하나님의 말씀이 오로지 율법으로 보였고 의로움이나 긍휼, 그리고 신뢰와 같은, 마음에서 일어날 수 있는 정신은 가지지 못했고 또한 알지도 못했다. 즉 그들은 영에 주리고 가난한 심령(마음: 마 5:3)이 무엇을 의미하는지 조차 깨닫지 못했을 것이다. 그런데 예수로부터 의롭다고 인정받은 세리는 정작 행위로 무엇을 나타내려고 하지 못했다. 그들은 그저 "가슴을 치고 말하기를 하나님 죄인인 저를 불쌍히 여기소서(눅 18:13)"라는 말만 했다. 세리는 심령을 가졌고 그 마음으로 하나님을 말씀으로 들었다. 비록 그가 어떤 행위를 했는지는 알 수 없으나 하나님을 말씀으로 들을 수 있는 마음은 되었다. 바리새인들은 자신들의 행위로 인해 예수로부터 '위선자'라는 저주를 들었으나 세리는 아무 행위도 하지 않았지만 '의롭다'고 여김을 받았다. 이런 점에서 성경은 하나님을 듣는 마음이 대단히 중요한지를 강조하고 있음이 분명하다. 그렇다면 세리가 의롭고 바리새인은 의롭지 않는 자로 우리가 아는 것만이 전부일까? 현대에는 예수 시대의 세리와 바리새인은 사실상 없어 보인다. 그러나 오히려 '세리 같은 바리새인'과 '창기 같은 바리새인'라는 표현이 현대의 위선적인 종교인들을 지칭하는 것에 훨씬 적합하게 보인다. 세리처럼 의로운 행위를 전혀 하지 않고 하나님으로부터 '의'를 선물로 거저 받았지만 그 의를 바리새인처럼 자신들이 신으로부터 당연히 받아야 하는 소유물로 여기면서 또 다른 율법으로 이웃을 힘들게 하는 정신이야말로 예수 시대의 바리새인보다 더 불의한 자, 즉 '세리 같은 바리새인'일 것이다. 자신을 바리새인이 아닌, 공로가 전혀 없는 창기라고 여기면서도 은혜로 받은 '의'를 너무 당연하게 여기는 '창기 같은 바리새인' 역시 불의한 자일 것이다. 주께서 창기를 바리새인보다 의롭다고 여기시니까 의를 받을 때는 창기처럼 비참한 모습을 보이다가 정작 같은 이웃에게는 그 옛날 바리새인들이 창기에게 행했듯이 그 이웃을 돌아보지 않고 깔보고 비웃고 경멸하고 멸시한다. 이들은 하나님을 '말씀'으로 들어야 함을 잘 알면서도 듣지 않기 위해 자위로 바리새인이 된 자들이며 동시에 정작 하나님의 '의'를 선물로 받을 때는 창기처럼 비굴한 모습을 연출하면서 신으로부터 의를 받아내려는 현대의 종교적인 위선자들이다.

09

인간과 사람의 구분

1. '창조주의 영은 인격적 존재만이 만날 수 있으며 인간은 창조주의 영과 만나기 위해 인격적 존재가 되어야 한다.' 이 표현은 이 책에서 가장 중요하게 말하고자 하는 결론 가운데 하나이다. 여기에서 말하는 '인격'은 칸트 이후의 인간학적인 자율의 개념이 아니라 영적인 존재 개념이다. 그리고 그 영을 '사람'으로 간주한다면 우리는 여기에서 질문이 생길 것이다. 인간과 사람이 따로 있는가? 인간과 사람은 서로 다른 존재인가? 여기에 대한 대답은 다음과 같다: 서로 다른 존재는 물론 아니다. 그러나 분명히 차이도 있다. 인간이라는 개념과 사람이라는 개념이 반드시 같은 것인가에 대한 질문에 반드시 같지는 않다는 답변도 있다.

2. 그러면 차이가 있다면 어떤 차이가 있을까? 먼저 결론을 밝혀 놓고 설명하려 한다. '인간'은 절대로 창조주의 영을 만나지 못하지만 '사람'은 만난다. 사람만이 창조주의 영을 만난다. 여기서 인격이라 했을 때 우리

는 인간이 인격일 때와 하나님이 인격일 때의 차이를 분명히 알아야 한다. 인간을 가리켜 인격이라 하지 않고 반드시 사람일 때 인격적 존재라고 한다. 사람은 인격적 존재이지만 인간을 가리켜 인격이라 하지 않는다. 그러면 사람과 인간의 차이가 있는가? 그래서 우리는 인간의 개념과 사람의 개념의 차이를 잠시 생각해야 한다. 물론 여기서 인간이라는 한자 단어와 사람이라는 한글의 어원들을 분석해서 개념화하는 것은 별 의미가 없다고 판단된다. 지금 우리가 이 단어들을 사용하면서 어감으로 이미 그렇게 사용하고 있기 때문에 굳이 그 단어의 근원이나 본래적인 의미를 밝히는 것은 의미가 없다고 판단되기 때문이다.

3. '인간(Mensch)'이라는 것은 동물과 자연, 그리고 세상과 관계하면서 특히 동물보다 특수한 종으로서의 기능을 가진 존재를 가리킨다. 피조된 영과 인간이 관계할 때 그 인간은 그 피조된 영 가운데 한 개의 정신으로서의 존재, 즉 '이성을 가진 인간(호모 사피엔스: homo sapiens)' 혹은 '도구를 만드는 인간(호모 파버: homo faber)'로서의 인간이다. 호모 사피엔스라는 말은 인간이 이성적인 존재라는 말이고 호모 파버라는 말은 이성을 가진 인간이 자연에서 무엇을 제작하는 능력을 가진 것을 두고 말한다. 즉 인간이란 자연에서 인간이 무엇을 창조하여 그 자연을 지배하고 정복하는 탁월한 능력을 가지고 있다는 점을 가리켜 말한 것이다. 이것은 만물의 영장으로서의 인간을 뜻한다. 우리가 인간을 가리켜 만물의 영장이라고 하는 것은 바로 이런 인간의 탁월한 능력 때문이다.

4. '인간은 만물의 영장'이라고 할 때 간과할 수 없는 사실은 인간이 하나님과의 관계에서도 무엇인가 탁월한 점들이 있는 존재자인 것처럼 오해

하기 쉽다는 점이다. 하나님과의 관계에서도 인간이 동물과 다른 독특한 능력을 갖고 있기 때문에 하나님을 사유할 수 있고 신 관념을 가질 수 있다고 오해한다. 우리는 지금까지 인간에게 이성이 있기 때문에 신을 사유할 수 있다고 생각해 왔다. 그것이 바로 호모 사피엔스로서의 인간 혹은 호모 파버로서의 인간이었다. 한 마디로 인식과 대상과의 관계에서 신을 사유하는 인간관을 말한다. 지금까지의 형이상학이 그렇게 이해해 왔고 헬라의 정신이 그렇게 가르쳤다. 특히 현대의 인간관은 인간의 고유성을 더 이상 하나님에게서가 아니라 고등 동물의 차원에서 찾고자 한다.[60] 그러나 이러한 인간관으로는 창조주의 영의 세계를 만나지 못하며 설령 만난다고 해도 하이데거나 노자처럼 무의 세계를 만날 것이다. 분명히 구분해야 할 것은 하나님과의 관계에서 인간을 가리켜 인간이라고 하지 않는다는 것이다.

5. 학문에서 하나님과 관계할 때도 인간이라는 말로 표현되는 것을 본다. 이것은 인간의 개념을 인식의 관계에서 파악하려는 것에서부터 나온 이해라고 판단되며 영의 세계와 무관한 개념이라고 본다. 하나님과 관계할 때 인간이라고 하기보다는 사람 내지 인격적 존재(Personsein)라고 해야 한다. 이때 사람은 이성을 가지는 존재로서의 인간이 아니라 껍데기가 사람인 존재를 말한다. 껍데기가 개가 아니고 사람이기 때문에 사람이라고 하는 존재일 뿐이다. 껍데기가 사람이기 때문에 사람인데 이 사람이 하나님을 만난다. 다시 말해 이성을 내용물로 가지는 혹은 그로 인해 창조적인 행위를 할 수 있는 인간이 하나님을 만난다는 것이 아

---

60 W. Pannenberg, Anthropologie in theologischer Perspektive, Göttingen, 1983, 25,

니라 하나님을 만나는 인간 존재는 다만 껍데기가 사람이기 때문에 하나님을 만난다는 것이다. 그래서 껍데기가 개라는 존재는 죽을 때까지 피나는 수양을 해도 창조주의 영을 절대로 만나지 못한다. 껍데기가 개라는 존재는 창조주의 영을 결코 만날 수 없다.

6. 껍데기가 사람인 존재만이 창조주의 영을 만나는데 그러면 인간이 사람이 되기도 하고 인간이 되기도 하는가? 이 질문은 정말 중요한 질문이라고 판단된다. 경우에 따라서 인간이 사람이 되기도 하고 인간이 되기도 하는가? 여기에 대한 우리의 답은 '그렇다'이다. 인간은 경우에 따라서 인간이 되기도 하고 사람이 되기도 한다. 지금까지 인간학은 이 문제에 대하여 명확한 해답을 주지 못한 것 같다. 이제까지 인간학은 호모 사피엔스가 인간이고 호모 파버도 인간이고 그 인간이 사람이지 않는가 하는 식으로 생각해 왔다. 그래서 칸트는 인간의 인격을 논하면서 인격을 마치 인간 안에 있는 자율적인 어떤 능력 정도로 생각했다. 호모 사피엔스가 인격이기도 하고 이성을 가진 인간이 되기도 하고 그 인간이 사람이 되기도 했다. 또는 인간이라는 개념은 인식론적인 개념으로, 그리고 사람의 개념은 윤리적인 개념으로 이해하기도 했다. 이런 이해는 인간이 위대한 이성의 능력을 가지고 있기 때문에 동물과 구분된다는 생각을 하게 만들었다. 우리는 인격에 대하여 위대한 이성의 능력을 가진 인간이 인간끼리 가지는 최소한 자비심 정도로 또는 자연에 대해 가질 수 있는 약간의 관대함 정도로 생각했다.

7. 사람과 인간은 구분해야 한다고 판단된다. 왜냐하면 우리가 관계하는 세계들을 생각해야 하기 때문이다. 인간은 반드시 두 개의 차원들과

관계한다. 자연과 하나님의 차원과 관계한다. 인간은 자연과 관계할 때 인간이다. 그러나 하나님과 관계할 때는 인간이라기보다는 사람이라고 해야 한다. 왜 우리가 그런 식으로 인간을 마치 두 개인 것처럼 구분해야 하는가? 그것은 우리가 관계하는 차원들이 두 개이기 때문이며 우리가 관계하는 두 개의 차원들은 서로 본질적으로 다르기 때문이다.

8. 인간은 불가피하게 나면서부터 자연과 관계해야 한다. 자연 속에서 우리는 문화를 만들어 내고 창조적인 행위를 한다. 그렇게 하여 '세상'이라는 것이 생긴다. 우리는 반드시 세상이라는 것과 관계하며 살아가야 한다. 그리고 또 한편으로는 창조주 하나님과 관계한다. 그런데 창조주 하나님은 자연의 차원과 본질적으로 다르다. 지금까지의 형이상학이 한 가지 간과한 사실은 자연을 창조하신 창조주는 최소한도 자연 안에서도 계셔야 한다고 믿어왔다는 점에 있다고 하겠다. 이 사상은 범신론인데 지금까지의 형이상학이 사실 범신론의 사상이 안 들어 있었던 것이 있었던가? 현대 신학자 브룬너(E. Brunner)는 서구 철학이 형식상으로는 마치 서로 다른 다양한 이론으로 펼쳐졌지만 사실 그 내용상으로는 '범신주의'라고 하는 하나의 사상으로 집약되는데 했는데 그의 서구 정신사의 진단이 정확하다고 필자도 동의한다.[61] 대부분의 철학 사상들과 학문은 따지고 보면 범신주의의 줄기에서 변형되어 펼쳐진 학문 이론들이다. 그리고 진화론이야말로 범신론의 마지막 결론과 같은 이론이다. 범신론이란 인간 속에 신적인 것이 있으며 그로 인해 신과 인간이 서로 공유점을 가진다는 사상이다. 인간의 이성을 신적 속성으로 여기든지(고대

---

61 참고 E. Brunner, Der Mensch im Widerspruch, Zürich, 1941, 558-559.

헬라 철학자들과 근대 철학자들 대부분) 아니면 감정을 신적 속성으로 여기든지(슐라이엘마허) 아니면 자유 의지를 강조하든지(아우구스티누스, 에라스무스, 칸트 등) 하는 사상들이 서구 정신사의 내용으로 비친다.

9. 그러나 자연을 만드신 창조주가 반드시 자연 안에 계신다고 누가 감히 증명할 수 있는가? 자연을 연구하면 창조주의 영을 만날 것이라고 누가 감히 자신 있게 증명할 수 있는가? 자연은 인과율의 법칙에 따라 보존된다. 인과율은 창조주에 의해 피조된 존재들이 서로 자멸하지 않도록 보존하기 위해 하나님이 부여하신 창조 질서의 법칙이다. 자연이 유지되는 법칙은 인과율에 의해서이다. 그러나 이런 인과율로 하나님을 알 수 있는가? 그렇게 해서 이해되었다면 그것은 하나님이 아니고 신에 대한 인간의 생각일 뿐이다. 학문에서 특히 철학에서 생각하는 하나님에 대한 판단을 가만히 살펴보면 철저히 인과율에 의해 짜 맞추어져 있음을 알게 된다. 즉 하나님이기 때문에 인간의 사유의 대상이 될 수 있고 하나님이기 때문에 우리 인간을 구원하시고 하나님이기 때문에 자연 안에 계셔야 한다는 논리이다. 여기서 '… 때문에'라는 이유는 항상 그 이유에 대한 결과를 동반한다. 우리는 이유 없는 결과를 가리켜 운명 혹은 팔자로 생각하기도 한다.

10. 서구인들이 어떤 사실에 대하여 가장 많이 사용하는 말은 '왜(Warum)'라는 질문이다. 그들은 어떤 사건이나 문제가 생기면 반드시 어떤 원인이 있다고 생각한다. 우리 동양인들의 사고 방식도 서서히 서구화가 되어 어떤 문제를 만나면 그 원인을 찾아야 하고 그 원인을 찾으면 어떤 해답이 주어질 것이라고 믿는다. 소위 인과율! 인간이 발견한 위대

한 자연의 법칙이다. 이 인과율 법칙의 발견 때문에 우리 인간은 눈부신 업적을 만들 수 있었다. 소위 문명이나 문화, 기술이나 학문을 발전시켜 왔다. 인간이 자연에 있는 이 인과율의 법칙을 발견한 덕분에 우리는 지금까지 눈에 보이는 풍요를 누려왔으며 이것은 자타가 공인하지 않을 수 없을 것이다. 그런 의미에서 서구인의 사고 방식은 찬사를 받을 만하다. 인과율에 입각해야 우리는 어떤 사건을 합리적으로 이해할 수 있으며 또한 합리적으로 이해해야 자연의 무질서(Chaos)에서 해방된다.

11. 동양인들이 서양인들에게 배워야 하는 것 중의 하나는 자연에 관한 인과율의 사고 방식이다. 그것을 통해서 동양인은 무속적이고 신화적인 요소를 극복할 수 있다. 하나님의 피조물인 '자연(Natur)'이 인과율에 따라 움직인다는 것은 분명한 사실이다. 인과율은 하나님이 만드신 피조물들을 계속 유지하기 위해 부여하신 질서의 법칙이다. 헬라의 철학자들은 그것을 '원리' 혹은 '이성' 혹은 '정신'이라고 정의했다.

12. 그런데 문제는 피조물이 아닌 '하나님'도 인과율로 파악될 수 있는가 하는 점이다. 인과율을 부여하신 하나님이지만 그 하나님이 과연 인과율에 따라 이해될 수 있는 분인가? 그렇다고 단정할 만한 증거는 전혀 없다. 그 물음에 대한 대답도 당연히 아니라고 말할 수밖에 없다. 최근의 지각 있는 학자들의 의견은 하나님이 결코 인과율에 의해 이해될 수 없다는 데 일치하고 있다. 그러나 '도대체 무엇으로 하나님을 이해할 수 있는가'라는 질문에는 아직도 현대 인간학이 구체적인 답변을 찾지 못한 것 같다. 그리고 이 해답을 성경적 사상 밖에서 찾으려면 쉽지 않을 것 같다. 인과율을 부정하면서도 결국 또 다시 인과율로 되돌아오게 된

다. 하이데거의 철학처럼 인과율을 극복하려 했지만 결국 그 법칙에 따라 또 다시 사유할 수밖에 없을 것이다. 성경의 사상 밖에서 해답을 찾으려 한다면 결코 인과율을 극복하지 못할 것이다. 인과율을 부정하면서도 다시 인과율로 생각하게 된다. 더 정확하게 말하면 인과율로 인과율을 부정하는 결과일 뿐이다. 논리로 논리를 극복하려는 것과 같다. 논리로 논리를 극복한다는 것은 끝없는 인과율의 결과를 만들어 낼 뿐이다.

13. 성경에서 증거되는 하나님을 어떻게 이해할 수 있는가? 인과율이 아닌 영성 또는 인격성(Personalität)으로 이해하지 않으면 안 될 것이다. 인격성이란 결코 한 마디로 정의될 수 없다. '하나님'에 해당되는 것을 어찌 우리가 쉽게, 그리고 단순하게 조직할 수 있으며 생명이신 그분을 체계적으로 말할 수 있겠는가? 분명한 것은 하나님은 하나님 자신에 의해 이해되어야 한다는 것이다. 이것은 복음이기도 하다. 복음이란 자기 자신에 대한 하나님의 증거이다.[62]

14. 하나님은 주관적인 인간인 나 자신(Subjekt)에 의해 임의적으로 해석되거나 자위적으로 이해되어서는 안 되고 오직 하나님 자신에 의해 이해되어야 한다. 하나님은 순수하게 활동하는 실재(actus purus)이시며 그분이 사람을 찾으며 사람을 살게 하는 인격성이고 사람은 하나님에 의해 살고 또한 살아갈 수 있는 존재이다.[63] 여기서 하나님 자신이란 그 어떤 말로도 묘사가 불가능하다. '자신'이란 고유성 혹은 중심 또는 가장

---

62 참고. W. Elert, Der christliche Glaube, 199.
63 참고. 같은 책. 230.

신비한 무엇인데 오직 자신을 주시는 하나님과 그 자신을 받는 사람 외에는 알 수 없다. 우리는 하나님 자신에 의해서 하나님을 이해하는 방식을 가리켜 '신앙'이라는 말 이외에 달리 표현할 만한 말이 없음을 안다. 아가페이신 하나님의 영이 인간의 에로스적인 마음으로 침입하여 그로 인해 그분을 마음에서 듣는 자만이 참으로 하나님을 듣는 자이다.[64]

15. 신앙은 하나님 자신에 의해 하나님을 이해하는 중요한 신적 선물이다. 우리는 때로 신앙에 대하여 쉽게 오해한다. 보통 오해하는 방식은 내가 믿어주는 어떤 정신적인 행위로 생각한다는 점이다. 물론 이런 이해도 완전히 틀렸다고 하기 어렵다. 신앙은 내가 믿는 것이기 때문이다. 그런데 여기서 중요한 문제는 '나'라는 문제인데 확실히 신앙은 내가 믿는 것(credo)이 분명하며 분명히 남이 내 대신 믿어 주지 못한다. 또한 내가 믿어야 한다. 그러나 여기서 말하는 '나'라는 말을 오해해서는 안 된다. 오직 '나만의'라는 의미가 결코 아니기 때문이다. 우리가 신앙을 말할 때 보통 '내가 믿어주는 어떤 신념' 정도로 생각하는 것은 사실 '내가 믿는 것'이 아니고 '오직 나만이 믿어주는 주관적인 어떤 신념'이라는 의미가 다분히 깔려 있다. 그래서 신앙을 가진 자는 세상 사람이 전혀 모르는 오직 나만이 가지는 비밀스러운 어떤 것을 가지고 있는 것으로 이해한다. 내가 믿는다고 하니까 다른 사람과는 전혀 관계 없는, 오직 나만이 믿어주는 어떤 것'이 신앙이라든지 혹은 나만이 하나님을 믿는 것이라고 생각하기도 한다.

---

64 참고. 같은 책. 215

16. 여기서 '나만이'라는 것은 인간 자신을 두고 말한다. 그러면 '나'는 도대체 누구를 가리키는가? '나'를 주관이라고 표현하기도 하는데 사실 신앙을 두고 말할 때 사용하는 주관(Subjekt)은 인간 자신을 두고 말하는 것이 아니다. 주관(Subjekt)의 근원은 인간 자신이 아니고 바로 하나님 자신이라는 점을 알 필요가 있어 보인다. '나라는 존재'가 인간 나 자신이 아니고 하나님 자신을 말한다면 신앙은 인간 내가 하나님에 관한 어떤 비밀스러운 것을 믿어주는 신념이라기보다는 오히려 '하나님 자신'에게 고유한 '나'를 넘기는 인격적인 행위이다. 신앙은 인간인 내가 나만이 가지는 비밀스러운 신념이나 자기 확신이 아니라 하나님이 자기 자신을 주시기 때문에 그 하나님 자신이 나에게서 일어나는 것을 믿는 것, 즉 하나님 자신을 신앙하는 영적 반응을 두고 말한다. 그래서 신앙은 나를 향해 자신을 기꺼이 넘기시는 하나님에 대해 인간 내가 마음에서 그 하나님을 향해 반응하는 '나의 인정(das Ja-Sagen zu Gott)'이다. 신앙은 나의 마음으로 향해 오시는 '하나님의 나'를 향해 반응하고 그로 인해 인정하는 것, 더 자세히 말하면 나를 하나님 자신만큼 의롭다고 여겨주시는 칭의의 사건 속에서 하나님으로 인해 다시 일어나는 분명한 승인(Bejahung)에 반응하고 인정하는 영적 반응이며 이 분명한 반응을 위해 예수 그리스도 안에서 말씀하셨고 집행된 하나님의 승인을 내가 인정하는 것을 말한다.[65]

17. 우리는 보통 이렇게 말한다: 신앙은 '나'가 믿는 것이다. 그러나 여기서 주의할 것은 '나'라는 주어가 도대체 누구를 가리키는 가를 숙고해야

---

65 참고. E. Jüngel, Das Evangelium von der Rechtfertigung des Gottlosen als Zentrum des christlichen Glaubens, 202.

할 필요가 있어 보인다. 인간의 '나'가 믿어주는 것이 신앙이라면 그 신앙은 반드시 기독교 신앙일 필요는 없어 보인다. 인간의 '나'가 하나님의 형상인 것과 동시에 그리스도 안에서 죄인임을 스스로 승인한다는 것은 인간 스스로는 상상할 수 없기 때문이다. 우리가 '나'라는 존재를 '하나님의 형상'이면서 동시에 '죄인'임을 인정하는 것은 인간 '나'의 인정이나 승인이 아니다. '나'란 '너'에 의해서만 '나'일 수 있기 때문이다. 그래서 절대적으로 '나'로서 실재하시는 하나님의 고유한 인격이신 '나'에 의해서만 인간 '나'가 '하나님의 형상으로서의 죄인'임을 인정할 수 있다. 하나님 자신이라 불리는 신적인 '나'의 승인이나 인정 없이 인간 스스로 '나'일 수 없으며 그로 인해 인간은 자신이 '하나님의 형상'이라는 것과 또한 '죄인'이라는 사실도 결코 인정 혹은 동의할 수 없다.

18. 기독교 신앙은 인간 '나'가 하나님을 믿어주는 영적 승인이 아니라 오히려 하나님의 '나'가 인간의 '나'를 향해 가지시는 승인, 인정, 동의로 하나님 자신과 마주하는 인격으로 여겨주시는 영적 행위이다. 여기서 중요한 것은 '나(Subjekt)'가 인간 자신이 아니라 사실은 '하나님 자신'이라는 점이다. 그런 점에서 기독교 신앙을 가리켜 '인간 내가 믿는다'고 생각하는 것은 분명히 '신앙의 세속화'이다. 왜 기독교 신앙이 '인간 내가 믿어주는 정신적 행위'로 이해되어야 할까? 부평초처럼 뿌리 없이 방황하는 인간 자아가 믿어주는 것이 왜 기독교 신앙이 될 수 있겠는가? 내가 믿어주는 정신적 행위를 기독교 신앙이라고 하는 것은 인과율에 의한 자연적인 신념이지 하나님 자신을 믿는 기독교 신앙이 아니다.

19. 우리 인간은 본질적으로 두 개의 지평, 즉 세상이라는 지평과 영이

신 하나님과 관계하는 존재이다. 따라서 우리가 관계하는 실존의 방식도 분명히 두 개가 되어야 한다. 인간으로서 자연과 관계하는 존재이지만 동시에 '사람'으로서 하나님과 영적으로 관계할 수 있다. 그러나 자연과 하나님은 본질이 서로 다르다. 자연을 창조하셨지만 자연과 본질이 틀린 분이 바로 창조주이시다. 자연을 창조하셨다고 자연 안에 계시는 분도 아니며 자연과 동일하신 분도 아니다. 그래서 인간은 본질이 다른 이 두 개의 지평들과 관계하기 때문에 하나가 아니고 두 본질일 수 있는 셈이다. 그리고 인간이 자연과 관계하는 방식, 즉 인과율을 가지고 하나님과 절대로 관계할 수 없다. 인간이 자연에서 관계하는 방식으로는 창조주의 영과 절대로 관계할 수 없을 것이다. 이 표현을 달리 하자면 창조주가 눈에 보이는 자연을 창조하셨다고 해도 창조주 자신은 피조물의 시각에는 보이지 않는 인격이심을 전제한다. 즉 기독교의 하나님은 오로지 신앙에 의해서만 인정되는 분이다. 그 하나님의 인격은 세상이라는 보이는 어떤 것으로 통찰될 수 없는 것을 가리킨다.[66]

20. 그러면 어떻게 관계해야 하는가? 인간이 자연과 관계할 때는 인간이지만 창조주의 영과 관계할 때는 인간이라고 하지 않고 사람이라고 해야 한다. 그 근거는 만나는 방식이 틀리기 때문이라고 할 수 있겠다. 인간이 자연에서 무엇인가를 하는 방식으로는 창조주를 만나지 못할 것이다.

21. 그러면 창조주의 영은 누가 만날 수 있는가? '사람'이 아니면 불가

---

66 참고. K. Löwith, Wissen, Glauben und Skepsis, Göttingen, 1956, 85.

능하다. 이때 말하는 '사람'이란 도대체 무엇인가? 그것은 '인격적 존재(Person-Sein)'를 가리킨다. 여기서 '인격적 존재'라는 표현을 풀이하면 '인격'은 하나님 자신을 가리키고 '존재'는 사람을 의미하는데 하나님이 사람에게는 흥미롭게도 인격으로 다가오시며 역사하시고 활동하시는 주체가 되심을 가리킨다. 그로 인해 사람은 비로소 존재, 즉 '있음'이라는 정신적 의미를 가질 수 있다는 것을 표현한다. 사람은 '하나님을 인격으로 마주하는 존재'이다. 유독 사람에게만 하나님은 자신을 인격으로 다가오시며 말을 거시고 마주하신다. 사람은 말하자면 하나님을 인격으로 변화시키는 지점이라고 해도 전혀 과한 표현으로 비치지 않는다. 바꾸어 말하면 하나님은 유독 사람에게 자신을 인격으로 변화하신다고 하는 것이 적합한 표현으로 비친다. 그리고 존재, 혹은 '있음'도 단순히 그냥 서 있는 것을 뜻하지 않는다. 존재란 역사적 관계를 표현하는데 말하자면 인격이 역사하시는 지점을 뜻한다. 하나님이 인격으로 역사하시는 지점이 바로 사람이라는 존재인 셈이다. 인격적 존재란 껍데기가 사람인 존재를 말한다. 껍데기가 사람이라는 것은 결정적으로 알맹이가 빠져 있음을 전제한다. 이것은 신학적 인간 이해를 위해 중요한 점이라고 판단된다. 창조주의 영 앞에서 사람은 항상 껍데기뿐이다. 그것은 알맹이가 창조주의 영으로 채워져야 하기 때문이다. 알맹이가 창조주의 영으로 채워져야 하는 존재를 가리켜 '사람'이라고 한다.

22. 하나님이 영이라는 말은 하나님이 인격이라는 말이다. 하나님의 인격은 사람이라는 껍데기를 내용으로 채우신다! 안이 비워져 있어야 창조주의 영으로 채워질 수 있다는 의미이기도 하다. 창조주의 영은 '절대적인 나'로서 인간의 고유성인 '나'의 지점에 오실 수 있다. 그래서 사

람만이 하나님의 영을 만난다. 하나님의 영으로 충만한 존재를 사람이라 하고, 그 사람만이 신학적 인간학에서 가장 핵심으로 이해할 수 있는 인간 본질의 근거가 되는 인격적 존재이다. 따라서 인격은 하나님의 영이 인간 나의 '주관(Subjekt)'이 되는 지점이다. 인간의 '나', 즉 '나'라는 일인칭의 자리에 하나님의 영이 서실 때 그런 지점 혹은 그런 존재를 '인격적 존재' 즉 사람이라고 할 수 있다. 그래서 우리는 이제 인간의 개념과 사람의 개념을 구분해야 한다. 사람은 창조주의 영 앞에서 완전히 비워져 있는 껍데기로서의 사람이며 이것은 달리 말하면 내용물은 하나도 없는, 오직 '나'라는 일인칭적 존재 내지 지점을 가리킨다. 하나님이라는 영이 임하지 않는 인간의 '나'는 그저 공허, 혼돈, 텅빔, 허무 내지 '무'라고 하겠다. 인간의 '나'란 그 자체가 무엇으로 꽉 찬 내용물을 지칭하는 실체가 아니다. 그것은 오로지 하나님 자신을 부르는 외침이며 갈구이고 고대와 갈망 자체에 불과하다. 오로지 내용물이 하나님의 영으로 채워져야 비로소 살아가는, 그리고 살아갈 수 있는 존재, 즉 '있음'을 의미한다. 사람은 하나님의 '나'로 충만하게 채워져야 하는 일인칭의 자리, 지점 내지 존재이다. 하나님의 '나'가 인간의 '나'의 자리에 임하실 때 이 지점은 인간이 아니라 사람, 즉 하나님의 형상으로서 죄인임과 동시에 의인이라 칭함을 받는 하나님의 '사람'이다.

23. 이런 사람 개념과 반대로 인간은 자연 앞에서 스스로 창조하고 만든 무엇으로 완전히 꽉 채운 '만물의 영장'을 두고 말한다. 즉 스스로 자신이 만든 무엇을 가득 채운 존재이다. 그러나 만물의 영장으로서의 인간은 자연의 혼과 만날 수 있으나 창조주의 영은 결코 만날 수 없다. 만물의 영장으로서의 인간은 결코 껍데기로서의 사람이 될 수 없기 때문

이다. 인간이라는 존재 안에는 외연과 관계할 때 사용하는, '인과율'에서 터득한 여러 가지 문화적인 지식으로 꽉 차 있다. 그래서 인간은 창조주의 영을 단순히 자연적인 그런 지식으로 판단하고 분석하여 하나의 신화나 귀신 정도로 해석하든지 비과학적인 것으로 판독하기 때문에 순수한 인격적인 영의 만남을 방해한다. 따라서 우리는 이렇게 말해야 한다: 인간은 인간이고 사람은 사람이다! 인간은 세상과 관계하는 만물의 영장인 인간으로 살다가 죽지만 '사람'은 창조주 앞에서 하나님의 고유성인 영과 관계하며 산다. 생명은 인간에게 있지 않고 사람에게만 있다. 창조주 하나님과 관계하는 존재는 사람뿐이다. 그래서 우리는 사람이 되어야 한다.

"너"의 실재성 발견의 역사

1. 신앙-고백-실재성의 길은 신념-인식-진리의 길과는 확실히 구분된다. 그러면 어떤 점에서 구분되는가? 전자는 '너(Du)'의 실재성을 말하는 지평이고 후자는 '그것(Es)'의 세상을 논하는 지평이다. 부버(M. Buber)와 에브너(F. Ebner)는 이런 두 개의 지평들에 대해 '나와 너'의 지평과 '나와 그것'의 지평이라고 명백하게 규정했다.[67]

2. 실재성의 지평은 오직 '나와 너'의 지평이고 이와 대조적으로 진리의 세계는 '나와 그것'의 지평과 관계한다. 특히 진리 개념이 서구의 전통적 이해에 있어서는 형이상학적이고 인식론적인 방식, 즉 대상과 그 대상을 판단하는 인간 정신과의 일치라는 규정 아래 있는 한 처음부터 '나와

---

67 여기에 대한 연구로 출판된 필자의 박사 학위 논문 "부버, 에브너, 브룬너와 고가르텐의 인격주의에서의 인간의 실재성 문제(Die Wirklichkeit des Menschen im Personalismus Martin Bubers, Ferdinand Ebners, Emil Brunners und Friedrich Gogartens, Hamburg, 2001)"를 참고할 수 있다.

그것'의 세계를 말하고 있다. 그러나 하나님의 영과의 만남은 이런 진부한 진리의 세계에서 실현되는 것이 아니라 처음부터 '나와 너'의 실재성의 지평에서 실현된다. 여기서 우리는 독자들의 이해를 돕기 위해 '너'의 지평이 어떻게 발견되었고 그것이 학문적으로 성립되었는지를 역사적으로 간단히 스케치해 보기로 한다.

3. '너'란 무엇이 옳고 그른가를 판독하고 규정하는 인식의 대상 개념이 아니라 죽고 사는 실재성의 개념이다. 그것은 우리가 구체적 사물을 놓고 인식하고 서술, 묘사, 판단, 정의할 수 있는 실체 개념이 아니다. 그렇기 때문에 그것을 규정하거나 정의할 수 없다. 만약 '너'를 규정한다면 우습게도 하나의 인칭 대명사로만 성립될 뿐이다. 그럼에도 불구하고 물론 '너'는 분명히 하나의 인칭 대명사이기도 하다. 그러나 문제는 2인칭 대명사로 존재하는 그 무엇을 규정한다는 것이 언어적으로 불가능하다는 점에 있다. 도대체 2인칭 대명사로만 표현되는 그 무엇이란 무엇인가? 그것을 어떻게 설명할 수 있는가? 우리는 여기서의 '설명'이라는 말이 불가피하게, 그리고 항상 3인칭이라는 형식으로 표현되어진다는 사실을 알게 된다. 우리의 머리의 구조 혹은 두뇌의 인지 능력은 반드시 3인칭이라는 형태가 되어야 비로소 설명할 수 있고 개념으로 만들 수 있다. 아쉽게도 우리의 두뇌는 1인칭과 2인칭을 설명할 수 없는 한계를 처음부터 가지고 있다. 1인칭과 2인칭은 상대를 불러내는 주격과 상대를 향하여 부르는 호격과의 관계에서만 사용될 뿐 그 외에 달리 사용되지 않는다. 이런 점에서 인식 혹은 사유란 처음부터 3인칭을 생각하고 사유하며 인식하는 정신의 적용이다. 인간이 만든 모든 언어는 흥미롭게도 3인칭만을 사용해서 발설되고 말해야 하는 근본적인 한계를 가

진다. 언어를 인간 정신이 창조하였는데 3인칭만 사용하여 말할 수밖에 없다는 점은 그 언어를 창조한 인간 정신이 이미 3인칭적인 존재이기 때문이다. 3인칭이란 죽은 사물을 지칭할 때 사용하는 인칭 대명사인데 정확하게 표현하자면 생명인 상대를 죽은 사물이라 칭할 수 있는 3인칭으로 만드는 인간 정신임을 전제한다. 3인칭이란 이미 지나간 사실을 취급하는 시제로서 생명이 없는 상태를 가리킨다. 그러니까 우리의 모든 두뇌 작용은 살아 있는 생명을 사실은 죽이는 작용이고 1인칭과 2인칭에서 일어나는 생명의 관계를 3인칭으로 묘사, 서술, 기술, 분석, 판단, 종합, 개념으로 정리하고 있기 때문에 본질적으로 '과거'라는 시제에 머물고 있다. 과거란 지나간 현재로서 더 이상 생명이 없는 상태, 즉 생명을 상실한 상태를 나타내는 시제이다. 생명을 상실한 상태인 과거시제로 인간 정신은 모든 것을 인식하고 있다. 그러니까 인간은 이미 죽은 자가 분명하다.

4. 우리 두뇌가 불가피하게, 그리고 반드시 3인칭과 관계하는 한 1인칭과 2인칭의 의미를 설명하는데 근본적인 한계를 가진다. 그럼에도 불구하고 분명한 점은 1인칭과 2인칭이 항상 실재적인 현재와 직결된다는 사실이다.

5. 이 문제는 차차 알아 가기로 하고, 우선 여기에서는 '너'의 실재성을 학문에서 어떻게 발견하였는가를 생각하기로 한다. '너'의 실재를 의미 있게 의식하면서 사용한 사람은 우선 F. H. 야코비(Jacobi: 1743-1819)라고 할 수 있다. 그는 독일 뒤셀도르프에서 출생하여 괴테와 낭만주의의 영향을 받은 철학자로서 특히 루소의 영향을 받았는데 참된 철학은 감정

과 신앙에 의한 것이라고 주장한 사람이다. 계몽주의와 합리주의를 반대하여 비합리주의에 선 철학자로 알려져 있다. 이런 그가 1775년 익명의 어느 사람에게 쓴 편지에서 '너'의 개념을 진술하는데 "나는 눈과 귀를 열고 내 손을 펼쳐서 그 시선 속에서 떨어질 수 없는 것! 즉 너와 나를 느낀다"고 기록했고 또 다른 곳에서는 "너라는 존재가 있고 나라는 존재가 있다"라든지 "너 없이는 나라는 존재가 불가능하다"는 말도 남겨 놓았다.[68]

6. '너'라는 개념을 야코비보다 더 의미있게 의식한 사람은 포이엘바흐(L. Feuerbach)이다. 그는 인간의 실재성을 관념주의의 사변 속에서 찾는 것이 아니라 자연에의 의존 속에서 찾는다.[69] 인간의 지복은 헤겔처럼 사변이나 역사 저편에서 찾아야 되는 것이 아니라 사랑에서 찾아야 한다고 그는 믿는다. 그래서 그에게 '사랑'은 '나'라는 존재 이외에 다른 어떤 무엇이 있다는 증거인 것이다.[70] 사랑이란 '나와 너'의 만남을 의미하는데, 이 근원적인 관계의 지식을 포이엘바흐는 자신의 철학적인 결론으로 세운다. 그가 하는 말 가운데 "세계를 의식한다는 것은 나를 위해 너의 의식이 매개된다"라든지 "자신을 위한 인간은 일상적인 의미에서 인간이고 인간과 함께 하는 인간! 나와 너의 통일은 신이다"라는 말은 확실히 '너'의 존재 의미를 중요한 개념으로 이해하면서 사용했다는 것을 뜻한다.[71] 그러나 그의 인간학은 자신의 말, 즉 "최고의 궁극적 철학

---

68 M. Buber, Zur Geschichte des dialogischen Prinzips, Werke I, München, 1962, 293.
69 M. Weinrich, Grenzgänger, München, 1987, 24.
70 위의 책, 25.
71 M. Buber, Zur Geschichte des dialogischen Prinzips, 294.

의 원리는 인간과 인간의 통일이다"라는 말에서 보듯이[72] 철저히 인간의 '나'와 인간인 '너'를 완성하는 인간학적 접근뿐이다. 그에게서 '나와 너'의 통일은 인간이 되는 셈이다.[73]

7. 포이엘바흐에게는 인간의 '너'는 존재하지만 하나님의 '너'는 찾아보기가 어렵다. 그런데 그와 정반대로 오직 하나님의 '너'만 강조한 사람은 키엘케가드였다. 키엘케가드의 '단독자' 개념은 그의 사상에서 최상의 본질 관계를 위한 결정적인 전제가 되는데 그에게는 하나님은 오직 단독자를 원하시고 그 단독자는 배운 자든 무식한 자든 유명한자든 무명한 자든 항상 단독자와 함께 관계를 가진다는 점이다. 물론 키엘케가드도 이웃 사랑을 말하면서 인간의 '너'의 존재를 인정하지만 엄밀한 의미에서 이것은 하나님의 '너'를 위해 존재하고 있다. 말하자면 그에게는 하나님의 '너'는 존재하지만 인간의 '너'의 존재가 결여되어 있다고 하겠다.[74] 신칸트주의자 코헨(H. Cohen)에게서도 '너'의 개념이 소개된다. 그가 죽기 얼마 전 1917에서 1918년 겨울에 쓴 '유대교의 근원에서의 이성의 종교'라는 책에서 '너'의 개념을 밝히면서 '너'의 발견은 나 자신을 나의 의식으로 가지고 오는 것이라고 했고 '너'를 통해 나타나는 인격성을 말하고 있다. 코헨의 탁월한 제자인 로젠쯔바이크(Franz Rosenzweig)는 1921년에 "구원의 별"이라는 저서를 출판하는데 거기서 그는 창세기가 증거하는 바대로 하나님이 아담에게 물으신 질문인 "너 어디 있는가"는 분명하게 계시는, 그리고 숨어 계시는 하나님으로부터 자유롭게 마주

---

72 M. Weinrich, Grenzgänger, 25.
73 M. Buber, Zur Geschichte des dialogischen Prinzips, 294.
74 참고. 위의 책, 294. 참고.

선 너라고 말할 수 있는, 그런 너가 어디 있는가로 이해한다.[75] 그는 '너'의 개념을 '나'에게 마주 서 있는 실재성의 개념으로 이해하고 있었다.

8. '나와 너'의 개념은 부버와 에브너의 사상에서 가장 확실하게 소개되고 있다. 둘 다 인간의 실재성은 '나와 너'의 인격적인 만남으로 실현된다고 강조한다. '나와 너'는 그들에게는 절대적으로 영적인 관계이고 그 관계를 인간이 인위적으로 창조할 수 없으며 또한 규정할 수 없다고 부정할 수도 없는 창조 근원적인 존재적 카테고리(Seinskategorie)이다. '창조 근원적'이라는 말은 인간에게는 본질적이고 이미 주어져 있음을 말한다. 인간이 인간을 만날 수 있는 이유는 바로 이 카테고리가 주어져 있기 때문에 가능하다. 부버와 에브너에 의해 확실하게 구축된 '나와 너'의 개념은 분명 현대 철학과 현대 신학에 적지 않은 영향을 끼쳤다. 특히 E. 브룬너와 F. 고가르텐에게는 결정적으로 영향을 주었으며 K. 바르트, K. 하임의 신학에도 상당히 영향을 주었다고 판단된다. 그뿐 아니라 G. 마르셀, K. 뢰비트, E. 그리제바흐, K. 야스퍼스, H. 에렌베르크의 철학과 E. 로젠스톡크의 사회학에도 같은 영향을 미쳤다.[76]

9. 부버와 에브너는 거의 비슷한 시기에 비슷한 개념으로 '나와 너'를 구상했다. 그럼에도 불구하고 이 두 사람에게도 차이가 발견된다. 즉, 에브너의 인간학에서는 인간적인 '너'는 사실상 발견할 수 없고 키엘케가드와 같이 오직 하나님의 '너'만 분명히 나타나고 있다고 해도 과언이 아니다. 비록 그가 이웃을 네 자신과 같이 사랑해야 한다고 말하지만 사실

75　위의 책, 296.
76　M. Weinrich, Grenzgänger, 29.

하나님의 '너' 앞에서 인간의 '너'는 사라지고 오직 하나님만 있는 셈이다. 반면에 부버의 인간학은 하나님과 인간뿐 아니라 심지어 동물과 식물과의 관계에서도 '너'로서의 만남이 가능하다고 보고 있다. 에브너가 기독교 신앙, 더 자세히 말하여 가톨릭신앙을 가지고 있었다면, 부버는 '하시딤'이라는 유대 경건주의의 신앙을 가지고 이 개념을 연구했다고 할 수 있다. 에브너는 '나와 너'의 개념을 신약 성경 말씀, 특히 요한복음과 인간의 언어의 근원성과 관련지어 생각한 반면 부버는 구약 성경과 관련지어 생각한다. 어찌 되었건 그 둘이 약간의 차이가 있음에도 불구하고 가장 분명한 사실에는 일치하고 있는데, 그것은 '인간의 실재성은 너와 너의 인격적인 만남에 있다'는 것이다. 이 분명한 결론은 그 당시의 사변적이고 관념적인 이상적 학문적 상황에 대한 강한 반발로 나온 것이었다.

10. 하나님과의 만남은 오직 '나와 너'의 인격적인 만남이라는 사실은 곧 인간이 영적 존재가 분명하다는 사실을 전제로 하고 있다. 인간은 이미 하나님으로부터 창조 때 하나님 자신과 영적 관계를 할 때만 참다운 인간, 즉 피조물로서의 사람 또는 인격적 존재가 되도록 창조되었다는 사실이다. 바로 이 사실을 인격주의자들의 사상이 강조하고 있다. 우리는 '너'의 실재성, 즉 '너'가 내 앞에 실재로 존재한다는 사실을 마음으로 느낄 때 비로소 고유한 '나'가 되는 것이다.

영의 문제

(1) 영의 발견에 대한 장애

1. 영의 발견을 가로막는 문제를 우리는 또한 생각해야 한다. 현대에 사는 우리는 대부분 확실히 우리 자신이 영적인 존재임을 잊고 산다. 그 이유는 많을 것이다. 그러나 결정적인 장애 요인이 되는 것은 아무래도 '이성적 존재(animal rationale)'라는 세속적 인간 이해의 패러다임이 우리의 정신을 강하게 지배하고 있기 때문인 것 같다. 이성은 생각하기에 따라서 인간이 영적인 존재임을 가리켜 줄 수도 있고, 반대로 영적인 존재를 완전히 부정하게 하는 가장 큰 장애물이 될 수 있다. 그 이유는 이성 자체가 문제가 되는 것이 아니고 이성의 본래적인 기능이 왜곡될 때 근본적인 문제가 된다고 하겠다.

2. 이성 자체는 우리 인간에게 하나님이 주신 아름다운 선물이다. 그러

나 우리가 이성에 의해서만 우리 자신을 규정하려고 할 때, 혹은 이성을 삶의 척도로 삼을 때 이런 왜곡된 태도가 영의 발견을 위한 적지 않은 장애가 된다. 그러나 우리는 이성을 없애 버리거나 부정할 수도 없고 그렇게 해서도 안 된다. 오히려 이성이 자신의 본연의 자리로 들어가면 되는 것이다. 그 말은 영이 발견되어야 비로소 이성이 자신의 위치를 파악하게 된다는 말이기도 하다.

3. 그렇다면 우리는 영의 실재를 어떻게 알 수 있을까? 또한 인간이 영적 존재임을 어떻게 알 수가 있을까? 어쩌면 이런 질문 자체가 잘못되었는지도 모른다. 영이 있는가 없는가 하는 질문은 결국 존재 문제(Seinsproblem)이며 또한 실재성의 문제(Wirklichkeitsproblem)이기도 하다. 실재성의 문제는 근본적으로 인식의 문제가 아니라 그것을 과연 발견할 수 있는가 하는 문제이다. 왜냐하면 우리는 이미 실재성과 관계하며 살고 있으며 우리의 삶은 본질적으로 이미 실재성에 의해 주어져 있기 때문이다. 그런데 새삼 우리가 '존재하느냐 존재하지 않느냐?'고 묻는 것은 그 질문의 방향이 잘못되었다고 할 수 있을 것이다.

4. 영의 질문을 던지건 그렇지 않건 간에 이미 우리는 영적 존재로 살아가고 있다. 그러나 이것을 발견하지 못할 수도 있다. 그래서 이것을 위한 질문이 새롭게 주어져야 한다. 즉 인간이 영적 존재인 것을 어떻게 발견할 수 있는가? 또는 우리가 어떻게 영적 실재성에 참여할 수 있을까로 질문되어야 할 것이다. 우리가 영의 발견을 위한 질문을 존재 문제로 던지는 이유는 '영'을 하나의 '어떤 존재' 혹은 '어떤 실체'로 생각하려는 오해 때문이라고 할 수 있겠는데 이런 오해는 사물을 항상 합리주의적

으로 보려는 데서 생겨난다.

5. '합리적'이라는 말은 고대 라틴어로 '라티오날레(rationale)'라는 말이다. 우리는 여기서 합리성(Rationalität)과 합리주의(Rationalismus)를 엄격하게 구분해야 한다. 합리성(Rationalität)은 사물을 보고 그 사물과의 관계를 파악하고 그 관계를 유추하여 결국 창조주 하나님의 소리를 감지하는 능력 자체라고 할 수 있다. 그렇다면 그것이 어떻게 문제가 되겠는가? 이성(라티오: ratio)이란 원래 '감지하는(vernehmen) 기능'을 가진다. 어떤 소리를 듣고 그것을 정확하게 또는 분별 있게 파악하여 나의 위치와 한계를 인식하고 그것을 말하는 타자를 올바로 바라보게 하는 인간의 탁월성을 표현하는 말이다. 이것은 또한 인간을 '듣는 존재'로 만드는 능력이다. 그런데 이것이 합리주의(Rationalismus)로 나간다는 것이 문제이다. 합리주의는 말 그대로 매사를 합리적으로 보려는 태도로 조직, 분석, 체계적으로 인식하고 미래의 일도 그 체계에서 전망하려는 태도를 가지는 것을 의미한다. 즉, 인간을 '보는 존재'로 만드는 태도이다. 이것은 인간의 탁월한 능력이 특정한 하나의 '관'으로 고착되는 것을 말한다. 그래서 자신의 특정한 관점에서 상대를 하나의 죽은 대상으로 파악하려는 시도를 하게 된다. 인간이 합리성을 가졌는데 이것을 고집하고 인간 전체를 여기에서 출발시키려고 하는 노력이 바로 합리주의이다. 말하자면 합리성이 세속적으로 변질되어 자신의 본래의 고유성을 상실한 형태를 가리켜 합리주의라고 할 수 있다.

6. 그러나 원래 합리성이란 그런 것이 아니다. 창세기에 나온 바, 하나님이 선악과를 세우시고 "너희가 죽지 않도록 그것을 먹지도 말고 만지지

도 마라(창 3:3)"고 말씀하셨을 때, 그 하나님 말씀을 창조주의 말씀으로 받고 창조주의 말씀이기 때문에 절대적으로 합리적이고 타당한 말씀으로 여기고 피조물에게는 생명을 유지하게 하는 합리적인 말씀으로 감지하고(Vernehmen) 그것을 원시적인 이해에로 결단하게 하는 것을 말한다. 여기서 원시적인 이해란 '이해(Verstehen)의 본 모습', 즉 사랑으로 '상대방의 위치에 서는 것'을 말한다. 하나님을 사랑함으로 하나님의 편에 서서 그분이 그렇게 말한 사랑의 의미를 감지하고 이해하고 반응하며 순종하는 것을 말한다. 합리성이란 원래 이런 원시적인 이해를 하게 하는 동인이다. 그런데 합리주의는 이 이해가 근본적으로 바뀐 형태, 즉 원시적인 이해를 하여 상대방의 위치에서 상대방의 소리를 감지하려는 것이 아니고 나의 위치에서 상대의 소리를 감지하려는 고집을 말한다. 나의 선지식을 그대로 유지한 채로 그 선지식에 따라 상대의 소리를 판별, 검토, 이해하려는 태도이다. 원시적인 이해는 마음의 개방성이 되어 있지만 나의 고집은 마음의 폐쇄성이다.

7. 원래의 합리성은 원시적인 이해를 바탕으로 피조물로서의 사람의 마음이 창조주의 영을 향해 개방하는데 본래의 뿌리가 있다. 그러나 이것이 합리주의로 곡해되면 지금 우리가 보통 이해하는 이해, 즉 원시적인 이해의 왜곡된 형태가 되어 결과는 피조물로서의 인간의 마음이 창조주를 향해 폐쇄해 버리고 오직 자기 안에 갇히게 되는 것을 가리킨다.

8. 영의 문제에서 또 하나 중요한 요소를 생각해야 한다. 주관성(Subjektivität)과 주관주의(Subjektivismus)의 구분이 필요하다. 주관성이란 '나(das Ich)'의 독특한 성질, 즉 '나'가 가지는 고유한 성질을 말한다. 여기서 '나'가 가지

는 고유한 성질이라고 했을 때는 실존성과 상당한 관계를 가진다. 인간과 동물을 근본적으로 구분시키는 것이 있다면 바로 이 '주관성'에 있다고 할 수 있다. 이 주관성은 동물에게 결정적으로 빠져 있는 요소이다. 동물에게는 '나'를 의식하는 의식자체가 없다. 아무리 영리한 침팬지도 자기 의식이 없기 때문에 인간과 구분된다. 바로 주관성이 나의 '나'됨을 결정하는 것이 된다. 주관성이 없기 때문에 '자의식'이 없고 '자의식'이 없기 때문에 언어를 창조할 수 없다. 따라서 동물에게는 하나의 소리로 된 공기의 파장만 있을 뿐 문장으로 된 언어는 존재할 수 없다.

9. 주관주의는 이러한 주관성이 왜곡된 형태, 즉 나의 고유한 성질이 '나만의 독특한 성질'로 왜곡된 형태이다. 나만의 성질이라 함은 개성주의를 들 수 있다. 그런데 여기에서 재미있는 비극이 발생한다. 주관성은 '나'의 고유하고 독특한 성질이라고 했는데, 즉 '주관적'이 바로 나의 독특한 성질이다. 주관적(subjektiv)으로 내가 나의 의지에 따라 스스로 결단하는 것을 말한다. 반면에 이것이 '나만의 성질'이 되면 나만의 독특한 개성이 나오는데 유감스럽게도 '나만의 개성'이라 함은 항상 모방을 근거로 하고 있다. 개성은 '모방을 근거로 하여 나만의 것으로 고유화'하는 것을 말한다. 이것은 따지고 보면 타인의 주관에 의해 나의 고유한 것이 상실되는 형태로 나간다는 것을 의미한다. 인간이 하나님과 유사하게 무엇을 창조할 수 있는 것은 인간이 이 주관성을 가지고 있기 때문이다. 그런데 이 주관성이 왜곡되면서, 즉 주관주의가 되면서 나만의 개성주의로 나타난다. 현대를 가리켜 주관주의라고 할 때 바로 이러한 나만의 개성주의라고 하는, 다르게 말해 남의 주관에 따라 자신의 의지를 복종시키는 상태로 변질되는 것을 의미한다. 현대를 가리켜 정신의 상실이

고 주체성이 없다고들 할 때 바로 이것을 말한다.

10. 원래의 주관성은 창조주의 말씀을 주관적인 결단으로 감지하고 그를 향해 결단하는 피조물로서의 사람만이 가지는 독특한 성질이다. 그러나 이것이 죄로 인해 원래의 주관성이 왜곡되어 주관주의가 되는데, 여기에서는 반대로 창조주를 향한 주관적인 결단이 상실되고 피조물인 다른 인간의 주관을 모방하면서 그것을 자신의 고유한 것으로 내면화하여 이제 개성주의적인 독특한 성질로 변질되어 버린 것을 말한다.

11. 그러면 여기서 말하는 원래의 '나의 독특한 성질'이란 무엇일까? 이것을 이해하기 위해 주체(Subjekt)가 가지는 원래의 의미를 생각해야 한다. 주체는 나(Ich)이다. '나'는 그냥 '나'인 것이 아니다. 그냥 '나'인 상태를 가리켜 '나라는 고독'이라고 말해야 한다. 그러나 고독과 그냥 '나'인 상태는 의미가 다르다. 고독은 이미 '너'로부터 버림을 당한 상태를 말한다면 반면에 그냥 '나'인 상태는 전혀 아무 것도 아니다. '나(Ich)'는 '너(Du)'를 마주할 때 혹은 '너'와 상대할 때 사용되는 말이다. 고독은 너로부터 버림을 당한 상태지만 '너(Du)'가 없으면서 '나'인 상태를 말한다면 그것은 아무 것도 아니다. 그것은 빈 시간, 빈 공간, 즉 무와 같다.

12. 주관주의라는, 나만의 독특한 성질이라는 도식이 담고 있는 정신을 반영하는 현대의 두드러진 사고인데, 따지고 보면 아무 것도 아니다. 왜 그런가? 결정적으로 '너(Du)'가 빠져 있기 때문이다. '너'가 있고 '나'만의 독특함을 말한다면 그것은 '고독'일 것이다. 그런데 '너'가 무엇인지도 모르면서, 혹은 '너'를 상실하면서 '나'만의 독특한 성질을 말한다면 개성주

의(문화에서 자주 말하는)가 되는데 이것은 정말 아무 것도 아닌 공허, 텅빔과 같다. 이것은 언어의 무의미가 분명하다. 무의미한 단어이기 때문이다. '나'는 '너'가 있기 때문에 '나'라고 한다. '너'가 없는 상태에서 '나'만을 말하는 것은 '이상주의(Idealismus)' 또는 '정신의 착각'이다. 여기서 말하는 '나와 너'는 어떤 구체적인 대상을 말하기도 하지만 하나의 '본질적인 카테고리(Kategorie)'를 말한다. '나'는 항상 '너'와 관계하게 되어 있다. '너'를 만나면 '나'는 비로소 '나'가 되는 것이다. 이상하지 않는가? 왜 '나'는 '너'와 관계해야 하는가?

13. 우리는 각자 이름을 가지고 있다. 그런데 이 이름(Name)들은 타자에 의해 '명명(nennen)'되고 난 후에 생긴 것들이다. 예를 들면, '한수환'이라는 이름은 필자의 부친이 필자를 보고 지었다. 나의 아버지라는 '나'가 자신의 아들, 즉 '너'를 향해 명명(nennen)한 것이다. 이 명명하는 사건을 생각해 보자. 왜 명명해야 하는가? 나의 얼굴은 다른 아들의 얼굴과 틀리고 그래서 식별할 수 있으며 구별된다. 그럼에도 불구하고 왜 굳이 이름을 지어야 하는가? 왜 명명해야 하는가? 우리는 이렇게 생각할 수 있다: 명명하는 것은 하나의 '외침'이다. 즉, '너'를 향해 외치는 것이 명명하는 행함이고 그것은 내가 너를 향해 지금 외치는 것을 표현하고 있다.

14. 세상에는 간혹 이름 없는 것이 있다. 깊은 바다에 있는 알 수 없는 고기들에게 우리 인간은 아직 이름을 주지 않았다. 왜 우리는 아직 그것들에게 이름을 주지 않았을까? 그것은 우리가 아직 만나지 못했기 때문이다. 그러나 만나면 우리는 항상 이름을 부른다. 이름이란 본질적으로 하나의 '외침'인 셈이다. 상대를 만나면 우리는 외치고 있다고 해야 하는

것이 옳다. 왜 우리는 상대를 만나면 외칠까? 이 외침이 가지는 의미가 무엇인가? 그것은 '나'는 '너'를 향해 외치는데 바로 그것은 영적 존재의 굶주림, 즉 정신이 자신의 실재성을 찾고 있는 것이 아닌가? '나'는 '너'가 없으면 실재할 수 없기 때문에 그래서 실재하기 위해 몸부림의 외침이 나오는 셈이다. 도대체 '너'가 없이 '나'가 어떻게 실재한단 말인가? 우리에게 '나'라는 1인칭 대명사가 있다는 것은 인간은 반드시 '너'로 인해 살아가고 있다는 증거가 아닌가? 이런 카테고리(Kategorie)가 어떻게 가능할까? 왜 우리는 상대를 만나면 나의 정신이 만든 문장으로 된 소리를 외치는 존재로 살아가는가? 이런 카테고리(Kategorie)가 도대체 어디서 나왔을까? 이 질문에 에브너는 이런 카테고리를 가리켜 "생의 근원성"이라고 한다.[77]

15. 우리는 여기에서 비로소 하나님의 '너'를 생각해야 한다. 우리가 알 수 없는 이런 범주가 어떻게 인간 세상에서 사용되고 있는지를 생각한다면 우리가 스스로 그 근원을 찾기 위해 노력한다는 것은 헛된 일일 것이다. 탁월한 위인들이 벌써 찾아서 우리에게 말해 주고 있기 때문이다. 그 위인들의 노력에 감사를 드리면서 우리는 그 위인들이 찾은 것에서 출발해야 한다. 위인들이 찾은 것은 공통적으로 이 '근원'이 하나님에게서 나왔다고 하는데 일치하고 있다. 우리 인간이 '너'나 '나'를 외치는 근거는 하나님이 우리에게 주신 선물이며 그것은 곧 인간과 하나님과의

---

77 특히 페르디난드 에브너의 언어 철학이 이것을 많이 강조한다. 그의 주저 "말씀과 영적인 실재성들 (Das Wort und die geistigen Realitäten)"은 비록 사람들에게 크게 알려진 책은 아니지만 '나와 너'의 개념을 하나님이신 말씀(das Wort)에서 풀려고 하는 노력이 두드러지게 보이는 대단히 매혹적인 저서라고 본다. 에브너의 논문들과 저서는 지금은 몇 권으로 종합되어 출판되었는데 특히 "Fragmente Aufsätze Aphorismen"이라는 이름으로 F. Seyr이라는 사람이 편집해서 모아 놓았다. 출판된 곳은 München이며 출판연도는 1963이다.

관계가 그렇다는 것을 말해 주기 때문이다. 성경에서 자주 하나님은 영이시라고 한다. 이 영을 '호흡', '바람'으로 자주 비유하고 있는데 그것은 하나님과의 관계에서만 인간이 살 수 있음을 보여 준다.

16. 위에서 본 대로 합리성(Rationalität)이나 주관성(Subjektivität)과 같은 요소가 왜 우리 인간에게 주어져 있겠는가? 하나님 앞에서 지금 살고 있다는 사실을 말해 주는 것이 아닌가? 합리성은 하나님의 말씀을 감지하는 능력 이외에 무슨 다른 의미가 있는가? 이 고상한 능력이 하나님의 말씀을 감지하는데 사용되지 못하니까 이제는 자신을 위해 사용하는 것이다. 그로 인해 합리주의로 변질되고 자연으로부터 자신을 보호하고 동물이나 자연을 정복하기 위해 사용하는 셈이다. 그리고 우리에게 주관성은 왜 주어져 있겠는가? 하나님에게 스스로를 결단하라는 의미 외에 다른 무엇이 있겠는가? 그런데 하나님을 발견하지 못했을 때 우리는 그것을 자신의 것으로 사용한다. 나만의 개성주의로 사용하는 것이다.

17. 영은 '있다' 또는 '없다'로 이해하는 것은 합리주의나 주관주의의 결과이다. 영은 있다 또는 없다로 이해되어야 하는 것이 아니고 '살다' 또는 '죽다'로 이해되어야 한다. 영이 산다 혹은 죽다라는 말은 무슨 의미인가? 우리는 지금 살고 있다. 왜 그럴까? 움직이고 활동하고 호흡하고 있기 때문이다. 우리의 이런 모습을 가리켜 우리가 '있다' 또는 '없다'로 묻는 사람은 없을 것이다. 인간을 있다 또는 없다로 묻는 것이 아니듯 영도 있다 없다로 묻는 것이 아니다. 우리는 지금 살아가고 있다. 영도 사는 문제와 동일하다. 우리의 영은 지금 살아가고 있다. 문제는 우리가 그것을 어떻게 감지할 수 있는가이다.

(2) 개념 이해

1. 우리가 여기서 말하고자 하는 '영'은 정령주의(Animistismus)나 물활주의(Dynamistismus)에서 논하는 정령이나 비인격적이고 초자연적인 영의 존재를 말하는 것이 아니다. 정령주의나 물활주의에서는 영이 마치 악령처럼 인간 안에 들어와서 인간을 소유하거나 그로 하여금 강한 힘을 발휘하게 하기도 하고 초능력과 같은 힘을 드러내게 하는 특수한 존재로 묘사된다. 그러나 이런 종류의 영은 근본적이고 주체적 존재로서의 인격과 관계하면서 일어나는 책임적이고 실존적으로 존재하는 인간의 역사성(Geschichtlichkeit des verantwortlichen und existentierenden Menschen)이 근본적으로 결여되어 있는 영의 개념이다. 여기서 "책임적이고 실존적으로 존재하는 인간의 역사성"이라는 표현은 현대 신학자인 불트만이 영지주의와 기독교의 영의 개념을 구분하는 개념으로 사용하였다. 그는 기독교의 영의 개념이 고대 1-2세기의 이단이었던 영지주의가 제시하는 영의 개념에 의해 영향을 받으면서 발전되어왔다고 생각하고 있다. 기독교가 영지주의의 영향을 받았다는 불트만의 주장은 별로 수용할 만한 가치가 없어 보이는 주장이긴 하나 그럼에도 불구하고 기독교의 영의 독특성이 책임적이고 실존적으로 존재하는 역사성에 있다고 본 것은 의미가 있어 보인다. 이것이 만약 사실이라면 기독교의 영의 개념은 정령주의나 물활주의에서 나타나는 귀신과 같은 영과는 본질적으로 구분되는 영이라고 할 수 있다.[78] 성경에서 가리키는 성령, 즉 거룩한 정신 또는 거룩한 영은 본질적으로 이런 종류의 생각으로는 결코 파악될 수 없

---

78 참고. R. Bultmann, Theologie des Neuen Testaments, Tübingen, 1984, 155-186.

다.[79]

2. 우리가 여기서 생각하고자 하는 영, 즉 프뉴마는 말씀과 관계하는 영으로서 주체적 존재와의 인격적 관계를 창조하는 창조주의 영 또는 그리스도 안에서 '새로운 인간'을 창조하는 그리스도의 영과 관계하는 인간의 영을 말한다. 이런 영을 다른 말로 표현한다면 '정신'이라는 말로 이해할 수 있다. 정신이라는 말은 히브리어로 '루아흐'와 헬라어 '프뉴마'에서 기인되는 공기의 운동으로 이해되기 때문에 '호흡', '생명의 원리'와 '생명력' 등과 직결된다.[80]

3. 고대 헬라에서 정신을 표현하는 당시의 말로는 '프뉴마'와 '누스'가 있었다. 누스는 보통 철학적으로 오성 내지 지성이라는 뜻으로 이해된다. 즉, 인간 밖에서 인간 안으로 들어왔다가 다시 자신에게로 돌아가려는 성질을 가지는 어떤 정신적인, 그리고 영원한 존재를 의미한다. 고대 헬라인들은 인간 정신도 이 영원한 누스에 함께 참여할 수 있는 능력을 가진다고 믿고 그것을 이성 또는 지성이라고 이해했다. 반면에 프뉴마는 종교적으로 특이한 어떤 것, 즉 일어나는 성질을 지닌 것 또는 초강력적인 것 혹은 초자연적인 것 또는 다이나믹하게 활동적인 것 등으로 나타낼 때 사용된다. 그러나 사실 히브리적의 영을 지칭하는 루아흐의 개념은 헬라의 '누스'와는 별로 관계가 없으며 또한 본질적인 차이를 가진다.[81]

79　G. Ebeling, Dogmatik des christlichen Glaubens, Bd. Ⅲ, Tübingen, 1979, 114.
80　H. Berkhof, Theologie des Heiligen Geistes, Neukirchener, 1968, 14.
81　G. Ebling, Dogmatik des christlichen Glaubens, Bd. Ⅲ, 83.

4. 히브리어로 된 구약을 헬라어로 번역한 소위 70인역(LXX)에서는 루아흐가 프뉴마로 번역되는데, 과연 히브리적인 개념이 헬라의 단어로 얼마나 충분히 설명되는지는 해석의 여지가 있을 것이다. 현대 신학자 몰트만(J. Moltmann)은 히브리적인 개념인 루아흐를 충분히 이해하려면 서양사상의 개념인 '정신(Geist)'의 개념을 완전히 잊어야 한다고까지 주장했다. 헬라어로는 '프뉴마(πνευμα)'로, 라틴어로는 '스피리투스(spiritus)'로, 독일어로는 '가이스트(Geist)'로 번역되는데 이런 서구의 개념들은 어떤 물질 내지 신체와 대립되는 것, 즉 '비물질적인 것'으로서의 영의 개념이라고 한다.[82]

5. 헬라어, 라틴어, 영어, 독일어 등이 하나님 정신을 말하면서 사용하는 그 말들은 사실상 '신체가 없는 것(Körperloses)'을 의미한다. 다시 말해서 초감각적인 것 또는 초세상적인 것을 의미하는 말이기도 하다. 그러나 히브리어의 '야웨'의 루아흐는 폭풍, 폭풍우 또는 영육의 힘, 그리고 인간성과 자연 안에 있는 힘을 말한다.[83] 마치 모든 동식물이 호흡을 하지 않으면 죽어 버리듯 살기 위해 공기를 호흡하게 되는데 루아흐는 인간이나 동식물에게 필요한 근본적인 생명력인 호흡을 가리킨다. 말하자면 생명의 호흡이나 생기와 같은 것이다. 모든 동식물의 생명이 피의 순환에서 주어진다면 생명체인 네페쉬를 가리키는 '피의 혼(Seele)'은 엄연히 '인격의 영'인 루아흐와 구분되어야 한다고 몰트만은 주장했다.[84] 이런 점에서 인간의 정신을 설명하는 히브리어 '네페쉬(생명체)'라는 단어

---

82 J. Moltmann, Der Geist des Lebens, München, 1991, 53.
83 위의 책, 53.
84 위의 책, 54.

는 헬라어로는 '프지케'로 번역되는데 이것 역시 얼마나 정확한지는 불확실하다.[85]

6. 어쨌든 고대 헬라인들이 생각하는 '정신'이란 상당히 철학적이고 지성적인 면이라고 할 수 있는데 그것은 자신에게서 나와서 다시 자신에게로 돌아가는 성질을 가졌다. 그래서 인간의 정신이 영원한 정신에 '참여'의 방식을 통해 신적인 정신의 한 부분이 된다고 할 수 있는데 그럼에도 불구하고 그들은 신적인 정신과 인간의 정신은 구분된다고 믿었다. 이런 누스적인 정신의 이해가 스콜라 철학에서 발전되고 나아가서는 근대 이후 관념주의에 의해 체계적으로 완성되어 지금까지 오늘의 현대 정신을 지배하고 있다.[86]

7. 그러나 성경에서 증거되는 정신인 프뉴마(루아흐)는 이런 지성적 사변주의에 근거한 누스 혹은 지성적인 정신은 결코 아니다. 오히려 하나님의 인격적인 현존을 통해서 또한 그 현존에서 얻어지는 생명력을 의미한다고 할 수 있다. 몰트만은 구약의 하나님의 영인 야웨의 루아흐를 3가지로 설명하고 있다. 우선, 인간 존재의 심층으로 들어가는 하나님의 실재적인 현재의 사건이며 두 번째로 하나님의 현재로서의 루아흐는 피조물에게 자신의 창조력을 주셔서 피조물들이 생명력을 가지고 살도록 하는데, 즉, 모든 피조물의 내재적인 생명력을 가리킨다고 한다. 마지막으로 구약의 루아흐는 어떤 공간적인 형태를 창조하며 그 루아흐는 인

---

85 G. Ebeling, Dogmatik des christlichen Glaubens, Bd. Ⅲ, 84.
86 헬라이 누스적인 정신의 이해가 현대 정신에 큰 영향을 준 사실을 알기 위해 G. Ebeling, Dogmatik des christlichen Glaubens, Bd. Ⅲ, 84-90를 참고하고, M. Welker, Gottes Geistes, Neukirchener, 1993, 263-279도 참고하면 도움이 될 것이다.

격과 힘일 뿐 아니라 자유의 공간을 창조하는 존재이다.[87]

8. 우리는 이런 주장들을 토대로 영을 보다 더 잘 이해하기 위해서 우선 인간의 구조를 이해해야 한다. 그러나 인간의 구조를 도식화시킨다는 것은 사실 불가능하지만 이해를 돕기 위해 어느 정도 도식화시켜 보지 않을 수 없다. 성경에는 인간을 가리켜 자주 '영-육'이라고 하기도 하고 '영-육-혼'이라 하기도 한다. 그래서 인간학에서 인간을 이분법이나 삼분법으로 구분한다. 그러나 인간은 결코 이분법이나 삼분법으로 나누어질 수 있는 존재가 아니다. 인간은 본질적으로 하나의 전체적인 존재로서 나눌 수 없는 존재이다.

9. 성경적 사상에 의거하면 하나님은 삼위일체의 인격이라고 우리는 고백한다. 과연 이것이 하나님을 삼분법으로 이해할 수 있다는 말인가? 그것이 결코 아닐 것이다. 나눈다는 것은 어쩌면 이해를 못하고 있다는 것과 같을 것이다. 하나님을 삼위일체라고 했을 때 그것은 우리 인간이 그렇게 이해하고 있음을 가리키지, 하나님 자신들이 삼위일체로 실재하심을 의식하고 계신 것을 가리키지 않는다. 하나님에게는 삼위일체라는 사실이 전혀 중요하지 않다. 그렇지만 우리 인간에게는 그것이 때로는 이해해야 하는 일이기도 하다. 다시 말해 삼위일체라는 말은 하나님 자신에게는 사실 전혀 의미가 없을지도 모른다. 의미가 있다면 우리 인간에게만 있을 뿐이다. 그 이유는 우리 인간의 모습도 이러한 관계를 가지고 있기 때문이다.

---

87 참고. J. Moltmann, Der Geist des Lebens, 55-56.

10. 인간은 하나님의 형상대로 지음을 받았다. 하나님이 삼위일체가 되신다고 성경은 간접적으로 증거하는데 성부, 성자, 성령이 그것들이다. '삼위일체'는 '하나의 본질과 세 인격(우나 수브스탄티아 트레스 페르조네: una substantia tres personae: ein Charakter, drei Personen)'을 의미한다. 이것은 똑같은 한 분이심을 말한다. 본질(Charakter)이 동일하다면 우리는 보통 하나의 '실체(수브스탄티아: substantia: Substanz)'라고 말한다. 그러니까 한 분이신데 세 분의 인격들로 표현되기도 하는 분이 바로 하나님이시다.

11. 물론 여기에서 삼위일체를 다 논할 수는 없지만 다만 삼위일체 되신 하나님의 형상대로 지음받은 우리 인간의 구조 역시 이와 같을 수 있다. 쉽게 말하면 인간의 '영-육-혼'이 바로 그 구조이다. 이 세 가지는 어떤 요소들을 가지고 있음을 가리키지 않는다. 오히려 한 사람이 세 가지의 존재 방식들로 이루어져 있음을 가리키는데 한 사람이란 하나의 인격이라고 부른다. 그런데 우리는 우리에게 이러한 면들이 있다는 사실을 혼자 있을 때에는 결코 알지 못하며 오로지 하나님과 세상과의 관계에서만 알 수 있다. 예를 들어, 물질로서의 세상과의 관계에서 우리는 육의 모습으로 살아간다. 세상은 항상 보이는 사물이나 사태 혹은 사건과 같은 형태로 나타나기 때문이다. 동물도 나타나는 육으로, 식물도 보이는 물질로 움직이고 활동하며, 세상의 모든 것은 전부 보이는 것으로 되어 있다. 우리 인간도 보이는 육체로 활동하고 있다. 그러나 그와 동시에 우리는 보이지 않는 무엇이 우리와 함께 있다는 것을 알게 된다. 그것은 특별히 창조주 하나님과의 관계에서만 느낄 수 있는 존재인데 때로는 그것을 가리켜 '영(Geist)'이라고 한다. 우리가 보통 '영'이라고 하는 것을 학자들도 '영혼'이라고 말하기도 한다. 성경에서도 이것을 혼용해서 사

용하기도 하면서 때로는 영과 혼도 구분하여 사용하고 있다.[88]

12. 눈에 보이는 것은 우리에게 어떠한 면이며 무슨 의미가 있는가? 헤겔이라는 철학자는 정신이라는 순수한 영이 자신을 보게 하는 '외화(Äußerug, Entfremdung)'를 하면 인간의 눈에 보이는 '역사(Geschichte)'로 나타난다고 했다. 그에 의하면 정신이란 본질적으로 순수한데 이 순수한 정신이 스스로 외화 또는 자신으로부터 소외되어 어떤 현상으로 나타날 때 그것을 가리켜 '역사'라고 한다. 그래서 동양의 여러 역사라든지 서양의 문명의 탄생이라든지 나라와 종교, 그리고 관습과 인류 등 모두가 순수한 정신이 자신을 외화시켜 순수한 자신으로부터 스스로를 소외시켜 어떤 형태를 취한 것이 곧 인간 역사라는 의미이다. 이때 나타난 정신을 가리켜 정신의 현현이라고 한다.

13. 그러나 헤겔이 말하는 '영' 혹은 정신이 과연 '성령'인가 하는 문제는 별개로 치더라도 헤겔은 정신이 가지는 물질과의 관계를 의미 있게 보았다고 할 수 있다. 정신이 어떤 식으로 나타나는데 그 정신은 우리 인간들에게는 역사라는 형태로 나타난다는 점이다. 우리가 눈에 보이는 사태, 사건, 육체, 그리고 물질, 다시 말해 소위 보인 바 된 '육'이라고 하는 면을 헤겔식으로 말한다면 우리의 보이지 않는 영혼이 세상과 관계하기 위해 자신을 외화한 것인지도 모른다. 보이지 않는 영이 보이는 육으로 자신을 외화한 것과 유사할지 모른다. 굳이 비유하자면 마치 '옷을

---

[88] 히 4:12의 본문 "하나님의 말씀은 살았고… 혼과 영과 및 관절과 골수를 찔러 쪼개기까지 하며…"에서 혼과 영을 구분하고 있는데, 헬라어로는 "Ζων γὰρ ὁ λόγος τεον ψνχῆς καὶ πνεν'ματος…"로 기록되어 있고, 라틴어로는 "sermo Dei… animae ac spiritus…"로 번역되고 독일어로는 "das Wort Gottes… Seele und Geist…"로 번역되고 영어로는 "the Word of God… soul and spirit…"로 번역되었다.

입는 것'처럼 말이다. 여기서 '옷을 입는 것'은 보이지 않는 존재가 보이는 형태로 나타난다는 것을 뜻하며 신학적인 용어로 '현현(Hypostasierung)'이라고 한다. 그렇다고 '옷을 입는다는 것'은 반대로 '죽음은 옷을 벗는 것'을 말하지는 않는다. 우리의 육은 입고 벗고 하는 옷으로 비유될 수 없다. 육 자체는 물질이지만 그것은 오로지 영-혼과 관계하는 육으로서 신체가 된다. 영-혼과 관계하는 육이란 '육체성(Leiblichkeit)'이라는 개념으로 이해할 수 있다.

14. '육체성'이란 무엇일까? 그것은 영혼과 절대적으로 결합하는, 즉 육이 가지는 고유한 성질을 말한다고 하겠다. 말하자면 육체는 단순히 육으로 된 고기 덩이가 아니라 영혼을 필요로 하며 영혼이 아니면 더 이상 육체가 아닌 셈이다. 육체가 영혼과 결합하려는 독특한 성질을 굳이 표현하자면 육체성이라 하겠다. 이런 점에서 인간의 육체는 육체성이 아니라면 단순히 물질일 뿐이다. 그래서 이 육체성 때문에 육은 인간에게는 단순한 물질이 아니고 영-혼과 관계하는 성질로서의 '나와 너'의 영적인 관계를 가진다고 하겠다. 영-혼과 관계하는 육이란 무슨 말인가? 이것은 비유를 들어 본다면, 인간은 자동차를 만든다. 그런데 그 자동차의 부품들은 완전한 하나의 물질이다. 영-혼이 없는 완벽한 물건(das Ding)으로서의 물질이며 그 자체로는 전혀 움직이지 못하는 물질이다. 그러나 인간이 만든 기술과 기술의 과정에서 생산된 물건으로서 자동차가 되면서 완벽한 물건 생산 또는 물질 생산이 되어 비로소 자동차의 기능을 다하게 된다. 우리는 이러한 물질을 자주 우리의 육과 관련시키기도 한다. 육도 이러한 물질의 합성이라고 오해하기도 한다. 그러나 우리 인간의 육은 이러한 물질의 합성이 결코 아니다. 말하자면 단순히 재료의

종합이 아니라는 뜻이다. 왜냐하면 우리의 육은 본질적으로 영-혼과 관계하고 또한 영-혼도 육과 관계하기 때문이다. 그러나 자동차는 결코 영-혼과 관계하지 못한다. 그래서 인간의 육은 우리가 통상적으로 생각하는 단순한 물질이 결코 아니다.

15. 우리는 육을 '유기체'라고 말하기도 한다. 각 세포마다 그 세포가 가지는 일정한 목적을 가지고 있으며 그 목적들은 서로 통일을 이루면서 궁극적으로 살아 있음을 지향하고 있기 때문이다. 그래서 인간의 육은 살아 있는 유기체이다. 유기체라면 우리는 간단히 살아 있는 것으로만 생각한다. 그런데 '살아 있다'라는 말이 무엇인가? 그것은 항상 '무엇인가를 갈구한다'는 의미를 가지는 생명임을 가리킨다고 해야 한다. 인간의 육체는 그 자체만 가지고 만족하지 못하기 때문이다. 그러면 무엇을 갈구하고 있을까? 육체로서 유기체는 혼자 살 수 없는 생명체이다. 반드시 '당신(Du)'에 해당되는 영-혼을 갈구한다. 구체적으로 말한다면 육은 '혼(Seele)'을 갈구한다. 혼이 없는 유기체란 생명이 없으며 그냥 물질일 뿐이다. 이런 점에서 모든 유기체에는 혼이 있다고 하겠다. 이 말은 유기체 속에 혼이 있다는 말이 아니라 오히려 유기체는 하나의 '보이는 혼(sichtbare Seele)'이라는 표현이 적합하겠다. 동물이나 식물들도 당연히 혼을 가지고 있어서 생명을 가질 수 있다. 그러니까 육체란 가시적으로 시각의 대상이 될 수 있는 혼을 의미한다. 혼은 그 자체로 실재하지 못하고 또한 그렇게 할 수도 없다. 혼은 반드시 육체라는 물질을 필요로 한다. 육이 혼을 갈구하고 또한 혼이 육과 가지는 관계는 거의 인격적이라 하겠다. 말하자면 서로가 마치 '너라는 존재'로 만나고 있으며 서로가 서로를 마주하고 있다. 이렇게 마주하고 있는 상태를 우리는 '인격성

(Personalität)'이라고 부른다.

16. 또한 우리는 여기서 인격(Persönlichkeit)과 인격성(Personalität)을 구분해야 한다. 인격은 인격성으로 표현된 한 면일 수 있다. 물론 인격의 개념에도 도덕이 나오고 인륜이 나오고 윤리가 나오지만 인격은 인격성에 비교될 수 없다. 인격성이란 '인간의 본질적인 구조'와도 같다. 인간이 지금 살아가고 있는 것은 바로 이 인격성 때문이고 '영-혼'이 '육'과 결합하여 하나의 '살아 있는 생명체', 즉 '살아 있는 인격적 존재'가 되는 것도 바로 이 인격성 때문이다. 하나님이 삼위일체라고 할 때 본질이 하나이면서 세 인격으로 실재하실 수 있는 것도 하나님이 바로 이 인격성이시기 때문이다.

17. 이 인격성에 의거해서 하나님이 사람을 만드셨음이 분명하다. 그러니까 육과 영-혼이 바로 이 인격성의 구조로 서로 결합하고 있다고 하겠다. 예를 들어, 우리 몸에 지금 상처가 나서 몸이 아프다고 할 때 왜 우리는 살이 아프다고 하지 않고 몸이 아프다고 하는가? 여기서 몸이란 우리 인간의 전부를 가리키는 말이다. 인간의 육체는 몸이라고 하지 단순히 살이라고 하지 않는다. 육과 혼의 인격적인 결합이 가지는 신비를 조금이라도 생각한다면 창조의 비밀을 조금이라도 느낄 수 있을 것이다.

18. 영과 혼의 결합도 이와 같다고 볼 수 있다. 영과 혼의 결합은 인격적인 결합 이외에 다른 것이 아니다. 혼은 육을 살게 한다. 그래서 혼은 살게 하는 생명의 원리로 이해할 수 있겠다. 혼이 없는 육체란 상상할 수 없으며 존재하지 않는다. 고대인들은 광물에도 혼이 있다고 믿었

다. 그러나 광물에도 혼이 있다는 말은 무리가 있어 보이는데 광물이 혼을 가진다면 생명의 움직임과 활동을 해야 하기 때문이다. 물질을 살리는 생명의 원리인 혼과 달리 영(Geist)은 혼과 함께 항상 영이신 하나님을 향하여 결합하려는 에로스적인 운동을 한다. 영은 혼과 결합하여 육으로 하여금 구체적으로 하나님의 뜻을 실행한다. 인간의 혼은 결코 독립적이지 않으며 항상 영과 함께, 그리고 영과 관계한다. 이렇게 보면 영과 육과 혼은 각기 존재하는 방식만 다를 뿐 이 모두를 가리켜 '사람'이라고 할 수 있다. '사람'은 '인격적 존재(Personsein)'라고 표현하는 것이 옳다. 창세기 2장에서 사람은 흙으로 지음을 받았으며 하나님의 생기가 사람의 코로 들어가서 생명체(네페쉬)가 되었다고 기록하고 있다. 과거 한글 성경에서는 네페쉬를 '생령'이라고 번역했는데 이 번역은 그다지 적합하지 않아 보인다. 네페쉬라는 말을 독일어로 번역하자면 '페르존자인(Personsein)'에 해당된다고 여겨진다. 창세기 2장에서의 '네페쉬'라는 히브리어는 엄밀하게 말해서 '영(Geist)'이라는 의미보다는 '페르존자인(Personsein)'이라고 하는 것이 적합하다. '페르존자인(Personsein)'이란 하나님의 영으로 인해서만 살아가는 생명체라는 뜻을 가지고 있으며 물론 '생령'으로 번역한 것도 완전히 잘못되었다고 할 수는 없어도 만약 사람을 '살아 있는 영'이라는 의미로 이해한다면 과한 느낌이 든다. 네페쉬는 인간을 가리킬 때는 '인격적 존재'라고 이해하는 것이 좋겠다. 사람은 하나님의 영인 프뉴마(루아흐)로 인해 살아가야 하는 절대적인 피조물로서, 즉 영으로 인해서 '살아가는 생명체'라고 이해하는 것이 적합하겠다. 이 말은 '살아가는 영-혼-육'이라는 뜻이다. 정확하게는 영혼이 육체를 가지고 있음을 강하게 전제하는 표현인데 사람은 영혼으로 육을 이끌고 하나님에 의해 살아가는 정신(Geist)이라고 할 수 있겠다. 이때 '살아가는'이라는 말은 신체를 가지고 주어진 세계 안에서 살아가는 육을 말한다. 그리고 '영'은 곧 정신을 말하는데, 현재 창조주 하나님을 만나고 있는 상태일 때 '영'은 엄밀한 의미에서 '혼'과 구분될 수 있다. 혼이 모든 유기물에게 생명을 불어넣는 생명의 원리인 힘이라면, 영은 이러한 혼과 인격적으로 결합하면서 오직 창조주의 영(Pneuma)과의 만남을 실현시키고자 한다. 이러한 정신 또는 영의 성질을 "정신성(Geistigkeit)"이라고 한다.

19. 정신의 정신성이란 창조주의 프뉴마를 만나기 위해 부단히 몸부림치는 성질이다. 이 정신이 창조주의 프뉴마를 만날 때 여기서 생명의 '의미(Sinn)'를 부여받는다. 이 표현은 우리가 통상 말하는 생의 의미를 가리키는데 생의 의미는 반드시 창조주 하나님의 프뉴마를 통해서 부여받게 되어 있다. 우리가 때로는 사는데 삶의 의미를 느끼지 못할 때가 있는데 이것은 우리의 정신성의 고유한 성질 때문에 기인된 현상일 것이다. 인간 정신 또는 인간 영혼은 창조주의 프뉴마를 간절하게 사모하여 이것을 만나기 위해 몸부림치는데, 생의 의미를 느끼지 못하는 것은 인간 정신을 살리는 생명의 산소라 불리는 신적 프뉴마를 인격적으로 받지 못하는데서 기인되는 정신의 아사 현상이 분명하다. 정신이 창조주의 프뉴마를 만나지 못하여 질식하기 직전의 병적인 증세가 바로 생의 무의미일 것이다. 프뉴마는 말 그대로 하나님의 생기를 사람에게 불어 주는 뜻을 가진 히브리말 '루아흐'를 헬라어의 70인역 번역에서 사용된다. 이 루아흐를 인간 정신은 본질적으로 사모하게 되어 있다. 왜냐하면 거기서 생명의 기운을 받아야 살 수 있기 때문이다. 사람의 '영'은 반드시 창조주 하나님의 프뉴마와 만날 때 비로소 일어나고 생기를 가지며 의미

와 영적인 삶을 향하게 된다.[89]

20. 여기서 '생기를 가진다'라는 말은 '비로소 살아 있다'라는 표현으로 바꾸어서 사용될 수 있다. 그러나 사람의 영이 창조주 외에 다른 어떤 무엇을 만나도 영이 마치 '사는 것처럼' 반응하기도 한다. 예를 들어, 영이 창조주의 영이 아닌 '세상의 영'을 만나도 반응을 한다. 여기서 '세상의 영'이란 하나님의 프뉴마가 아닌 피조된 영, 다른 말로 말해 귀신, 정령, 세상을 움직이는 영 또한 악한 정신 등을 가리킨다. 이러한 부류에는 고대의 샤머니즘, 애니미즘, 물활주의, 신비주의, 마술 등이 해당된다. 종교는 이러한 세상적인 영의 만남에서 나온 것이라 말할 수 있다. 그러므로 종교의 기원은 창조주 하나님의 프뉴마의 만남이 아닌 세상의 영 또는 피조된 영과의 만남에서 나왔다고 할 수 있다.

21. 종교에서 공통적인 점은 항상 인간이 영을 찾으며 거기서 가시적인 형태의 현상이 일어나고 눈에 보이는 신비를 느끼는 것으로 나타난다는 것이다. 종교는 인간이 하나님을 제대로 만나지 못했을 때 가지는 우상 숭배의 형태이다. 그러나 인간이 종교를 가지고 있는 것 자체는 그래도 인간이 창조주 하나님을 그리워하고 만나기를 원한다는, 존재 또는 실재성을 향한 굶주림의 표현으로 이해해야 한다. 종교가 비록 우상 숭배의 형태를 가지지만 종교를 가지고자 하는 인간의 영혼의 내면은 창조주 하나님을 그리워하고 두려워하기 때문이다. 잃어버린 하나님의 소중한 프뉴마를 '너'로 다시 얻기 위해 내면의 욕구에서 희구함과 고대함,

---

89 이 주장은 바르트(K. Barth)의 견해와 유사하다. 별도 연구를 참고하라.

그리고 갈구라는 인간 에로스가 만든 최고의 걸작이 종교이다. 그러나 성경의 하나님은 종교적인 신이 아니다. 종교는 인간이 자연을 재창조하여 만든 문화의 한 부분이다. 문화는 인간이 자신의 정신적인 창조적 능력을 발휘하여 자연을 자신만의 공간으로 만드는 행위이다. 그러므로 종교란 인간의 문화적 행위 가운데 하나인 것이다. 도대체 사람을 창조하신 하나님이 왜 종교적으로 묘사되어야 하는가? 우리는 지금 종교 다원주의 시대를 살아가고 있다 그로 인해 기독교도 하나의 종교로 대부분은 이해하고 있는지도 모른다. 그러나 기독교는 근본적으로 종교가 아니다. 기독교는 인간에게 생명의 근원에로 되돌아가라고 말씀하시는 하나님 자신의 계시를 복음으로 가진다. 이 계시는 인간의 생명과 죽음의 문제이기 때문에 인간 문화의 한 부분으로 간주될 수 없다.

22. 육과 영-혼의 신비한 결합은 인격성(Personalität)에서 나타난다. 사람이 가지는 육과 영-혼의 결합은 마치 삼위로 실재하시면서 한 분 하나님으로 일체하시는 인격과 대단히 유사하다. 우리의 신체만 아주 객관적으로 연구해도 창조주 하나님이 실재하신다는 말이 나올 수 있을 것이다. 그러면 우리가 '인격적 존재' 또는 사람이라는 사실을 어떻게 이해할 수 있을까? 이를 위해 우선 우리의 신체를 생각해 볼 수 있다. 우리 신체를 창조주 하나님이 창조하셨으면 우리 신체도 분명히 하나님의 창조의 근원적인 형태로 창조되었을 것이다.

23. 보통 우리 신체를 '살아 있다'고 한다. 그러면 '살아 있다'라고 하는 것은 무엇을 의미하는가? 우리 신체가 수조에 달하는 세포로 되어 있다는 것은 상식이다. 신체가 살아 있다는 것은 이 세포들이 지금 살아 있

다고 하는 표현이다. 각각의 세포가 지금 다 살아 있다고 말하지만 과연 그럴까? 만약 정말 각각의 세포가 다 살아 있다면 우리가 어느 세포 한 개를 떼어서 가만히 두어도 그 세포는 자기 스스로 살아가야 할 것이다. 그러나 살아 있는 세포를 사람이라는 전체에서 떼 내는 순간부터 이상하게도 그 세포는 곧 죽어 버린다. 비록 우리 두뇌도 살아 있다고 한다면 두뇌를 우리 신체에서 떼어 내도 사람이라는 전체와 무관하게 살아 있어야 할 것이다. 그러나 그것을 떼어 내는 순간부터 두뇌는 죽는다. 왜 그런가? 신체는 각각의 요소들이 서로 밀접하게 관계하는 '거룩한 결합'에 의해 비로소 숨을 쉬고 있기 때문이다. '거룩한 결합'이라고 하는 것은 혼자서는 결코 살지 못한다는 말이다. 이 거룩한 결합이 무엇이겠는가? 하나의 세포와 다른 세포를 서로 결합시키는 힘이 있어야 한다는 전제가 성립하는데 이 알 수 없는 힘을 영적으로 인격성이라는 말로 표현해 볼 수 있지 않을까? 두뇌는 뼈와 근육으로 결합해야 하고 뼈와 근육은 심장과 결합해야 하고 심장은 사지와 결합해야 한다. 결합하면 살 수 있는 경우는 수혈이나 장기 이식으로도 입증된다. 바로 우리 육이 서로 결합하여 생명을 유지하고 있다. 이것을 어찌 '거룩한 결합'이라고 하지 않겠는가?

24. 신비하고 거룩한 결합은 우리 세부적인 세포에만 해당하겠는가? 우리의 인체 구조가 그렇다. 남자의 신체 구조는 여자와 선천적으로 결합하도록 되어 있으며 여자의 신체 구조 또한 남자와 결합하도록 되어 있다. 남자와 여자를 한 몸으로 만드는 힘은 성욕이라는 리비도라고 보통 말한다. 그러나 그 리비도만 가지고 남자와 여자가 한 몸이 될까? 오히려 리비도가 잘못 발휘되면 동성애나 양성애, 그리고 존속 성폭행과 근

친상간과 같은 성의 곡해가 일어난다. 리비도가 인격에 기초해 있을 때 비로소 남자와 여자의 육체가 한 몸으로 결합하는 창조 질서를 따르듯 리비도가 한 몸으로 결합시키는 것처럼 비쳐도 리비도의 배후에는 인격이라는 영적인 신비가 있다. 도대체 이 결합의 근원성이 어디에서 나왔을까? 창조주 하나님은 자신의 형상대로 사람을 지었다고 말하고 있다. 우리는 이제 '살아 있다'는 말과 '살아간다'라는 말을 구분해야 한다. 세포는 살아 있다. 그러나 '결합'을 통해 비로소 살아간다고 하겠다. 두뇌도 물론 살아 있다. 그러나 결합할 때만 살아간다. 육은 이 거룩하고 신비한 결합으로 되어 있고 이 결합으로 인해 살아간다. 이것을 '생명'이라고 명명할 수 있을 것이다. 이런 점에서 육은 보이는 혼(sichtbare Seele)이 분명하다. 그러면 보이지 않는 혼은 무엇인가? 이것을 우리는 통상적인 의미의 혼(Seele), 즉 육신의 내면에 실재하면서 육체를 살게 하는 무엇으로 이해할 수 있다. 우리의 육은 '보이는 혼'이고 우리가 보통 말하는 혼은 '보이지 않는 육'이라고 할 수 있을 것이다. 그것은 '사는 혼'이라고 할 수 있다. 육체는 나타난바 된 혼이고 혼은 은폐된바 된 육으로 이해할 수 있겠다.

25. 여기서 가장 중요한 것은 여기에 '영(정신)'이 실재해야 한다는 사실이다. 이 영이 있어야 비로소 '살아간다'는 의미가 성립이 되고 '생의 의미'가 나오기 때문이다. 인간에게서 '사는 혼'은 반드시 살아가는 '영-혼'이 되어야 한다. 이 '영'이야말로 하나님을 만나는 중요한 지점이 된다. 인간 정신이 하나님의 프뉴마와 만날 때 바로 이 '영'에서 만나는 것이 분명하다. 영이란 어떤 것 혹은 어떤 물질 또는 어떤 심리적인 존재가 결코 아니다. 영이란 어떤 상대에 대하여 함께 반응하고 작용하는 '나'

를 말한다. 즉, 나라는 '인격적 존재(Personsein)'가 상대에게서 '너(Du)'를 만날 때 반응하거나 나타난다. 그러니까 '너(Du)'를 마주하지 않으면 그것은 마치 죽어 버리는 것과 같다. 여기서 죽는다는 것은 육의 사망과는 그 의미가 다르다. 여기서의 죽음은 항상 소생 가능한 상태를 말한다.

26. 여기서의 '죽음'이란 바로 영의 죽음을 가리킨다. 육의 죽음은 잠자는 것이고 그 육체는 흙으로 되돌아간다. 그러나 육체가 가지는 성질인 육체성 자체는 결코 죽지 않는다. 육체성이란 위에서 언급했듯이 '영-혼'과 인격적으로 결합시키는 카테고리로서 실체가 아니고 '그것'이 아니기 때문에 사망하지 못한다. 육체의 부활이 가능하다면 육이라는 물질은 흙으로 돌아가지만 육체성 때문에 우리가 다시 육을 입을 수 있을 것이라 본다. 부활이란 약한 육을 입는 것이 아니라 강한 육을 입는 것이 분명하다(고전. 15장 참고).

27. 영은 '너(Du)'를 만나게 되면서부터 자신의 사명을 시작한다. 그래서 영은 항상 살기 위해 자연이나 세계와 관계하거나 하나님과 관계한다. 이런 점에서 영은 반드시 둘 중에 하나와 관계한다고 본다. 인간의 영이 자연이나 세상과 관계할 때 그것을 '심리(Psyche)'라고 하고 하나님의 프뉴마와 관계할 때 '심령(Pneuma)'이라고 할 수 있다. 그래서 인간 정신은 심리나 심령으로 나타난다. 우리 정신이 생명의 하나님을 마주할 때 비로소 자신의 모습을 가지게 되는데 그것을 가리켜 '심령'이라고 할 수 있다. 심령과 심리의 결정적인 차이는 무엇인가? 심리는 인간이 자연(본성)과 세상과 관계하면서 가지는 정신이고 심령은 오로지 하나님의 프뉴마와 함께하는 정신이다. 심리는 우리의 본성과 세상과 함께 하기 때

문에 세상적인 대화로 나타나는데 명상이나 초월적이고 신비적인 감각(Gefühl)을 느낀다거나 입신에 들어간다거나 도를 트는 것 등으로 나타날 것이다.

28. 자연 혹은 우리의 본성과의 대화에서도 인간 정신은 무엇을 느낀다. 왜냐하면 자연도 하나님의 피조된 혼으로 충만하기 때문이다. 하나님은 자연을 만드실 때 자신의 말씀(das Wort)으로 만드셨다. 다윗은 이것을 시편 8편에 '하나님의 영광'이라는 말로 표현했다. 자연과 대화하는 것을 우리는 '심리'라고 이해할 수 있다. 그러나 심령은 오직 하나님의 영과 마주하는 존재를 가리킨다. 여기서 말하는 대화는 다름 아닌 '말씀'과 '응답(Wort-Antwort)'의 관계이다. 하나님은 말을 거는 인격성, 즉 말씀이다. 우리는 살아가는 존재, 즉 그 말씀에 응답하며 사는 인격적 존재로서의 사람이다. 이것이 창조 시 원래의 인간의 모습, 즉 사람이다. 이 모습은 다름 아닌 예수 그리스도에게서 가장 실재적으로 나타난다.

29. 하나님과 관계하는 유일한 피조물인 사람은 보이는 신체와, 그리고 보이지 않는 영혼으로 지음 받았다. 마치 보이는 예수 그리스도라는 하나님(deus revelatus)과 보이지 않는 하나님(deus absconditus)으로 실재하시는 하나님의 존재 방식대로 지어졌다. 하나님과 하나님 자신이 관계하는 방식대로 지음 받은 셈이다. 이것은 삼위일체의 구조와 유사하게 되어 있다. 이 사실은 우리 정신이 하나님을 만나는 순간부터 깨닫게 된다. 인간 '나'는 오직 하나님의 프뉴마인 '너'를 만날 수 있는 존재로 지음 받았다는 것이다. 우리가 신앙을 가지게 되는 것도 우리가 영적인 존재임을 말해 준다. 영적 존재가 아니면 우리는 신앙을 가질 수 없다. 이제

우리는 우리 자신을 심리주의에서 벗어나 심령으로 들어가게 해야 한다. 심령으로 들어간다는 것은 눈에 보이는 심리적인 변화가 아니다. 이 심령이 여기 신학적 인간이 말하려는 '사람'이다. 그래서 우리는 심령을 이해해야 한다.

별도
연구

K. 바르트 신학적 인간학에서의
인간의 존재 구조

1. 사람이 본질적으로 창조주의 영과 관계하는 인격적 존재라면 그 사람은 존재의 어떤 구조를 가지고 있을까? 이 질문은 신학적 인간학의 조직적 체계 안에서 설명되어야 하는 내용이다. 또한 이 질문은 인간을 이분법이나 삼분법으로 설명하는 시도에 해당되는 것처럼 비치기도 한다. 그러나 위에서도 잠시 말했지만 인간의 구조는 결코 이분법이나 삼분법으로 체계화시켜 구분할 수 있는 존재가 아니다. 여기서 인간의 구조를 생각해야 하는 이유는 인간이 창조주와 관계할 때 불가피하게 대두되는 질문 때문인데 인간이 창조주의 영과 과연 어떤 구조에서 만나느냐 하는 문제 때문이다. 그래서 인간의 존재 구조에 대한 체계적인 해답이 필요할 뿐이다. 여기에 대해 나름대로 해답을 주는 신학은 바르트(K. Barth)의 신학이라고 할 수 있다.

2. 바르트는 이 문제를 그의 주저인 "교회 교의학" III/2권에서 다루고 있다. 사실 바르트가 인간의 구조를 오직 참된 인간인 예수 그리스도에게서 찾으려고 했던 신학적 시도는 확실히 정당하다고 믿어진다. 창조주가 피조물의 형태로 오신 예수 그리스도야말로 우리가 사람의 참다운 본질과 구조를 알 수 있는 유일한 잣대가 되기 때문이다. 바르트의 특이한 점은 인간의 참된 실재성은 인간이 스스로 규정하는 데 있는 것이 아니라 오직 예수 그리스도를 통해 제대로 알 수 있다고 본 것에 있다. 그는 오직 기독론(Christologie)에서 인간학(Anthropologie)이 나올 수 있다고 본다. 예수가 누구인가에 대한 기독론에서 인간이 과연 누구인가라는 인간론의 이해를 전개시키는데, 이런 관점에서 바르트는 예수의 영과 육의 문제를 먼저 생각한다. 그가 사용하는 독일어 '젤레(Seele)'는 여기서 혼으로 번역하고 '라이프(Leib)'를 육체로, 그리고 '가이스트(Geist)'는 정신 또는 영으로 사용하기로 한다. 그러나 신약에서는 유감스럽게도 예수의 영과 육에 대하여 자세하게 언급되어 있지 않다. 그럼에도 불구하고 예수를 '통일된 전인(einiger und ganzer Mensch)', 즉 육적인 영 혹은 영적인 육으로 바르트는 간주한다.[90]

3. 신약 성경에서 예수에 대하여 묘사하고 있는 부분이 많지만 육적인 것과 영적인 것이 서로 대립되거나 육적인 것으로부터 영적인 것이 독립해 있는 금욕적인 면은 찾아 볼 수 없다. 오히려 예수에게서 육적인 것과 영적인 것이 아름답게 조화된 사람의 모습을 보게 되는데 이것은 성령의 충만함으로 영적인 것과 육적인 것이 마치 상위 질서와 하위 질

---

90 K. Barth, Kirchliche Dogmatik(KD), III/2, Zürich, 1948, 394.

서, 지배와 봉사, 명령과 순종, 이끎과 따라옴의 관계처럼 존재한다.[91] 예수는 하나님의 아들이며 정확하게 표현하면 아들을 가지고 자신을 말씀하시는 '인간을 향한 말씀'이며 성령이 예수에게서 기인하고 성령의 충만함에서 그가 실존할 수 있었다. 그래서 예수는 영혼과 육이 의미 있게 조화된 전인이다.[92]

4. 바르트는 여기에서 예수를 이렇게 영혼과 육이 조화된 참 인간이면서 동시에 하나님 자신으로 전제하면서 일반적인 인간의 구조에 대해서도 예수를 유추해서 인간을 이해하려는 방식인 '관계적 유추(relationale Analogie)'로 설명한다. 즉 일반적인 인간도 정신(Geist)에 의해 이런 존재가 될 수 있다는 것이다. 바르트에게는 정신이 곧 성령이라는 말과 동일하게 사용된다.[93] 그에 의하면 인간이 정신을 가지는 것이 아니라 오히려 정신이 인간을 가진다. 즉, 인간은 정신이라는 하나님의 영으로 인해서 주체 혹은 하나의 물질적인 유기체의 형태와 생명, 즉 육의 혼(Seele seines Leibes)이다.[94]

5. 바르트가 여기서 혼과 육이라는 2개의 요소를 말했는데 이 2개의 요소는 엄격히 구분되지만 결코 나눌 수 없는 하나이다. 예수가 성령의 충만으로 인해 혼과 육이 아름답게 조화되는 바와 같이 인간도 오직 성령으로 말미암아 '혼-육'의 존재로 살 수 있다. 인간 예수의 경우처럼 아름답게 조화된 혼과 육의 전체성은 성령의 작용과 그 성령의 임재로 말

---

91 위의 책, 410.
92 위의 책, 410.
93 G. Hummel, Theologische Anthropologie und die Wirklichkeit der Psyche, Darmstadt, 1972, 35
94 K. Barth, KD III/2, 391

미암아 일반 인간의 경우도 혼-육의 존재가 된다. 여기의 '말미암아'라는 말은 벌써 정신이 하나님, 즉 예수의 신성에 속한 것이지 인간 존재에게 속한 것이 아니라는 것을 암시하고 있다. 성령 즉, 하나님의 정신으로 인해서 하나님과 인간이 관계할 수 있으며 이 정신은 인간의 차원에 속한 것이 아니라 하나님의 신성에 속하는 것이다. 인간은 다만 자신의 혼의 육이라는 존재 구조로 주어져 있다. 본질적으로 유기체적으로 존재하면서 생명을 받고 그 받은 생명을 소유하는 신체의 혼(Seele des Körpers)으로서 살아가는 구조를 가진다.[95]

6. 인간은 육과 혼이라는 2개의 요소를 가지고 있는 것이 아니라 혼에 속한 육, 육에 떨어질 수 없는 혼으로 살아간다는 것이다. 혼이란 육과 떨어지면 더 이상 혼이 아니고 육이란 혼에 속하지 않으면 더 이상 육이 아니다.[96] 인간이 육의 혼이라면 그것은 그의 육이 혼에 속해 있다고 말할 수 있다.[97] 즉, 육의 혼으로서의 인간은 땅에 살면서 동시에 하나님과 영적인 관계를 위한 존재 구조를 가지고 있는 것이다. 육의 혼으로서 인간은 그 자체만 가지고는 사실 아무런 의미가 없다. 그것은 단순히 하나의 신체로 존재하는 양식에 불과하다고 할 수 있다. 여기서 이 육의 혼을 의미 있고 살아 있게 만드는 요소가 있어야 하는데 그것이 곧 정신 또는 영이라고 부르는 '가이스트(Geist)'이다. 그래서 바르트는 "인간은 영을 가지면서 존재한다. 영을 가진다는 것이 그가 육의 혼으로서 하나님에 의해 근거되고 구조되고 유지된다는 것을 말한다"고 주장했다.[98]

---

95 위의 책, 420-421.
96 참고. 위의 책, 421.
97 위의 책, 424.
98 위의 책, 414.

7. 여기서 '영을 가진다'는 말을 의미 있게 유의해야 한다. 그것은 영이 인간에게 선천적으로 이미 주어져 있다는 존재 개념이 아니라 영이란 본질적으로 하나님에게 속한 것이고 그것이 인간에게 임한다는 의미를 가지고 있다. 즉, 영의 임자는 인간이 아니라 하나님이다. 인간이 영을 가지고 있다는 것은 하나님이 인간을 위해 '거기에' 있다는 말이고 인간이 호흡하고 사는 매 순간은 사실상 하나님의 은혜로 살아간다는 것을 증명해 주는 말이다. 또한 그것은 육의 혼으로서의 인간이 영에 의해서만 전인(ganzer Mensch)이 된다는 근본 원리와 영으로 인해 인간이 비로소 주체(Subjekt)가 된다는 것을 말해 주는 것이다.[99]

8. 영을 가진다는 것은 곧 인간이 '살 수 있다', '살아 있다', '살아 갈 수 있다'는 것을 말해 준다. 영이란 인간에게서 육을 육답게 하는 영으로 혹은 혼에 속한 육으로 만드는 존재로서, 이것이 없이는 곧 인간의 죽음을 의미한다. 영은 불멸하지만 인간은 죽는 존재이다. 인간이 사는 것은 곧 영으로 인해 사는 것이다. 영은 하나님의 창조적인 행위로서 인간의 혼을 생으로 일깨우지만 그렇다고 혼과 동일시될 수는 없는 것이다.[100]

9. 바르트는 혼을 영의 도움으로 비로소 하나님과 관계하는 주체가 될 수 있으며 그래서 영혼(Geistseele)이 된다고 말한다. 그는 인간을 영혼으로 규정하면서도 혼과 영(정신)과의 차이를 구분했다. 즉, 혼은 그 자체로는 그 어떤 본질도 아니며 스스로를 위해 존재할 수 없다. 오직 육과 결합하여 신체가 됨으로 비로소 존재하는데 그러면서도 육은 혼에 의해

---

99   참고. 위의 책, 435-437.
100   위의 책, 447.

존재한다. 영(정신)은 혼과 달리 육을 필요로 하지 않는다. 영은 신적인 행위 또는 창조자의 은혜로운 행위로 하나님이 세상을 필요로 하지 않는 것처럼 육을 필요로 하지 않는다. 오히려 반대로 세상이 하나님을 필요로 하듯이 육이 혼과 영을 필요로 한다.[101]

10. 영이 없으면 혼-육은 하나의 신체로 머문다. 영으로 인해 비로소 인간이 주체로 살아 있게 된다. 영혼으로서 영은 실재하는 생명이 된다. 그래서 바르트는 여기서 인간을 하나의 "육의 영혼"으로 파악함으로서 헬라적인 2분법과 물질론적인 일원론과 일원주의적 영성주의를 극복하고 성경적인 인간의 존재 구조를 규정했다고 스스로 자부했다.[102] 참고로 인간에 대한 헬라적 이분법은 인간이 영과 육이라는 2개의 요소로 이루어져 있다고 본다. 그런데 이것들이 각각의 실체로서 공간적으로 혹은 물질적으로 서로 관계한다고 하는 입장이다. 플라톤과 아리스토텔레스의 이론이 여기에 해당된다. 또한 나중에는 이것이 고대 기독교의 교부들에게 상당한 영향을 주었다. 그리고 일원론적 물질주의에 의하면 인간은 신체성(Körperlichkeit)을 가진 하나의 실체로서 물질적으로 감각적으로, 그리고 공간적으로 존재한다. 이것은 주로 헬라의 원자론자들과 유물론자들의 입장에서 시작되며 또한 19세기의 자연 과학자들에 의해 규정되는 견해라고 볼 수 있다. 일원론적 물질주의의 견해와 정반대로 일원론적 영성주의에 의하면 영이 하나의 유일한 인간 실재성의 실체로 규정한다. 영은 인간의 참된 본질이 되며 육은 단순히 나타난 하나의 현상에 불과하다고 생각하는 입장이다. 바르트는 이런 극단주의적인

---

101 위의 책, 448.
102 참고, 위의 책, 455-473.

인간 실체에 대한 이론들을 비판하면서 성경적인 인간 이해를 위에서 본 대로 '육의 영혼' 혹은 '육을 가지는 영혼'으로서의 전인으로 보고 이것은 오직 성령의 도우심으로 알 수 있다고 주장한다.

11. 바르트의 인간 구조를 정리 요약한다면, 인간은 하나의 육을 가진 혼으로서 이것은 단순히 신체를 의미한다. 하나의 육체에 혼이 거함으로 신체가 되고 혼으로 인해 동물과 달리 인간이 단순한 신체로 존재하는 것이 아니라 '혼-육'이 된다. 그러나 육의 혼으로서의 인간은 영, 즉 정신이 없으면 전혀 의미를 가진 주체로 살 수 없는데 이 영은 처음부터 하나님의 것이다. 하나님이 불어 주시는 호흡과 같은 영으로 인해 인간은 비로소 영혼으로서 또는 실존으로서 존재할 수 있게 된다.

사람의 발견 가능성

1. 우리는 위에서 인간과 사람을 구분해야 할 필요성이 있다는 사실을 확인했다. 인간의 개념은 자연과 세상과의 관계에서 자연의 한 부분으로 자연 안에서 생존하고 번식하고 자연을 다스리며 공동체를 만들고 그로 인해 세상이 생겨나고 세상 안에서 자신의 창조적인 능력을 발휘하여 자신만의 문화적 공간을 만들고 자신을 세우는 존재라고 할 수 있다. 호모 사피엔스든 호모 파버든 모두 여기에 포함된다. 이때 말하는 인간이란 한 마디로 '이성적인 인간(animal rationale)'이다. 이런 인간은 자연과 세상 안에서 사는 존재이다. 그리하여 자연을 인간만을 위한 세상으로 만들면서 그로 인해 율법을 만드는데 나중에는 자신이 만든 세상의 율법에 도리어 둘러싸여 율법에 매여 사는 자 혹은 율법 아래 놓인 자가 되는 인간이다. 이런 식으로 자연과 세상을 만나는 존재로서 인간이다. 그러나 이렇게 자연을 만나는 방식으로 과연 하나님을 만날 수 있는가? 하나님은 자연을 창조하셨지만 하나님 자신은 결코 자연과 동일시

될 수 없다. 그래서 자연 안에서, 정확하게 말하면 자연과 관계하는 방식인 인식과 대상과의 관계로 창조주를 만날 수 있다고 생각하는 것은 처음부터 잘못되었다. 자연을 신이 만들었으면 그 자연 안에서 신을 찾을 수 있다고 믿고 있는 범신주의(Pantheismus)의 논리는 정신의 착각임이 분명하다.

2. 그러면 창조주의 영은 자연 안에는 전혀 없는가? 창조주는 자연과 완전히 무관한 초월주의(Transzendentalismus)의 하나님인가? 확실히 범신주의와 초월주의는 서로 반대되는 입장이다. 그런데 하나님이 과연 초월적인 하나님인가 아니면 범신주의의 하나님인가 하는 논쟁은 논리의 싸움이라고 할 수 있는데 둘 다 하나님을 인식의 대상으로 세우고자 하는 그릇된 전제에서 나온 정신의 착각일 것이다. 왜 피조물인 인간이 창조주를 범신주의 또는 초월주의라는 카테고리에서 인식의 대상으로 삼을 수 있는가? 그래서 범신주의와 초월주의에서 나오는 신은 살아 계시는 하나님 자신이 아니라 하나님에 대해 부패한 인간이, 그리고 상상하는, 소위 인간을 연역해서 신을 추론하려는 논리적인 생각의 신개념일 뿐이다. 그것은 하나님에 관한 인간의 생각이지 하나님 자신이 아니다.

3. 우리는 종종 하나님 자신과 하나님에 대한 인간 자신의 생각과 동일시하는 정신의 착각 현상을 학문에서, 특히 철학에서 보게 된다. 그래서 학문에서 하나님에 대해 설명하는 것은 보통 범신주의나 범신주의와 반대되는 초월주의의 동기를 가지고 있다고 할 수 있다. 인간 인식의 대상으로 하나님을 세우는 것은 인식의 주체가 인간 자신임을 말하며 그것은 인간이 자신의 관심에 따라 인식의 근거를 놓겠다는 주관주의에로

나아간다. 영은 이런 인식론적인 사유의 방식으로는 항상 은폐되어 있으며 자신의 실재를 결코 드러내지 않을 것이다. 그러나 지금 우리가 논하는 영의 발견이라는 테마가 이론적인 근거도 없는 지엽적인 신비주의라는 인상을 주지 않기 위해 어떠한 관점에서 이것을 전개하고 있는지를 알게 하는 것이 정직한 태도일 것이다.

4. 하나님은 자신이 창조한 인간과 자연을 다스리고 보존하시고 함께 하시는 것이 분명하다. 그러나 그렇다고 자연이나 인간성 안에 하나님의 영이 있다고는 할 수 없다. 독일 철학의 관념주의(Idaelismus)는 인간과 자연 안에서 하나님의 영을 발견할 수 있다고 믿는 데서 출발하는데 그 결과 범신주의의 입장을 유지하게 된다. 이러한 범신주의와 반대로 하나님의 영이 유한한 피조물들과 완전히 초월해 있다고 하는 논리는 초월주의의 생각인데 주로 전통적인 유신론의 입장이 그렇다고 할 수 있다. 그러나 사실 이 두 개는 모두 극단에 속한다. 전통적인 유신론은 하나님의 초월성을 강조하고 범신론은 하나님의 내재성을 강조한다. 여기서 전통적 유신론과 범신론 사이의 중개적 태도가 나오게 되는데 하나님은 초월적이기도 하고 내재적이기도 하다는 논리가 대두될 수 있다. 인간이 하나님을 인식의 대상으로 세우는 한 하나님은 절대적으로 '인식할 수 없는 신비'이다.

5. 하이데거의 철학에서 이미 보았듯이 인식의 관계에서는 피안의 세계란 오직 '무'로밖에 존재하지 않는다. 그렇다고 하나님은 우리 인간과 전혀 무관한 초월적인 존재는 아니다. 신학자들이 말하는 대로 고백의 관계에서만 하나님은 실재하신다. 단적으로 말해 하나님은 인식의 신이

아니고 고백의 하나님이다. 우리는 자신의 고백에서 비로소 하나님의 실재성을 체험하게 된다. 만약 학문이 철학이든 신학이든 하나님에로의 고백과 관계 없이 하나님을 만나게 된다면 그것은 하나님에 대한 인간의 생각(Gott-Idee)이지 하나님 자신은 아니다. 이런 의미에서 우리는 먼저 하나님에 대한 인간의 생각과 하나님 자신을 구분할 줄 알아야 한다. 전자는 인간이라면 누구든지, 그가 철학자든 신학자든 지식인이든 무식한 자든 여자든 남자든지 다 가질 수 있을 것이다. 그래서 이러한 하나님에 대한 생각 때문에 종교, 인륜, 도덕과 윤리가 나왔고 규범이라는 율법들이 세워졌다.

6. 그러나 궁극적으로 이러한 생각에서 세워진 종교나 학문들은 우상숭배의 가능성을 너무 많이 가지고 있다. 성경의 기록대로 하나님을 섬기는 것이 아니고 자기 배를 섬기는 것이다(롬 16:18). 창조주 하나님이 인간과 자연을 창조하셨다면 창조주는 피조물과 본질이 분명히 다르다. 그러면서 동시에 피조물과 함께 하신다.

7. 여기에서 두 가지의 전제가 성립된다. 창조주는 피조물과 본질이 다르면서도 피조물과 함께 하신다는 전제이다. 이 두 가지의 전제를 학문적으로 풀어 보면 편재신론(Panentheismus)이 되는데, 편재신론은 범신주의의 한 형태이다. 범신주의를 'pan-theismus'라고 하는데 여기서 '판(pan)'은 헬라어로 '모든'이라는 뜻인데 범신주의는 '모든 것이 신'이라는 뜻이다. 반면에 편재신론을 'pan-en-theismus'라고 하는데 그 뜻은 '모든 것이 신 안에 있음'을 가리킨다. 편재신론이 범신주의와 차이가 나는 것은 '엔(εν: in)'이라는 헬라어 전치사의 사용에서 그 의미가 상당히 차이가

난다고 할 수 있다. 범신론이 '모든 것은 신이다'라는 명제에서 출발한다면 편재신론은 '모든 것은 신 안에 있다'라는 의미를 가진다. 여기서 '신 안에'라는 말이 주는 뉘앙스는 단순히 자연과 하나님이 동일시 될 수 없다는 것을 암시해 준다. 바꾸어 말하면 하나님이 만물 안에 있는 것이 아니고 반대로 만물이 하나님 안에 있다는 것이다. 만물이 하나님의 창조물이기 때문에 하나님 관계에서만 비로소 창조의 의미가 현재적일 수 있다는 말이다. 이 말은 만물이 하나님과 관련될 때만 비로소 존재의 의미를 가진다는 관점이다. 이 편재신론의 관점에서 하나님의 편재성을 보게 되는데 이 편재성은 하나님의 초월성과 하나님의 내재성을 모두 함축하고 있다.

8. 만약 우리가 하나님의 실재성과 관련하여 범신주의와 초월주의, 그리고 편재신론주의라는 세 가지의 범주 가운데 하나로 설명해야 한다면 불가피하게 편재신론으로 설명할 수밖에 없다. 그러나 편재신론도 하나님의 실재성을 설명하기에는 많은 한계를 안고 있다는 것은 부인할 수 없는 사실이다. 이 편재신론의 관점에서 하나님의 실재성을 설명하는 현대 사상가들은 M. 부버, M. 쉘러, E. 브룬너 H. 오트, J. 몰트만 등을 들 수 있다. 그리고 모든 것이 예수 그리스도를 통해서만 이해되어야 한다는 K. 바르트의 기독론적 신학도 따지고 보면 편재신론적인 면이 전혀 없다고 할 수는 없다.

9. 그래서 우리는 우선 이러한 관점을 배척하지 않으면서 하나님의 영과의 만남을 생각해 보기로 한다. 또 한 가지 분명히 해야 할 것은 자연을 창조하신 하나님은 자연과 동일시될 수 없다는 것이다. 그렇다고 자

연을 완전히 떠난 초월적인 하나님은 결코 아니다. 그러면 하나님은 어떤 하나님인가? 자연 속에 계시지 않으면서 동시에 자연과 함께 계시는 하나님이란 오직 계시의 하나님이심을 가리킨다. 즉 자연을 만드신 창조주 하나님이 자신을 계시하시지 않으시면 우리 인간은 결코 하나님을 만날 수 없다. 자신을 드러내시는 하나님이 아니라면 우리는 결코 그분을 만날 수 없다. 이때 자신을 드러내시는 하나님은 '말씀(로고스)'이 가지는 근원적인 성격을 가지신 하나님이라는 것을 알 수 있다. '말씀'이란 항상 '말을 거는' 성격을 가진 인격이나 정신을 말한다. 그래서 하나님은 말씀으로 자신을 드러내시는 정신 혹은 인격이시다. 이런 인격을 인간이 어떻게 만날 수 있는가? 그래서 우리는 '신앙'을 말하지 않을 수 없다. '신앙'은 자신을 드러내시는 하나님의 계시에 대한 인간의 응답이 분명하다. 기독교 신앙은 경건도 아니고 헌신도 아니며 공로나 행위도 아니고 오로지 영적 반응이며 영적 응답이다. 즉 인간 나에게 말을 거시는 그분의 인격적인 말씀에 반응하는 혹은 응답하는 것이 기독교 신앙이다. 그래서 우리는 신앙으로 하나님의 실재성을 말해야 하며 신학은 이러한 신앙을 사유하는 논리가 되어야 한다.

10. 인간은 하나님의 실재성을 오직 고백으로만 만나게 된다. 여기서 말하는 고백은 우리가 보통 상식적으로 생각하는 비과학적이고 개인적이며 신화적인 주관성에서 나온 임의적인 판단이라는 의미가 결코 아니다. 고백은 인간의 인식으로 도저히 잡히지 않는, 창조주가 비인격적인 존재가 아니라 뜻밖에도 인격적인 존재라는 데서 오는, 피조물과 창조주의 본질 사이의 절대적인 차이를 자각하는 데서 일어나는 유한한 '나의 실재성(Ich-bin)'의 의식에서 나온 토설이다.

11. '나의 실재성'이란 '내가 있다(Ich-bin)'라는 말인데 그것은 '내가 실재한다'는 말과 동일하다. 이것은 인간 자아가 창조주의 '나 있다(Ich-bin)'를 의식하고 그분의 인격적인 사랑에 놀라면서 유한한 자아가 스스로 자신을 의식하는 존재 의식이다. 이 고백은 오직 창조주가 자신을 주실 때 그 주시는 자신을 받는 신앙에 의해서만 생기는 자아의식이다. 이 고백으로 창조주의 영을 만나는 것이다. 그래서 이 고백이 생기기까지 인간은 아직 사람이 아니고 단지 인간일 뿐이다. 인격이 아니고 이성적 존재로 존재할 뿐이다. 데카르트식으로 말하면 오직 '생각하는 존재'로서의 인간일 뿐이다. 인간이 생각한다면 무엇을 생각하겠는가? 데카르트의 '생각하는 나'는 창조주를 만나기를 희망하는 원초적인 존재 의식을 향한 갈망이다. 이런 점에서 에브너(F. Ebner)가 '나는 원한다(volo)'가 '나는 존재한다(sum)'와 '나는 생각한다(cogito)'의 근거라고 말한 것은 옳은 말이라고 할 수 있다.[103] '나는 생각한다'는 말은 창조주 앞에 존재하고 싶은 심리가 반영된 정신의 아사 현상이다. 인간 자아가 실재성을 상실하면 그것은 이상주의 내지 관념주의(Idealismus)로 나타난다. 에브너는 생각하는 자아로 하나님을 사유하면서 자신을 세워 나가는 이상주의의 사유를 정신의 꿈을 꾸는 사상 또는 정신병이라고 간주한다.[104]

12. 현실적으로 정신의 병은 보통 환상이나 이상의 형태를 많이 가지고 있다. 실재성(Wirklichkeit)의 상실이 바로 이상주의로 나타난다. 따라서 데카르트의 '코기토(Cogito)'는 현대인의 인간 자아가 창조주를 못 만나

---

103 F. Ebner, Das Wort und die geistigen Realitäten, 182.
104 에브너의 사상은 그의 저서 "Das Wort und die geistigen Realitaten"에 잘 나타나 있으며, 그 외에 그의 저서를 모아놓은 "Fragmente, Aufsätze, Aphorismen(München, 1963)"에 수록되어 있다.

서 정신의 병에 걸리기 직전에 나오는 병적 증세로 이해될 수 있다. 관념을 꿈꾸는 자는 창조주를 만나지 못해 존재의 굶주림으로 뒤틀리고 있는 자아의 병에 걸려 있음을 말해 준다. 창조주를 만나지 못해서 정신의 병으로 죽는 존재가 바로 인간이다. 인간이라는 개념은 지금 죽을 병에 놓여 있는 병자의 개념이다. 그래서 하이데거는 바로 이런 인간의 한계 상황을 '죽음'이라고 폭로했다. 키엘케가드가 '죽음에 이르는 병'을 말한 것은 바로 이런 관념주의적인 자아(idealistisches Ich)의 환상에서 서서히 미쳐가는 인간 자아를 고발한 책이다. 인간이라는 개념은 이미 창조주 앞에서 창조주를 만나지 못하여 미쳐 죽어가고 있는 인간 자아를 가리키는 것 외에 다른 의미가 없을 것이다.

13. '인간'이라는 개념은 하나님의 영을 만나지 못해 자아가 뒤틀리는 중세를 담고 있는 의미 외에는 다른 의미가 없다. 그래서 인간은 반드시 죽는다. 인간이 인간인 이상 사실은 정신의 병으로 죽는다. 자기가 스스로 만든 사변이라는 세상에 갇혀서 스스로 나오지도 못하고 실재성을 잃고 몸부림치다가 결국 진리를 보지 못하고 정신의 병으로 죽는 존재가 바로 인간이다. 그래서 인간은 하나님의 진노의 대상이다. 인간의 본질이 '자기를 스스로 세우는 존재'에 있다면 어찌 창조주 앞에서 살기를 바라겠는가? 이런 점에서 인간은 창조주의 저주의 대상이다. 하나님이 그리스도를 죽이고 또한 살려서 우리 앞에 그분을 인격적으로 제시하셨지만 인간은 그리스도를 보지 않고 또한 보기를 원하지 않고 오직 자신이 세운 사변이라는 이상을 세우면서 신을 찾으며 그 신에게 경건과 헌신을 바치며 자위한다. 이런 병든 인간에게 하나님은 치료자로 오셨지만 그 인간은 치료를 거부하고 자신이 원하는 다른 신으로부터 치료받

기 원한다. 그래서 참된 치료자를 만나지 못하는 인간은 반드시 죽는다. 우리가 인간이라고 고집하는 한 우리는 이성의 인과율에 따라 자연을 섬기다가 창조주 없이 자신을 스스로 세우면서 죽을 것이다. 우리가 인간이라고 생각하는 한 우리의 사유 방식에 따라 결국 창조주를 알지 못하고 혼자 외롭게 죽을 것이다. 왜냐하면 인간이라는 개념에는 본질적으로 자연과 세상과 관계하는 육의 혼이라는 인간이기 때문이다.

14. 그렇다! 자연과 세상이 우리를 구원해 준다면 우리는 살 것이다. 그러나 그것들이 인간을 구원해 주지 않으면 인간은 죽는다. 호모 사피엔스가 무슨 의미가 있겠는가? 자연과 세상을 관계하는 한 인간은 죽는다. 그래서 인간이 '이성적인 존재'로 남는 한 인간은 창조주의 영과 만나지 못하고 죽을 존재라는 의미 외에 달리 무슨 의미가 더 있겠는가? 인간이라는 말에는 '무'를 직면하고 서 있는, 전혀 소망 없이 죽음에 대한 불안으로 하루하루를 살아가는 존재 이외에 다른 아무 의미도 없다. 그래서 우리는 인간인 한 반드시 죽는다.

15. 그러면 소망은 어디에 있는가? 인간이 아닌 사람에게 있다! 바로 그것이 중요하다. 그래서 인간과 사람이 구분되어야 한다. 인간은 자연과 세상에 더불어 살다가 자연 안에서 세상과 함께 '이성적인 존재'로 죽는다. 인간은 생전에는 이성을 가졌다고 동물보다 나은 존재로 여기고 스스로를 사유하면서 존재하지만 죽을 때는 동물과 똑같이 죽는다. 우리는 이제 이 소망이 없는 인간의 개념 외에 다른 데서 소망을 가져야 한다. 인간에게 소망이 없다면 우리는 '사람'이라는 생명체를 생각해야 한다. 사람이라는 생명체에서 우리는 영원히 살 수 있고 우리가 영적인 존

재라는 사실을 깨닫고 창조주의 영으로 충만해지는 삶을 살 수 있다. 그래서 우리가 사람을 깊이 생각해야 한다. 그러면 사람이 무엇인가? 어찌 한 마디로 정의할 수 있겠는가? '인간'이라는 말을 정의하는데도 고대부터 그렇게 오랫동안 많은 석학들이 사유했음에도 불구하고 다 밝히지 못했는데 '사람'이라는 개념 또한 어찌 쉽게 규정할 수 있겠는가?

16. 그러나 분명한 것은 사람은 창조주의 영과 관계하는 생명의 개념이라는 점이다. 사람 이해의 출발점은 인간 자신이 아니라 하나님의 영이다. 사람이 무엇인가를 가장 정확하게 알 수 있게 하는 분은 예수 그리스도이다. 예수 그리스도는 신학적으로 말해 '참 인간', 즉 사람이라고 한다. 참 인간은 실재적인 사람이다. 실재적인 사람은 창조주의 영으로 순간순간을 사는 존재이다. 여기서 예수를 참 인간이라 할 때 그분의 신성을 두고 말하는 것이 아니고 그분의 인간성을 두고 말한다. 그분의 인간성이란 하나님의 영으로 기뻐하며 하나님의 영으로 존재하셨고 하나님의 뜻대로 사셨다는 데 그 의미가 있다. 그것은 하나님을 '당신'으로 만나면서 '오직 하나님 당신으로 인해서만 존재하는 자'였다. 그래서 예수의 자아에서 사람의 개념을 가장 선명하게 보게 된다. 사람은 '하나님 당신으로 인해서만 존재하고자 하는 자아'를 가진다. '예수 그리스도의 인간성'이라는 테마는 다른 곳에서 다시 연구해 보기로 하고 여기서는 우리의 주제로 다시 돌아와야 한다. 그것은 우리가 사람이 되어야 한다는 사실이다. 우리는 사람이었으며 지금은 '사람'을 상실한 시대에 살고 있기 때문에 더욱 사람이어야 한다. 바로 이 사람의 개념 속에 영적인 존재로서의 인간 이해가 들어 있다.

(1) 첫사랑

1. 영적인 존재로서의 사람은 분명히 예수 그리스도를 가지고 말씀하시는 하나님 말씀으로만 발견된다. 사람이 되는 것은 사람을 찾으시는 하나님의 말씀으로만 가능하다고 해야 할 것이다. 영적인 존재가 되는 것은 사람을 찾으시는 하나님의 말씀에 신앙이라는 영적인 응답을 통해서 가능하다고 우리의 기독교 신앙은 암시한다. 바로 이러한 은혜를 위해 우리는 사람으로 태어났다. 우리가 사람으로 태어난 것은 하나님의 은혜를 받고 사람이 되기 위해서라고 할 수 있다. 우리가 개나 새로 태어난 것이 아니고 사람으로 태어난 것과 부패하여 인간이 되었지만 그럼에도 인간의 타락은 하나님의 말씀으로 인해 주어지는 사람이 되기 위함에 있다. 인간은 원래 사람으로 지음을 받았으나 부패한 사람을 가리킨다. 인류의 조상의 불순종이라는 인격적인 죄로 인해 더 이상 사람이 아닌 인간이 되었다. 말하자면 인간이란 타락한 사람의 개념이다. 타락한 사람, 즉 인간이 예수 그리스도의 속죄의 사랑으로 인하여 다시 사람으로 돌아가야 한다.

2. 되돌아간다는 것은 인간의 원래의 모습인 사람으로 되돌아간다는 의미를 담고 있다. 첫 사람 아담은 하나님에 의해 창조되었다. 하나님에 의해 창조되었다는 표현은 오직 하나님으로부터 오는 생명으로 살아가는 생명체로 지음을 받았다는 뜻이다. 그러나 타락으로 인해 사람은 인간이 되었다. 그래서 인간이란 더 이상 하나님으로 인해 사는 존재가 아니라는 것을 의미한다. 우리는 그런 존재를 인간이라고 규정한다. 예수 그리스도로 인해 값비싼 은혜로 주어지는 구원은 인간이 원래의 모습인

사람으로 돌아가는 것에 그 의미가 있다. 그리스도 안에서 구속함을 받은 사람은 오직 그리스도 안에서 주어지는 생명을 받으면서 살아야 할, 그리고 살아가야 할 생명과 존재의 의미를 부여받는다.

3. 타락한 사람인 인간은 인간 밖에서 주어지는 하나님의 말씀인 예수 그리스도의 계시가 없어도 나름대로 스스로 사람이 되고자 애를 쓴다. 잃어버린 생명을 다시 찾기 위해 사실은 나름대로 스스로를 나타낸다. 이 노력은 창조주를 향하는 에로스적인 노력으로 구체화된다. 인간은 타락한 사람으로서 본질적으로 창조주를 그리워하기 때문이다. 생명이 창조주 하나님에게서만 흘러나옴을 비록 부패하였지만 인간 본성이 말하고 있기 때문이다. 그 본성은 창조주 앞에서 존재하려는 욕구라 불리는 에로스를 가지고 있다. 이 에로스라는 욕구는 '철학함(Philosophieren)'으로 혹은 '사유함'으로 발휘되어 나타난다고 할 수 있는데 그래서 인간은 철학하는 존재, 즉 생각하는 존재가 되었다. 여기서 철학함이란 여러 다양한 학문 가운데 철학이라는 특정의 학문 분야에서 행해지는 정신성을 가리키는 것이 아니라 신을 중심으로 생각하는 인간의 모든 정신적인 행위 일반을 지칭한다. 생각에 뿌리를 두고 있는 철학함은 근원적인 본질을 향한 인간 정신의 동경과 같은 형태로서 이것 때문에 철학과 종교가 생겨나고 여러 다른 학문들이 세워지며 그로 인해 세상이 만들어진 것이다.

4. 생각하는 나를 단초로 하는 철학함이란 타락한 인간이 창조주 앞에서 존재하려는 에로스라는 욕구의 표현이다. 타락한 사람, 즉 인간이란 본질적으로 철학하는 존재이다. 철학이란 문자적으로 보면 '애정'이라는

뜻을 가진 필리아와 '지혜'라는 뜻을 가진 소피아의 결합으로서 지식을 사랑하는 인간 정신을 가리키는 듯 보여도 그 내면은 근원에로 다시 향하려는 타락한 사람의 정신의 자기 표현이다. 인간의 철학함이 가지는 의미가 그렇다면 이 노력은 인간 자신에게는 전혀 의미가 없는가? 즉 철학이라는 학문은 필요 없는 학문인가? 그런 것이 결코 아닐 것이다. 철학적으로 사유함 속에는 창조주를 그리워하는 인간 정신의 심리적 요구를 담고 있는데 이 요구는 창조주와의 실제적인 만남을 통해 실현된다. 하나님의 실재성과의 인격적 만남이 없다면 철학은 하나의 단순한 요구, 즉 영적인 희구가 들어 있는 하나의 이상을 인간이 나름대로 스스로의 논리로 표현한 사변적인 이론에 불과하다. 영적인 희구가 들어 있는 하나의 이상이란 인간이 바람직하다고 여기는 이상적인 형태를 가리킨다. 하나님의 실재성과의 만남이 없다면 철학은 말 그대로 하나의 바람직한 이상에 불과하며 꿈꾸는 정신의 사변이다.

5. 참된 철학함은 하나님의 실재성과의 만남에서부터 시작된다. 참된 철학함은 하나님에 관하여 가지는 인간의 생각이나 아이디어를 체계적으로 사유하는 정신적인 행위가 아니라 오히려 하나님의 실재성이 인간의 사유를 통해 자신을 인간의 언어로 표현되는 것을 돕는 행위이다. 하나님의 생명이 인간의 조잡한 언어로 자신을 구체화시키는 것을 기꺼이, 그리고 겸손하게 돕는 정신적 행위를 참된 철학이라고 하겠다. 하나님이 인간의 발명된 언어라는 조잡하고 비천한 정신의 행위를 통해 자신을 기꺼이 나타내시는 신적 비하를 바라보며 겸손과 고백으로 이를 돕는 행위가 참된 철학함이라 하겠다. 하나님이 자신을 인간의 비천한 언어로 나타내는 지점을 우리는 '실존'이라고 부른다. 그래서 "참된 철학

이란 인간 실존과 함께 주어지는 실존 이해를 적절한 개념으로 발전시키는 것"이라고 말한 불트만(R. Bultmann)의 생각도 조금은 음미해 볼 만하다.[105] 여기서 인간 실존이란 죄로 인해 부패해져 버린 인간, 즉 부패한 사람을 두고 말한다. 이 실존을 기독교 신앙에서 생각하며 창조주 하나님와의 영적 관계를 연구하고 사유하는 학문이 참된 철학함의 사명이 될 것이다.

6. 우리는 여기서 죄로 인해 전적으로 부패해 버린 인간에게서 그러나 아주 순간적이지만 인간이 사람으로 창조되었음을 희미하게나마 알 수 있는 하나의 작은 흔적을 발견한다. 우리가 원래 사람으로 지음을 받았다는 증거를 타락한 인간 속에서조차 발견할 수 있다는 셈이다. 그 흔적을 소개하기 전에 이 흔적이 '인간의 전적인 부패'의 교리와 상충되지 않는다는 것을 말하고 싶다. 이 흔적은 인간의 자연성을 말하는 것은 결코 아니기 때문이다. 왜냐하면 사실 이러한 흔적은 죄악의 상태인 인간이 스스로 깨닫는 것이 아니라 오히려 그리스도로 인해 구속된 이후 자신을 돌이켜 보면서 비로소 그것이 사람의 흔적이었는지 깨닫는 것이기 때문이다. 우리가 인간일 때는 그것이 사람의 흔적이었는지는 전혀 알지 못한다. 그러나 예수 그리스도로 인하여 구원받고 은혜로 주어지는 새로운 자아를 가지면서 그것이 사람의 흔적이었다고 말할 수 있다. 그러한 흔적들은 우리가 언어를 사용한다든지 비록 선을 행할 능력은 없지만 그래도 선을 머릿속에서 나마 생각한다든지, 그리고 자유 의지(liberum arbitrium)는 완전히 사라졌고 그 대신에 죄를 향한 종의 의지

---

[105] R. Bultmann, Zum Problem der Entmythologisierung, in: Kerygma und Mythos, Bd. III, Hamburg, 1952, 192.

(servum arbitrium)만 남아서 자기 마음대로 선택하고 결단할 수 있는 행위도 여기에 속한다. 필자는 여기서 그 흔적의 하나로 '첫사랑'을 숙고해 본다. 첫사랑도 분명히 잃어버린 사람의 희미한 흔적 가운데 하나라고 보기 때문이다.

7. 우리는 먼저 성경이 놀랍게도 '처음'이라는 말을 대단히 중요하게 여긴다는 사실에 주목해야 한다. 특별히 하나님과 피조물, 그 가운데서 사람과의 관계에서 '처음'이라는 말은 아주 특별한 관계를 나타낸다. 처음 사람이었던 아담이 하나님 앞에서 특별했고 아담의 여자였던 하와 또한 아담이었던 사람에게는 특별한 존재였다. 성경에는 사람의 타락 후 하나님께 드려지는 여러 제사에서 '처음의 것'이 또한 중요한 것으로 묘사된다. 처음의 것이 가지는 의미가 있을까? 있다면 어떤 특별한 무엇을 보여주는 것일까? 그리고 또 이 특별한 관계의 내용은 무엇일까?

8. 우선 '처음'이라는 것은 구약 성경에서 많이 언급된다. 하나님 앞에서 죄를 지은 고대 이스라엘 백성들과의 관계에서 죄문제와 관련하여 사용되었다. 그런데 흥미롭게도 '처음'이란 여러 개 중에 우선적인 것, 좀 구체적으로 말해 시간적으로 처음인 것 혹은 수적으로 처음인 것과 정도 면에서 최상의 것을 말하는 듯 비치는데 이것은 아마도 최고의 것을 의미하고 있는 듯하다. 하나님이 자신에게 처음의 것을 바치라고 명하신 것도 바로 최상의 것을 바치라는 의미로 해석이 된다. 처음의 것을 바치는 것을 하나님은 최상의 것으로 여기신다는 것이다. 처음의 것을 하나님이 최상의 것으로 여기신다는 것은 다른 말로 말해 관계의 처음을 관계의 최상 또는 관계의 탁월성으로 이해하시고 계심을 나타낸다. 그래

서 하나님에게 있어서는 처음의 것은 최상의 것이고 또한 관계의 탁월성을 나타내는 의미가 된다.

9. 그러면 관계의 탁월성의 내용은 무엇일까? 하나님이 처음의 것을 최상의 것으로 여기시는데 이 관계의 탁월성의 내용은 도대체 무엇일까? 그것은 처음 사랑을 암시하는 것은 아닐까? 하나님이 굳이 처음의 것을 최상의 것으로 여기시는데 인간을 사랑하셔서 인간과의 관계를 원하신다는 뜻이 있다고 여겨진다. 하나님의 인간관계는 항상 처음 사랑의 관계이고 또한 처음 사랑의 관계로 여기시고 계심을 강하게 말씀하시고 있다고 여겨진다. 정확하게 말해서, 하나님의 인간관계는 첫사랑인데 그 첫사랑은 하나님에게는 탁월한 사랑이며 또한 최고의 사랑임을 보여주고 있으며 동시에 인간에게도 첫사랑을 주신다는 것이다. 따라서 인간도 하나님에게 첫사랑이어야 하며 항상 최상의 사랑인 탁월한 사랑을 드려야 한다는 것을 전제한다. 하나님은 인간과 달리 수량의 법칙에 의존하고 있지 않으시며 오로지 인격이신 자신의 시각으로 인간을 보신다. 수량의 법칙에 매여 있는 부패한 사람인 인간에게는 '처음'이 두 번째를 가기 위한 처음이지만 인격이신 하나님에게는 두 번째란 있을 수 없다. '처음'은 근본적으로 인격적이고 최상이며 탁월하며 더 이상 무엇이 없는 마지막이기도 하다. 하나님에게는 처음이 곧 마지막이지만 수량의 법칙 아래에 있는 부패한 인생에게는 '처음'은 두 번째를 위한 준비에 불과하다. 인간은 처음을 두 번째를 가는 길로 대하지만 인격이신 하나님에게 처음이 곧 마지막이다. 처음이야 말로 하나님에게는 유일하고 하나뿐인 존재 방식이다. 하나님 자신이 바로 처음이신 인격인 '나'이시기 때문이다.

10. 그러면 인간 속에도 과연 이러한 최상의, 탁월한 첫사랑이 있을까? 하나님은 인간 속에도 이러한 자신과 유사한 사랑이 있다고 여기실까? 우리 인간에게는 사실 이러한 사랑이 있다고 느낄 수 없다. 우리가 하나님을 사랑하는 것도 따지고 보면 우리 자신의 어떤 필요에 따라서 사랑하려고 노력하는 것이며 그 본질은 에로스이다. 에로스는 수량의 법칙에 매인 사랑이며 그로 인해 처음사랑은 두 번째 사랑에로 가는 길에 불과하다. 에로스란 근본적으로 조건에 의해 일어나는 사랑이기 때문이다. 이런 점에서 인간의 사랑이란 철학적인 에로스에 근거한 사랑으로서 감각의 속박에서 영혼을 해방시키는 것이며 땅 위의 것을 가지고 하늘의 것을 연역하고 추론하는 능력으로 보는 것은 타당하다.[106]

11. 인간의 에로스에서 최고의 에로스는 현세적인 것을 통해 영원한 세계를 감지하고 사유하는 사랑이다. 그래서 플라톤은 영혼의 에로스에 의해 영원한 형상의 세계를 지각할 수 있다고 생각했다. 그러나 우리 인간의 사랑은 본질적으로 에로스이며 이것이 후천적인 노력으로 다양하게 채색되어 아름답고 보기 좋게 미화되기도 한다. 마치 실물을 현란하고 고상하게 채색하는 화가의 노력과 유사할까? 마치 한 개의 생명을 수천 개의 세포분열의 결과로 분석해서 보려는 자연 과학자의 시선과 유사하겠다. 과연 인간의 이런 노력의 사랑이 최상의 사랑인가? 하나님은 인간의 어떤 사랑을 자신이 받으실 만한 최상의 사랑으로 보실까? 구약에서 하나님이 아무런 의미 없이 인간에게 처음 것을 가져오라고 하셨는가? 의미가 있다면 '처음'은 하나님에게는 어떤 의미가 있는 걸까?

---

106 A. Nygren, Eros und Agape, Beriln, 1955, 28.

12. 본질적으로 후천적인 사랑이 아니면서 그러나 에로스의 원형에 가까운, 비록 순간적이지만 선천적이면서 가장 인간적인 사랑이 우리에게 있다는 것을 말해 주는 사랑이 있다. 우리에게 한때 있었던 최상의 에로스란 무엇인가? 그것이 첫사랑으로 비친다. 사랑에는 부모의 사랑, 우정, 민족애와 연인들의 사랑 등 많은 종류가 있는데 이런 사랑들은 에로스의 본질이 무엇인가를 보여 준다. 에로스는 인간이 자신을 상대 앞에 세우는 창조적인 노력으로 표현된다. 에로스와 아가페의 문제는 궁극적으로 자아의 문제이다. 에로스는 인간이 자기 자신을 상대 앞에서 세우려는 노력으로 나타내지만 반대로 아가페는 인간과 하나님의 새로운 교제 방법으로서 오히려 자기를 상대 앞에서 부정하는 노력으로 나타낸다. 아가페를 하나님의 사랑으로 간주한다면 이런 아가페는 그리스도의 십자가 죽음에서 잘 표현되는데 거기에서는 하나님이 아가페의 주체이심을 보여 준다.[107] 그리스도의 죽음에서 하나님의 아가페의 절대적인 자발성과 비동기성이 가장 선명하게 나타난다.[108] 거기에서 하나님은 자신의 심장인 예수 그리스도를 가지고 인간 앞에서, 인간을 향하여, 그리고 인간을 위해서 가장 비참하게 보여주셨고 나아가서 인간을 위하여 가장 비참해진 자신을 여지없이, 그리고 사정없이 죽였다. 인간의 에로스에게 빠져버리신 하나님이 인간 앞에서 얼마나 자신이 비참해지셨는지를 그리스도가 보여주셨다. 그리스도는 죄인을 애절하게 사랑하시는 아버지를 가장 비참하게, 그리고 가장 애처롭게 보여주신 아가페이시다. 이런 점을 잘 알았던 신약 성경기자들은 사랑을 나타낼 때 그 당시 가장 흔하게 사용되던 '에로스'라는 용어를 전혀 사용하지 않고 별로 사

---

107 위의 책, 77.
108 위의 책, 77.

용되지 않았고 심지어 개념조차 정립이 되지 않았던 '아가페'라는 용어를 선택하여 우리에게 전해준 것은 아가페의 깊음과 무거움을 너무 잘 알았기 때문이었다.

13. 에로스가 '자신을 상대 앞에 세우려는 창조적인 노력'으로 표현된다면 반대로 아가페는 '자신을 상대 앞에서 부정하는 정신'으로 나타난다. 이런 점에서 에로스와 아가페는 사실 서로가 관계할 만한 접촉점이 없다고 볼 수 있겠다. 아가페를 에로스보다 높은 정신적 형태로 간주하거나 에로스를 고양시켜 아가페에 도달할 수 있다고 생각하는 것은 엄청난 오해로 여겨진다.[109] 하나님의 사랑을 인간의 사랑에서 연역하거나 아가페를 에로스의 고양된 인간의 사랑 정도로 이해하려 한다면 본질적으로 하나님의 사랑을 오해하고 있음이 분명하다. 그럼에도 인간에게 있어서 첫사랑은 에로스의 가장 원시적인 모습을 보여 준다. 즉, 인간의 자아가 본질적으로 어떤 존재인가를 알게 한다. 그것은 자기 자신을 항상 '상대 앞에 세우려는 에로스의 모습'을 가장 선명하게 보여주기 때문이다. 그리고 이 사랑 속에는 독특한 점들을 가진다.

14. 그러면 처음의 것을 최상의 것으로 여기시는 하나님의 아가페적인 사랑과 인간의 에로스적인 첫사랑과는 어떤 관계에 있을까? 물론 처음의 것을 최상의 것으로 여기시는 하나님 사랑의 요구를 인간의 에로스로 충분히 이해할 수 없다. 인간의 첫사랑이란 에로스의 원시적 모습에 불과하다. 하나님이 처음의 것을 요구하시는 것은 인간의 에로스를 원

---

[109] 위의 책, 29.

하신다는 뜻이 결코 아닐 것이다. 다만 처음의 사랑을 최상의 것으로 여기시는 하나님은 항상 우리를 첫사랑의 대상, 즉 최고의 사랑으로 대하신다는 것을 나타낸다. 첫사랑은 하나님이 항상 인간을 '최고의 사랑의 상대'로 여기신다는 것을 말해주는 사랑이다. 이런 점에서 비록 인간의 첫사랑이 에로스의 원시적인 모습이지만 처음의 것을 최상의 것으로 여기시는 하나님을 이해할 수 있는 땅 위의 에로스라고 할 수 있다.

15. 처음의 것을 최상으로 여기시는 하나님을 이해하는 근거로써 인간의 첫사랑을 생각한다면, 인간이 오직 그리스도의 은혜로 중생받은 자아를 가졌을 때 비로소 그것을 이해할 수 있을 것이다. 거듭나지 못한 자아로는 이런 사실을 이해하기가 불가능하다. 인간의 생 속에서 있을 수 있는 최고의 에로스, 즉 첫사랑은 실상 우리 자신에게는 어떻게 이해되는가? 원래 인간에게 있어서 첫사랑은 최고의 에로스이다. 그런데 수량의 법칙 아래에 놓인 우리에게는 첫사랑이 하나의 불행한 사랑 정도로 이해되거나 그것이 아니라고 해도 그 무게와 가치를 잘 알지 못하고 있다. 수량의 법칙에서 첫사랑은 시간적으로는 최초의 사랑이고 수적으로는 제일의 사랑이며 정도 면에서는 풋사랑으로 이해된다. 즉, 시간, 수, 정도라는 카테고리에 의해 항상 제한된 시각에 의해 첫사랑이 이해되고 있는 셈이다. 더 나아가서 첫사랑은 처음-풋-미성숙-불완전-실패라는 도식으로 이해되고 있기도 하다.

16. 왜 우리에게는 첫사랑이 이런 도식으로 이해될까? 하나님에게는 첫사랑이 최상의 사랑으로 나타나는데 말이다. 우리에게 있어서 '처음'은 항상 '미숙한 것'으로 나타난다. 그래서 우리에게는 항상 훈련과 반복의

결과로 맨 나중에 나타나는 것이 최상의 것으로 이해된다. 왜 우리에게는 첫사랑이 풋사랑으로 나타나고 미숙한 사랑으로 이해되고 있을까?

17. 우선 왜 우리는 첫사랑을 미숙한 사랑으로 이해하고 또 그렇게 이해할 수밖에 없는지를 살펴보아야 한다. 왜 그럴까? 우리가 첫사랑을 그렇게 생각하는 데는 우리의 근본적인 사고 구조에 기인한다. 즉, 첫사랑에 대한 우리의 사고 구조가 성숙한 어른의 사고 구조를 가지고 있기 때문이라는 말이다. 우리는 어른의 사랑을 보통 성숙한 사랑이라고 판단한다. 여기서 어른이라는 말은 지식과 지혜 면에서 성숙한 사람을 말한다. 지식과 지혜 면에서 성숙한 상태에서 나오는 사람의 입장에서 보면 첫사랑은 확실히 미성숙의 사랑임이 분명하다.

18. 그렇다면 여기서 '어른'의 정의가 필요할는지 모른다. 과연 어른이란 무엇인가? 무엇을 가지고 우리는 어른이라고 하는가? 어른은 인식 면에서 경험적으로, 그리고 실증적인 지식 면에서 어린아이보다 앞선 자를 가리킨다. 그래서 이 어른에게는 첫사랑이 어린아이의 사랑이고 풋사랑으로 여겨진다. 그로 인해 우리는 이제 어른의 사랑이 성숙한 사랑이라고 당연하게 받아들이는 사고의 구조를 가지게 되었다. 우리는 어릴 때부터 너무도 익숙하게 들은, 이제는 자명한 진리가 되어 버린 명제를 기억한다. 그것은 '아는 것이 힘이다(스키엔티아 포텐티아: scientia potentia)'라는 명제이다. 어른은 어린이보다 많이 아는 자이고 학자는 무학자보다 많이 아는 자이고 아이는 지식 면에서 항상 어른에게 배워야 하며 진리에 관한 한 어른보다 거리가 먼 자들로 이해되어 왔다. 그래서 어른이 무엇이냐의 척도는 곧 무엇을 얼마나 아느냐로 가름한다. 이런 관점에

서 보면 확실히 아이는 미성숙한 자들임에 틀림없다. 정확하게 표현하면 어른은 세상적으로 익은 자이고 어린아이는 세상적으로 덜 익은 자이다. 그리고 그 어른들에게서 첫사랑은 세상적으로 미성숙한 사랑임인 셈이다.

19. 그러나 여기에서 다시 하나의 질문이 생길 수 있다. 어른은 과연 무엇을 아는가? 그리고 어린아이는 진리에 대해 과연 무엇을 모르는가? 안다는 것은 이미 위에서 충분히 언급하였듯이 인식과 대상의 관계를 통해 이루어진다. 대상을 눈에 세워놓고 인간 정신이 인식이 됨으로 말미암아 대상에 대한 현상들을 아는 것을 가리킨다. 칸트는 그러나 '우리는 인식과 대상에 관한 한 물 자체를 인식할 수 없다'고 정의했다. 그래서 우리는 과감하게 이렇게 단언할 수 있다. 어른이 안다는 것은 대상에 대한 잡다한 여러 세상적인 현상들을 안다는 것을 뜻한다. 말하자면 어른은 자신이 파악한 다양한 현상들에 대한 지식들을 아이보다 많이 가지고 있다. 어른이 대상을 보고 그 현상을 쉽게 파악하는 이유는 오성작용, 더 넓게는 이성 작용의 기능이 아이보다 더 발달해 있기 때문이다. 원래 이성은 본래의 기능이 감지(vernehmen)하는 기능 외의 다른 기능이 아니었다. 그런데 실증적으로 성숙한 어른에게는 이 이성이 감지하는 본래의 기능을 넘어서서 이성 자신의 어떤 카테고리로 어떤 생각을 만들어 내고 자신이 원하는 이상을 제시할 줄 아는 능력이 있는 것처럼 여겨지고 있다. 그래서 이 이성이 자연과의 관계에서 일찌감치 자연을 지배하는 능력이 되었고 여기에서 실증주의적인 사고 구조와 더 나아가서는 현대의 '자신으로부터 소외된 이성'이 나오게 된 것이다.

20. 어른이 가지는 이성이라는 것은 현대에서는 사회철학자들이 말하는 대로 '인간 자신으로부터 소외된 이성' 이외의 다른 것이 아니다. 항상 대상을 물화된 대상의 관계로 세우면서 그 대상에게 이성이 스스로 만든 어떤 '상(Bild)'을 제시하여 하나의 '이상(das Ideal)'으로 색칠하는 능력인 이성을 가진다. 그로 인해 세계관을 만들면서 그렇게 만들어진 세계관을 자신의 삶의 철학 혹은 규범으로 여긴다. 그래서 이런 소외된 이성, 즉 본래의 기능에서 벗어난 이성을 가지고 아직 덜 실증적이고 덜 소외된 이성적 판단을 하는 아이를 가리켜 '미성숙한 자'라고 단정하는 셈이다. 이런 어른이 어린아이를 가르치고 교육을 시키겠다는 것은 한 마디로 장애인이 된 어른이 아직까지는 정상인인 어린아이에게 왜 너는 아직까지 정상인이냐고 묻는 것과 유사하다고 하겠다.

21. 어른은 아이에게 도대체 무엇을 교육시키는 걸까? 어른은 아이에게 이성의 전능성을 견고하게 세워 주는 것을 사명으로 알고 있다. 여기서 이성의 전능성이란 이성이 세계를 지배할 수 있다는 자신감을 가리킨다. 그래서 현대인은 이미 이성적인 존재라는 확고한 인간관을 가지고 있으며 아이들에게 현대를 살아가려면 지배하고 계산하는 이성적인 능력이 없으면 도태된다고 가르친다. 여기서 이성은 하이데거의 말처럼 '계산하는 사유 능력'으로 이미 전락된 능력이다. 어른은 아이에게 창조주의 영과의 만남을 제시하는 것이 아니라 창조된 자연과의 관계와 거기에서 살아남는 법을 제시하는 사유기관으로서의 이성을 제시한다. 소위 계산하는 능력으로 변질된 이성은 어른에게는 진리의 척도가 되는 능력이 되었고 그 능력을 신처럼 아이에게 가르치고 전수하고 있는 셈이다. 그래서 인간인 어른은 자연과의 관계에서 오직 생존(또는 잔존)하

는 존재처럼 되어버린 존재인데 그런 존재가 어린아이를 자신의 제자로 여기면서 여러 가지 세상적인 잡다한 율법들을 가르치고 훈련시킨다. 이러한 '소외된 이성'인 어른이 보면 첫사랑은 미숙한 사랑이고 풋사랑으로 보인다. 그러나 신약에서 예수가 '네피오스'라 불리는 어린아이를 하나님 나라와 직접 관계하는 자로 여기고 있음을 조금이라도 이해한다면, 그리고 예수가 바리새인들을 처절하게 저주했던 그 이유를 어린아이는 마음으로 금방 이해하는데 정작 세상적인 지혜와 지식이 있는 어른은 전혀 깨닫지 못한다는 점에서 본다면 어른은 예수가 제시하려 했던 하나님 나라를 향해 완전히 맹인이고 소경이며 앉은뱅이고 병신인 셈이다. 그 어른이 어린아이를 가르치고 이끄는 것은 마치 선천적인 앉은뱅이가 100m를 9초 만에 두 다리로 뛸 수 있는 단거리 세계 챔피언인 우사인볼트에게 달리기 훈련을 시키려는 것과 무엇이 다른 것인가? 과연 첫사랑이 과연 이런 실증주의적인 어른의 시선으로 판단되어야 하는 걸까? 오히려 어쩌면 이 사랑이야말로 원초적인 인간 존재의 진리를 담고 있는 것이 아닐까?

22. 첫사랑이란 무엇일까? 우선 첫사랑의 현상을 지적해보자. 우선, 첫사랑은 조건 없이 대상을 본다는 특징이 있다. 이것은 어떤 대상이 중요하냐에 관심을 두지 않고 '상대(Gegenüber)'라는 그 자체에 관심을 가진다. 첫사랑은 인간이 최초로 자신의 에로스의 대상을 조건 없이 세운다. 실증적이거나 계산적인 사유 방식으로 대상을 정하는 것이 아니라 사람을 '타자(der Andere)'로 스스로 선택하여 세우는 것이다. 여기서 주관성이 강하게 작용한다. 두 번째로 정신적이라는데 특징이 있다. 첫사랑은 기술적인 육체의 사랑이기보다는 항상 정신적이다. 세 번째로 철저히

자기 사랑(amor sui)이다. 자기를 사랑하면서 상대를 보며 동시에 자신의 마음에 상대가 주인으로 거하는 지점이 된다. 즉 상대에 의해 비로소 자신이 살 수 있음을 배운다. 네 번째로 거의가 동성이 아닌 이성의 관계로 온다는 특징을 가진다.

23. 물론 이러한 현상들이 정확하게 기술되었다고 할 수는 없다. 그러나 대상을 계산적이거나 이익의 수단으로 조건화하지 않고 그냥 자신과 마주선 존재로 세운다는 것과 상대를 자기와 전혀 다른 존재로 혹은 자신이 어찌할 수 없는 타자의식을 느낀다든지, 그리고 타자에 의해 자신이 살아갈 수 있다는 사실이라든지, 동성이 아닌 이성의 형태로 자신과 다른 상대를 세운다는 것 등은 확실히 어른이 하는 성숙한 사랑과는 차이가 있다.

24. 그런데 이 모든 현상들은 흥미롭게도 인격주의(Personalismus)가 말하는 사람(Personsein)의 모습과 유사하다는 점이다. 첫사랑에서 인간은 어떤 조건화된 것을 상대에게 주고 싶어 하기보다는 '자신'을 주고 싶어 한다. 자신을 상대에게 온전히 주는 것이 첫사랑의 두드러진 특성이다. 또한 상대에게 주면서 동시에 상대의 자신을 받으려 한다. 그래서 첫사랑은 '자신과 자신과의 관계'를 형성한다. 자신을 기꺼이 넘겨주는 현상이 어떻게 인간의 첫사랑 속에 있을까? 왜 인간은 첫사랑에서 자기 자신을 상대에게 주고 있을까? 그 해답을 정리해 보면 하나님은 순수한 '자신'으로서 자신을 주시는 인격이시라는 사실과 그 인격이신 하나님이 인간을 창조하셨기 때문에 인간도 하나님과 유사한 자연성을 가지고 있다고 할 수는 없을까? 비록 순간이지만 인간이 순수한 에로스로 '자신'을 상대에

게 기꺼이, 그리고 자발적으로 넘겨주는 것이 바로 첫사랑이다.

25. 자신을 아낌없이 상대에게 넘기는 정신적 사랑! 자신을 넘기면서도 동시에 상대로부터 상대방의 자신을 또한 갈구하는 것! 이것은 창조주와 피조물로서의 인간이 가지는 영적 관계와 유사하다. 인간의 첫사랑의 특징도 자신의 상대를 창조주로 세우는 것처럼 비친다. 물론 하나님이라는 영을 주인으로 모시는 것은 아니라 사랑에 빠지면서 거의 유사하게 그 사람을 신으로 여긴다. 신에게 제사를 드리는 것처럼 자신을 준비하여 넘기려고 하고 있으며 신에게 마주설 때 느끼는 자의식처럼 첫사랑의 상대방에게 자신을 비천하게 여긴다. 자신이 얼마나 부족하고 연약한지 상대를 통해 마음으로 절감한다. 그리고 상대의 마음을 얻기 위해 마치 신에게 번제를 행하듯 자신을 태운다. 이것은 창조주를 향한 인간의 본질적인 갈구와 유사하지 않은가? 첫사랑은 상대를 인식하려는 것이 아니라 이해하려는 노력을 자연적으로 하고 있다. 단적으로 말해 첫사랑에서 '나'는 상대로부터 '인격'을 찾고 있다고 여겨진다. 상대를 '나'의 유일한 '너'로 마주하고 있다. 그래서 첫사랑에서 우리 인간은 부분적으로 자아의 주관성(Subjektivität)을 볼 수 있다. 부분적으로나마 피조물이 창조주에게 나아가는 주관성을 희미하게 볼 수 있다. 첫사랑에서 인간은 인식의 대상이 아니라 상대를 정신적인 만남의 상대로 여기고 그와 영적 관계를 가지고 싶어 한다. 첫사랑은 자기를 타자에게 투사시키는 것이 아니라 오직 타자에 의해 자신이 존재하고 싶어 한다. 이것이 어찌 조작되고 실험되어 나올 수 있는 행위인가? 이 사랑에서 우리는 우리의 정신(Geist)의 요구가 도대체 무엇인지 희미하게나마 알 수 있는 셈이다.

26. 첫사랑에서 인간 정신은 상대를 인격으로 만나기 원한다는 것을 알 수 있다. 물론 첫사랑의 상대 자체가 실제로 인격이라는 것은 아니다. 다만 인간 정신이 인격을 원한다는 사실을 첫사랑을 통해 희미하게나마 알 수 있다. 첫사랑에서 인간 정신은 상대 앞에서 자기 자신을 내세우려는 자아를 가지게 되지만 그 사랑은 상대를 인격으로 만나려는 노력을 가지고 있다. 이런 점에서 첫사랑은 우리가 원래 '사람'이었다는 것을 말해주는 희미한 흔적이다. 인간은 사람으로 창조되었으므로 상대를 항상 인격으로 만나고자 하는 본능적인 심리를 첫사랑에서 원시적으로 보게 된다. 비록 첫사랑에서 우리가 자기 자신을 상대 앞에 내세우려는 심리인 에로스의 본질을 알 수 있지만 또한 동시에 상대를 인격으로 만나기를 원하는 심리가 있음을 보게 된다. 그래서 인간에게 첫사랑이 있다는 것은 우리가 사람으로 창조되었다는 사실을 희미하게나마 깨닫게 한다.

27. 때로는 이 시기가 너무도 짧기에 그 깊은 가치와 무게를 깨닫지 못하고 어른이 가지는 실증적인 사유를 통해 그냥 날려 버릴 수도 있다. 그렇지만 그 시기는 인간이 본질적으로 에로스적인 존재이면서 동시에 인격을 갈구하는 사람의 한 모습을 알게 한다. 더구나 현대가 더욱 기술 사회가 되면서 이런 첫사랑의 영적 의미를 생각할 수 있는 기회도 사라지고 우리는 나면서부터 인간으로 태어난다. 사람이었으나 이제는 인간이 되어야 생존할 수 있기 때문에 우리는 어쩌면 사람의 인격성(Personalität)을 상실했는지도 모른다. 우리는 이것을 어떻게 회복할 것인가?

(2) 언어

1. 인간이 하나님의 형상으로서 창조주와 대화할 수 있는 유일한 존재로 지음을 받았다는 사실은 신학적 인간학의 가장 기본적이고 근본적인 진리이다. 하나님과 인간이 관계한다고 할 때 그 관계의 카테고리인 '말'과 '언어'의 문제를 생각하지 않을 수 없다. 하나님과 인간의 대화가 인간의 소리나 발성을 통한 언어로 이루어지는 것은 분명히 아니다. 그럼에도 인간이 사용하는 언어는 사람을 지으신 창조주가 말씀(das Wort)이심을 보여주는 하나의 증거이며 언어를 발명하여 사용하는 인간이 그 관계를 근원으로 하는 창조주로부터 지음을 받았다는 사실을 분명하게 드러내는 하나의 증거이다. 인간이 의사소통의 수단으로 사용하는 언어가 있다는 사실은 인간이 인정하던 인정하지 않던 인간을 지으신 창조주는 영적 관계를 본질로 하시는 인격적인 영이시라는 사실을 증명하는 하나의 증거이며 그 피조물인 인간은 그 관계를 통해 살아가는 존재로 지음을 받았다는 창조 근원적인 흔적이다.

2. 하나님과 인간의 대화에서 인간이 의사소통으로 하는 언어, 예를 들어, 히브리어, 헬라어, 아람어, 한국어, 독일어, 영어 등의 인간의 언어들은 인간이 하나님과의 영적인 관계가 인간의 타락으로 인해 부서지고 난 후 만든 말로써[110] 오직 인간 자신들과의 대화, 즉 의사소통을 위해 만든 언어이다. 그러나 인간이 의사소통을 위해 언어를 만들었다는 사실 자체는 인간이 본질적으로 대화를 원하는 존재로 지음을 받았다는 선험

110　참고. F. Ebner, Das Wort und die geistigen Realitäten, 93.

적인 사실을 암시하는 것이며 항상 상대로 인해 자신이 존재 의미를 가질 수 있음을 가리키는 증거이다. 확실히 인간은 자신이 만든 언어로 대화를 한다. 그리고 언어를 수단으로 자신을 나타낸다. 그래서 인간만이 유일하게 '문장'으로 된 언어를 사용할 수 있다는 것은 진리이다. 그렇지만 인간이 스스로 만든 언어로 영이신 창조주와 대화를 할 수 있다고 쉽게 단정할 수는 없다. 그러면 창조주 하나님과의 대화는 어떻게 가능할까? 과연 어떤 언어로 하나님과의 대화가 가능한가?

3. 상식적으로 말한다면 하나님과의 대화는 처음부터 창조주와 피조물과의 영적 관계를 전제로 한다. 그래서 피조물이 만든 언어를 수단으로 대화할 수 있다는 것은 처음부터 비논리적이다. 오히려 창조주가 가지는 어떤 고유한 본성을 통해서만 대화가 가능할 것이다. 피조물인 인간이 가지는 본성이란 신학적으로 말한다면 결국 타락한 본성을 말한다. 타락한 인간 본성에서 거룩한 창조주와 대화를 할 만한 어떤 요소가 전혀 남아있지 않다는 것은 이미 복음주의 신학에 의해 확고하게 정립된 사실이다. 타락한 인간 본성이 만든 그 어떤 문화적 요소를 가지고는 거룩한 창조주 하나님과의 관계를 실현할 수 없다.

4. 그러면 창조주와 피조물인 인간과의 대화는 완전히 불가능한 것인가? 그렇다! 죄로 인하여 그 영적 관계가 단절된 피조물인 인간과 거룩한 창조주의 영과의 대화는 사실상 완전히 불가능하다고 해야 한다. 그러면 하나님 앞에서 죄 아래 죽은 인간을 하나님은 어떤 방식으로 구원하시며 또한 어떤 방식으로 자신과의 대화를 창조하실까? 예수 그리스도를 통한 구원의 유일한 방식은 도대체 인간의 어떤 곳을 거점으로 이

루어지는 것일까? 우리는 이 해답을 생각하기 위해 종교 개혁자들의 결론인 '성경의 하나님은 말씀이시다'는 전제를 가지고 찾아보아야 할 것이다.

5. '성경의 하나님은 말씀이시다'는 말을 좀 더 쉽게 이해하도록 풀어보자면 그 의미는 성경에서 하나님은 나에게 말을 거시는 인격적인 하나님이시라는 뜻이다. '말씀'이라는 표현에는 이미 실존인 나에게 말을 거신다는 전제가 들어 있기 때문이다. 고대 기독교의 신학 전통에서는 '말씀'을 '성경'과 동일하게 이해하였다. 이런 이해는 근대에 와서 역사 비평이라는 고고학의 비판을 받지만 사실은 이미 종교 개혁자들도 이미 '말씀'과 '성경'을 단순히 동일시하지 않는다. 종교 개혁자들에 의하면 '하나님 말씀'은 엄격한 의미에서 '기록된 문서'가 아니라 '구두로 선포되는 말', 즉 선포와 직결되는 말이라고 한다. 다시 말해서 '지금 여기서 선포되고 책임으로 와 닿는 말씀'을 가리킨다고 한다. 이것은 다른 말로 선포를 말하며 선포란 '나에게 말을 거는 말씀'이 되는 것이다.[111] 현대 신학자 쉬베페(H-R, Müller-Schwefe)는 우리에게 다음과 같은 말을 함으로써 많은 것을 생각하게 한다: "인간의 언어는 하나의 응답으로서 언어 자체가 가지는 부름에 일치하는 것으로 이해할 수 있다"고 한다.[112] 이 주장은 우리 인간의 언어가 본질적으로 '하나님의 부르심'과 직결되어 있으며 우리는 말씀이신 하나님에 의해 창조되었다는 것을 반영한다. '말을 건다'는 표현은 '말씀'이라는 말이 가지는 고유한 속성이다. 그래서 인간의 언

---

111 참고. G. Ebeling, Wort Gottes und Tradition, Göttingen, 1964, 164; Zeit und Geschichte (R. Bultmann의 80회 생일 기념논문집)에 실린 Zeit und Wort(Tübingen, 1964), 354-355; M. Heidegger, Unterwegs zur Sprach, Pfullingen, 1971, 180-181.

112 H-R, Müller-Schwefe, Die Sprache und das Wort, Hamburg, 1961, 247.

어(die Sprache)는 '말하는 것(das Sperchen)'에서 나온다고 해야 한다.[113] 말하는 것이란 본질적으로 로고스이신 하나님을 가리킨다. 그러니까 말을 거시는 정신이신 하나님은 인간에게는 항상 '말하심'이라는 영이심을 뜻한다. 여기서 우리가 '말을 건다'는 표현을 생각해보면 '말을 거는 자(Ansprechender)'와 '말을 듣는 자(Angesprochener)'가 전제되어야 한다. 또한 말을 거는 자와 말을 듣는 자가 공통적으로 공유할 수 있는 어떤 공통의 언어가 있어야 한다. 만약 여기에서 창조주 하나님이 '말을 거는 자'가 되고 인간이 '말을 듣는 자'가 된다면 도대체 어떤 공통의 언어가 있기에 그것이 가능하단 말인가?

6. 그래서 우리의 언어의 본질을 생각한 훔볼트(W. Homeboldt)의 말대로 언어란 이미 인간 속에 놓여 있기 때문에[114] 우리가 언어를 창조하고 말할 수 있는 것이라고 할 수 있다. 우리 안에 이미 말씀이 주어져 있다는 것은 우리가 영이신 하나님으로부터 말씀으로 창조되었다는 것을 말한다. 그래서 인간은 하나님으로부터 이미 말씀을 들은 자이며 그 들은 말을 부패한 사람인 인간이 되어 다시 찾기 위해 언어를 발명하게 되었다. 부패란 하나님으로부터 들은 말씀을 상실한 사건과 무관하지 않으며 그것을 다시 찾으려고 애쓰는 노력으로 나타나는 셈이다. 인간은 언어를 통해 인간이 되며 언어를 발견하기 위해 인간이 된 것이 분명하다.[115]

7. 우리는 '언어'가 단순히 단어의 나열을 말하는 것이 아니라는 사실을

113　참고. F. Melzer, Unsere Sprache im Licht det Christus-Offenbarung, 5.
114　W. v. Humboldt, Schriften zur Sprachphilosophie, Stuttgart, Bd. III, 1963, 10
115　참고. 위의 책, 11.

잘 안다. 언어란 단어의 나열이나 단어 자체를 말하는 것이 아니라 근본적으로 '문장(Satz)'을 말한다. 언어의 골격을 이루는 것은 사실은 단어가 아니라 문장이다. 인간이 만든 언어는 본질적으로 문장이다. 문장을 소리라는 파장의 형태로 상대에게 전달하는 정신의 창조적인 행위가 언어이다. 우선 인간의 언어가 의사소통의 수단이 된다는 것은 누구나 잘 아는 상식인데 의사소통이란 근본적으로 단어를 통해 이루어지는 근거는 문장의 의미를 가지는 말이 되기 때문이다. 그래서 어떤 의미 있는 문장이 되느냐에 따라 의사소통의 요소가 결정된다. 문장이란 현상적으로 단어들의 문법적인 나열이다. 각각의 단어들이 문법적인 규칙에 따라 나열될 때 그것은 문장이 되고 그 문장은 곧 어떤 단어들을 선택했느냐에 따라 의미 있는 문장이 된다.

8. 그런데 단순히 단어들의 나열로 보이는 것들이 어떤 법칙으로 인해 문장이 되면 상대를 불러내는 힘이 된다는 점이 매우 흥미롭다. 의미 있는 문장이란 상대가 의미를 가지도록 상대에게 힘을 부여한다. 분명히 개별적인 단어들 그 자체는 사실상 스스로 '의미'를 가지지 못한다. 그러나 말하는 자가 자신을 나타내기 위해 자신이 선택한 단어들로 문장을 만들어서 상대에게 전할 때 그 문장은 듣는 자에게 비로소 의미 있는 문장으로 다가간다. 의미를 주는 문장이란 말하는 자와 그 말을 듣는 자 사이에서 일어나는 영적인 관계의 문장이다. 그래서 '의미'란 반드시 말하는 자와 말을 듣는 자 사이에서 일어나는 영적인 문장을 통해 주어진다. 더 정확하게 말한다면 말하는 자가 단어들을 적절하게 머리에 떠올려서 상대에게 문법적으로 나열할 때 문장이 되는데 상대는 그 문장을 의미 있는 문장으로 받아들이게 된다. 여기서 비로소 '대화'가 성립된다.

9. 여기서 한 가지 의문이 생길 수 있다. 말하는 자는 도대체 어떤 원리를 가지고 있기에 문장을 만들어 내며 듣는 자는 또한 어떤 원리를 가지고 그 문장을 의미 있는 문장으로 받아들이게 되는 것일까? 예를 들어, 어떤 자가 '나는 너를 사랑한다'라는 문장을 만들어 냈다고 해 보자. 그 문장을 듣는 자는 의미 있게 그것을 들을 것이다. 그런데 말하는 자는 도대체 어떤 원리로 '나'라는 인칭 대명사의 단어와 '너'라는 인칭 대명사의 단어, 그리고 '사랑한다'라는 동사의 단어를 머리에 떠올려서 상대에게 '나는 너를 사랑한다'라는 문장을 전달하는 것일까? 그리고 상대는 또한 역시 어떤 원리를 가지고 있기에 자신에게 말한 그 문장을 의미 있는 문장으로 듣는 것일까? 문장을 도대체 누가 만드는 것일까? 이 질문에 대한 해답은 오히려 간단하다. 문장은 인간의 정신이 만든 것이라는 사실은 상식에 해당된다고 할 수 있다.

10. 문장은 인간 정신이 만든다. 문장을 인간 정신이 만드는 한 말하는 인간은 곧 말하는 정신이다. 정신이 문장을 만든다면 인간은 문장을 만드는 정신이라는 한 요소를 갖고 있는 존재가 아니라 인간이 곧 말하는 정신이라고 해야 한다. 정신으로서 인간이 문장을 만든다. 그래서 그가 어떤 문장을 만드는 가에 따라 그가 어떤 정신인가가 결정된다. 여기서 중요한 사실을 발견할 수 있다. 문장을 정신이 만든다면 문장을 가지고 말하는 자와 말 듣는 자 사이에서 일어나는 대화, 곧 서로 대화하는 것은 단순히 단어를 주고받는 것이 아니라 곧 정신을 서로 주고받는 관계가 된다는 것이다. 즉 말하는 자의 정신은 문장으로 상대에게 다가가고 상대의 정신은 그 문장을 받으면서 말하는 자에게 부름을 받는 셈이다.

11. 정신을 주고받는다는 말은 다음과 같이 이해되어야 한다: 자기와 자기가 서로 만난다. 다시 말해 언어를 통해 대화를 한다는 것은 말하는 자와 말을 듣는 자 사이에서 '자신'을 서로 주고받는 관계가 형성된다는 것을 뜻한다. 말하는 자와 말을 듣는 자 사이에서 일어나는 것은 하나의 언어의 사건이다. 언어의 사건이란, 곧 '자신과 자신이 서로 주고받는 관계'를 말한다. 말하는 자의 자신이 언어로 상대에게 들어가고 또한 듣는 상대의 자신은 말하는 자의 자신을 언어로 받아들이는 관계가 성립한다. 그래서 언어란 단순히 단어의 문법적인 기능에 따른 전달이 아니라 본질적으로 '자신'의 전달이다. 말하는 자의 자신이 언어로 전달되는 셈이다 언어는 그 언어를 사용하는 자의 자신이 들어 있으므로 그 말을 듣는 자에게 살아서 역사하는 힘을 가지게 된다. 말을 듣는 자도 단순히 말하는 자의 단어의 문법적인 배열을 듣는 것이 아니라 언어를 가지고 자기에게 말을 거는 상대의 자신에게 응답을 하는 것이다. '말을 듣는다'는 말은 말하는 자의 말, 즉 말하는 자의 자신을 나 자신이 받는다는 것을 의미한다. 그래서 대화는 자신과 자신이 서로 마주함이다. 대화는 상대의 자신과 나 자신과의 만남의 사건이다. 상대의 자신과 나 자신과의 만남이 언어를 통해서 일어난다. 그래서 언어의 사건이란 '자신'들이 일어나는 사건이며 정확하게 말한다면 상대의 자신으로 인해 내 자신이 일어나는 사건이다.

12. 우리 인간은 언어를 통해 비로소 자신이 일어나며 동시에 자신이 된다. 이 말을 좀 달리 말한다면 인간은 자신을 하나의 '어떤 것'으로서 가지는 존재가 아니라 자신이 일어나는 존재이다. 왜냐하면 '자신(das Ich)'은 결코 어떤 것이나 어떤 실체나 어떤 사물이 아니기 때문이다. 인간은

자신을 소유하는 존재가 아니라 자신이 일어날 때 비로소 인간이 된다. 자신이 일어난다는 것은 비로소 '내가 된다'라는 말이기도 하다. '나'라는 존재는 어떤 실체나 어떤 사물이 아니기 때문에 가질 수 있는 소유의 개념이 아니다. '나'라는 존재는 자의식을 말하는데 자의식은 나 혼자 있을 때 생기는 것이 아니라 상대의 '자신'에게 부름을 받을 때 일어나는 것이다. 즉 자신이란 '부름 받았을 때 응답할 수 있는 존재'로 정신 또는 영혼이라고 부를 수 있다.

13. 우리가 언어로 상대와 마주할 수 있는 근거는 우리가 영혼이라는 점에 있다. 영혼이란 달리 말한다면 말하는 정신을 뜻한다. 인간이 영혼을 가지고 있기 때문에 언어를 통하여 말을 할 수 있다. 혹은 우리가 언어적 존재이기 때문에 영혼이기도 하다. 우리 인간이 영혼을 가지지 않는다면 결코 언어를 사용할 수 없으며 말도 할 수 없다. 동물이 문장으로 된 말을 할 수 없는 이유는 '자신'이 없기 때문이다. 동물에게 문장으로 전달되는 언어가 없다는 것은 동물이 영혼, 자세하게 말하면 말하는 정신이 아니기 때문이다. 동물은 영 또는 정신을 가지고 있지 않기 때문에 언어를 만들 수 없으며 또한 동물이 언어를 가지고 말을 할 수 없는 근본적인 이유는 '자아' 혹은 '나라는 존재'인 정신이 없기 때문이다.

14. 자아란 '나'를 의식하는 의식이다. 나를 의식하는 유일한 존재는 인간뿐이다. 인간은 나를 의식하는 존재이고 '나라는 존재'는 곧 하나님이다. 하나님은 나를 의식하는 존재가 아니라 '나 자체(나 있다: Ich bin; sum)'이다. 헤겔이 잘 보았듯이 하나님은 '절대적인 나', '절대적인 주체(absolutes Subjekt)'이다. 그러나 이 책에서 말하는 '나'라는 존재는 헤겔식

의 사변적인 형이상학적 존재론적 개념이 아니라 실재성과 직결되는 동적인 개념이다. 하나님은 '나'라는 의식을 하면서 실재하는 생명이 아니라 '나 자체'이시다. 반면에 인간은 상대를 의식하면서 나를 의식하는 존재, 즉 자의식을 가지는 존재이다. 그래서 인간과 하나님은 절대적으로 구분된다. 하나님은 영이시고 인간은 영적 존재이다. 영적 존재란 영으로 사는 존재를 말한다. 영이신 하나님 없이는 살 수 없는 존재가 바로 영적 존재로서의 인간, 즉 사람이다. 영이신 하나님이 '나 자체'이시고 영적 존재인 사람은 하나님 자신인 '절대적인 나' 앞에서 자신이 의식되면서 동시에 자기 자신이 일어나는 존재, 즉 자의식이 일어나는 존재이다.

15. 인간의 자의식은 언어를 통해 일어난다. 언어의 핵은 '말(로고스: Logos; Rede)'이다. 말은 말하는 자의 자신과 말을 듣는 자의 자신 사이에서 일어나는 영적 관계이다. 즉 자신이 상대에게 들어가고 상대가 나오는 관계이다. 말을 통해서 인간은 비로소 자의식을 가진다. 왜냐하면 말은 반드시 상대의 자신을 전제로 하기 때문이다. 상대의 자신 앞에서 '나 자신이 비로소 일어나는 상태'가 바로 인간으로서 우리가 자주 말하는 '나'다. 그래서 우리는 '나는 무엇인가?'를 물을 수 없다. 왜냐하면 '나'는 본질적으로 '어떤 것'이 아니기 때문이다. 오히려 '나는 누구인가?'라고 물어야 한다. 왜냐하면 나는 항상 상대로 인해 일어나는 존재이기 때문이다. 상대로 인해 일어나는 존재, 그가 바로 인간인 우리가 흔히 말하는 '나'이다.

16. 인간이 '나 자신'일 수 있는 이유는 그가 이미 '상대'로부터 부름을 받

왔기 때문이다. 인간이 '나 자신'일 수 있는 근거는 정신, 즉 영혼이기 때문이다. 인간이 정신이기 때문에 정신이 만드는 문장을 상대에게 전달한다. 상대가 만든 문장으로 '나'는 들으면서 자의식을 가진다. 이것은 인간이 상대로부터 자의식을 가지는 이유를 전제함인데 인간이 이미 '상대'로부터 부름을 받았다는 증거이다. 즉, 말씀 자체이신 창조주로부터 이미 부름을 받았다는 이유 때문이다. 바꾸어 말한다면 하나님은 절대적으로 '나 자체'로서 인간인 '나'를 불렀으며 동시에 부름에 응답하도록 지으셨다는 이유 때문이다. 다시 말한다면 우리가 상대로부터 부름을 받을 때 자의식이 일어나는 이유는 우리 인간이 본질적으로 하나님, 즉 절대적인 '나 자신'으로 실재하시는 창조주로부터 부름에 응답하도록 창조되었기 때문이라는 말이다. 그래서 하나님은 말씀이시고 우리는 '말에 의해 자의식이 일어나는 존재'이다.

17. 인간은 말에 의해 자의식이 일어나는 존재라는 표현은 '나에게 말을 거는 말에 응답할 수 있는 존재'라는 말이다. 이런 의미에서 인간은 말씀이신 하나님의 피조물이다. 인간이 하나님의 피조물이라는 말은 이렇게 해석될 수 있다: 인간은 말을 거는 상대의 자신에 대해 나 자신을 가지고 응답할 수 있는 존재로 지음을 받았다.

18. 인간이 문장으로 된 언어를 사용하여 상대에게 전달하는 것은 본질적으로 인간은 말씀이신 창조주에 의해 피조되었음을 증명하는 것이다. '하나님이 말씀이시다'는 단순히 하나님이라는 신이 말씀이라는 점을 가리키지 않는다. 사실을 언어를 사용하는 우리 인간의 상황 속에서 이 사실을 발견할 수 있다. 인간이 스스로 창조한 언어로 상대에게 자신을 넘

기는 정신적인 행위를 한다는 것은 이미 우리가 '나에게 말을 거는 상대의 자신에 대해 나 자신을 가지고 응답할 수 있는 존재'로 피조되었기 때문에 가능하다. 언어는 죄로 인해 타락한 인간이 만든 정신의 산물이지만 언어의 본질인 '말'은 말씀이신 창조주에 의해 우리가 창조되었음을 증명해 준다. 그래서 인간만이 언어를 사용하여 말을 한다. 말을 한다는 것은 '상대에게 나 자신을 드러낸다'는 의미이다. '하나님은 말씀이시다'는 사실도 이미 '너에게 나 자신을 드러내신다'는 계시의 성격을 내포하고 있다. 우리 인간이 말을 하는 존재이기 때문에 신앙, 이성, 종교, 의미와 같은 정신적인 생명들이 일어날 수 있다.[116]

19. 인간의 사회 치고 언어가 없는 사회는 없을 것이다. 언어가 결국 '인간은 말씀이신 하나님의 피조물'이라는 사실을 증명한다. 그렇다면 바로 언어를 통하여 비로소 우리의 구원, 즉 그리스도의 사건을 가지고 말을 거시는 하나님의 구원이 가능해진다는 사실은 그다지 과언이 아닐 것이다.

---

[116] F. Ebner의 책, Das Wort und die geistigen Realitäten, 126을 참고하라. 이성과 언어와의 관계를 하만(J.G. Hamann)의 저서에서 잘 이해할 수 있다. 에브너(F. Ebner)의 신학이 언어와 정신, 즉 심령과의 관계를 표현한 신학이라면 이런 에브너에게 영향을 준 사람이 있었는데 그 가운데 한 사람이 곧 하만이라고 한다. 에브너는 말하기를 "사도 요한은 정신적 생과 말씀과의 내적인 관계를 최초로 인식한 사람이고 하만(Hamann)은 바로 두 번째이다"라고까지 했다. 그만큼 하만은 언어와 인간 이성, 종교와의 본질적 관계를 밝히려고 애를 썼다고 할 수 있다. 하만의 전집 가운데 3권 "언어, 신비들, 그리고 이성(Sprach, Mysterien, Vernunft)"은 우리에게 많은 것을 시사해 준다. 이것은 그가 1772-1788 사이에 쓴 논문들이며 출판사는 Thomas Morus사이고 오스트리아 비인(Wien)에서 출판되었다.

별도
연구

인간 언어의 본질

1. 인간의 실재성을 생각할 때 아마도 인간의 언어를 생각하지 않고는 인간의 참다운 실재성을 말할 수 없을 것이다. 인간만이 유일하게 소리를 동반한 언어를 사용하는데 이 언어는 물론 의사소통의 수단이지만 그 본질은 언어를 구성하는 단어들의 문법적인 기능에 따른 대화의 수단에만 있지 않다는 것이 이미 수많은 철학자와 신학자들에 의해 제시되었다. 인간의 언어에 대해 심사숙고한 많은 철학자들이 있다. 언어의 기원을 하나님에게서 찾는 자들이 있고 반대로 인간에게서 발견하는 자들도 있는데 전자에 해당되는 대표적인 학자로는 하만(J.G. Hamann)을 들 수 있고 후자에 해당되는 학자로는 헤르더(J.G. Herder)와 그림(J. Grimm)을 들 수 있다. 훔볼트(Humboldt)는 헤르더보다 훨씬 더 신 중심적인 학자이다.[117] 현대의 언어 철학과 관련하여 언어에 관한 사유를 정

---

117 참고. F. Melzer, Unsere Sprache im Lichte der Chirstut-Offenbarung, 10-14.

리해 본다면 그 철학적 논의는 보통 몇 가지 기본 입장으로 이해된다. 그 가운데 하나는 부버(M. Buber)의 언어에 대한 입장이다.

2. 부버는 '나와 너'의 만남의 개념을 말하면서 '나'라는 존재는 '너'라는 존재에게서 비로소 '나'가 된다는 사실을 말한다. 이 관계에서 언어가 일어나는데 이때 언어의 특성은 '말을 거는 것(Anruf)'이다. 그는 '나와 그것'의 관계와 '나와 너'의 관계를 말하면서 '그것'의 세계에서 말해지는 언어는 인간의 실재성을 소외시킨다고 주장했다.[118] 인간의 참된 실재성은 '나'가 '너'에 의해 일어나는 것인데 이것이 언어로 나타나게 된다. 이때 나타나는 언어는 단순한 의사소통의 수단으로서의 언어가 아닌 정신 자체이다. "인간은 혀를 가지고 말을 하는데, 다시 말해서 언어 혹은 예술 행위를 창조하는 혀로 말을 한다. 그렇지만 정신은 하나인데 즉 비밀로 나타나서 비밀로 말을 거는 '너'에 대한 응답이다. 정신이 말이다. 언어적인 말이 머릿속에서 말로 형성되고 목구멍으로 발성되지만, 이들은 참된 진행을 부수는 것일 뿐이다. 사실 언어가 인간 속에 있는 것이 아니라 인간이 언어 속에 있어서 언어에서 말을 하는 것이다. 그래서 모든 말은 정신의 모든 것이다. 정신은 '나' 속에 있는 것이 아니라 '나와 너' 사이에 있는 것이다"고 부버는 아주 흥미로운 주장을 한다.[119] 부버에게 언어란 '나와 너'라는 본질적이고 창조 근원적인 관계가 있기 때문에 일어나는 것이고 언어의 참된 본질은 목구멍에서 소리와 함께 동반되는 문법적인 기능을 가진 의사소통으로서의 언어가 아닌 '나와 너'의 본질적인 관계에서 일어나는 '말', 즉 정신에 있다고 주장했다. 그래서 부버는

118　참고. Müller-Schwefe, Die Sprache und das Wort, 63.
119　M. Buber, Ich und Du, 103

언어란 '너' 또는 '말을 거는 정신'에 있다고 한다. 인간이 언어로 말을 하는 것은 '너'에 의해 '말로 부름을 받은 존재(Angesprochenes Wesen)'이기 때문이다. 다시 말해 인간은 '너' 없이 스스로 '나'라고 말할 수 있는 존재가 아니라 오직 '너'에 의해 부름을 받은 존재로써, '말을 거는 존재'라기보다는 오히려 말을 거는 존재는 '나'가 아니라 '너'이다. 인간은 '말로 인해 되는 존재'인 것이다.

3. 하이데거는 언어 속에서의 존재를 자신의 실존 철학의 주요한 출발점으로 삼고 있다. 그는 철학의 과제를 스스로 숨었다가 자신을 드러내는 '존재'의 근원을 밝히는 것으로 삼았다. 인간이라는 현존재를 해석하는 것을 중요한 과제로 여기면서 인간 현존재의 '이해'가 중요하다는 보았다. 그는 우선 언어가 없다면 인간은 말할 수 없음을 주지했다. 언어는 말하는 것과 추상화시키는 전제가 된다.[120] 언어가 없다면 인간은 사유도 생각도 개념화도 전혀 불가능하다는 말이다. 하이데거도 부버와 같이 언어가 인간 자신에서 기인되는 것이 아니라 단지 인간에게 언어가 일어난다는 사실을 밝힌다. 그러나 부버가 구약 신학과 유대교의 하시디즘의 종교적 배경에서 언어의 본질을 밝히려고 했다면 하이데거는 고대 헬라 철학의 배경에서 언어를 사유하려고 했다.

4. 하이데거는 인간에게 언어가 일어난다는 것을 어떻게 사유했는가? 하이데거에 의하면 존재란 그리스인들에게는 인간 속에 항상 있었던 것이며 그것이 인간의 이해 속에서 '모이는 것'이었다. 하이데거는 헬라의

---

120 참고, Müller-Schwefe, Die Sprache und das Wort, 71.

존재 개념을 언어와 사유와의 관련성에서 이해했다. 즉, 인간 현존에서 '존재'는 스스로 자신을 밝힌다. 인간 속에 있었다가 인간이 현존이 되면서 동시에 존재는 자신을 드러내는 무엇이다. 존재가 자신을 드러내면서 언어의 형태로 나타난다. 그래서 현존 속에서 존재는 언어로 나타나고 자신을 표현하며 이해에로 오는 것, 즉 언어가 말하는 것이다(Die Sprache speicht).[121] 더 정확하게 말한다면 인간은 단지 언어와 일치하면서 말하는 것이지[122] 사실은 언어가 인간을 통해 말하는 셈이다.

5. 하이데거는 여기서 언어에 대해 상당히 새로운 견해를 말하고 있다. 인간이 말을 하는 것이 아니라 사실은 언어가 말을 하는 것이다. 이 말에 대하여 오트(H. Ott)라는 현대 신학자는 하이데거를 이렇게 이해한다: "언어의 말함은 분명히 인간이 말한다는 바의 가능성의 선험적 조건이다."[123] 그러니까 언어가 말을 한다는 것은 인간이 말하는 사실보다 더 선험적인 조건, 즉 언어가 말하지 않고는 인간은 말할 수 없다는 것을 하이데거가 보았다. 이것은 인간이 언어를 말하지만 사실은 존재가 인간 속에서 자신을 언어로 드러내는 것이라고 할 수 있겠다. 존재는 현존 속에서 자신을 선사하는 무엇이다. 하이데거는 존재가 인간의 사유의 지평에서 자신을 드러내는데 언어는 존재라는 하나의 지평으로서 언어 속에서 존재와 사유와의 관계가 일어나는 것으로 보았다. 사유는 언어로서 일어나고 존재 자체는 사유를 말하는 것으로서 인간에게 언어로 일어나는 것이다.[124] 언어가 없이는 존재를 사유할 수도 없으며 존재가 인

---

121 M. Heidegger, Unterwegs zur Sprache, Pfullingen, 1971, 12.
122 참고. 위의 책, 33.
123 H. Ott, Denken und Sein, Zollikon, 1959, 181.
124 참고. 위의 책, 175.

간에게 자신을 드러내지도 못한다. 그래서 인간의 사유는 "존재의 소리 없는 음성의 말에 응답하는 것"이라고 하이데거가 이해하는 것도 일리가 있다.[125]

6. 존재가 자신을 드러내는데 존재가 자신을 비추는 것이 '거기(da)'이다. 그래서 '거기 있는 존재(Dasein)', 즉 '현존'에서 인간은 존재를 만난다. 존재가 현존을 만나는 것은 언어로서 만나는 것이기도 하다. 하이데거는 언어(Die Sprache)를 하나의 '요구(Spruch)'라고 보면서 언어의 본질은 동시에 본질의 언어, 다시 말해 본질을 요구하는 것으로 해석했다.[126] 언어란 바로 요구이다. 요구란 동시에 '부르는 것'을 의미하는데 인간은 사물을 부르면서 역사적 관계 안으로 들어간다. '부르는 것'은 사물(포괄적으로 말한다면 세계)을 인간과 관계시키는 것이다. 그래서 언어가 세계를 구성한다. 물론 여기서 말하는 언어란 인간의 언어만을 의미하지는 않는 듯하다. 오히려 인간의 언어가 가능하게 되는 언어의 본질, 즉 언어의 근원을 의미한다. 언어의 본질은 존재에 있고 존재가 현존이라는 인간 속에서 사유라는 인간의 방식으로 자신을 드러낸다. 인간이 말하는 것은 바로 이런 언어의 본질이 있기 때문에 가능하다. 인간의 언어는 존재 자체가 자신을 언어로 드러내는 것과 관련시킨다면 하나의 '말해질 것(Geheiß)'이다. 다시 말해서 '말'은 하나의 '부름'이고 '요구'인데 거기에 '응답하는 것'이 바로 인간의 언어이다. 그러니까 시원적인 언어는 존재 자체이고 존재는 언어로서 우리에게 말을 건다. 그 말을 거는 것에 응답하는 것이 바로 인간의 언어인 셈이다. 우리 인간의 언어는 존재가 언어로

---

125   참고, 위의 책, 176.
126   M. Heidegger, Unterwegs zur Sprache, 181.

서 말을 거는 데 대해 마주서는 것이고 응답하는 것이다.

(3) 주체적 존재(das Subjekt)

1. 창조주 하나님과 피조물 인간과의 관계가 본질적으로 영적이라면 그 영적인 관계는 어떤 근거에서 이루어질 수 있을까? 다시 말해 하나님은 영이시고 인간도 그 창조주 하나님과 관계할 때만 영적인 존재인 사람이 된다. 영이신 하나님과 그 하나님과 관계하는 인간은 '영', 다른 말로 '정신'을 매개로 관계한다고 할 수 있다. 그렇다면 두 존재인 '영'이 어떤 근거로 서로 관계할 수 있을까? 이 질문을 쉽게 말한다면 하나님과 관계하는 인간인 사람은 도대체 어떤 근거에서 영이신 하나님과 관계할 수 있는가 라는 질문이기도 하다. 그리고 사람은 어떤 방식으로 영이신 하나님과 관계할 수 있는가? 어쩌면 이 질문은 사람이 주체인가 하는 질문이기도 하다. 그래서 이 문제의 해답을 위해서 우리는 '주체'에 대해 생각해 보아야 할 것이다.

2. '주체'라는 의미를 철학사에서 가장 의미 있게 사용한 사람은 헤겔(Hegel)이다. 헤겔은 실체(Substanz)와 주체(Subjekt)를 구분하면서 자신의 철학 체계 안에서 실체를 완전히 없애버리고 오직 주체 개념으로 모든 것을 해명하려고 했다.[127] 실체와 주체의 결정적인 차이를 설명한다면 '타자와의 관계'를 통해서 구분될 수 있는데 실체는 타자와 관계 없이 자기 스스로에 기인하지만 적어도 헤겔에 있어서 주체란 "자기를 스스로

---

127 W. Pannenberg, Grundfragen systematischer Theologie, Bd. 2, Göttingen, 1980, 84.

세우는 운동 내지 자신을 자기 스스로 변화시키는 매개"를 말한다.[128] 간단하게 말한다면 실체란 타자 없이도 존재할 수 있지만 주체란 타자 없이는 자기 스스로 알 수도 없으며 또한 자신을 세울 수도 없다.[129] 그래서 헤겔은 '신적인 정신은 절대적 주체'라는 말을 하게 되는데 절대적 주체라는 말에서 정신은 모든 존재를 타자로 세우면서 동시에 자기 스스로를 의식하여 세계와 종교, 문화, 민족 등 모든 것을 의식하면서 자신이 비로소 실재하다는 것을 가리킨다. 이 정신은 신적인 정신, 즉 절대 정신으로 표현되지만 정확하게 말한다면 절대 주체를 뜻한다. 주체는 객체와 마주 서 있으면서 그 객체를 통해 자신을 스스로 의식하면서 자신을 규정해 나가는 존재를 가리킨다. 정신이 자신을 의식하면서 자신의 실재성을 인식하는 과정을 '역사'라고 부르고 그 역사는 신적 정신의 외화에 해당한다고 헤겔은 보았다.

3. 헤겔의 이런 주체 개념은 확실히 범신론적인 색채를 가지게 되는데 여기에서 인간 실존의 의미는 절대 주체의 현현이라는 역사의 정신적 과정에 의해 가려지게 된다. 이런 점에서 헤겔의 철학적 체계가 만약에 신학적 용어로 묘사되었다면 그의 철학은 엄청난 신 중심적인 신학(theozentrische theologie)이 되었을 것이다. 왜냐하면 그의 철학은 처음부터 주체 개념을 주제로 한 철학이기 때문에 사실상 이 주체 개념이 직접 혹은 간접으로 신학에 미친 영향이 결코 적지 않기 때문이다.

4. 헤겔의 신적 정신으로서의 주체 개념을 완전히 인간학적 차원으로

---

128 E. Jüngle, Gott als Geheimnis der Welt, Tübingen, 1977, 106-107.
129 위의 책, 111.

재해석한 자는 포이엘바흐였다. 그의 근본적인 결론은 "신학의 비밀은 오직 인간학에 있으며 하나님에 대한 모든 지식은 결국 인간의 자기 자신에 대한 지식"이라는 데 있다.[130] 이 말을 뒤집어서 생각해 본다면 헤겔이 생각하는 정신으로서의 절대 주체가 결국 하나님 자신을 말하는 것이 아니라 하나님을 생각하는 인간 자신이 그렇다는 말이기도 하다. 왜냐하면 인간이 하나님을 생각하는 바를 하나님 자신이 마치 그런 존재인 것처럼 헤겔이 묘사한 것이라고 그가 보았기 때문이다.

5. 포이엘바흐는 이러한 자신의 시도, 즉 신을 인간 자신과 무관하게 묘사하는 헤겔식의 신 중심주의의 사유는 신 자체를 취급하는 이론이 아니라 사실은 인간이 가지는 신 의식을 취급하고 있을 뿐이라고 비난하면서 전적으로 신을 인간학적으로 사유하는 새로운 전환이 필요하다고 여긴다. 그러면서 신을 인간의 문제로 전환시키고자 하는 자신의 이런 시도를 '새로운 철학'이라고 그는 명명했다. 새로운 철학이라는 것은 신학의 모든 문제를 인간학에서 완전히 해결하려고 하는 것을 의미한다. 그가 새로운 철학이라는 이름을 밝히고자 한 것은 인간이 자기를 위하는 존재가 아닌 전체적이고 남을 위하는 현실적인 존재라는 것을 소개하기 위함이다. 그래서 그가 인간의 본질을 결국 상대를 사랑하는 마음에서 발견했다. 그런데 흥미롭게도 바로 여기에서 인간과의 관계, 즉 '나와 너'라는 포이엘바흐의 개념이 등장한다. 그래서 신이 주체라는 말은 그에 의하면 결국 인간이 주체라는 말이 되고 인간 자신이 주체로서 상대를 동시에 하나의 인격적 주체, 즉 너로서 사랑할 수 있는 존재로 보았

---

130 참고 L. Feuerbach, *Das Wesen des Christentums*, Sämtliche Werke, Bd. 6, Stuttgart, 15; W. Weichedel, *Der Gott der Philosophen*, Bd. 1, Darmstadt, 1971, 392.

다. 이런 그의 관점은 "너는 사랑을 하나님의 신적인 속성으로 믿는다. 왜냐하면 너 자신이 그렇게 사랑하기 때문이다. 너는 신이 하나의 방식 또는 선한 본질로 믿는다. 왜냐하면 너가 선과 오성 이외에 달리 더 나은 것을 알지 못하기 때문이다. 너는 신이 존재한다고 믿으며 신이 주체 또는 본질이라고 믿는다. 여기서 존재하는 것은 본질이고 그것은 실체든 인격이든 다른 여타의 방식으로 규정되고 간주되지만, 결국 그것은 너 자신이 그렇게 존재하는 것임을 말하는 것이고, 너 자신이 그런 본질인 것을 말하는 것이다"고 말하는 것에서 잘 나타난다.[131] 이런 주장을 음미해 보면 포이엘바흐는 헤겔의 사변적 신 중심주의적 사유를 완전히 거꾸로 해석하여 인간학적 관점으로 사유했다고 할 수 있다. 그러나 여기서 주목할 것은 인간이 주체라는 사실이 강조된다는 점이다.

6. 포이엘바흐의 인간학적 사유에서 강조되는, 인간 자신이 주체라는 생각이 키엘케가드에 의해 대단히 의미 있게 해석되었다. 키엘케가드 역시 포이엘바흐와 같이 인간이 주체라고 생각했다. 물론 이때 주체라는 것은 당시의 관념주의 철학에서 강조되는 '생각하는 나(Cogito)'로서의 주체는 아니다. 그렇다고 포이엘바흐가 말하는 것처럼 신을 완전히 인간학적으로 해석한 상태에서 타자로서의 신이 아닌 인간을 주체로 사랑하는 주체자를 의미하는 것도 아니다. 키엘케가드는 인간이 주체(Subjekt)이고 그 인간이 하나님에 대해 가지는 신앙은 철저히 주관성(Subjektivität)이라고 했다. 그것은 나의 고유한 주관성을 가리킨다. 그것은 비진리, 즉 객관적으로 다른 사람들에 의해 진리라고 인정받을 수 있

---

131   L. Feuerbach, Das Wesen des Christentums, 122.

는 보편타당한 것으로서의 진리가 아니라는 말이고 신앙은 주관성으로서 객관화될 수 없다는 것을 말한다. 그러나 더 정확하게 말한다면 키엘케가드에서 신앙이란 '말(Wort)'에서 생겨나며 말에서 증명된다는 것을 의미한다.[132] 말이란 반드시 인격적인 상대와의 관계에서 주어진다. 이런 점에서 키엘케가드는 말을 거는 존재로서의 하나님을 믿는 신앙에서 비로소 인간이 참다운 주체가 된다는 것을 발견했다. 하나님을 믿는 신앙이란 나에게 말을 거는 타자로서의 인격적 존재 앞에서 나를 결단하는 것이고, 나에게 말을 거는 말씀과 그 말씀을 받으면서 주체로서 내가 결단하는 관계는 철저히 인격적 관계에 의해서 일어난다. 그는 그것을 '인격 대 인격'의 관계를 창조하는 주체에 의해 가능한 것으로 보았다. 부버는 여기에서 키엘케가드의 주체 개념에 대해 설명해 준다. 즉 "이러한 신앙의 실현과 구현을 위한 노력을 키엘케가드는 실존적인 노력이라고 명명한다. 왜냐하면 실존은 정신 속에 있는 가능성에서 인격의 전체성 속에 있는 실재성에로의 전환이기 때문이다. … 이 관계는 키엘케가드에게는 인격 대 인격이라는 참다운 상호간의 관계이다. 즉 절대자가 아닌 인격으로서 이 관계 안으로 들어오는 것이다. 그래서 그의 인간학은 신학적 인간학이다"고 부버는 설명해 준다.[133] 그러므로 포이엘바흐에 의해 발견된 주체적 인간, 즉 너(das Du)를 만날 수 있는 주체의 개념이 사실은 키엘케가드에 의해 신학적으로 해석되어 더욱 발전한 셈이다. 이 개념을 훗날 인격주의(Personalismus)자들이 나름대로 인간의 실재성과 관련하여 체계화시키려고 애를 쓴 것이다.

132　E. Brunner, Ein offenes Wort, Vorträge und Aufsätze 1917-1962, Bd. 1, Zürich, 1981, 223.
133　M. Buber, Das Problem des Menschen, Heidelberg, 1971, 91-92.

7. 주체의 개념, 즉 인격적인 관계를 창조하는 존재로서의 주체 개념을 신학에서는 주로 삼위일체의 관계나 하나님과 인간과의 관계를 설명하는 범주로 다루어지는 것은 확실히 의미 있는 일이다. 바르트(K. Barth)는 기독론적 인간학을 말하면서 인간학의 근거로 삼위일체를 들었다. 그는 삼위일체, 즉 성부와 성자와의 관계와 그 관계의 유추(analogia)로서 남자와 여자와의 관계를 설명하면서 주체라는 개념을 사용한다. 브룬너(E. Brunner)는 자연인과 하나님 말씀과의 접촉점을 근거로 자연 신학의 가능성을 말하면서 이 주체 개념을 사용한다. 불트만(R. Bultmann)은 하이데거(M Heidegger)의 실존의 개념을 빌려오면서 말씀과의 만남, 즉 역사(Geschichte)를 말하면서 실존이 곧 주체라고 주장한다. 고가르텐(F. Gorarten)은 인간이 하나님과 세계 사이에 놓인 존재로서 하나님 앞에서 세계를 위하는 자유를 가진 존재임을 말하면서 그때 인간을 곧 주체라고 말한다. 부버(M. Buber)는 창조자 하나님과 만나는 점으로서 인격, 즉 인간의 고유한 창조 근원적 카테고리로서의 인격을 말하면서 그 인격이 곧 주체라고 명명한다. 그러니까 인간이 주체라는 사실은 신학뿐 아니라 철학에서도 나름대로 의미 있게 이해하고 있다. 철학이나 신학에서 주체를 말하면서 공통적으로 말하는 바는 주체가 곧 관계를 위한 카테고리라는 사실이다.

8. 인간이 주체란 도대체 무슨 의미일까? 확실히 주체란 실체의 개념과는 분명히 다르다. 실체가 오직 자기 자신에서 기인하며 오성으로 파악된 '그것'이라는 개념이라면, 주체는 하나의 관계의 카테고리, 즉 자기 자신과 타자와의 관계를 할 수 있게 하는 존재를 말한다. 그리고 그 관계는 나 자신이 타자의 자신과 만남으로 성립된다. 그래서 주체라는 말

의 의미는 '나 자신과 타자의 자신과의 관계'를 말하며 그 만남에서 일어나는 의식을 말하는 것이 분명하다. 여기서 '일어난다'는 말이 의미가 있어 보인다. '일어난다'는 것은 이미 개념이나 인식의 대상이 아니라는 사실을 가리키는데 일어날 수 있는 존재는 사실 그것이 전체적인 존재, 즉 전체성을 전제로 한다는 점이다. 살아 있는 전체로서의 존재가 사실은 주체와 직결된다고 할 수 있다. 전체성에 관한 한, 그리고 인식이라는 요소가 주로 오성과 관계하는 한 전체적 존재로서의 주체는 절대로 오성(Verstand)에 의해 파악될 수 없다. 인식은 사물의 전체를 규정하기에는 역부족이기 때문이다. 인식은 인간의 전체인 사람을 이해하기에 처음부터 한계를 가진다.

9. 전체적 존재로서의 사람이 오성의 인식적 대상이 되지 않는다면 인간의 '나'가 주체인 것을 인간 스스로 어떻게 알 수 있는가? 이런 점에서 전체성은 오성과 관계하는 것이 아니라 이성과 관계하는 것이 분명하다.[134] 적어도 인간이 전체적 존재로서 주체라는 사실은 오성에 의해서가 아니라 이성에 의해서 파악될 수 있다. 그렇다고 이성이 스스로 이 사실을 자인할 수 있다는 것을 말해서도 안될 것이다. 왜 그런가?

10. 헤겔 철학에서 이성은 하나의 신적 정신으로서 자신을 의식하기 위해 객체(Objekt)를 세우면서 정신으로 하여금 자신이 주체임을 알게 한다. 그러나 헤겔의 철학에서 말하는 객체는 '주체에 의해 의식된 존재(das vom Subjekt Bewußt-Sein)'로서의 개념일 뿐이다. 즉, 주체가 스스로를

---

134 참조. W. Röd, Dialektische Philosophie der Neuzeit, München, 1986, 126.

의식하기 위해서 스스로 객체를 세우면서 그렇게 세워진 객체를 통해 자신이 스스로 주체인 것을 의식하는 것이다. 그래서 헤겔이 정신을 주체로 본 점은 다른 철학자들에게서 볼 수 없는 탁월한 점이지만 유감스럽게도 이 주체는 인격적이고 영적인 주체가 아니라 사변적이고 초월적인 주체이다. 자신을 의식되기 위해서 객체가 있어야 하고 이를 위해 주체가 임의적으로 객체를 만들어서 세워 놓고 그런 존재를 객체라고 규정하면서 그 객체를 통해 자신을 의식하면서 실재해야 하는 주체이기 때문이다. 그래서 주체는 객체를 만들지만 그렇게 만들어진 객체는 전적으로 타자인 객체가 아니라 주체가 만든 하나의 객체이기 때문에 결국 타자인 객체가 헤겔에게는 없는 셈이다.

11. 헤겔이 주체를 말하면서 오성과 관계하는 인식의 한계를 넘어선 것은 옳다고 할 수 있다. 그러나 그는 상대에게 인격적으로 말을 거는 존재로서의 주체에 대해 말하기보다는 자신의 존재를 스스로 의식하기 위해 모든 것을 객체로 세우는 사변적인 주체에 대하여 말했다. 그런 점에서 그의 주체 개념은 사변적이고 관념적 범신론적인 성격을 띤다. 과연 이런 사변적 주체가 개별적 존재인 각 인간 실존을 하나의 인격적 주체로 대할 수 있을까? 그래서 모든 것 속에 이 신적 주체가 살게 되고 모든 것 속에 살고 있는 이 신적 존재는 인격적이고 선험적인 의미에서 기독교의 창조주가 아니라 오직 세계의 신(Gott der Welt)일 뿐이다.[135] 헤겔의 관념주의에서 말하는 주체가 사실은 자기 스스로 주체이기 위해 '스스로 고독을 씹는 존재'라고 한다면 지나친 말일까? 우리는 이런 사변적인

135　W. Weischedel, Die philosophische Hintertreppe, München, 1966, 215.

개념으로 인간이 주체라는 사실을 확인할 필요가 없다.

12. 우리는 기독교 신학과 신앙과의 관계에서 논해지는 인격의 개념으로 이 사실을 확인할 필요가 있다. 인간이 주체라고 한다면 반드시 타자의 실재성을 전제로 하고 있다. 타자의 실재성이 없다면 인간은 스스로 주체라고 할 수 없다. '타자'란 우리가 보통 '남'이라고 부르는 다른 구체적인 인간을 말한다기보다는 다른 인격이 실제로 내 앞에 실재한다는 경험을 두고 말한다. 이때 타자의 실재성이란 절대적으로 현재성(Gegenwärtigkeit)과 관계한다. 인격이란 어떤 것이나 어떤 생각이나 어떤 대상에서 생겨나는 개념이 아니다. 그것은 현재를 의식하는 것 또는 여타의 다른 그 무엇으로 대치하거나 바꿀 수 없는 유일한 생명이 내 앞에 실재로 있다는 사실을 경험함으로써 일어나는 의식이다. 이것이 없으면 우리 인간은 다른 존재와 관계를 가질 수 없다. 이것을 인격주의(Personalismus)에서는 '너'라고 규정한다.

13. 타자란 '너'라는 실재성 개념이다. 주체란 너를 만나는 인격을 의미한다. '너'를 만나지 않는 주체란 이미 그 자체가 공허한 단어일 뿐이다. 그래서 주체란 '너'라는 인격을 만나기 때문에 달리 말하면 인격이라고 할 수 있다. '너'는 하나의 인격으로서 '말'과 직결되어 있다. 그것은 '부름(Anruf)'을 창조하는 인격이다. 그래서 '너라는 존재'는 항상 '나'를 부르는 인격이다. 인격은 '너와 나'라는 관계에서 현재적으로 일어나는 것이고 주체는 여기에 참여하는 존재를 말한다. '너라는 존재'가 '부름'이라는 현재를 창조하는 인격이라면 주체는 나라는 인격으로서 '응답(Antwort)'하는 인격이다. '너'라는 부름에 응답하는 존재가 바로 주체라고 말할 수

있다. 그것은 '너'를 또 하나의 주체로 생각했기 때문이며 주체는 주체를 만나기 때문이다. 헤겔이나 다른 형이상학에서 나오는 바대로 객체를 세우는 주체라고 말하기보다는 오히려 객체 또는 '너'가 실재하기 때문에 주체인 '나'가 비로소 존재한다. 왜냐하면 주체인 '나'는 '너'라는 다른 주체로부터 항상 부름을 받으면서 비로소 '나 자신'이 의식되고 '나'가 되기 때문이다.

14. 주체는 '너'라는 인격으로부터 항상 부름을 받는 존재이기 때문에 주체의 특성을 우리는 개방성이라고 규정할 수 있다. 개방이란 '나'가 '나 자신'에서 나오는 것을 말하는데 이것을 기독교 신학과 관련하여 말한다면 신앙이라고 할 수 있다. 신앙이 '내가 믿는 것(credo 또는 Ich glaube an)'을 말한다면 여기서 신앙의 주체는 '나'가 되는 것이다. 그래서 '나'가 없다면 신앙이 성립할 수 없다. 신앙이란 '나'가 '나 자신'에게서 나와서 '나' 밖에 있는 다른 인격자에게로 들어가는 것을 말하는데 이 신앙을 근본적으로 가능하게 해 주는 존재가 바로 주체이다. 이런 의미에서 키엘케가드가 '진리는 주체적'이라고 한 말은 옳은 말이라고 본다. 인간은 주체가 아니면 타자와 관계할 수 없으며 동시에 하나님과도 관계할 수 없다. 그러나 주체란 타자가 없다면 그것은 이미 공허한 단어에 불과하며 아무 것도 아닐 것이다.

(4) 인격적 존재(Personsein), 실존(Existenz), 그리고 주체(Subjekt)

1. 주체가 아니라면 인격적 관계가 불가능하고 타자의 실재성을 체험할 수 없게 된다면 여기서 우리는 하나의 중요한 질문을 던져 볼 필요가 있

다. 인격과 주체는 어떤 관계일까? 그리고 실존(Existenz)과는 어떤 관계에 있는가?

2. 확실히 인격적 존재와 실존과 주체 개념은 서로가 대단히 밀접한 관계에 있다. 실존이라는 개념은 헬라적인 개념이라기보다는 라틴어에서 그 어원이 왔다고 할 수 있는데 '에센티아(essentia)'라는 단어와 반대되는 말로 이해되었다. 에센티아(essentia)는 어떤 피조물의 본질적 형태나 그 본질의 나타남을 지칭하는 말이고 반면에 '엑시스텐티아(existentia)'는 사실 헬라적 사유로는 적합하게 번역할 만한 말이 없다고 할 수도 있는데 다만 매번 때에 따라 그때 거기에 있는 사실적 존재로서의 그것(faktisches Daß)을 지칭한다고 할 수 있다.[136] 그런데 실존주의 철학에서는 이 말을 대단히 의미 있게 사용했으며 동시에 실존주의 신학에서도 대단히 풍부한 개념으로 정립되어 사용되었다. 실존이라는 말은 라틴어로 '엑시스테레(existere)'라는 동사에게 나왔는데 그 뜻은 '…에서 나와 서는 것'을 뜻한다. 문자적으로는 '무라는 무엇(Nichtsein)'에서 나와 서는 존재를 실존이라고 한다.[137]

3. 이 실존의 개념은 철학사적으로 오랜 전통을 가지고 발전하는데 주로 본질(에센티아: essentia)과 대립하는 개념으로서 보통 잠재성(Potentialität)과 활동성(Akualität) 또는 실재성(Wirklichkeit)과 가능성(Möglichkeit)과의 대립관계에서 설명된다. 예컨대, 밤나무가 있다고 가정해 보자. 밤나무은 구체적이고 실제적인 존재이지만 나무는 하나의 관념이고 우리 두뇌가 만

---

136 Philosophie. Das fischer Lexikon, hrsg von A. Diemer, Bd. 11, Frankfurt, 1958, 95.
137 P. Tillich, Systematische Theologie, Bd. II, Stuttgart, 1958, 27.

든 개념이다. 플라톤은 구체적이고 특정한 밤나무(Akualität)라는 나무는 소위 '나무'라는 가능성(Potentialität)이라는 관념에서 실재한다고 보면서 밤나무는 실존적인 차원에 해당하고 '나무'라는 관념은 본질에 속한다고 보았다. 그래서 그에게는 실재성이 두 개의 차원, 즉 '본질적인 차원(essentielle Ebene)'과 '실존적인 차원(existentielle Ebene)'이 서로 대립된다고 여겼다. 그러면서 눈에 보이고 구체적인 차원을 그는 실존이라는 차원으로 여기면서 이 차원은 단순한 속견이나 하나의 환상에 불과하고 참다운 실재는 본질(에센티아)에 있다고 주장하였다.

4. 아리스토텔레스에게는 이 차원들이 형상과 질료라는 개념으로 설명된다. 실재성을 본질과 실존의 두 개의 차원으로 구분해서 이해하는 플라톤과 달리 그는 실제로 존재하는 밤나무라는 한 개체 안에 '나무'라는 형상과 구체적인 '밤나무'를 형성하는 질료라는 두 개의 차원이 함께 있다고 보았다. 그래서 형상적이면 형상적으로 될수록 그것은 실재적인 것이 된다. 그는 신을 잠재성이 없는 순수 형상 내지 순수 활동성(actus purus) 내지 순수 실재성으로 정의하는데 이것은 본질(essentia)과 실존(existentia)이 하나 된 상태를 말한다.

5. 근대 철학에 오면 헤겔은 플라톤과 아리스토텔레스의 본질과 실존의 고전적 이해를 보다 통합적으로 이해한다. 실존을 본질의 한 과정(Prozeß)으로 그는 보았다. 모든 것을 하나의 정신 안에서 통일시켜 보려고 했던 헤겔에게는 실존은 본질의 논리적이고 필연적인 결과인 셈이

다.[138] 신이라는 주체나 정신의 본질이 자기 자신을 스스로 소외시켜 실존이 되면서 역사가 되고 그렇게 스스로 소외된 실존은 다시 본질이라 칭할 수 있는 정신 혹은 신 자신에게로 되돌아가는 과정이 이루어진다. 말하자면 헤겔에게는 실존과 본질이 논리적으로 사유 속에서 별로 문제가 되지 않고 자연스러운 역사의 과정에서 화해하면서 궁극적으로는 실존과 본질의 대립이 사라진다.

6. 헤겔의 이런 관념적인 이해와 맞서서 19세기 이후부터 실존주의가 대두되었다. 본질과 실존이 인간의 사유 속에서 서로 화해되는 헤겔의 이해와 달리 실존주의자들의 공통적인 이해는 실존은 본질과 서로 화해될 수 없다고 보았다. 실존주의자들이 보기에 헤겔이 말하는 화해는 하나의 이상적인 소망이지 실재적인 것이 아니었다. 오히려 실존주의자들이 보기에 실존은 하나의 통합 혹은 전체라는 정신에서 떨어져 나와 소외되는 것으로서 본질로부터의 타락이고 동시에 본질이라는 전체와 전혀 화해될 수 없는 것이며 인간이 인격에서 소외되어 사물화되는 데서 기인한다고 보았다. 그들은 헤겔처럼 논리적인 화해가 아니라 실존과 본질의 깎아지른 가파른 두 대립으로 실존과 본질을 보았는데 이런 실존주의자들의 실존이해의 동기는 기독교사상에 적지 않은 영향을 미치게 되었다. 왜냐하면 헤겔의 본질과 실존의 논리적 화해를 반대하는 실존주의자들 대부분이 사실은 기독교 전통의 도움으로 헤겔의 사변주의를 비판하기 때문이다. 파스칼은 아우구스티누스의 전통에 서서, 키엘케가드는 루터주의의 전통에 서서, 마르셀은 토마스주의에 서서, 도스

---

138 위의 책, 30.

토예프스키는 그리스 정교의 전통에 서서 헤겔을 비판하기 때문이다.[139]

7. 여기서 주목해야 할 것은 실존의 개념이 부버와 에브너와 같은 현대 학자들에게는 실존주의와 아울러 인격주의적인 관점으로 새롭게 이해된다는 점이다. 그들이 말하는 실존은 '너(Du)'라는 실재성에 의해 실존하는 '나(Ich)'이다. 그들은 '너'에 의해 '나'가 나 자신에게서 나오는 것을 실존이라고 이해했다. 본 책에서의 '실존'이라는 개념은 고대 전통, 즉 본질과 실존의 대립과 화해라는 관념적인 입장에 선 실존을 말하는 것이 아니라 현대 실존주의의 영향을 받으면서 '너와 나'의 인격적인 만남의 개념을 근거로 한 실존 이해임을 먼저 밝혀 둔다.

8. 그렇다면 실존이 과연 어떤 존재일까? 야스퍼스(K. Jaspers)는 인간이 실존이 되는 것은 인간에게 주어지는 한계 상황, 예를 들어, 우연적으로 주어지는 극한적인 문제, 갈등, 고통, 죄, 죽음과 같은 한계 상황에서 인간은 자신을 실존으로 여기게 되고 거기서 자신과 아울러 초월자와 관계하는 방식을 찾는다고 말했다. 야스퍼스가 이렇게 말하는 것은 그의 근본적 결론 때문인데 즉 개별적 인간은 오직 자신만을 위해서는 인간이 아니며 인간의식이란 타자와의 대화 속에서만 자기가 된다는 것이다.[140] 단적으로 말한다면 실존이란 내가 나 혼자 있을 때는 결코 '나 자신'이라는 의식을 가질 수 없고 동시에 실존이 될 수 없다는 말이다.

9. 하이데거도 이와 유사한 이해를 가지고 있다. 그는 인간 실존을 연구

---

139 위의 책, 32.
140 F. Heinemann, Existenzphilosophie lebendig oder tot?, Stuttgart, 1954, 66.

하는 방식을 스스로 실존 분석이라고 하는데, 즉 현존을 위한 근본적 존재론(Fundamentalontologie für Dasein)이라는 방식으로 실존을 설명하려고 했다. 그런데 이것은 인간이 존재 자체(Sein selbst)와 관련하면서 시작된다. 인간은 '거기에 이미 던져진 현존'으로 우연이든 필연이든 세상 안에서 죽음에 대한 염려를 가지면서 존재한다는 것이다. 그래서 하이데거는 실존을 존재 가능성으로 규정한다. 죽음이라는 다가오는 운명을 미리 선취하면서 인간은 비로소 실존이 되는 것이다. 어쨌든 그에게는 실존이 자연 과학적으로 분석하거나 해부하여 자명한 개념으로 미리 정리할 수 있는 실체 개념이 아닌 것은 분명하다. 그것은 필연적으로 타자나 세계라는 상대를 통해 일어나는 존재이다. 하이데거의 실존을 기독교적인 혹은 신약학적인 인간성이라고까지 이해하는 불트만의 말대로 실존은 그냥 막연하게 있는 존재가 아니라 특수하게 존재하는 인간적인 방식인데 이미 근본적으로 문제시되는 자신을 뜻한다. 그래서 실존에서는 문제시되는 자신을 스스로 해결하든지 아니면 해결하지 못하든지가 문제가 된다. 이 실존은 시간적 존재로서 자신의 고유한 역사를 가지는 책임적-인격적 존재를 말한다.[141]

10. 불트만은 하이데거의 실존 개념을 신학적인 인간학에 도입하면서 보다 더 고유한 의미를 제시하려고 한다. 그는 실존을 '시간적 존재로서 자신의 고유한 역사'를 가지는 존재로 보았다. 쉽게 말해서 실존은 시간 내에서 역사를 체험하는 존재라는 말이다. 실존은 하나님의 말씀, 즉 그리스도 사건의 선포와 지금의 나 사이의 관계를 매개로 일어나는 존재

---

141   R. Bultmann, Glauben und Verstehen III, Tübingen, 1993, 107.

이다. 그리스도 사건의 선포를 들으면서 '종말론적인 지금(eschatologisches Jetzt)'이라는 현재적인 역사에 참여하는 자가 실존이라는 것이다. 불트만이 여기서 '종말론적 지금'이라는 말을 하는 것은 하나님의 계시, 즉 나에게 말을 거는 말씀을 들으면서 내가 그 말씀에 응답할 때 과거의 그리스도는 매번 지금 여기서 현재적으로 혹은 매번 현재적으로 나에게 말씀이 되는 종말론적인 사건이 된다는 것이다. '지금(Jetzt)'이라는 표현은 그리스도와의 만남 혹은 그를 선포하는 말씀과의 만남을 통해 일어나는 종말론적인 성격을 가리킨다. 왜냐하면 그리스도와의 만남 속에서 세계와 역사는 그리스도의 다시 오심에 매여 있다는 사실을 알게 되기 때문이다.[142] 이런 점에서 역사는 하나님의 역사를 말하는데 그것은 '나'라는 실존에게는 항상 '지금 오는 역사(zukommende Geschichte)'를 말한다. 그래서 우리 인간들이 보통 '미래(Zukunft)'라고 부르는 말은 사실 하나님의 역사로 보면 우리에게 '지금 나에게로 다가오는(Zu-kommen)' 역사이다.[143] 그리고 그 역사를 체험하는 존재가 바로 실존이다.

11. 여기서 불트만이 하이데거의 철학적 실존 개념을 신약 성경에서 말하는 참다운 인간 개념으로 동일시하여 해석한 것을 간과할 수 없다. 사실 철학적 실존의 개념이 신약 성경에서 말하는 참다운 인간상과 얼마나 맞아떨어지는지는 전혀 알 수 없다. 브룬너(E. Brunner)는 철학적 실존 개념을 신약 성경적 인간상과 굳이 일치시키려는 불트만의 생각을 비판한다. 왜냐하면 불트만은 하이데거의 실존의 개념을 신학적으로 재해석하여 사용하였는데 브룬너는 이런 하이데거의 실존의 개념은 사

---

142 참고, 위의 책, 105.
143 참고, 위의 책, 159, 121.

실 그리스도의 말씀으로 인해 거듭나기 전의 죄인의 상태, 즉 예수를 믿지 않는 인간의 모습으로 보았다. 그런 실존을 하이데거가 말하고 있는데 불트만이 그 실존을 비판 없이 그대로 받아들여서 그 실존을 마치 신약에서 말하는 참다운 인간인양 그렇게 비판없이 받아들인 것은 무리가 있다고 보았기 때문이다. 브룬너에게 참다운 인간이란 오로지 그리스도 안에서 거듭난 인간을 전제하기 때문에 하이데거의 실존과 동일시될 수 없다고 말한다.[144]

12. 불트만은 하나님의 말씀과 만나는 인격적 존재로서의 인간을 실존으로 이해했다. 불트만이 말하는 '하나님의 역사에 참여하는 존재'로서의 실존 개념은 하이데거의 실존 개념을 신학적으로 해석하여 응용한 것은 분명하다. 그렇다면 하이데거의 실존 철학에서 논해지는 실존의 개념이 과연 그리스도로 인해 칭의(Rechtifertigung)된 실존인가를 묻는다면 비록 하이데거의 후기 사상이 말씀을 받는 실존을 언급한다고 하지만 그 실존이 그리스도로 인해 칭의된 실존이라고 할 수는 없을 것이다. 그럼에도 불구하고 여기서 문제 삼고 싶은 것은 실존이 역사에 참여하는 존재라는 사실이다. 불트만이 본 하나님은 오직 역사의 하나님이고 항상 나에게 다가오시는 하나님이시다.[145] 역사라는 말은 독일어 '게쉬흐테Geschichte'로 표현되는데 '일어나는 것(게쉐엔: Geschehen)'을 의미한다. 그에 의하면 역사는 선포(Verkündigung)와 직결되는데 선포가 인간의 고유성인 실존을 향해 말을 거는 것이라면 '일어나는 것(Geschehen)'은 실존의 역사성과 일치하는 것이다. 달리 말한다면 하나님은 선포를 통해

---

144 참고. E. Brunner, Ein offenes Wort, Vorträge und Aufsätze, 1917-1962, Bd. 1, Zürich, 1981, 227-238.
145 참고. R. Bultmann, Glauben und Verstehen III, 165.

실존에게 말을 걸고 실존은 그 선포에서 하나님을 만나는데 그것은 역사로 체험된다는 의미이다.

13. 그러면 여기서 중요한 질문이 생긴다. 우리가 하나님의 말씀을 선포를 통해 듣게 되면 나에게서 실존적인 결단과 아울러 동반되는 종말론적인 하나님의 역사를 체험하는 것은 불트만의 말대로 사실이라고 할 수 있다. 그러면 인간이 어떤 근거로 나에게 말을 거는 하나님의 말씀을 들으면 실존이 되는가 하는 질문이 주어질 수 있다. 다시 말한다면 신학적 인간학의 관점에서 도대체 실존의 근거는 무엇인가 하는 질문이기도 하다. 확실히 실존주의 사상에서 비추어 보면 인간은 항상 실존이 되는 것은 아니다. 그래서 실존이 아닌 상태를 하이데거 철학에서는 '비고유적인 존재'니 '세인'이니 하는 말로 지칭된다. 그러면 인간이 어떤 존재이기에 실존이 일어나는 존재가 되기도 하고 동시에 세인이 되기도 하는가? 우리는 이 질문의 해답을 찾기 위해 신학적 인간학의 도움을 받아야 할 것이다. 왜냐하면 실존주의, 특히 하이데거의 실존사상에서는 인간이 창조주 하나님 앞에서 존재하는 피조물로 간주되기보다는 오히려 '무(Nichts)'라는 존재의 심연 앞에 내던져진 존재(geworfenes Seiende)로 볼 수 있기 때문이다. 과연 '무'에로 내 던져진 존재가 성경적인 실존일까? 그래서 하이데거의 인간 이해는 엄격함과 진지함은 있지만 인격적이고 영적인 관계는 찾아보기가 어려운 것은 사실이다. 이런 철학적 인간 이해에서는 영적인 인간의 실존을 설명할 수 없다.

14. 신학적 인간학에서는 인간을 두 개의 존재 양식으로 표현한다. 하나는 창조주 하나님으로부터 하나님의 형상으로 창조되었다는 존재 양식

을 가지고 있고 또 하나는 그 하나님 앞에서 죄인이라는 존재 양식을 가지고 있다. 그래서 인간이란 피조물과 죄인이라는 두 개의 실재성과 관계한다. 인간은 하나님의 피조물일 뿐 아니라 동시에 하나님 앞에서 죄인이다. 이런 인간과 관계하는 하나님은 창조주와 구세주로서의 하나님이다. 만약 우리가 말하는 하나님이 창조주와 구세주로서의 하나님이 아니라면 그 하나님은 분명 기독교에서 말하는 하나님이 아닐 것이다. 인간이 피조물이면서 죄인인 이상 그 인간과 관계하는 하나님은 오직 창조주와 구세주로서의 하나님이 분명하다. 과연 하나님에 대해 피조물이면서 죄인이라는 인간이 창조주와 구세주라는 표현 외에 달리 무엇을 말할 수 있을까? 이 말은 바꾸어 말하면 하나님은 '창조와 구원'이라는 2개의 관점에서만 말할 수 있다는 말이다. 반대로 인간은 '피조물과 죄'라는 2개의 관점에서 인간의 실재성을 말할 수 있다.

15. 창조와 구원, 즉 피조물과 죄인이라는 관점에서 인간을 생각해 본다면 실존주의에서 발견한 실존의 개념은 '구원'이라는 차원과 관계할 수 있는 개념임을 알 수 있다. 하나님의 말씀, 즉 나에게 말을 거시는 인격을 향해 자신을 열고 그 인격에 응답하면 역사가 일어나는데 그 역사에 참여하는 존재는 분명히 실존이다. 실존만이 하나님의 말씀을 '나에게 향하시는 하나님 자신'으로 믿게 된다. 이런 마음의 상태는 교리적으로 말한다면 구원받은 자의 마음이고 실존 철학적으로 말한다면 '실존'이라 칭할 수 있다. 실존이란 달리 말한다면 '내가 내 자신에서 나오는 것'을 의미하는데 이 상태는 기독교 교리적으로 본다면 그리스도 안에서 구원받은 자의 마음의 상태와 유사하다. 구원받은 자의 마음이란 문자적으로 말해도 '받는 마음의 상태'를 의미하며 또한 받기 위해 자기 자신에서

나온다는 전제에서 나오는 말이다. 이 상태를 실존주의에서 말하는 실존의 개념과 비교한다면 대단히 유사함을 발견하게 된다.

16. 그러나 실존주의 철학에서 해명할 수 없는 인간의 차원이 하나 있는데 그것은 '창조'의 차원에서 정의되는 인간이다. 실존주의 철학의 실존 개념은 창조의 차원과 관계하는 개념이 아니라 오로지 구원과 관계하는 개념으로 비친다. 달리 말하면 '죄'와 관계하는 개념이지 피조물 사상을 반영하는 개념은 아닌 것으로 보인다. 하이데거는 인간이 '내던져진 존재'라는 출발에서 실존을 말하지만 '내던져진 존재'라는 개념은 기독교 신학에서 말하는 피조물로서의 인간의 개념이 결코 아니다. 피조물이란 오직 창조주와 관계하면서 의식되는 것이고 또한 피조물을 말해야 한다면 반드시 창조주를 말해야 하기 때문이다. 그러나 하이데거의 실존의 개념에서는 '무 앞에 내던져진 존재자'로서의 인간은 있어도 '창조주 앞에서 피조된 존재'로서의 인간 개념은 없다. 그래서 그가 말하는 실존이란 신학적으로 본다면 오직 죄와 관련된 실존일 뿐이다.

17. 하이데거의 실존은 비고유성(죄)으로서의 세인으로부터 구원된 실존을 말하고 있는데 죄로부터의 구원된 존재로서의 실존 가능성일 뿐이다. 그러나 그에게는 창조주에 의해 피조된 존재로서의 인간 개념은 나타나지 않는다. 그래서 하이데거에게서 찾아 볼 수 없는 인간의 존재 양식, 즉 창조주에 의해 피조된 인간 존재 양식의 개념은 결국 신학적 인간학에서 찾아보게 된다. 신학적 인간학에서는 처음부터 창조주에 의해 피조된 인간 개념을 말하는데 그 존재를 '실존'이라 하지 않고 '인격적 존재'로 명명한다. 인격적 존재란 인간이 창조주, 즉 하나님의 인격에 의해

피조된 존재, 다시 말해 영이신 인격 자체와 관계할 수 있는 존재를 말한다. 이 존재는 실존의 개념과 분명히 다른 존재 양식이다. 이 상태를 실존의 개념으로는 충분히 설명할 수 없다. 왜냐하면 그 상태는 반드시 실존만이 아니기 때문이다. 그 상태는 실존이 아니면서 실존을 가능하게 하는 근본적인 인간 존재의 양식이다. 다시 말해서 이것이 없다면 실존이 일어날 수 없다는 것이다. 인간은 이것이 아니면 결코 실존이 될 수 없는 존재이다. 이것으로 인해서 실존이 일어나기 때문이다.

18. 인간은 이 창조적 카테고리로 창조되었기 때문에 실존이 될 수 있다. 실존의 근거는 이 창조 근원적인 카테고리인 '인격적 존재'이다. 이것을 구약에서는 '네페쉬'라고 하고 독일어로는 '페르존자인(Persinsein)'이라 하며 한국어로는 '사람'이라고 할 수 있다. 사람으로 창조되었기 때문에 인간은 실존이 될 수도 있다. 다시 말해 우리가 사람으로 창조되지 않았다면 구원이 우리에게 임할 수 있는 근거 자체가 없어진다. '사람'이란 구원받은 상태를 의미하는 것이 아니라 구원이 이루어질 수 있는 하나의 선험적인 카테고리이다. 하나님 말씀이 바로 이 카테고리를 통해 주어지기 때문이다. 그리스도의 복음이 바로 이 관계통로를 통해 우리에게 선포된다. 그리스도의 복음이 '하나님의 말씀'이라는 영적 의미로 전환되어 인간을 실존으로 만드는 것은 바로 인간이 '사람'으로 창조되었기 때문이다.

19. 그리스도의 복음으로 인간은 사람이 된다. 정확하게 말하면 사람일 수 있기 때문에 구원받는 것이 아니라 사람으로서 구원받는 것이다. 우리가 그리스도 안에서 하나님의 말씀으로 역사에 참여하는 실존이 되는

것은 사람일 수 있기 때문이 아니라 사람으로서 실존이 되기 때문이다. 또한 그리스도의 사건을 선포를 통해 하나님을 믿게 되는 것도 사람일 수 있기 때문이 아니라 사람으로서 믿는 것이다.

20. 그렇다면 '사람으로서'라는 말의 의미를 좀 더 깊이 생각해보자. 도대체 '사람으로서'라는 말은 어떻게 이해할 수 있을까? 사람으로서 실존에 참여한다고 한다면 '사람으로서'라는 의미를 우리는 어떻게 이해할 수 있을까? 필자는 이것을 '주체(Subjekt)'라는 개념으로 이해한다. 주체란 실체와 달리 관계 개념이다. 주체란 관계하는 하나의 카테고리로서 '나'라는 의식을 말하기도 한다. 그런데 이 '나'라는 의식이 없다면 인간은 결코 자신을 타자와 관계시킬 수 없다. 그러나 '나'라는 의식은 나 혼자 있을 때는 결코 일어나지 않는 의식이다. 항상 타자와 관계할 때 자연스럽게 일어나는 의식이므로 '나'라는 의식이 일어나기 위해서는 반드시 '너'라는 생명이 있어야 한다. '나'라는 의식은 '너'라는 생명에 의해 주어지기 때문이다. 상대를 '너'로 만날 때 나는 비로소 '나'라고 말할 수 있는데 그것을 주체라고 규정할 수 있다. 이런 점에서 주체(Subjekt)와 실존(Existenz), 그리고 인격적 존재(Persinsein)는 서로 서로 밀접한 관계를 가진다.

21. 위에서 본 대로 실존은 인격적 존재라는 터 위에서 일어난다. 사람이 인격적 존재가 아니라면 그는 결코 실존이 될 수 없다. 그런데 인격적 존재인 사람이 타인과 관계할 때 그는 반드시 주체로 관계한다. 인격적 존재는 타자를 객체(Objekt)로 만나지 않고 항상 주체로 만난다. 그러면서 타자를 자신과 똑같이 주체로 세운다. 자신을 주체로 세우면서 동

시에 타자를 주체로 만날 때 '실존'의 역사가 일어난다. 주체는 다이나믹하며 살아 있는 관계를 가지도록 하는 사람의 가능성으로서 이것은 인간이 사람, 즉 인격적 존재이기 때문에 가능하다. 인격적 존재이기 때문에 실존이 일어나는데, 인격적 존재는 자신을 주체로 세우면서 동시에 타자를 주체로 세운다.

22. 실존의 근거는 인격적 존재이고 실존의 가능성은 곧 주체이다. 그래서 이 세 가지 요소는 사람만이 가지는 고유한 것이고 이것 때문에 우리는 동물과 달리 창조주 하나님과 영적인 관계를 가질 수 있다. 창조주 하나님과 영적인 관계를 한다는 것은 사람인 인격적 존재가 하나님을 주체로 느끼면서 동시에 자신이 또한 주체로서 만나기를 결단하는데서 실존이 된다. 그리고 실존이 되면서 역사는 일어난다.

영과 하나님의 형상

(1) 하나님의 형상

1. 인간이 하나님의 형상이라는 진리는 신학적 인간학의 주요 테마일 뿐 아니라 만약 그것이 또한 신앙적으로 인정되어야만 하는 진리라면 그것은 당연히 모든 인간 이해의 기본적인 기초가 되어야 한다. 그것이 창조주가 그리스도를 통해 피조물인 인간에게 선언하시는 말씀이라면 우리가 성경 안에서 인간의 참다운 실재성을 발견되지 않으면 안 되기 때문이다.

2. 인간의 참다운 실재성이란 인간이 가지는 특별한 요소, 예를 들어, 생각하는 능력이나 판단하는 능력 또는 어떤 것을 선택할 수 있는 의지의 자유와 같은 특별한 요소에 있는 것이 아니라 '인격'이라는 전체성(Ganzheit)에 기초하고 있다. 여기서 인격이라는 전체성은 조직신학적으

로 사람 내지 인격적 존재(personsein)라는 개념으로 이해할 수 있다.

3. 사람이라는 구조는 상식적으로 말해 육-영-혼으로 이루어져 있다. 그러나 이 세 요소는 각기 구별되는 서로 무관한 요소들로 존재하는 것이 아니라 서로가 필연적이고도 인격적인 관계(Beziehung)를 가지고 있다. 그러므로 우리는 이 세 가지를 따로따로 떼어내어 설명할 수 없음을 알아야 한다. 인간은 혼적(seelisch)이기만 한 존재는 아니며 또한 육적이기만 한 존재도 아니다. 그렇다고 정신적이거나 영적이기만 한 존재 또한 아니다. 이것들이 전체적으로, 그리고 인격적으로 결합되어 하나의 '살아 있는 사람'일 때 우리는 비로소 사람 또는 인격적 존재(lebendiges Personsein)라고 말하는 것이다.

4. 여기서 '살아 있는 사람'이라는 표현은 그가 스스로 살아 있으며 그로 인해 자동적으로 살아간다는 의미가 아니다. 오히려 하나님의 영인 '루아흐' 또는 '프뉴마'로 인해서 비로소 살아가는 존재임을 뜻한다. 정확하게 말하면 인간은 하나님의 의해서만 '살아 있는 사람(아담)'으로 창조되었다는 말이다. 살아 있는 사람은 항상 살아가는 사람이 되어야 한다. 그런데 살아가는 사람이 되기 위해서는 하나님의 영에 의존하지 않으면 안 된다는 점이다. 여기서 하나님의 영이란 어떤 물질을 창조하는 인격이라기보다는 존재자인 인간에게 생명의 의미를 '창조'하는 실재이다. 하나님의 영은 '창조주'로서 모든 자연적인 것과 정신적인 것들의 운동의 근원이기 때문이다.[146]

---

146 참고. M. Buber, Das Problem des Menschen, Heidelberg, 1971, 139; M. Buber, Der Mensch von heute und jüdische Bibel, Werke II, München, 1946, 860-864.

5. 특히 창세기 1장에 기록되어 있는 하나님의 영은 세계 창조와 관련하여 '무에서의 창조(creatio ex nihilo)'를 암시한다. 그러나 여기서 주목해야 할 '무에서의 창조'는 아무 것도 없음이라는 무에서 '어떤 물질을 창조하셨음'이라는 의미가 아니라 모든 자연적, 정신적 존재의 운동의 근원으로서 생기를 불어 넣었다는 뜻이 강하다. 이 생기가 없다면 피조물은 전혀 의미 없는 존재자, 즉 무가 되는 것을 전제한다. 무를 향한 말씀을 통해서 자연을 창조하신 하나님은 동일한 방식으로 인간이 만든 세상이 다시 무로 떨어질 것을 방지하시는 것이다.[147]

6. 창조주가 생기를 불어 주신다는 말은 창조주로 인해서 '살아 숨을 쉬는 존재자'가 되어 비로소 살아갈 수 있게 되었다는 의미이다. 그러나 유독 사람만큼은 하나님 자신과 관계하는 존재로 만들어졌는데 하나님은 사람을 단지 '살아 있는 존재'일 뿐만 아니라 '살아가야 하는 존재'로 창조하셨다. 다시 말해 사람을 창조주의 현재적인 창조로 인해 살 수 있는 존재로 만드신 것이다. 그래서 사람은 하나님의 형상이다. 즉, 창조주의 현재적인 창조로 인해서만 살아갈 수 있는 유일한 존재자라는 말이다. 여기서 현재적인 창조란 창조주와의 영적인 관계를 말한다. 창조주와의 영적인 관계란 피조물인 우리 인간에게는 생의 의미로 나타난다. 우리는 이러한 윤곽을 가지고 다소간 교의적인 문제로 보이는 '하나님의 형상'에 대한 이해를 시도해 볼 필요가 있다.

7. 사람이 하나님의 형상으로 창조되었음은 오직 성경에서만 발견되는

---

147 참고. 빌헬름 니이젤, 칼빈의 신학, 이종성 역, 서울, 대한기독교서회, 1980, 66.

사상으로 기독교적 인간 이해는 이러한 출발점에서 진행된다. 하나님의 형상이라는 말은 쉽게 말해 '사람이 하나님을 닮았다'는 의미인데 우리가 어떤 점에서 하나님을 닮았는지 생각하면 문제는 그다지 간단하지만은 않다는 것을 알게 된다. 물론 많은 학자들이 연구를 해 왔지만 여전히 이 문제는 분명한 해답을 우리에게 주지 못한 채로 남아있는 듯 보인다. 그럼에도 불구하고 우리에게는 전통적으로 내려오는 해석이 있기 때문이 그것에 의해 부분적으로 이해 할 수 있을 것이다.

8. 가톨릭과 종교 개혁자들은 하나님의 형상이라는 말이 창세기 1장 26절에서 하나님이 인간을 창조하시면서 "우리의 형상을 따라 우리의 모양으로" 만드셨다고 기록하고 있기 때문에 인간 이해에 깊은 관심을 가진다. 그들은 거기서 사용된 말인 "형상"이라는 말과 "모양"이라는 표현에 주목한다. 여기서 "형상(헬라어로 '에이콘', 히브리어로 '첼렘', 라틴어로 '이마고')"과 "모양(헬라어로 '호모이오시스', 히브리어로 '데무트', 그리고 라틴어로 '시밀리투도')"이라는 단어의 뜻이 서로 같은 말인가 혹은 다른 말인가 하는 논쟁이 시작되면서 가톨릭과 종교 개혁자들의 견해가 분명한 차이를 가진다. 우선 이 문제가 역사적으로 어떻게 이해되었는지를 살펴보는 것은 의미 있어 보인다.

9. 가톨릭 신학은 이레니우스(Irenäus)의 헬라 철학적인 바탕에서 이해된 형상론을 토대로 이것을 이해한다. 이레니우스는 창세기 1장 26절의 해석을 아리스토텔레스의 형상과 질료의 이원론과 관련시키면서 '형상(imago)'은 이성적인 자연성(vernünftige Natur)을 말하며 그것 때문에 동물과 인간이 구분된다고 했다. 인간이 가지는 이성이란 신적인 이성의 한

몫(participatio)을 의미하며 이로 인해 인간은 하나님과 관계할 수 있다고 가톨릭 신학은 생각한다. 이런 능력은 모든 인간에게 선천적으로 다 주어졌으며 자연적이고 또한 상실할 수 없는 능력으로 이해한다. 이와 반대로 '모양(similitudo)'에 해당되는 것은 보다 근원적인 관계성을 말하는데 이것을 다른 말로 초자연성이라고 한다. 이것은 죄로 인해 완전히 상실되었다고 그들은 말한다.

10. 아우구스티누스도 이 문제를 자연과 은혜의 이원론으로 이해한다. 그래서 은혜는 죄로 인해 상실되었지만 자연에 해당되는 '이성적인 구조(rational-strukturell)'는 우리에게 여전히 남아 있다. 그런데 그에게 있어서 한 가지 특이한 것은 이러한 이성적 구조를 단순히 헬라 철학적인 사변에 의해서가 아니라 영적(akual-pneumatisch)으로 이해했다는 점이다. 즉, "인간 정신은 거룩한 진리(하나님 말씀)에 사로잡히면 잡힐수록 더욱 더 하나님의 형상이 된다.(De Trinitate, 12.7)"고 주장한다. 아우구스티누스는 이레니우스처럼 형상을 단순히 이성적인 능력을 가진 실체로 이해하지 않고 이성적 구조인 형상이 하나님의 원래의 의(justitia originalis)를 기억하며 그리워하는 것이라고 하였다(같은 책, 14.12). 이것으로 보아 그는 신플라톤주의적인 생각으로 성경을 이해했다고 할 수 있다.

11. 중세 스콜라 시대에는 이에 대하여 별로 특별한 사항을 볼 수 없는데 다만 역시 이원론적으로 이해하되 더 철저히 아리스토텔레스적인 이해로 나아갔다. 즉, '이마고(imago)'는 이성적 능력(anima rationalis)으로, '시밀리투도(similitudo)'는 거룩한 초자연적 선물(donum superadditum)으로 단정한다. 중세 가톨릭 신학은 아리스토텔레스의 형이상학에 많이 의존하

여 교리들을 철학적으로 설명하였는데 아리스토텔레스에 의하면 인간은 형상과 질료로 이루어져 있다. 여기에서 질료는 육체를 가리키고 자유 의지, 그리고 선을 사랑하는 마음이라든지 사유하는 능력 등과 같은 정신적이고 영혼적인 요소들은 형상으로 구성되었다고 한다. 이 사상이 스콜라주의로 들어가서 이런 철학적인 방식으로 하나님의 형상을 설명한다. 스콜라주의는 중세 가톨릭 신학의 특성을 잘 보여주는 신학이다. 그로 인해 전형적으로 인간을 자연과 초자연적인 능력들로 분리하는 이원론이 체계화된다. 여기서는 '형상'이 합리적이고 이성적이며 동시에 개인적인 개념으로 이해되면서 전형적인 인간관인 '이성적 존재(animal rationale)'로서의 인간관이 아예 진리로 굳어진다. 형상을 이성적 존재로 이해하는 것은 확실히 고대 헬라 철학과 기독교 사상이 서로 혼합되면서 생겨난 혼합주의의 산물이 분명하다. 플라톤에게는 인간의 이성이 '선의 이데아'를 그리워하는 정도로 그치지만 아리스토텔레스에게 오면 이것은 인간이 자연성 안에서 스스로 절대적인 이성, 즉 신성을 찾아가는 능력으로 체계화된다. 그리고 그로부터 '신적 이성'이라는 누스(nus)를 인간 이성이 자신의 능력으로 찾아갈 수 있다고 이해된다. 그런데 이런 가르침에 따르면 인간은 하나님의 형상으로 창조되었고 타락 후에는 초자연성에 해당되는 '모양'을 상실했지만 '형상'은 그래도 죄에 오염되지 않았으며 이것은 인간의 본래적인 본질이기 때문에 이 형상에 해당되는 자연성, 즉 자유 의지와 인간 이성은 그 이성을 통해 말씀하는 하나님의 은혜로써 잃었던 선행이나 공로적인 행위를 통해 다시 '모양'을 회복할 수 있다고 생각하게 한다. 인간은 타락으로 하나님의 '모양'은 상실했지만 그래도 순수하게 남아있는 '형상'이 다시 하나님의 은혜를 받는 것을 가능하게 한다는 것이다.

12. 결정적인 변화는 역시 루터와 종교 개혁자들에게 발견된다. 루터는 대담하게도 1,300년간의 중세 스콜라주의적인 철학적 형상 이해를 완전히 깨고 비로소 오늘날 우리가 이해하는 바와 같이 '형상론'을 철저히 성경, 즉 하나님 말씀에서 체계화시킨다. 그의 유명한 명제를 기억하는 것이 좋겠다: "시밀리투도 엣 이마고 데이 에스트 베라 엣 페르펙타 데이 노티티아 수마 데이 딜렉티오 애테르나 비타 애테르나 레티키아 애테르나 세쿠리타스(similitudo et imago Dei est vera et perfecta Dei notitia, summa Dei dilectio, aeterna vita, aeterna leticia, aetena securitas: 하나님의 모양과 형상은 하나님의 참되고 완전한 알려지심이고 하나님의 온전한 사랑이며 영원한 생명이며 영원한 가르침이며 또한 영원한 비밀이다)".[148] 이 말이 시사하는 바는 하나님 형상 이해가 인간의 철학적 사유로는 절대 이해할 수 없다는 선언이다.

13. 루터는 히브리어에 아주 능통한 사람이었는데 그는 '형상'과 '모양'이 사실은 다른 두 개의 요소들이 아니라 하나의 병행귀라는 사실을 발견하게 된다.[149] 형상과 모양은 루터가 보기에 사실은 같은 말이었다. 그래서 인간은 하나님의 형상으로 창조되었으며 타락으로 인해 그것을 완전히 상실하였다고 보았다. 이 형상은 말하자면 '원래의 의'인데 타락으로 그것을 완전히 잃어버린 것이다. 이러한 이해에는 칼빈도 동의하는데 칼빈에 의하면 형상 내지 모양은 곧 '원래의 의(justitia originalis)'를 말한다고 한다. 이것이 타락으로 완전히 상실되었다. 이 말에 따르면 타락한 인간은 스콜라주의 신학이 말하는 초자연성뿐 아니라 자연적인 성질까지도 모두 상실, 내지 변질되었다는 것을 의미한다.

---

148   E. Brunner, Der Mensch im Widerspruch, Zürich, 1941, 526.
149   O. Weber, Grundlagen der Dogmatik I, Düsseldorf, 1987, 625.

14. 종교 개혁자들이 형상과 모양을 동일시하면서 스콜라적이고 철학적인 이원론을 하나님의 말씀으로 극복하려고 한 것은 고무적이지만 역시 그들의 이러한 이해도 해결될 수 없는 문제에 봉착하게 되는데 그것은 소위 '남은 것'의 개념이다. 즉, 타락한 인간이지만 여전히 이성을 가지고 있고 또한 무엇을 선택할 수 있는 자유를 가지고 있으며 타락한 양심이지만 때로는 선을 생각한다는 것, 그리고 더 중요한 사실은 인간이 언어를 사용한다는 것이다. 이런 '아직 남아 요소'는 타락한 형상 가운데 어떻게 이해되어야 하는가 하는 문제가 해결되지 않고 남아 있었다. 비록 타락했지만 여전히 인간은 합리적인 사고를 할 수 있고 언어를 가지고 있으며 비록 타락한 양심이지만 선을 생각하기도 한다. 이 '남은 요소'의 문제는 사실 종교 개혁자들이 완벽하게 해결하지 못한 채 현대 신학으로 넘어오게 되었다.[150]

15. 현대 신학자 가운데 이 문제에 가장 관심을 많이 가진 신학자는 에밀 브룬너이다. 그는 이 문제를 해결하기 위해 '형상'을 두 개의 의미로 나눈다. 즉 형식적 의미에서의 형상과 내용적 의미에서의 형상으로 구분한다. 내용적 의미에서의 형상은 하나님 사랑 안에서의 관계인데 이 관계는 말 그대로 타락 후에 완전히 상실했다. 그러나 형식적인 의미에서의 형상은 여전히 남아 있는데 그것은 어떤 내용이 있다는 의미가 아니라 오직 껍데기적인 요소를 뜻한다고 한다. 그래서 브룬너는 '남은 요소'의 문제를 형식적인 의미의 형상과 관계지음으로 해결하고자 했다.

---

[150] 브룬너는 루터나 칼빈이 이 문제를 해결하지 못했다고 주장한다. 참고. E. Brunner, Der Mensch im Widerspruch, 528.

16. 우리는 여기서 이제 하나님의 형상을 어떻게 이해해야 할 것인지 생각해야 한다. 하나님의 형상은 종교 개혁자들이 본 바와 같이 어떤 실체적인, 어떤 내용적인 것이 결코 아니다. 이 말은 형상이 철학적인 사유로 설명되어야 하는 것이 아니라 하나님의 말씀에 의해 이해되어야 한다는 의미이다. 여기서 하나님의 말씀이란 우리가 지금 사용하고 있는 언어를 두고 말하는 것은 아니다. 그것은 하나님 자신이 스스로 가지고 있는 관계로 이해해야 한다. 이 관계라는 것 역시 이성으로 증명되고 감지되는 실체의 개념은 결코 아니다. 바르트(K. Barth)는 이것을 "나와 너가 지금 마주 서 있음으로서 나타나는 실존"이라고 한다.[151] 정확하게 말한다면 우리가 창조주를 하나님이라고 부를 때 우리 자신 안에서 생기는 창조주와의 영적인 관계라는 카테고리로 그는 이해한 것이다.

17. 우리는 여기서 이 문제를 어떻게 생각해 볼 수 있다. 형상으로서의 인간은 그 자체가 인간다운 어떤 질료적인 내용을 말하고 있는 것이 아니라 하나의 '상'을 말하는데 그것은 '껍데기'를 말하는 것이기도 하다. 그래서 소위 '남은 것'이라는, 종교 개혁자들이 완전히 해결하지 못한 이 문제는 '껍데기'로서의 '상'에 대한 이해로써 부분적으로 해결될 수 있을 것이다. 인간이 이성을 가졌다든지 언어를 사용한다든지 선을 행할 능력은 없지만 그래도 선을 생각하다든지 하는 '남은 요소'의 문제는 사실 '껍데기'로서의 '상'에 해당되는 부분들이다. 다시 말해 그것들은 그 자체로는 아무런 의미가 없고 하나님의 은혜, 즉 예수 그리스도의 은혜를 통해 하나님의 말씀이 채워질 때 비로소 의미 있는 구실을 하게 된다.

---

151   K. Barth, Die kirchliche Dogmatik III/1, Zürich, 1957. 207.

18. 하나님의 말씀으로 채워지지 않은 가운데 그것들이 마치 스스로 무엇을 행할 수 있는 능력이 있는 것처럼 착각한다면 이는 결국 관념주의(Idealismus)에 빠지는 결과를 초래한다. 따라서 관념주의는 말하자면 '남은 요소'가 마치 그것이 자신의 본질이며 전부인 것처럼 착각한 데서 나온 결과이다. 인간이 선을 생각할 수는 있다. 그러나 그 선의 이데아는 인간이 하나님의 형상으로 지음을 받았기 때문에 할 수 있는 가능성일 뿐이지 그 자체로 실재성(Wirklichkeit)이 되지는 못한다. 선의 생각이 실재성이 되기 위해서는 오직 하나님의 사랑이라는 하나님의 말씀으로 인한 은혜가 필요하다.

19. 그러면 '형상'이 일종의 하나의 껍데기인 것을 우리는 어떻게 알 수 있는가? 불신자의 경우를 생각해 보면 알 수 있다. 예수를 믿지 않는 불신자 가운데 어떤 순간에 하나님을 믿는 신앙을 가지는 사람이 될 수 있는데 도대체 그들은 어떤 통로가 있어서 하나님을 말씀으로 받아들이는 것일까? 이것을 두고 인간 정신 안에 이성이 있어서 말씀을 받아들였다고 말할 수는 없다. 왜냐하면 신앙은 인간이 사물을 인식하는 방식과는 전적으로 다른 차원에서 일어나기 때문이다.

20. 인간 안에 있는 어떤 선천적인 자연성을 통해 말씀을 받아들였다는 것은 전적으로 자연 철학적이며 또한 스콜라주의적이다. 분명히 신앙은 하나님을 말씀으로 '들음'을 통해 우리에게 온다. 그것은 우리의 자연성에 의한 것이 아니라 하나님의 주관적인 주권이라고 성경은 암시한다. 그런데 그 주권적인 역사가 우리 인간 정신의 어떤 카테고리를 통해 오는 것일까? 성경에서는 그것을 '마음'으로 묘사하였다. 즉, 하나님의 말

씀을 우리가 '마음'으로 받아들인다는 것이다. 그러면 마음은 무엇을 가리키는가? 여러 신학자들은 마음을 '인격(Person)의 중심'으로 해석하였다.

21. 여기서 조심해야 할 것은 우리가 말하는 인격이란 칸트 이후의 관념주의(Idealismus)에서 말하는 '자율'이니 스스로 자신을 세우는 '주관'이니 사변적인 '정신'이니 타자가 없는 독백하는 '개인'이니 하는 등의 개념으로 오해해서는 안 된다는 점이다. 이런 개념들은 전부 다 철학적으로 왜곡된 '형상'에 대한 이질적인 해석들이다. 기독교적인 가르침에서 제시하는 인격이란 타락한 우리 인간에게는 실체로서 존재하는 어떤 것이 아니다. 사람의 인격이란 전적으로 타자이신 창조주 하나님과 영적으로 만날 때 그 하나님과 관계하는 사람이라는, 하나의 '껍데기'이기 때문이다. 즉 개가 아니고 새도 아니고 오로지 사람이기 때문에 하나님을 만날 수 있다. 사람이라는 탈을 썼기 때문에, 그리고 그 사람은 절대적으로 하나님의 영이신 루아흐로 인해 살아가는 혹은 살아갈 수 있는 생명체이기 때문에 하나님을 만나는 것이다. 정확하게 말하면 사람만이 창조주를 향해 자발적으로 결단할 수 있다. 그래서 사람은 창조주를 하나님으로 만나며 나아가서 그 하나님을 아버지라는, 자신의 생명의 근원을 향해 자발적으로 향할 수 있다.

22. 여기서 가리키는 결단은 심각하게 마음의 준비를 하여 내리는 엄격한 선택으로 여겨서는 안된다. 결단이란 일종의 반응과 유사한데 마치 소리가 들리기 때문에 자연스럽게 우리의 고개를 소리가 나는 쪽을 향하듯, 꽃이 우리 눈앞에 있기 때문에 자연스럽게 눈으로 쳐다보는 것과

같이 결단은 하나의 반응 혹은 응답과 유사하다. 허무하고 공허한 천공을 향해 엄격하고 근거가 전혀 없는 소신으로 결단 혹은 선택하는 자유의지의 정신적 행위가 아니라 오히려 반응에 속한다. 상대가 나를 불렀기 때문에 내가 그 상대를 향하듯, 그리고 상대가 나와 마주하고 있기 때문에 그 상대를 보는 응답과 유사하다. 우리는 이런 결단을 신앙과 유사하기 때문에 '신앙적인 결단'이라고 해도 과한 표현이 아니라고 여긴다. 결단이야말로 하나님의 은혜를 받고 사람이 되게 하는 유일한 정신의 운동이다. 여기서 말하는 결단은 장소적인 개념이 아니라 실존적인 개념이면서 동시에 인격적인 개념이다. 즉, 지금 나와 마주하는 타자에게 나 자신으로 반응하고 그로 인해 그 상대가 나에게 일어나는 순간을 가지는 존재가 바로 하나님의 형상이라고 하겠다. 그래서 형상은 시간과 관련하여 오직 현재와의 만남을 가능하게 한다. 이상하지 않은가? 우리에게 현재란 항상 순간적이라는 사실이 이상하다고 느껴 본 적은 없었는가? 왜 현재란 항상 순간적인 것일까? 아우구스티누스의 말과 같이 과거와 미래는 우리에게 기억(Erinnerung)과 기대(Erwartung)로 주어진다. 그러나 현재만큼은 너무도 찰라적이고 순간적이다. 현재가 순간으로 다가오는 것은 인간의 '나'가 원래 현재라는 시점을 소유할 수 없기 때문이다.

23. 여기서 현재가 인간의 것이 아니라는 표현은 오히려 우리 인간이 현재라는 시점에 초대되어 살아가고 있다는 의미이다. 현재에 초대되어 살아간다는 말은 하나님의 영이신 루아흐가 '지금 여기서(hic et nunc)' 나에게 자신의 생기(오뎀)을 불어넣어 주시는 순간일지도 모른다. 하나님은 지금도 현재라는 시간에서 끊임없이 우리에게 자신의 생명의 호흡을

불어넣어 주고 계신다. 그래서 이런 하나님을 향해 반응하며 처다보고 그분을 향하는 인격적인 혹은 신앙적인 결단을 하는 사람만이 그분을 현재에서 감지하고 하나님을 만날 수 있다. 인간은 현재에서만 하나님을 체험한다. 만약 과거나 미래에서 하나님의 실재성을 경험할 수 있다고 주장한다면 그것은 큰 오류이다. 과거와 미래는 우리 인간이 사유라는 형태의 '그것'이라는 물화된 정신이 될 때 일어나는 자연스러운 시간이고 이 시간은 생명의 시간이 아니라 이미 죽은 시간이다. 그러나 하나님과의 만남은 오직 현재와의 만남이다. 왜냐하면 하나님은 현재로 우리 정신에게 다가오시기 때문이고 그 현재와의 만남이 바로 우리에게는 영원을 향한 길이기 때문이다. 그리고 이런 만남을 가능하게 하는 것은 우리가 하나님의 형상이기 때문이다.

(2) 사람과 하나님의 형상

1. 우리가 창조주의 영을 만나는, 그리고 만날 수 있기 때문에 만나야 하는 존재로서의 사람이라는 개념을 깊이 생각해야 한다면 이 개념이 어떤 근거에서 강조되어야 하는지를 설명할 필요가 있다. 분명히 인간은 하나님과 세상이라는 두 개의 영역과 관계하며 산다. 자연은 인과율에 의해 보존, 유지되는 존재이고 하나님은 영 또는 정신으로 실재하시면서 자신이 창조한 피조물과 영적인 관계를 통하여 자신을 계시하신다.

2. 그런데 우리가 오직 자연과 세상과 관계하다가 사망해야 하는 존재라면 우리는 인간으로 존재하는 것만으로 만족해야 할 것이다. 인과율로 사유하고 분석하여 자연을 지배하고 다스리며 거기서 세상을 만들

고 그로 인해 세상적인 생의 의미를 가지다가 때가 되어 사망하면 될 것이다. 그러나 우리가 자연과 세상뿐만 아니라 창조주라는, 우리를 지으신 하나님의 영과 관계하는, 그리고 관계해야 살 수 있는 생명체이기 때문에 인간이라는 개념만으로는 부족하다는 것을 지금까지의 정신역사를 통해 알 수 있다. 그것은 인간이 자연을 연역, 추론하는 형이상학과 관계하는 방식으로 하나님을 사유한다면 그 결과가 니체의 '신은 죽었다'는 형이상학의 종말로 반드시 이어지고 현대 기술(Technik)이라는 인간 정신의 황폐한 종언을 가져 오는 결과로 귀결됨을 서구 정신사를 통해 확실하게 알게 되었다. 인간의 개념으로는 이제 창조주의 영과 만나는 문제를 도무지 해결할 수 없음을 서구 정신역사가 우리에게 보여주었다.

3. 창조주가 우리를 지으셨고 우리가 그의 피조물이라면 우리 생의 의미는 스스로의 사유를 통해 발견되는 것이 아니라 오로지 창조주에게 의지할 수밖에 없다는 것은 자명한 사실이다. 우리가 창조주의 피조물이라면 우리를 지으신 창조주 자신에게 우리 생의 의미를 물어 보아야 한다는 것은 당연한 일이다. 피조물인 자연이나 부패한 인간 정신에게 물어 보아야 하는 것이 아니라 창조주 자신에게 물어 보아야 한다. 따라서 창조주가 계시하신 성경이 인간에 대해 무엇이라고 말씀하는가에 겸손하게 귀를 기울여야 한다.

4. 그러므로 참다운 인간 이해의 개념은 성경이 창조주가 피조물에게 계시하신 말씀이라는 사실에 대한 고백이 먼저 있어야 하고 그 고백에 입각해서 사람에 대한 이해에서 구해야 한다. 고백이란 위에서 본 바대

로 처음부터 '나와 너'라는 일인칭과 이인칭의 영적 관계에서만 그 비밀이 열린다. 신약 성경, 특히 마태복음에서 8복(마 5:3)은 "심령이 가난한 자"에서 출발한다. 심령이란 '하나님의 영에 가난하고 주리는 마음'을 뜻하는데 이 관계는 '나와 너'의 영적관계를 강하게 암시한다. 하나님의 말씀은 '나와 너'라는 오직 일인칭과 이인칭의 관계로 들어가겠다는 신앙적인 결단으로만 열리는 '하나님의 나라'라 불리는 하나님의 현재성의 말씀이다. 하나님의 현재란 하나님이 '지금 여기서' '너'라는 인격으로 '나'에게 임하면서 일어나는 역사를 지칭한다.

5. 우리가 성경을 인식이 아닌 고백이라는 차원에서 이해하려 한다면 그래서 성경을 하나님의 말씀으로 듣기를 신앙적인 결단으로 시인한다면 그 말씀은 곧바로 창조주가 나를 향하시는 인격적인 하나님의 자기 선포 혹은 하나님이 나의 고유한 내면에 말을 거시는 영적 말씀이 된다. 성경을 창조주가 피조물에게 말을 거는 행위로 이해하면서 성경이 인간에 대해 무엇이라고 말씀하시는가를 생각해야 한다.

6. 성경의 전체적인 사상에서 보면 인간은 '하나님의 형상'으로 이해된다. 우리가 하나님과 유사한 존재로 지어졌다는 뜻이다. 신학적 인간학에서 가장 핵심되는 가르침인 하나님의 형상론은 단지 신학적 인간학의 기초가 되는 것만은 아니다. 인간이 하나님의 형상이라는 것이 진리라면 이 이론은 우리 인생의 모든 부분에서 그렇게 이해되어야 하고 그것을 중심으로 인간을 연구해야 할 것이다.

7. 인간이 하나님의 형상대로 창조되었다고 구약에서 선언하고 있지만

사실 그 형상의 본질이 무엇인지, 그 형상이 어디에 있는지 과학적으로 검증할 수는 없다. 그러나 하나님의 형상이 직접적으로 사람(Personsein)을 가리키고 있다는 것에는 많은 신학자들이 의견적인 일치를 보이고 있다. 그런데 그것은 단적으로 말해 '이성적 존재(animal rationnale)'라는 개념은 결코 아니다. 하나님의 형상으로서의 인간은 사유하는 존재 또는 생각하는 존재는 결코 될 수 없다. 이러한 인간 이해는 헬라적인 사유의 방식으로 인간을 보고자 한 데서 나온 오해라고 할 수 있는데 성경은 처음부터 인간을 사람으로 기록하고 있다. 이 사람이라는 개념은 동물과 자연과의 연장선 관계에서 나온 개념이 아니라 오직 창조주와의 영적인 관계에서만 이해되는 개념이라는데 그 핵심이 있다. 즉, 자연과의 관계가 아니라 창조주의 영과 관계하는 존재로 사람을 규정하고 있다. 비록 자연과 세상 안에서 살지만 사람의 본질은 창조주와 관계하는 존재로 지음을 받았다는 것이다.

8. 특히 이러한 이론은 '변증법적 신학(dialektische Theologie)'을 따르는 현대 신학자들에 의해 강조되고 있는데 변증법적 신학이란 다른 말로 '말씀 신학'이라고 하며 여기에는 바르트, 브룬너, 불트만, 고가르텐, 투르나이젠, 알트하우스 등이 속한다. 우선 바르트는 하나님의 형상을 '관계의 유추(analogia relationis)'라는 방식으로 이해하는데 그것은 곧 '관계'라는 카테고리를 두고 말한다. 사람이 하나님의 형상대로 지음을 받았다면 그것은 하나님의 삼위일체에서 이해되어야 하다고 그는 주장하면서 세 분 하나님이 자기 자신들과 인격적으로 관계하는 그 존재 방식대로 사람도 그런 존재로 지었다고 한다. 그래서 사람은 처음부터 '관계하는 사람'이다. 여기서 관계하는 사람이란 하나님을 '당신'이라는 2인칭적인

'너'로 마주하면서 자신이 '나'가 되는 존재를 가리킨다. 창세기 1장 27절에서 이미 나와 있는 바대로 하나님은 자신의 모습으로 사람을 창조하셨다고 한다. 그래서 바르트는 거기에서 하나님의 말씀으로 창조된 모든 피조물이 '당신' 혹은 '너'라는 2인칭, 즉 하나님이 모든 피조물들을 2인칭으로 세운 것이 아니라 오직 사람만을 하나님의 상대인 2인칭의 '당신'이라는 관계를 맺을 수 있는 존재로 창조하셨다고 하였다.[152]

9. 하나님의 형상이란 사람의 특수한 능력이나 어떤 것을 행할 수 있는 자질이 아니라 하나님과 마주서는 존재(das Gegenüber), 곧 하나님과 '나와 너'의 관계로 서는 존재를 말한다.[153] 바르트는 창세기 1장 27절에서 나오는 복수형 "우리가 … 하자(Lasset uns)"를 설명하기를 하나님이 자기 자신에게 말을 거셨고 또한 자기 자신과 함께 행하셨음으로 이해한다. 그런 의미에서 사람은 하나님이 하나님 자신과 가졌던 관계와 유사한 '상(Bild)'을 가진다는 것이다. 따라서 사람은 본질적으로 복수형의 의미를 가진다. 복수형의 의미란 사람이 남자와 여자로 창조되었다는 말한다.[154] 남자와 여자는 복수형인 '사람들'이 아니라 단수형인 '사람'이다. 사람은 남자와 여자로 되었다. 남자와 여자라는 2개의 관계 방식에서 볼 때 사람은 처음 지어질 때부터 서로에게 '마주 서는 존재(Gegenübermensch)'이다. 바르트는 사람의 단수형에서 바로 하나님과 하나님 자신의 관계가 그러하다는 것을 유추해 낸다. 사람이 남자와 여자로 지어졌음이 그 증거라고 본다. 사람이라는 단수는 남자와 여자라는

---

152 K. Barth, Die kirchliche Dogmatik III/1, Zürich, 1957, 206.
153 위의 책, 207.
154 위의 책, 208.

복수 형태로 존재한다. 남자와 여자로서 사람(사람들이 아니고)은 그러나 근원적인 상이 아니라 하나의 모방된 상이고 원래의 상이 아니라 창조주에 의해 창조된 상이다. 바르트는 "우리의 형상에 따라"라는 창세기 1장 26절이 예수 그리스도와 그분의 몸된 교회와 이런 복수성, 즉 하나님 자신을 의미한다고 말한다. 이 복수성은 근원적으로 '나와 너'의 관계를 말한다. 그래서 그리스도와 교회는 '나와 너'의 영적 관계에 있음을 가리킨다. 하나님 본질 속에 있는 말을 거는 '나'가 그에 의해 말을 듣는 '너'와 관계하듯이, 하나님은 자신이 창조한 사람과도 그런 식으로 관계한다. 하나님이 그런 실재이시기 때문이다. 그리고 사람도 남자와 여자로서 '나와 너'라는 복수형의 관계로 관계한다.[155] 하나님은 자기 자신 안에서 '나'일뿐 아니라 또한 '나와 너'이다. 이와 유사하게 자신의 영이신 성령과 자신의 몸인 교회의 관계가 '나와 너'의 관계이며 사람도 남자와 여자로서 '나와 너'라는 방식으로 하나님과 관계 할 뿐 아니라 타인과 관계한다고 바르트는 본다.

10. 브룬너도 하나님의 형상을 바르트와 같이 근원적이고 인격적인 관계로 이해한다. 그 역시 예수 그리스도 안에 있는 계시, 특별히 창조주와 피조물의 관계에서 출발하는데 그러나 그는 참된 하나님의 형상에 대한 이해는 구약적인 의미보다 신약적인 의미에서 이해되어야 한다고 보았다. 하나님의 형상은 실체로서 인간에게 주어진 어떤 자질적인 면이 아니라 관계적인 면, 정확하게 말해 결코 상실될 수 없는 관계의 카테고리로 보았다. 브룬너는 신약적인 의미와 구약적인 의미를 구분하

---

155 위의 책, 220.

면서 하나님의 형상을 '형식적 형상'과 '내용적 형상'으로 나눈다. 형식적인 형상으로서의 의미는 주로 구약과 관계되고 내용적인 형상은 신약적인 의미가 강하다. 내용적 형상이란 '하나님 사랑 속에 있는 존재'인데 말하자면 본래의 의(iustitia originalis)를 가리킨다. 이것은 사람의 불순종으로 인한 타락 후에 완전히 상실 내지 변질되어 찾아볼 수 없다. 그러나 부패한 이후에도 형식적인 의미의 형상은 여전히 남아 있는데 그것은 모든 인간들에게 변하지 않고 여전히 남아있다고 보았다. 그것은 말씀에 대한 응답이나 반응 혹은 그 말씀에 대해 가지는 책임성을 의미한다고 그는 보았다.[156] 여기서 브룬너가 말하는 책임성이란 우리가 상식적으로 생각하는 '어떤 행위에 대해 무엇을 끝까지 해내는 도덕적인 행위로서의 책임'을 말하기보다는 무엇에 '응답하는 성질을 지닌 운동성(responsorische Akualität)'으로서 이것은 부패한 모든 인간들에게도 주어져 있다. 말하자면 '응답하는 정신' 혹은 '대답하는 정신'이라는 표현으로 설명될 수 있다. 내용적인 의미의 형상은 하나님을 경외하고 감사하며 자신의 삶으로 나타내는 사랑으로써 대답을 하는 존재를 말하는데 이것은 타락 후 완전히 상실되었다. 그러나 하나님처럼 사랑으로서 응답 혹은 대답하는 능력은 사람이 부패한 이후로 완전히 상실했지만 그럼에도 불구하고 타자의 부르심에 반응할 수 있는 카테고리인 '사람(Personsein)'은 삭제되거나 제거되지 않고 여전히 남아 있다. 그래서 이것 때문에 예수 그리스도의 구속의 행위가 실제로 일어날 수 있으며 불신자가 그리스도의 복음을 듣고 반응할 수 있으며 그로 인해 그리스도의 인간성을 닮아갈 수 있다는 것이다. 말하자면 이러한 형식적인 의미의 형상은 그리

---

156 E. Brunner, Dogmatik II, Zürich, 1972, 68.

스도의 은혜로 그 내용이 채워져야 하는 과제 혹은 숙제가 주어지게 되는 셈이다. 브룬너에 의하면 하나님의 형상의 재창조는 예수 그리스도 안에 있는 신앙이라는 하나님의 선물에 의해서만 이루어질 수 있다. 왜냐하면 예수 그리스도가 바로 참된 하나님의 형상이기 때문이다.[157] 따라서 부패한 사람인 인간은 예수 그리스도 안에서 참된 하나님의 형상으로 재창조될 때 하나님의 말씀에 인격적인 응답을 할 수 있다. 즉, 인간은 거기서 하나님과 '나와 너'라는 인격적인 관계를 가질 수 있는 것이다. 재창조된 인간성은 하나님의 형상으로서의 '나와 너'라는 인격적인 관계에서 하나님의 말씀을 감지하고 그에 응답할 수 있다.

11. 그런데 바르트와 브룬너는 하나님의 형상론을 놓고 작은 차이점에 대해 심한 논쟁을 한 적이 있었고 그 이후로 두 사람은 그것 때문에 결별하고 만다. 그것은 '말씀을 받는 인간의 수용 능력'에 대한 문제였는데, 바르트는 하나님의 형상이 예수 그리스도뿐이고 오직 그 안에서만 하나님의 형상을 이해할 수 있는 것으로 주장한다. 바르트가 형상론을 다소 차갑게 이해한 반면에 브룬너는 보편적으로 모든 인간들에게 남아 있는 흔적, 즉 타락 후에도 '껍데기' 또는 '남아 있는 것'에 해당하는 책임성이 있기 때문에 누구나 하나님의 말씀을 받을 수 있는 무엇이 될 수 있다고 주장한다. 이 때문에 브룬너의 신학은 바르트에 의해 '신토마스주의' 또는 '자연 신학'이라는 비난과 아울러 그들끼리의 신학 논쟁의 불씨가 되기도 한다.[158] 바르트는 브룬너의 책임성으로서의 형식적인 의미의 형상

---

157 위의 책, 70.
158 바르트와 브룬너의 신학 논쟁을 이해하기 위해서는 브룬너가 지은 "자연과 은혜(Natur und Gnade, Zürich, 1935)" 증보판과 브룬너의 입장을 신랄하게 비판하는 바르트의 반박 논문인 "아니오! 에밀 브룬너에 대한 답변(Nein! Antwort an Emil Brunner, München, 1934)"을 참고할 필요가 있다. 이 책들

을 '오직 성경으로만', 그리고 '오직 은혜로만'이라는 종교 개혁자들의 원칙을 무시한 사상이라고 맹렬하게 비난한다. 즉 브룬너의 생각을 가리켜 그리스도 없이도 하나님을 알 수 있는 능력으로 바르트는 이해하였다. 반면에 브룬너는 자신에 대한 바르트의 혹평이, 바르트가 자신이 사용하는 '자연'이라는 말을 오해한데서 비롯되었다고 항변하면서 자신이 말한 형식적인 의미의 형상은 로마서 1장 19절 이하에서 말하는 바 "하나님을 알만한 것"으로 모든 인간에게 주어진 일종의 보편적인 보존의 은혜이고 인간이 하나님의 말씀을 받아들이는 자율적인 능력이 아니라 하나님의 말씀을 받아들일 수 있는 껍데기, 즉 하나의 소극적인 가능성이라고 변명한다. 바르트와 브룬너의 입장들을 필자가 연구해 보았는데 브룬너의 신학을 바르트가 혹평한대로 예수 그리스도라는 하나님의 계시가 없이도 하나님을 알 수 있다는 전통적인 '자연 신학'이라고 단정하기에는 적절하지 않다는 느낌이 있다. 사람은 부패하여 개보다 더 추악하고 돼지보다 더 더러운 존재는 될 수 있지만 그렇다고 개나 돼지 자체가 되는 것은 아님을 상식적으로 알 수 있는데 아마도 브룬너는 이 점을 말하고자 한 것으로 여겨진다. 그래서 브룬너를 향한 바르트의 비난은 자칫 자신이 칼빈이나 루터와 같은 신학의 영웅으로 착각하여 자신의 신학이 아니면 마치 기독교 진리가 허물어질 수도 있다는 과대한 망상에서 나온 차가운 비난으로 여겨진다. 형식적인 의미의 형상이론은 브룬너의 신학을 선교 신학에 사용되는 길을 열어주었지만 바르트의 신학은 자칫 그리스도를 알지 못하는 세상인을 향해 '너희들은 개나 돼지이고 그로 인해 이미 죽었으니 예수가 직접 와서 사람으로 살려주어야 한

은 영어로 번역되었다가 최근 한글로도 번역되었다.

다'는 식으로 차갑게 들린다. 그러나 기독교 복음을 예수가 직접 오셔서 불신자들에게 들려주는 것이 아니라 사실은 그리스도인의 마음과 입을 통해 그리스도를 말씀으로 들려주기를 원하시는 하나님의 뜻을 조금이라도 이해한다면 바르트의 신학이 가지는 매정한 인상을 지울 수가 없다.

12. 바르트는 '하나님이 말씀하셨다'를 중요한 계시의 중요한 사건으로 생각하면서 그것을 절대적인 권위로 삼으려는 반면에 브룬너는 바르트의 말씀론의 결론인 '하나님이 말씀하셨다' 는 것에 대해 판단하기를 '하나님이 인간에게 말씀하셨다면 인간은 이미 말씀되어진 존재(ausgesprochenes Wesen)'라고 주장한다. 그래서 인간이 하나님의 말씀을 받을 수 있는 '어떤 자연적인 여지'가 이미 주어져 있어야 '하나님이 말씀'이라는 명제가 성립한다는 생각이 그의 입장이다. 이것 때문에 그의 신학이 자연 신학의 가능성을 말하는 것이 아닌가 하는 바르트의 의심을 사게 되었다. 브룬너의 생각에는 하나님이 예수 그리스도의 복음으로 구원하시기 위해 말씀하신다면 인간은 이미 그 말씀을 들을 수 있는 존재이어야 한다는 것이다. 이 점이 타락 후에도 인간은 여전히 '남은 요소'를 가지고 있는 것 같이 보이기 때문에 바르트로부터 공격을 받았다. 그런데 바르트가 보기에는 이 요소를 신학적으로 인정하게 되면 그리스도의 은혜 없이도 하나님을 알 수 있는, 소위 타락한 인간에게 부패하지 않은 어떤 선한 요소가 여전히 남아 있는 듯한 근거가 될 여지가 있는 것으로 여겨졌다. 그래서 바르트는 단호하게 그것을 거부한다. 그 결과 바르트는 초기에 "시간들 사이에서(Zwischen den Zeiten)"라는 신학잡지를 만들어 논문들을 기고하면서 함께 활동했던 변증법적 신학자들인 브룬너,

불트만, 고가르텐과도 결별하게 된다.

13. 바르트는 인간의 '남은 요소'의 문제, 즉 자연 신학의 가능성에 대해 어떤 태도를 취했는가? 초기에는 두말할 것도 없이 그러한 타협을 바르트는 허용할 수 없었다. 그러나 1948년에 출판된 그의 주저 "교회 교의학" III/2권을 보면 그의 생각이 약간 변하고 있음을 보게 된다. 그를 세계적인 스타로 만들어준 자신의 저서인 "로마서 강해"를 통해 그렇게 강력하게 거부했던 처음의 태도와는 약간 다른, 말하자면 자연 신학의 가능성을 인정하는 듯한 언급이 여러 차례 나오는 것을 볼 수 있다. 바르트의 초기저서 "로마서 강해"에서는 '하나님은 하늘에, 인간은 땅에 있다'는 주장이 너무 강하게 나타나기 때문에 인간과 하나님의 본질적인 차이를 강조하여 그로 인해 자연 신학의 가능성은 전혀 없었다고 하겠다. 그리고 1927년에 나온 "교회와 문화"라는 논문에서도 이 태도는 여전한 듯 보인다. 그리고 그의 주저인 "교회 교의학"의 초기 저서들에서도 이 태도는 유지되고 있다고 하겠다. 그러나 1948년에 출판된 "교회 교의학 III/2권"은 그의 신학적 인간학의 구조를 드러낸 책이라 하겠는데 거기에서 그는 특히 인간의 존재 구조를 설명하면서 '관계 유추(analogia relationis)'의 방식을 도입한다. 즉 인간은 하나님의 삼위일체의 존재 구조를 유추함으로 인간의 존재 구조도 그렇게 설명될 수 있다고 하였다. 그래서 '관계 유추'란 죄를 통해서도 지워지지 않는, 다르게 변화된 인간의 자연성임을 말한다. 여기에서 바르트도 자연 신학의 가능성의 여지를 보여주게 된다. 이 태도는 초기 "로마서 강해"에서 나타난 '인간과 하나님 사이의 절대적인 불연속성'이 다소 중화된 듯한 인상을 준다. 왜냐하면 만약 인간이 하나님을 알 수 있는 장치가 죄로 인해 완

전히 소멸되어 버렸다면 죄인인 인간은 예수 그리스도의 복음조차 듣거나 거기에 응답할 수조차 없기 때문이다 더구나 바르트 자신이 말하는 '관계 유추'로 인간의 존재 구조를 알게 되는 것도 사실상 불가능하게 된다. 바르트가 인간의 존재 구조는 하나님 자신들의 관계를 유추해서만 알 수 있다고 할 때 이미 그 전제 속에는 자연 신학의 가능성을 가지고 있어야 한다. 그래서 바르트의 "교회 교의학 III/2"가 출판되었을 때 브룬너는 바르트를 평가하기를 '새로운 바르트'라고 약간 조롱적으로 흥분했다. 그리고 그들과 동시대의 신학자인 H.U. 발터하저는 바르트의 이 책이 자연 신학의 문제 때문에 서로 불화했던 브룬너와 사실상 화해한 셈이라고까지 평가했다. 그러나 바르트의 여러 저서들 가운데 단 한 군데도 '자연 신학을 허용한다'라는 명백한 표현을 사실상 한 적이 없다. 그럼에도 불구하고 그의 후기 사상은 상당히 자연 신학의 가능성을 담고 있는 부분들을 포함하고 있다고 하겠다. 정리하자면 1948년 이후부터 바르트는 자연 신학의 가능성을 사실상 상당부분 허용하고 있다고 할 수 있겠다.[159]

14. 필자가 보기에 브룬너는 예수 그리스도 없이 하나님의 구원에 이를 수 있는 가능성을 결코 언급하지 않았다고 본다. 브룬너가 말하는 형식적인 의미의 형상은 예수 그리스도 없이 구원에 이를 수 있는 '자연(Natur)'의 개념은 아닌 듯하다. 왜냐하면 그의 신학의 주된 테마가 '계시'와 '신앙'에 대한 문제인데 그는 계시가 오로지 예수 그리스도를 통해 인간에게 하나님이 자신을 말씀하시는 것이고 또한 인간이 예수 그리스도

---

[159] 참고, Szekeres, Karl Barth und die natürliche Theologie, in: Evangelische Theologie, München, 1964, 229-242.

를 믿는 신앙을 통해 하나님 자신에게 응답하는 것이라고 강하게 주장하기 때문이다. 브룬너는 여기서 형식적인 의미의 형상을 말했을 때 그것은 인간이 예수 그리스도 없이 스스로 하나님을 알 수 있다는 자연 철학적인 입장을 말하는 것이 아니라 다만 '사람'이라는 껍데기를 두고 말하는 것이 분명하다. 우리가 사람이라는 껍데기를 가지고 있어야 사람을 향한 그리스도의 구원의 복음을 듣고 구원을 받을 것이 아닌가? 그런 점에서 브룬너의 형식적인 의미의 형상은 바르트가 그렇게 비난하듯이 예수 그리스도라는 하나님의 신적 계시 없이 하나님의 말씀을 자연적으로 받을 수 있는 인간의 자연성이나 적극적인 수용 능력의 가능성을 의미한다고 여겨지지 않는다. 오히려 이 개념을 일반 자연 은총의 개념으로 이해하면 되리라 본다. 즉, 형식적인 의미의 형상은 하나님의 '사람 (Personsein)'이라는 의미보다는 '예수 안에서 사람이어야 한다'는 의미로서 인간의 본질적인 카테고리에 해당되는 것으로 이해하면 적절한 이해라고 본다. 필자는 바르트와 브룬너의 신학 논쟁을 생각하면서 2,000년 이상의 기독교 전통을 가지고 있는 유럽에서는 어떤 문제로 서로 논쟁을 할 수 있는지 그 일부분을 엿본 느낌이다. 우리나라처럼 종교 다원주의 가운데 사는 지역에서는 복음을 어떻게 전할까 하는 것이 주된 문제인데 이들은 이미 전파된 복음을 어떻게 순수한 교리의 터 위에서 수호하고 유지해 나갈까 하는 문제로 고민하는 것으로 보인다. 우리가 볼 때 그런 문제 하나로 그렇게 치열하게 싸울 수 있다는 것이 놀랍기만 하다. 그래서 우리처럼 토착 종교가 이미 있는 나라에게는 이러한 신학 논쟁이 하나의 이상적인 이야기로 여겨질 뿐이다. 그래서 우리에게도 기독교 진리의 수호와 유지를 위해 진지하고도 차원 높은 논쟁이 여론화되는 시대가 오면 좋겠다는 바램이 필자의 소감이다.

15. P. 알트하우스도 역시 바르트와 브룬너와 같이 하나님의 형상을 관계범주 또는 인간의 '인격적인 것(Personhaftigkeit)'으로 받아들인다. 그는 브룬너와 같이 구약적 의미의 형상과 신약적 의미의 형상을 구분한다. 그래서 인간은 그리스도 없이는 하나님의 형상이 아니다.[160] 구약적 의미의 형상은 하나님과의 관계에서 존재하는 인격성(Personalität)을 말하는데, 하나님을 향해 자유롭게 나아갈 수 있는 능력은 타락 후에 완전히 상실했지만 사람이라는 인격적 존재(Personsein)는 타락 후에도 여전히 남아 있다. 즉 타락한 인간이라도 개가 된 것은 아니라는 뜻이다. 인간은 본질적으로 하나님을 위한 존재로서의 형상인데 하나님이 그를 정신적인 자기 의식과 신적인 인격성을 닮은 창조적인 형상으로서의 인격(Person)으로 지으셨기 때문이다.[161] 그래서 인간은 사람으로, 다시 말해 하나님께 응답할 수 있는 책임적인 자발성(Willentlichkeit)으로서 하나님 앞에 사는 존재이다.[162] 이러한 책임적인 자발성은 신약적 의미의 은혜로 채워져야 비로소 참다운 하나님의 형상이 될 수 있다. 예수 그리스도를 통한 성령의 사역으로 형식적인 구약적 의미가 신약적인 참다운 하나님의 형상으로 채워지는 것이다. 그리스도 없는 죄인으로서 인간은 사실상 하나님의 형상이 아니기 때문이다. 알트하우스에게서 하나님의 형상이란 신적인 인격성으로, 하나님의 말씀에 응답하는 책임적인 존재로서 인간과 하나님과의 영적인 관계의 지평을 여는 사람다움을 가리키는데 그것이 바로 형상을 의미한다. 이 사람다움이라는 것은 창조 근원적인 것으로서 부패로 인해서도 상실될 수 없는 그런 것이다. 실제의 인

---

160 P. Althaus, Die christliche Wahrheit, Gütersloh, 1952, 337.
161 위의 책, 342.
162 위의 책, 342.

간은 죄인이지만 그래도 죄인이 예수 그리스도를 통해 하나님의 말씀을 들을 수 있는 것은 바로 이러한 사람다움이 있기 때문이며 예수 안에서 성령의 사역을 통해 이 형상은 경험되는 것이다.

16. 위에서 살펴본 대로 하나님의 형상은 절대적으로 인간의 사람다움과 관계된다. 그래서 현대 신학자들은 대체로 바르트와 브룬너 등의 형상 이해를 종교 개혁자들의 전통에 따른 것으로 받아들이고 있다. 인간이 하나님의 형상이라는 것은 인간의 사람다움인데 이것은 오직 창조주 하나님의 영적인 관계에서만 밝혀진다는 말이다. 삼위일체되신 하나님이 자신들과의 관계가 철저히 인격적인 관계, 다른 말로 영적인 관계이듯이 사람을 또한 영적인 존재로 창조하셨다. 사람이 영적인 존재로 지음을 받았다는 말은 그가 '영' 혹은 '인격'을 소유했다는 소유의 개념이 아니라 하나님의 영과 다른 사람의 영과 직접적으로 관계할 수 있다는 말이고 더 나아가서는 '너라는 존재'와의 만남을 이룰 수 있는 존재라는 말이다. 곧 '나'가 상대를 나의 '너'로 세울 수 있는 존재라는 말이다. '나'는 '너'라는 다른 상대를 통해 비로소 '나'가 되는 것이다.

17. 창세기에 하나님은 사람을 자신의 형상으로 지으시고 그 코에 자신의 생기를 불어 넣으셨는데 그때의 인간이란 '사람'을 의미한다. 즉, 인간은 본질적으로 사람이라는 말이다. 사람이라는 말은 히브리어로 '네페쉬'를 가리키는데 이 말은 단순히 '혼(Seele)'을 의미하기보다는 인간의 전체적인 형태, 특히 그의 호흡과 관련한 인간의 전체성을 의미한다. 그러나 사람이 네페쉬를 가지고 있는 것이 아니라 사람이 바로 네페쉬

이고 또 네페쉬로서 살아간다.[163] 네페쉬란 구약에서는 '목구멍(Kehle)', '목(Hals)', '갈망(Begehren)', '혼(Seele)', '생명(Leben)', '사람(Person)', '대명사(Pronomen)' 등으로 사용된다. 특히 창세기 2장 7절에 보면 하나님이 흙으로 사람을 빚으시고 코에 생기를 불어넣으셨을 때 그 사람이 네페쉬가 되었다고 기록되고 있다. 여기서 네페쉬란 '혼'이라는 의미보다 '사람'을 의미한다고 하겠다. 네페쉬는 창조주 하나님의 영으로 살기를 욕구하고 갈망하는 존재로 나타난다.[164] 사람은 창조주와의 영적 관계를 갈망하고 그에 의해서만 살아갈 수 있는 존재이다. 그래서 사람은 창조주 앞에서는 본질적으로 네페쉬 곧 인격적인 존재이며 이것은 창조주가 불어 주는 '루아흐'라고 하는 생명의 숨, 다르게 말해 영적인 능력으로만 존재한다는 창조의 비밀을 담고 있다. 사람은 오직 창조주가 매 순간 불어 주는 영적인 호흡으로만 존재할 수 있다는 말이다.

18. 이 네페쉬를 우리는 '사람'이라고 한다. 그래서 네페쉬와 루아흐는 떼어 놓을 수 없는 숙명적인 관계이다. 루아흐 없는 네페쉬란 영혼 없는 육체와 같고 네페쉬 없는 루아흐란 육체 없는 영혼과 같다. 이 관계를 '창조 근원적인' 관계라고 할 수 있다. 여기서 '창조 근원적'이란 브룬너나 고가르텐의 신학적 용어를 빌리자면 '죄로도 상실되지 아니한 범주'라고 할 수 있겠다. 사람이 타락했다하여 개가 되는 것이 아니듯 사람이란 하나의 껍데기에 해당되는 형식적 형상인 셈이다. 인간이 죄로 타락했다하여 더 이상 사람이 아니라는 말은 성경의 그 어디서도 발견할 수 없다. 사람은 죄로 타락해도 침팬지나 개가 될 수 없는 존재이다. 그래

---

163   H.W. Wolff, Anthropologie des Alten Testaments, München, 1973, 26.
164   참고. 위의 책, 25-48.

서 사람은 그 내용적인 의미에서 '사람'이라는 의미가 아니라 하나님을 말씀으로 받아들이고 그 부르심에 반응할 수 있는 존재, 즉 오직 껍데기라는 의미로 이해해야 한다. 그래야 그리스도 안에 있는 자들을 가리켜 "너희가 하나님의 성전인 것과 하나님의 성령이 너희 안에 계시는 것을 알지 못하느냐?(고전 3:16)"라고 말했던 바울의 말과 모순이 되지 않는다. 적어도 바울은 그리스도 안에 있는 자들을 가리켜 '성전'이며 '성령이 계시는 곳'으로 보았다. 이것이 가능하기 위해서는 사람이라는, 하나님의 말씀을 받아들이는 존재는 부패했다 해도 삭제되거나 제거되는 존재가 아니어야 한다.

19. 사람의 내용이란 원래 사람을 사람답게 하는 것을 두고 말하는데 종교개혁자와 여러 신학자들은 그것을 '원래의 의(iustitia originalis)'로 이해한다. 그런데 그것은 죄로 인해 완전히 상실해 버리고 말았다. 그러나 사람이라는 껍데기는 상실되거나 삭제 또는 제거되어 사라지는 어떤 실체적인 것이 아니기 때문에 그래서 그것 때문에 인간은 개가 아니고 사람이다. 그러나 '인간이 사람이다'라고 말하는 것은 사실은 '인간은 사람이어야 한다'는 명령(Imperativ)과 같은 말이다. 단적으로 말하자면 죄로 타락한 후 사람은 인간이 되었다. 즉 스스로 창조주 없이 존재할 수 있다고 믿는 자기 충족적인 존재가 된 것이다. 그러나 인간은 이제 사람이어야 한다. 그것은 예수 그리스리스도 인해 주어지는 하나님의 구속의 사랑으로 채워져야 한다. 이런 상태를 가리켜 우리는 '신앙적 존재'라고 할 수 있다. 사람만이 오직 '신앙적인 존재'이다. 죄로 타락하기 전의 인간은 사람이었다. 그러나 죄로 타락한 후의 인간은 사람이어야 한다. 다시 말해 신앙하는 존재로 살아가야 한다는 말이다. 인간이 신앙을 가질

수 있는 유일한 근거는 그가 바로 사람이기 때문이다. 사람은 바로 하나님 자신의 모습을 따라 지음 받은 유일한 피조물이기 때문이다.

엘러트(W. Elert)의 하나님 형상에 대한 이해

1. 사람이 하나님의 형상으로 지음을 받았다고 성경은 직접적으로 증거하고 있는데 우리는 어떤 면에서 사람이 하나님의 형상인 것을 알 수 있을까? 물론 이 사실을 주로 구약이 제시하지만 신약에서도 하나님의 형상에 대한 증언이 나오고 바울 자신도 사람은 하나님의 형상일 뿐 아니라 하나님의 영광이라는 생각을 가지고 있다. 여기서 이 문제를 자신의 윤리학의 기초로 삼은 독일의 루터주의 신학자 엘러트(W. Elert)의 주장을 들어 보자.

2. 엘러트는 형상론이 기독교의 인간 이해에 있어서 빼놓을 수 없는 문제라고 하면서 이 형상을 다른 현대 신학자들의 이해에 따라서 인격적인 개념으로 이해한다. 예수가 하나님을 자신의 아버지로 불렀을 때 그 아버지는 어떤 실체의 사실에 대한 원인이나 우리 실존의 기원자 정도

가 아니라 하나의 근원적인 상(Urbild)이었다고 그는 생각한다.[165] 서구의 철학은 인간 속에 하나님의 상 혹은 근원적인 상을 인식할 수 있는 능력이나 질적인 소질과 같은 것이 주어져 있다고 믿었는데 그들은 인간의 사유하는 정신을 하나님의 형상으로 믿었다. 특히 헤겔이 '주관적 정신(인간의 심리적 정신)'과 도덕, 윤리, 인륜과 같은 '객관적 정신'을 절대 정신의 현현이라고 이해하는 것도 결국 인간은 하나님의 형상이라는 것을 간접적으로 시사해 주는데 헤겔은 그것을 단지 사변 철학적으로 서술하고자 했다. 이와 반대로 포이엘바흐는 하나님이 인간을 자신의 형상으로 창조한 것이 아니라 반대로 인간이 자신의 형상에 따라 신을 창조했다고 주장하는데 이런 그에게는 하나님이 도리어 인간의 형상인 셈이 된다.

3. 하나님과 사람은 사실 본질적인, 그리고 질적인 차이를 가지고 있는데 어떤 점에서 사람이 하나님의 형상인 것을 알 수 있을까? 엘러트는 하나님과 사람은 창조주와 피조물이라는 엄청난 대립에도 불구하고 유사성이 있다고 지적한다. 그는 우선 창조자의 말씀(Schöpferwort)으로 '무'와 같은 존재인 사람이 부르심을 받았다는 것을 제시하는데(롬 4:17) 이것은 하나님의 형상이라는 창조주의 자질(Schöpferqualität)에서가 아니라 창조의 방식(Schöpfungsmodus)에서 그 유사성을 찾아야 한다고 그는 생각한다.[166]

4. 엘러트는 창조주가 '말씀하시는 실재'라는 사실에 크게 주목하면서

---

165 참고, W. Elert, Das christliche Ethos, Hamburg, 1961, 44.
166 참고, 위의 책, 47.

창조주가 말씀하시는 것 같이 사람도 말을 한다는 점에서 하나님의 형상의 흔적을 찾는다. 즉 말을 한다는 점에서 피조물인 사람은 창조주 하나님과 닮았다고 그는 본다. 그에 따르면 사람이 말을 할 수 있다는 것은 단순히 기술적인 능력이라고 하기보다는 '자신'을 나타내는 능력이라고 할 수 있는데 '자신'을 나타내는 능력은 그가 본질적으로 '주체 (Subjekt)'라는 것을 의미한다.[167] 즉, 하나님이 스스로 주체이신 것 같이 사람 또한 자신을 말로 하는 존재인 주체로 창조되었다는 것이다. 그래서 사람은 하나님을 향해 말하고 그 하나님 앞에서 자신을 표현하는 것이다.

5. 그래서 엘러트는 사람이 말하고 자신을 표현하는 행위는 하나의 '응답', 즉 부르시는 하나님에 대하여 하나의 응답적 행위라고 이해한다.[168] 다시 말해 하나님은 사람과 관련해서 본질적으로 말을 거시는 인격이시고 사람은 스스로 말하고 자신을 표현하는데 그것은 하나님 앞에서의 하나의 응답적 행위에 해당된다. 따라서 하나님은 절대적으로 주체이시고 사람은 하나님에 대해 주체와 객체가 동시에 될 수 있다고 한다. 하나님은 오직 주체로 말을 거시고 사람은 그 하나님에게 응답해야 한다는 점에서 하나님의 상대 곧 객체이며 또한 응답하는 행위를 하기 위해서는 주체로 존재해야 한다는 점에서 주체이다.[169]

6. 응답해야 하는 존재란 곧 책임적인 존재를 의미한다. 엘러트는 이런

---

167   참고. 위의 책, 47.
168   참고. 위의 책, 47.
169   참고. 위의 책, 48.

관계에서 타락을 이해하는데 하나님은 자신의 형상인 사람, 즉 자신의 말을 들을 수 있는 존재인 사람에게 선악과를 따 먹지 말도록 명령하셨다. 그런데 말을 들을 수 있는 존재, 즉 책임적 존재로 지어진 사람이 하나님의 말을 듣지 아니했다. 사람은 하나님 앞에서 정당해야 함에도 불구하고 그렇게 하지 못했다. 이것이 타락이다. 말을 듣지 않았다는 것은 하나님의 형상의 부패이다.

7. 타락 전에 사람은 하나님에 대해 말하고 하나님은 사람에 대해 들으셨다. 그러나 타락 후 인간이 된 사람은 자신의 실존을 자기가 스스로 감독(Regie)하고 말하고 표현한다.[170] 타락 전에 하나님은 사람에 대해 말하시고 사람은 하나님에 대해 들었다. 그러나 타락 후에는 말을 듣는 책임이 말을 듣지 않는 무책임으로 변했다. 그래서 타락 전에는 '살아가는 관계'였으나 타락 후에는 '죽어가는 관계'에 놓이게 되었다.

8. 죽어가는 존재로서 인간은 곧 역사적 존재가 되었다. 낙원이 불멸을 의미한다면 타락은 역사(Geschichte)를 의미하며 그것은 시간에 의해 제한되어 죽어가는 사건 아래 놓인 존재를 뜻한다. 타락 후 인간은 역사적 존재가 되고 말았다. 그래서 엘러트는 "세계사는 말하자면 잃어버린 형상의 역사(Die Weltgeschichte ist die Geschichte des verlorenen Ebenbildes)"라고 규정한다.[171]

---

170 참고. 위의 책, 49.
171 위의 책, 50.

죄와 사람과의 관계

(1) 인간의 유한성에 대한 질문

1. 우리는 하나님의 형상으로서의 인간 존재를 생각하면서 하나님과 관계할 수 있는 유일한 피조물인 사람이라는 개념을 정립했다. 인간이 인간 자신에 대해 아무리 진지한 진단과 깊은 연구를 한다 해도 자신의 실재성에 대해 정확하게 규정할 수는 없을 것이다. 인간이 과연 자신의 실재성에 대해 합당한 규정을 스스로 발견할 수 있을까? 근대 이후의 인간은 참다운 모습을 말해 주고 있는가? 인간의 부분적인 한 측면만을 강조하고 있는 것은 아닌가? 인간이 인간 자신에 대해 과연 무엇을 말할 수 있겠으며 무엇을 바랄 수가 있겠는가?

2. 하이데거의 말대로 인간이라는 말 속에는 이미 '죽음을 향한 현존재'라는 인간의 실재적이고 피할 수 없는 현주소가 주어져 있다. 인간이라

는 말은 처음부터 유한한 인간이라는 말이며 그 말은 이미 창조주와의 근본적인 관계가 무너져 버리고 그래서 스스로 생존의 의미를 찾으려고 노력하는 현존재라는 사실을 말한다. 우리는 인간의 실재성을 알기 위해 진지하고 심각하게 사유한 대가(Klassiker)들의 도움을 받지만 그들을 통해 발견된 인간에 관한 정의들이 사실은 이미 유한한 인간의 유한한 인간에 대한 규정이기 때문에 그것이 아무리 인간에 대한 탁월한 분석이라 할지라도 유한한 인간이 가지는 '유한성'이라는 선입관을 배제하지 못한 단편적인 규정일 수밖에 없다.

3. 유한한 인간이 인간에 대해 기술하는 방식은 어차피 자기의 운명을 예상하며 기술한 규정이기 때문에 인간에 대한 단편적인 지식일 수밖에 없다. 예를 들어, '인간은 죽음 앞에 선 현존재'라고 규정하는 실존주의의 인간 이해나 '인간은 사고하는 존재' 또는 '인간은 제작하는 존재'라는 헬라적인 인간 이해가 도대체 인간 영혼에 어떤 해답을 주는가? 인간이 죽음 앞에 선 현존재라고 하자. 과연 죽음을 넘어서는 해결책을 제시해 줄 수 있는가? 인간이 사고하는 동물이라 치자. 그래서 그것이 어떻다는 말인가? 인간의 고독한 사유가 인간의 유한성을 실제로 해결해 주는가?

4. 아무리 인간이 인간에 대해 서술하고 기술해도 이미 궁극적인 해답을 줄 수 없는 이유는 기술하는 당사자가 바로 죽을 운명에 있는 유한한 존재이기 때문이다. 유한한 인간이 유한한 인간을 정의하는 것이 바로 학문이며 그래서 그 학문은 결코 인간에 대한 형이상학을 넘어서지 못한다. 학문은 인간의 실재성에 대해 결코 실제적인 해답을 줄 수 없다. 학문이란 말하자면 유한한 인간이 무한하기를 바라는 자신의 바람직한

이상(das Ideal)을 이론적으로 펼쳐 놓은 것일 뿐이다. 그러므로 우리는 여기서 인간에 대해 말하는 것은 인간의 실재성(Wirklichkeit)을 묻는 것이고 그 실재성은 결코 이상(das Ideal)이 아니라 실제적인 것이어야 한다는 전제를 견고히 세워야 하는 것이다.

5. 그러면 인간의 실재성은 누구한테 물어 봐야 하는가? 인간의 실재성에 관한 한 유한한 인간에게 물어봐서는 해답을 결코 얻지 못할 것이다. 그러므로 유한한 인간에게 묻지 아니하고 창조주에게 물어 봐야 한다. 그것이 겸손한 태도가 아니겠는가? 창조주 되시는 하나님은 인간이라는 피조물을 창조하신 장본인으로서 인간의 유한성에 대해 가장 정확한 답을 주시는 분이시고 또한 그가 주시는 정답은 동시에 '해답'이 된다. 왜냐하면 창조주는 우리와 달리 정답만 주시는 유한자가 아니기 때문이며 그는 창조주로서 정답을 해답으로 '창조'하시는 하나님이시라고 우리는 믿기 때문이다.

6. 더 정확하게 말한다면 그는 우리를 한때 창조하셨던 창조주가 아니라 지금 우리를 창조하시는 하나님이시다. 우리를 창조하신다는 것은 우리의 실제적인 문제에 정답을 주실 뿐 아니라 해답을 주시는 창조주시라는 말이다. 그래서 우리는 처음부터 우리의 문제를 창조주에게 물어야 한다. 이 말은 우리가 물으면 그가 대답을 주신다는 의미가 아니라 이미 그가 말씀하신 것을 우리가 들어야 한다는 것이다. 창조주는 이미 우리에게 말씀하셨다. 그 말씀은 바로 인간을 향하여 '사람'을 말씀하신 말씀이다.

7. 우리는 인간이다. 그런데 이 사실은 도대체 무엇을 말하는가? 정확하게 말한다면 우리는 왜 인간에 대해 묻고 있는가? 인간이면 그것으로 되었지 왜 우리는 인간으로서 인간에 대해 질문을 해야 하는가? 우리가 인간에 대해 질문한다는 것 자체가 사실은 '누구에게 묻는 행위'에 속한다. 인간이 누구인가 하는 질문자체는 이미 누구에게 묻는 행위이다. 누구에게 묻는 행위란 다시 말해 그 누구로부터 반드시 해답을 받아야 한다는 것과 같은 말이다. 따라서 우리는 '인간이 누구인가'라는 질문을 하지만 사실 그 질문의 내용은 '하나님이 누구인가'를 묻고 있는 것이라 할 수 있다. '인간이 누구인가'라는 질문은 '하나님이 누구인가'를 묻는 질문이 되는 셈이다. 인간의 실재성을 찾는 질문은 사실은 그래서 하나님의 실재성을 묻는 질문이다. 이런 점에서 '하나님'이란 실재 속에 결정적으로 놓여 있는 질문에 대한 대답이며[172] 동시에 인간의 유한성 속에 놓여 있는 질문에 대한 대답인 것이다.[173]

8. 하나님이 실재하신다하는 말은 또한 무엇을 말하는가? 그것은 인간이 누구인가라는 질문의 해답으로 말하는 것이 아닐 수 없다. 그래서 하나님과 인간은 본질적으로 서로 떼어 놓을 수 없는 영적 관계 속에 있다. 우리는 우리 자신을 생각하지 아니한 채 하나님에 대해 질문할 수 없다. 반대로 하나님을 생각하지 아니한 채 우리 자신에 대해 질문할 수 없다. 만약에 그것이 아니라면 우리는 환상을 좇고 있는 것이 분명하다. 그러나 우리는 결코 환상가로 존재하면서 인간에 대한 질문을 던질 수는 없다. 그것은 내가 이미 벗어버릴 수 없는 유한성을 뼈저리게 느끼면

---

172 P. Tillich, Systematische Theologie, Bd. I, Stuttgart, 1956, 193.
173 위의 책, 247.

서 이 문제는 반드시 해결되어야 하는 문제인 것을 깨닫고 창조주 하나님께 물어야 하는 것이다.

9. 그러면 피조물이 창조주에게 물어야 하는 문제란 곧 죽고 사는 문제가 아닐 수 없다. 죽고 사는 문제란 인간이 하나님을 향해 가지는 자의식의 산물이기보다 오히려 생명의 하나님이 인간을 향해 가지는 신적 긍휼의 문제이다. 그 문제를 우리는 '죄'라고 부른다. 죄란 인간이 스스로 자신을 보면서 발견하는 어떤 것이 아니고 창조주가 그렇게 말씀하셨기 때문에 믿어야 하는 인격적인 관계에서 나오는 것이다. 즉 죄란 인간이 자기 스스로를 보면서 발견하는 어떤 것이 아니라 창조주와의 관계에서만 인식되고 발견되는 인간 자신의 실존이다. 그래서 '인간'은 하나님이 말씀하시는 그 말씀의 유일한 상대가 된다. 하나님이 인간의 대상이 아니라 인간이 바로 하나님의 상대가 된다. '인간'이라는 존재는 처음부터 창조주 하나님의 상대이고 또한 여전히 상대로 남게 될 것이다.

10. 그러므로 우리는 하나님을 인간의 형태로 이해하려는 '인간 형태론적 관점(Anthropomorphismus)'을 버리고 오히려 인간을 '하나님의 형태(Theomorphismus)'로 이해하려는 관점을 가지지 않으면 안 된다.[174] 이 관점은 하나님을 인간의 자리로 끌어내리는 관점이 아니라 하나님이 오히려 인간을 끌어올리신다는 관점인데 여기에서 인간의 실재성이 설명되고 깨달아지며 인간은 자신이 영적인 존재임을 발견하게 된다.

---

174 참고. E. Brunner, Wahrheit als Begegnung, Zürich/Stuttgart, 1963, 28.

(2) 죄에 대하여

1. 우리가 유한한 인간에 대해 질문을 던지는 것 자체가 분명 창조주 앞에서 존재와 생명의 근원적인 문제를 제기하는 것에 다름 아니다. 우리가 인간의 유한성을 논하는 자리는 바로 '인간'이라는 지점인데 그것은 창조주 앞에서 우리 자신의 어떤 근원적인 문제성을 가진 존재인 것을 증명한다. 그런데 창조주 앞에서 근원적인 문제성이란 신학적으로 말한다면 바로 '죄'의 문제이다. 여기서 '죄'라는 것은 유한한 인간이 자기 스스로를 들여다봄으로써 발견하는 어떤 것이 아니라 오직 창조주의 계시를 통해 비로소 알 수 있는 신비에 해당한다.

2. 죄란 인간이 자신을 들여다봄으로써는 스스로 발견할 수 없는 근원적인 어떤 존재 형태이다. 창조주가 말씀하지 아니하셨으면 혹은 창조주 하나님을 인격적으로 만나지 않는다면 절대로 몰랐을 뻔했던, 하나님을 향한 인간의 근원적인 관계 형태와 그로 인해 주어지는 존재 형태가 바로 죄이다. 다시 말하면 인간은 곧 그가 창조주 앞에서 근원적인 문제를 가진 존재자이며 그 근원적인 문제란 창조주가 말씀하는바 '죄'라고 선언하시기 때문에 우리가 그것을 '죄'로 아는 그 무엇이다. 따라서 기독교에서 가리키는 죄란 근본적으로 '하나님 앞에서의 죄(peccatum coram Deo)'이다. 물론 여기서 '안다'는 것은 인격적인 만남을 통해 아는 것을 가리킨다. "그러나 너희는 그분을 안다. 이는 그분께서 너희와 함께 계시고 너희 안에 계실 것이기 때문이다(요 14:17)"라고 말씀하셨을 때 '안다'는 것은 우리가 단순히 막연하게 상상하고 추측하거나 통계와 정보를 가지고 판단함을 가리키는 것이 아니라 주의 영과 직접 인격적으

로 만남을 통하여 아는 것을 뜻한다. 따라서 죄를 안다는 표현은 그리스도의 영이 우리 안에 계심으로 우리가 우리의 처절한 실재를 직시함으로 분명하게 아는 것을 뜻한다. 따라서 죄란 도덕적이거나 인륜적인, 그리고 윤리적인 죄책감을 의미하지 않고 근본적으로 하나님의 영으로 인해 드러난 하나님 앞에서의 인간의 참된 모습을 가리킨다. 다르게 말하면 기독교 신앙으로 우리 자신의 처절한 모습을 아는 것을 뜻한다고 하겠다. 그래서 신앙이 없는 인간은 자신이 '죄인'이라는 사실을 결코 알 수 없으며 인정하지 못한다. 내가 죄인이라는 사실을 안다는 것은 이미 내가 창조주를 믿는 신앙을 가지고 있다는 것을 전제한다. 그래서 확실히 '죄'라는 문제와 '예수 그리스도'라는 신적 계시는 철학에서 또는 학문에서는 전혀 찾아 볼 수 없는 주제이다.[175]

3. 인간이 죄인이라는 사실은 오직 성경에서만 발견되는데 그것은 절대 타자이신 하나님이 보시는 신적 시각의 판단이며 그로 인해 인간이 본질적으로 하나님과의 영적 만남에서 결정적인 장애를 가진 존재자인 것을 가리킨다. 그래서 성경이 인간을 죄인이라고 선언함으로 인해, 그리고 그 성경이 하나님의 말씀이라는 것을 우리가 신앙할 때 비로소 인간은 자신이 창조주 앞에서 문제성을 가진 존재자인 것을 발견하게 된다. 보통 '죄'라고 할 때 그것은 우리가 스스로 짓는 자범죄를 전제하는 말처럼 보이지만 그러나 그것은 이미 우리가 '죄인되었다'는 소위 원죄인의 문제에서 기인한다. 즉 내가 비록 직접적으로 짓지는 아니했지만 그럼에도 불구하고 이미 죄인이 되었다는 '원죄'에 대한 문제에서 '죄'의 근원적인 문제는 시작된다.

---

[175] G. Ebeling, Dogmatik des christlichen Glaubens, Bd. I, Tübingen, 1979, 15.

4. 원죄에 대해 역사적으로 처음 언급한 사람은 기독교 교부였던 터툴리안이라고 하겠지만 오늘날 우리가 이해하는 원죄의 교리적인 문제로 등장시키는데 기여한 자는 아무래도 아우구스티누스일 것이다. 아우구스티누스가 인간의 원죄인됨을 강조하게 되는 배경은 당시 펠라기우스주의자들의 죄에 대한 가르침을 반대하기 위함이었다.[176]

5. 펠라기우스주의자들이란 인간의 '자유 의지'를 주장하는 펠라기우스를 포함해서 켈레스티우스와 줄리아누스 등을 가리킨다. 그들은 하나님이 인간에게 율법을 주셨으면 마땅히 그것을 행할 능력을 인간이 가지고 있을 것이라고 생각한다. 그 능력이란 바로 자유 의지를 두고 말함인데 그래서 인간은 이성의 도움으로 자유 의지의 능력에 따라 하나님의 구원의 은혜에 이를 수 있다고 믿었다. 따라서 그들에게는 죄란 인간이 선천적으로 가지고 있는 본질도 아니며 더구나 아담의 타락은 죄와 관련하여 그의 후손에게 아무런 영향을 미치지 못했다고 주장한다.

6. 이에 대항해서 아우구스티누스는 성경에 근거하여 죄의 유전설과 예정론을 주장한다. 아우구스티누스는 펠라기우스주의자들에 반대하여 아담의 타락은 온 인류에게 영향을 미치고 타락한 인간에게는 하나님의 구원의 은혜에 도달할 만한 의지의 자유란 처음부터 존재하지 않는다고 강조한다.[177] 특히 그는 죄의 유전설을 주장하는데 그러나 여기에서

---

176 원죄에 대한 교리적인 논쟁사는 J.L. 니이브가 지은 "기독교 교리사(서남동 역, 기독교서회, 226-240)"를 참고하시면 도움이 되겠다.
177 여기서 아우구스티누스는 자유 의지를 부정한 자가 아니라 단지 죄로 기우는 의지를 말하고 있음을 알아야 한다. 그는 인간이 자유 의지를 가지고 있지만 그 의지는 타락 후 마치 중력의 법칙처럼 죄로 기우는 의지가 되었다고 한다. 그는 "우리는 자유 의지를 가진다(libera voluntas est nobis)"고 주장하면서(Augustinus, De libero arbitrio, 성염 역, 분도출판사, 1998. III권 III.8) 자유 의지를 '중간적인 선(medium bonum)'으로 규정한다(같은 책, II권 XIX.52). 루터는 자유 의지를 '중간선'으로 규정하는

도 적지 않는 문제가 노출된다. 즉 그는 아담의 죄가 온 인류에게 미치게 되는 것을 특히 로마서 5장 12절을 가지고 말하는데 거기에 보면 "이러므로 한 사람으로 말미암아 죄가 세상에 들어왔고 그 죄로 말미암아 사망이 들어왔으며 그리하여 사망이 모든 사람들에게 이르렀으니"로 기록되어 있다. 아우구스티누스는 헬라어의 "엪 호 판테스 헤말톤(ἐφ᾽ ᾧ πάντες ἥμαρτον: 그것에 근거해서 모든 사람이 죄를 지었다)"를 라틴어로 "인 쿠오 옴네스 페카베룬트(in quo omnes peccaverunt)"로 번역했다. 즉 아우구스티누스는 헬라어 "엪 호(ἐφ᾽ ᾧ)"를 라틴어로 번역하면서 "인 쿠오(in quo)"로 이해하였다. 그는 "인 쿠오(in quo)"에서 쿠오(quo)를 아담으로 보았고 그래서 '아담의 허리 안에서(in lumbis Adami)'로 해석하였다. 그러나 실제로 "엪 호(ἐφ᾽ ᾧ)"는 사실은 '아담의 허리 안에서'를 가리키는 것이 아니라 문맥상으로 보면 "죽음에 근거해서"로 번역될 수 있으며 헬라어 관계대명사 3격 "호(ᾧ)"는 지시대명사로도 사용되기도 한다. 그래서 '아담'을 가리키는 것이 아니라 '죽음'을 가리킨다. 브룬너는 이 부분을 아우구스티누스가 잘못 번역했다고 지적한다.[178] 그래서 마치 아담의 허리 안에서 모든 인간들이 죄를 짓는 것으로 아우구스티누스가 이해함으로써 원죄의 유전설이 부각된다.

7. 아우구스티누스의 유전설과 예정론에 반대하여 크리소스톰의 제자이며 친구인 카시아누스(John Cassianus)와 빈센트 레린스(Vincent of Lerins)와 같은 반펠라기우스주의(Semipelagianismus)가 등장한다.[179] 그도 그럴

아우구스티누스를 비판하면서 종의 의지를 강조한다.
178 E. Brunner, Dogmatik II, Zürich, 1972, 116; O. Weber, Grundlagen der Dogmatik, Bd. I, Düsseldorf, 660-661.
179 참고. J.L. 니이브, 기독교 교리사, 236.

것이 아우구스티누스의 유전설로 보면 사실 죄란 유전적으로 내려오는 것이어서 말하자면 죄를 주체적으로 지어야 하는 '나'의 책임적인 요소가 완전히 사라지는 위험을 가지고 있다. 죄란 나의 의지 및 행위와 관계되는 무엇이어야 하는데 죄가 만약 유전되었다고 할 때 이것을 극단적으로 이해하면 죄란 어떤 '운명과 같은 것'으로 오해될 수 있다. 반펠라기우스주의자들은 이러한 약점을 들어서 죄란 인간 자신의 의지와 관계하는 것이며 따라서 의지는 자유로워야 한다고 주장한다. 이들의 주장은 물론 펠라기우스주의자들만큼 의지의 자유가 강조된 것은 아니지만 그래도 이들로 인해 아우구스티누스가 마련한 '오직 은혜로만(sola gratia)'이라는 성경적인 공헌이 무너지게 되는 위험에 직면하게 되었다. 반펠라기우스주의와 아우구스티누스주의의 대립은 물론 주후 529년 오렌지 공의회에서 아우구스티누스주의가 승리하면서 잠정적으로는 해결되지만 그러나 이러한 반펠라기우스적인 이해는 그 이후에도 계속 대두하면서 중세의 죄에 대한 지배적인 이해가 되기도 하였다.

8. 모든 인간이 원죄인이 아니라 각 개인이 자유 의지로 개별적인 죄를 짓고 따라서 죄를 지을 수도 있고 안 지을 수도 있다면 이것은 확실히 성경의 사상과는 대립된다. 즉 원죄란 형식적으로는 '원래의 의(justitia originalis)'의 상실이지만 내용적으로 보면 하나의 욕망(concupiscentia)에 불과하게 된다.[180] 그래서 아직 죄로 오염되지 않은 자유 의지가 이성적으로 작용할 때 다시 하나님의 은혜의 자리에 들어갈 수 있게 되는 논리를 가진다.

---

180 O. Weber, Grundlagen der Dogmatik, Bd. I, 664.

9. 종교 개혁자들의 생각은 다시 아우구스티누스의 가르침으로 돌아가게 된다. 그러나 아우구스티누스의 주장은 항상 죄가 '나의 의지와 무관한 어떤 운명적인 것'으로 이해되는 위험을 가지고 있었다. 이러한 위험은 아우구스티누스가 죄와 악의 문제를 신플라톤주의의 철학에 서서 설명하려는 데서 기인한다고 할 수 있다. 아우구스티누스는 악이란 선의 결여나 결핍이라고 보는 신플라톤주의 철학자 플로티누스의 견해와 같은 주장을 했는데 악은 의지의 방향을 하나님으로부터 멀리 하는 것, 즉 행위적인 어떤 것이 아니라 올바른 질서의 결여로 본다. 악이 어떤 실체적인 것이 되면 그 악의 기원이 하나님께 있게 되기 때문에 아우구스티누스는 "악의 원인은 불변의 선으로부터 떠나는 피조된 의지이며 악은 불변하시고 무한하신 하나님으로부터 피조된 의지가 멀리 떠난 것"으로 정의하면서 악을 적극적이고 구체적인 어떤 것이 아니라 하나님과의 관계양식의 전도로 이해하였다.[181] 죄라고 하는 것은 하나님 은혜의 도움 없이 살려고 하며 스스로의 의지로 자유롭게 살려고 할 때 일어나는 것이다.

10. 멜랑히톤(P. Melanchthon)과 쯔빙글리(U. Zwingli)는 아우구스티누스의 이러한 문제를 해결하려고 노력하였다. 그들에 따르면 죄란 온 인류에게 해당되는 것이면서 동시에 각 개인의 전적인 타락과 관계하며 또한 동시에 '나의 책임성(Verantwortung)'이어야 한다는 것인데 이런 모순적인 문제를 해결하기 위해 그들은 원죄를 '선재된 것(praest)'으로 간주한다.[182] 쯔빙글리는 원죄를 "인간이 태어나면서 그 자신의 과오 없이 가지

---

181 F. Copleston, History of Philosopht, II, Westminster, Maryland, 1962, 84.
182 O. Weber, Grundlagen der Dogmatik, Bd. I, Neukirchen/Moers, 1959, 666.

게 되는 결점일 뿐"이라고 생각한다.[183] 그럼에도 불구하고 죄란 '저주스럽고 운명적인 어떤 것'이라는 인상을 지울 수 없게 된다. 과연 이 문제, 즉 모든 인간에게 다 해당되면서 동시에 나의 책임성에 연결되어야 하는 죄의 문제는 어떻게 해결되어야 하나?

11. 우리는 원죄 문제를 비록 아우구스티누스가 잘 보았다고 말할 수는 없지만 죄의 유전설이 주는 장점을 생각하지 않을 수 없다. 그것은 죄가 있는 곳에 오직 하나님의 은혜가 있다는 종교 개혁자들의 생각을 정당화한다. 확실히 성경은 그리스도의 피의 구속으로만 하나님께 이를 수 있다고 증거한다. 인간이 스스로 가지는 능력이란 사실은 피상적으로 보면 하나님의 은혜에 이를 수 있는 것처럼 비치지만 실제로는 전혀 그에 이를 수 없는 타락한 능력이다. 그래서 '오직 은혜로만'이라는 개혁가들의 신념은 우리의 분명한 결론이다.

12. 그러나 한편으로 죄가 유전된다는 사상은 성경의 직접적인 증거도 없으며 바울적인 생각과도 사뭇 조화가 되지 않는 것으로 보인다.[184] 바울이 로마서 5장 12절에서 말하는 바는 모든 인간들이 죄를 짓기 때문에 죽음에 이른다는 것이 아니라 오히려 '죽음에 근거해서 모든 인간들이 죄를 짓는다'는 뜻이며 따라서 죄라는 것은 마치 우리의 의지로 짓는 행위가 아닌 인상을 강하게 준다. 그러나 그렇다 해도 그것은 죄가 부모로부터 유전되는 어떤 실체라는 말은 분명히 아니다. 우리 안에서 부모로부터 유전되는 혈통적인 것이라든지 실체적인 것이 아니라는 것이다.

---

183 참고. R. 제베르크, 기독교 교리사, 김영배 역, 도서출판 엠마오, 1985, 426.
184 E. Brunner, Dogmatik II, Zürich, 1972, 116.

즉, 우리가 죄를 지었기 때문에 죽음에 이르는 것이 아니라 죽음을 근거로 하여 우리는 죄를 짓는 것이다.

13. 죽음 안에서 우리는 우리의 의지대로 행위로써 죄를 짓는다. 즉, 죽음 안에서 인간은 자기 스스로 행위하면서 자기 스스로 죄를 짓는 죄인이라는 것이다. 죽음이라는 인간 존재의 뿌리 안에서 자유롭게 스스로 판단하며 자기의 타락한 의지로 행위하면서 죄인이 되는 것이다. 사실 이것은 원칙적으로 우리가 전통적으로 알고 있는 '원죄'와 '자범죄'라는 이원론적인 구별을 통해서는 죄의 실재성을 분명하게 설명할 수 없다는 사실을 뜻한다. 현대 신학자 베버(O. Weber)는 원죄와 자범죄라는 전통적인 이원론적인 구분을 부정하고 죄란 하나님과의 인격적인 관계, 즉 죄란 '내가 짓는 죄'이어야 한다고 말한다. 그래서 원죄란 내 안에 있는 운명적인 상태를 가리키는 것이 아니라 하나님과의 '관계'를 출발점으로 삼아야 한다고 한다. 따지고 보면 죄의 '상태'는 동시에 죄의 '행위'로 나타나기 때문이다. 즉 내가 죄인이기 때문에 나는 죄를 짓는다고 해야 한다.[185] 말하자면 원숭이는 원숭이의 행위를 하며 개는 반드시 개의 행위를 한다. 이와 같이 죄인은 반드시 죄인의 행위를 하는 것이라고 이해하면 좋겠다. 원숭이가 행동할 때 자기가 최선이라고 여기는 행동을 하지만 그 행동은 근본적으로 원숭이의 행동이며 개가 하는 모든 행동 역시 개가 내리는 최선의 선택으로 행동하지만 그 행동은 반드시 개의 행동이듯 마찬가지로 죄인의 모든 행위는 반드시 죄된 행위이다.

---

185 참고. O. Weber, Grundlagen der Dogmatik, Bd. I, 678-679.

14. '원죄'와 '자범죄'의 이원론적인 구분에서 보면 원죄가 마치 우리 속에 있어서 그것이 우리로 하여금 자범죄를 짓게 하는 운명적인 원인이 되는 것처럼 이해되고 그래서 자범죄는 원죄로 인해 나오는 소위 결정론적인 것이 되어 버린다. 그러나 원죄란 생물학적이고 자연적인 성벽이나 천성이나 본질이 아닐 것이다. 나와 전혀 관계 없이 주어지는 운명이나 유전적인 성향으로 돌리면 죄란 인간 '나'가 짓는 것이 아니라 나중에는 인간의 창조주인 하나님께로 돌아가는 결과를 가진다. 그러나 개혁주의 신학의 원리는 죄의 원인이 하나님이 아니라는 점을 말한다. 원죄를 실체로 이해하여 나의 의지와 관계 없이 역사하는 어떤 것으로 이해할 수도 없다.

15. 죄의 문제는 하나님과의 영적 관계와 연관지어서 생각할 필요가 있다. 인간이 하나님의 형상대로 지음을 받았다는 것은 그가 동물과 다른 특수한 능력을 부여받았다는 것을 뜻하지 않는다. 오직 창조주와 영적인 또는 다른 말로 말해 인격적인 관계를 가질 수 있는 존재로 창조되었다는 것을 의미할 뿐이다. 즉, 하나님을 '당신(Du)'이라는 인격으로 만나고 부를 수 있는 관계, 하나님의 사랑을 받고 응답할 수 있는 존재로 창조되었다는 것이다. 원죄란 이러한 관계성의 상실을 의미하며 이러한 관계성이 상실된 상태를 가리켜 바울은 "육체"라고 한다(롬 8:12; 갈 5:17). 이 "육체"는 바로 하나님 앞에서의 육체를 말한다.[186] 즉, 육체가 죄라는 말이 아니라 육체가 죄와 밀접하게 관계한다는 뜻이다. 그리고 그것은 곧 항상 하나님 앞에서 죄를 짓는 육체라는 말이기도 하다. 하나님 앞에

---

186 위의 책, 659.

서 죄를 짓는 육체로서의 인간은 루터의 죄에 대한 이해에서 강하게 나타난다. 루터에게 인간이란 하나의 전체적인 인간으로서 죄인이다. 이것은 인간이 오로지 신앙 안에서, 그리고 인간 행위와 전혀 상관없는 신앙 속에서만, 즉 하나의 전체적인 인간으로서 순수 복음을 믿는 신앙 속에서만 의인이 된다는 사실을 가리킨다.[187] 오직 신앙으로만 의롭게 된다고 믿었던 바울과 루터의 가르침은 말하자면 인간은 전체적인 존재로서 완전히 죄인이라는 사실을 전제한다.

16. 죄를 짓는다는 것은 하나님 앞에서 죄인인 나의 인간성이 하나님 앞에서 육이 되었기 때문이고 우리는 이 상태를 가리켜 '죽음'이라고 부를 수 있다. 원죄라는 것은 '내가 행한 행위'가 아니고 '하나님과의 영적인 관계성이 끊어진 상태'를 뜻한다. 이 상태에서 나의 정신이 능동적으로 나의 모든 능력을 총동원해서 죄의 행위를 범한다. 죄라는 것은 분명히 행위에서 나타난다. 그러나 그 행위는 엄밀하게 말한다면 악의 상태에서 나온다고 해야 한다. 엄밀하게 말해 우리가 짓는 모든 자범죄를 가지고 원죄를 인과율적으로 유추해 낼 수는 없을 것이다. 그것은 인과율적인 관계가 아니기 때문이다. 마치 신앙이 하나님의 선물인 것처럼 죄라는 개념도 창조주를 신앙하는 데서 나오는 때문이다.

17. 그러면 원죄란 무엇인가? 원죄란 인간이 구체적으로 행하는 행위에 있는 것이 아니라 하나님 앞에서 영적인 혹은 인격적인 관계가 끊어진 존재의 상태이다. 우리는 여기서 죄를 논할 때 인간 사회에서 통상 이해

---

187 참고. F. Gogarten, Der Mensch zwischen Gott und Welt, Stuttgart, 1956, 214.

하는 죄의 행위성을 가지고 성경의 죄를 이해할 수 없다. 왜냐하면 성경에서의 죄란 오로지 '하나님 앞에서의 죄'를 두고 말하기 때문이다. 그 하나님이란 프뉴마이시며 절대적으로 인격적인 창조주이시다. 그래서 인격적인 영 앞에서의 죄란 우리 인간들이 통상 행하는 행위만을 두고 말하지 않는다. 그것은 구체적인 행위보다 더 깊은 근원적인 관계, 즉 죄의 상태를 두고 말한다.

18. 이 죄의 상태를 우리는 '인간(der Mensch)' 또는 '육체(Fleisch)'라고 말할 수 있다. 그러므로 인간은 어떤 구체적인 행위의 죄를 지어서 죄인이 아니라 죄인, 즉 인간이기 때문에 죄를 짓는다. 더 정확하게 말한다면 죄를 짓기 때문에 혹은 죄를 지은 결과로 죽음에 이르는 존재가 아니라 이미 죽음 아래에 놓여 있기 때문에 혹은 이미 하나님 앞에서 죽었기 때문에 그런 인간의 모든 생각과 행위가 죄악된 생각이고 죄악된 행위이다. 그것은 창조주와의 영적인 관계가 이미 단절되었기 때문이다. 영적 관계의 단절에서 존재하는 인간이란 필연적으로, 그리고 자기 의지적으로 죄된 생각과 죄의 행위를 할 수밖에 없다. 그래서 인간의 모든 행위는 죄인의 행위이다. 하나님과의 관계가 단절된 인간의 모든 행위는 죄인의 행위이다.

19. 인간은 죄를 가지거나 죄를 하나의 행위로 짓는 것이 아니라 죄인으로서 인간이다. 그 인간의 모든 행위는 마음에서 나오며 마음이 하나님 앞에서 근본적으로 악이기 때문에 자연스럽게 이 악에서 죄를 짓고 만드는 인간이다. 죄인은 반드시 스스로 죄를 짓는다. 죄인이 죄인의 행위, 즉 죄를 짓는 것은 지극히 자연스러운 일이다. 이에 대해 브룬너는

다음과 같이 적절히 지적하였다: "하나님과의 관계를 상실한 인간은 다시 회복할 수 없는 존재의 방식을 잃은 것이다. 그는 더 이상 하나님의 사랑 안에 있는 존재가 아니며 또한 그런 사랑에 일치할 만한 그런 자유를 더 이상 가지고 있지도 않다."[188] 이런 점에서 인간이라는 개념은 다른 말로 말해 창조주 하나님 앞에서 죄인이라는 말과 동일하다. 창조주 하나님 앞에서 죄인이라는 말이 인간학적으로 또는 이론적으로 나열 또는 서술된 개념이 바로 '인간(der Mensch)'이다.

20. '인간'이라는 말은 인간과 인간과의 관계에서는 '인간'이라는 말로 표현할 수 있지만 창조주 하나님과 인간과의 관계에서 인간은 오직 '죄인'으로만 부를 수 있다. 즉, 인간은 죄인이며 죄인이 곧 인간이다(Der Mensch ist der Sünder, der Sünder ist also der Mensch). 세상과 자연과의 관계에서는 '인간'이라는 말로 표현할 수 있지만 창조주의 영과의 관계에서는 오직 '죄인'으로밖에 다른 말로 표현할 수 없다. 그것은 그가 행위로서 어떤 죄를 짓기 때문에 죄인이라는 말이 결코 아니다. 그는 인간이기 때문에 혹은 죄인이기 때문에 죄를 짓는다. 인간이 죄를 가지는 것이 아니라 오히려 죄가 인간을 가진다. 그로 인해 죄인의 모든 것, 생각이나 판단, 이해, 습관 등에서 나오는 행동과 행위는 하나님 앞에서 죄이다.

21. 인간이라는 종은 하나님 앞에서 반드시 죄를 반드시 짓는다. 왜냐하면 그의 마음에서 나오는 모든 생각과 그 생각을 구체화시키는 모든 행위들은 죄인의 존재 방식이기 때문이다. 다시 말해 그의 존재 방식 자체

---

188 E. Brunner, Dogmatik II, 119.

가 '죄인'의 존재 방식이다. 여기서 죄인의 존재 방식이란 창조주와의 영적관계가 단절된 관계, 즉 '죽음 앞에 선 실존(Dasein vom Tode)'을 말한다. 죽음 앞에 선 실존이란 그가 장차 죽음을 향해 가는 존재임을 의미하지만은 않는다. 오히려 이미 죽었기 때문에 사망을 향하여 나아가는 여정이며 자연스럽게 사망을 맞이하는 것일 뿐이다. 인간이라는 존재는 창조주 앞에서 이미 죽었기 때문에 자신의 종착역인 '사망'을 향해 나아간다. 그래서 사망이란 말하자면 이미 죽은 자가 취하는 존재 방식일 뿐이다.

22. 인간은 하나님 앞에서 이미 죽은 자이다. 죄인이란 결국 하나님 앞에서 이미 죽은 자라는 표현이다. 인간은 죽음이라는 피할 수 없는 무 또는 운명 앞에 서 있는 실존적인 존재일 뿐이다. 인간이 인간에 대해 아무리 낭만적으로 또는 사변적으로 또는 자연 과학적으로 또는 은유적으로 묘사하고 기술한다고 해도 인간의 실재성은 여전히 '죽음'이다. 죽음이라는 인간의 실재성을 하나의 이상적인 차원에서 해석하여 그것을 잠시 망각하게 하는 모든 작업이 사실은 인간의 학문이라는 형이상학이다. 그것은 창조주와의 영적인 관계가 단절되었기 때문에 나오는 인간 자신의 정신의 몸부림에 불과하다. 그래서 인간은 철학을 하지 않을 수 없는지도 모른다. 인간의 철학함은 그의 현주소가 죽음임을 반증하는 증표에 불과하다.

23. 모든 사변 철학은 창조주 앞에서 이미 죽은 인간이 할 수 있는 자연스러운 표현이다. 그런 의미에서 인간은 누구나 사변적으로 철학할 수 있다. 그것은 그가 창조주 앞에서 자신의 실재성을 갈구하는 죽은 정신의 실낱같은 몸부림이기 때문이다. 그래서 타락하여 하나님 앞에서 이

미 죽은 인간만이 사변 철학을 할 수 있다. 그러니까 죄인만이 사변적인 학문을 할 수 있다. 실재성을 잃은 인간만이 관념주의(Idealismus)로 들어간다. 사변주의는 인간의 낭만적인 관념을 그림처럼, 그리고 있지만 그 그림은 하나님 앞에서 이미 죽은 자가 그려내는 낭만일 뿐이다. 이상은 낭만처럼 사변적인 관념을 그려내는 죽은 자의 그림이다.

24. 인간은 이미 창조주와의 영적인 관계가 끊어져서 죽음에 의해 사망하는 존재 개념이다. 그럼에도 불구하고 여기서 묘한 질문이 생긴다. 그것은 인간이 그래도 자신의 실재성을 찾고자 한다는 점이다. 사실은 자신의 실재성을 완전히 잃었지만 그럼에도 불구하고 실재성을 위한 관념(Ideal)을 창조할 수 있다. 즉 희미하게나마 남아 있는 선을 그리워하는 의지라든지 또는 언어를 사용한다든지 혹은 스스로 주관(Subjekt)으로 살려고 한다든지 하는 것은 도대체 무엇인가 하는 질문이 생긴다.

25. 인간이 스스로 창조하는 관념(Ideal)은 바로 실재성을 갈구하는 죽은 인간의 욕망이 아닐까? 인간은 창조주 앞에서 완전히 죽은 존재인데 그럼에도 불구하고 이런 식으로 남아 있는 듯한 요소들은 과연 무엇을 말하는가? 예수 그리스도를 통하지 않고는 전혀 소망이 없는 존재인 인간에게 그러나 이런 '남은 요소들'은 과연 무슨 의미를 가지고 있는 것일까? 예를 들어, 그리스도가 부정되는 세상에서도 인간은 신을 사유하고 선을 생각할 줄 알며 언어를 사용한다. 그리고 비록 부분적이지만 주관(Subjekt)이 되어서 무엇을 스스로 결정할 수 있다. 이런 요소들은 도대체 어떻게 이해되어야 하는가?

26. 전적으로 부패하여 창조주 앞에서 죄인이 되었다고 해도 인간이 하나님 앞에서 주관적인 존재인 것은 폐기되거나 제거될 수 없다. 죄인인 인간이지만 주관적인 존재인 것은 사실 기존 형이상학의 철학적 사유에서도 이미 나타난다. 즉 인간은 끊임없이 관념주의의 세계를 창조한다는 점이다. 마치 인간이 창조주의 영 없이도 스스로 존재하는 정신이 될 수 있는 것처럼 끊임없이 사변주의 철학은 인간의 정신성을 펼쳐 왔다. 여기서 관념주의란 사변 철학적인 정신의 행위를 말한다. 고대에는 탈레스부터 사변이 시작되는데 플라톤은 철학 이론적으로 최초로 '인간을 유익하게 하는 절대적인 선'에 대해 사유하면서 실재성을 찾고자 하는 인간의 욕망을 구체화시킨다. 그러다가 근대 이후 데카르트의 코기토는 인간이 스스로 어떤 근원과 본질을 놓는 주관자로 이해되면서 칸트에게는 자율적인 선을 행하는 자, 즉 인간의 마음이 신처럼 무엇을 선으로 스스로 규정할 수 있는 존재로 묘사된다. 피히테에게는 정신을 행위하는 자아로서 사변화되다가 헤겔에 오면 절대 정신으로 신과 동일시되는 인간 정신이 된다. 서구 정신사가 벌써 인간이 창조주 앞에서 전적으로 부패했어도 여전히 주관적인 존재라는 사실을 증명하고 있지 않는가? 인간이 죄인으로 선을 행할 능력을 완전히 상실한 부패한 존재이면서도 그러나 아직도 스스로 주관적인 존재로 사유한다는 것은 무엇을 말하는가?

27. 인간의 주관성은 인간 안에 있는 어떤 능력이나 성질이나 고유한 성향이 아니라 '사람(Personsein)'이라는 사실을 말해 준다. 이 '사람'이란 원래 창조주와 영적인 관계를 할 수 있는 존재로 창조되었음을 말해준다. 사람이란 인간의 능력이나 인간을 자연보다 위대하게 하는 어떤 덕목이 아니라 그것 없이는 창조주를 만날 수 없는 관계의 카테고리를 뜻한

다. 이 관계의 카테고리에 신령한 내용물이 채워져야 함을 가리킨다. 사람이란 창조주 앞에서는 빈 껍질과 같은 존재에 지나지 않기 때문이다. 그것은 원래의 근원적인 내용물이 빠져나가 버리고 하나의 '형상(Gottebenbild)'적 존재가 되었다는 것을 말해 준다. 우리는 이렇게 사람을 정의할 수 있겠다: 사람은 하나님을 향해 살려달라고 부르짖는 하나의 외침이다.

28. 하나의 형상적인 존재란 두 가지 측면을 가진다. 하나는 인간이 자기 스스로 무엇을 채울 수 없는 껍데기라는 말이고 또 하나는 이 존재는 비록 죄로 인해 창조주와의 연결에 의한 고유한 존재 방식은 사라졌지만 창조주의 영으로 채워질 때, 즉 그리스도 안에 있는 창조주의 구속의 은혜로 인해 창조주의 영이 충만해질 수 있다는 의미이다. 그로 인해 창조주의 창조의 영광을 드러내는 존재가 된다는 말이다. 여기서 창조주와의 연결에 의한 고유한 방식이란 창조주의 사랑을 받으면서 그 사랑에 의미 있게 순종하는 능력, 즉 자유 의지로 창조주의 명령에 사랑으로 응답하는 능력을 말한다. 그것을 교리사에서 인간이 타락하기 전에 가졌던 '본래의 의(iustitia originalis)'라는 말로 이해되어 왔다고 하겠다. 그러나 부패로 인해 자유 의지는 완전히 곡해되어 죄를 자유롭게 짓는 의지로 변질되었다, 단적으로 말하자면 사람은 창조주 없이는 인간이 되고 인간인 이상은 이미 죽은 자이다. 그러나 창조주의 영으로 채워질 때에 비로소 그는 사람이 되고 창조주가 '창조하시는 인격'이라는 사실을 깨닫게 되며 그분에게 영광을 돌릴 수 있는 존재가 된다.

29. 창조주의 영은 그래서 오직 사람이라는 영적인 외침에서 계시된다.

인간이 사람이 될 때에만 그것은 가능하다. 인간은 하나님 앞에서 이미 죽은 존재이다. 그는 이미 죽음 안에서 살기 때문이다. 죽음 안에서 살면서 마치 정말 사는 것으로 오해할 뿐이다. 이 오해의 증세가 바로 인간의 관념으로 나타난다. 마치 인간을 '선을 행할 수 있는 존재'인 것처럼 동일시한다. 그래서 관념주의(Idealismus)에서 등장하는 방법론인 사유와 실재를 동일하게 여기는 '동일성의 원리(Identität)'는 한 마디로 인간 정신의 착각임이 분명하다. 묘하게도 선을 생각하는 것과 선을 행할 수 있다는 것이 논리적으로 동일시되는 셈이다. 이것이 바로 실재성을 상실한 죄인의 모습이 아니고 무엇인가?

30. 그러나 그럼에도 불구하고 인간이 사람이 될 때 그로 인해 창조주의 영이 자신의 말씀으로 그를 채울 때 비로소 그는 인간의 실재성을 회복하게 된다. 인간의 실재성이란 원래 창조주의 영광을 드러내며 사는 존재를 두고 말한다. 창조주의 영광은 사람만이 드러낼 수 있다. 즉, '창조'의 영광이다. 창조의 영광이란 물질적인 창조만을 말하지 않는다. 공허한 흑암과 무질서의 자연이 창조주의 영으로 인해 비로소 의미 있는 존재가 되는 것처럼 무의미한 인간 존재가 비로소 창조주 앞에서 유의미한 피조물이 되는 것이다. 원래 피조물이란 '만들어진 물건'이라는 제작 개념이 아니라 '창조주'를 나타내는 창조된 존재를 두고 말한다. 그래서 사람이 하나님의 창조라고 할 때 그것은 그가 하나님에 의해 만들어진 존재라는 데 의미가 있는 것이 아니라 그가 창조자의 생명과 영광을 나타내는 형상이라는 데 더 큰 의미가 있다.

31. 이제 정리를 해보자. 인간이라는 말은 이미 창조주와의 영적인 관계

를 상실한 존재를 말하며 따라서 하나님 앞에서 '이미 죽은 자'라는 의미이다. 인간인 이상 그는 벌써 죽은 자이다. 다만 자신이 죽은 자라는 사실을 모르고 있을 뿐이다. 이 무지의 상태에서 그는 이상(Ideal)을 만든다. 원죄라는 말은 죄를 단순히 유전적으로 물려받았다는 의미가 아니다. 하나님과의 영적인 관계가 끊어져서 이미 죽은 자인 인간을 표현하는 말이다. 그래서 우리는 하나님의 은혜가 없이는 절대로 살 수 없다. 하나님의 은혜 없이도 살 수 있다고 가르치는 자는 마귀일 것이다. 그것은 사탄의 영으로서 우리를 기만하는 것이 분명하다.

32. 우리는 하나님의 은혜로만 살 수 있다. 그리고 하나님의 은혜란 오직 예수 그리스도 안에서 말씀하신 창조주의 말씀뿐이다. 만약 그것 외에 또 다른 대안을 제시한다면 그것은 창조주의 영이 아닐 것이다. 우리가 살 수 있는 길은 예수 그리스도에게 말씀하신 창조주의 말씀을 듣는 것뿐이다. 이런 존재를 가리켜 '사람'이라 한다. 사람이란 내용물이 전혀 없고 오직 생명의 주이신 하나님을 향해 외치는 영적 절규에 불과하다. 이 외침은 하나님의 긍휼과 자비를 외치는 절규이다. 사람은 창조주가 순간마다 자신을 채우시는 은혜로 살아가는 존재이다. 우리가 이 사실을 망각하는 순간부터 실재성을 상실한 정신의 병은 시작된다. 창조주의 은혜 없이도 다시 말해 예수 그리스도에게 말씀하신 창조주의 말씀 없이도 살 수 있다고 착각하는 순간부터 우리는 정신의 병에 걸리는 것이다. 창조주 앞에서의 인간의 죽음은 육의 죽음이 아니라 정신의 병으로 죽는다. 인간이 죽는다는 것은 정확하게 말한다면 정신의 병으로 죽는다는 말과 동일하다.

자아의 문제

1. 우리가 사용하는 말은 분명히 우리 정신의 실재성을 반영한다. 왜냐하면 말이란 보이지 않는 영혼이 활동하는 정신이 되어 마치 자신의 옷이라 할 수 있는 육체를 입고 현현하는 것이기 때문이다.[189] 그렇다면 우리가 사용하는 말 가운데 '창조주', '구세주', '하나님'이라는 말들은 하나님이 하시는 말이 아니라 인간이 하는 말들이므로 인간 정신의 실재성을 반영하는 것이 분명하다. 따라서 '창조주'라는 말에서 인간이 의식적이든 무의식적이든 자신이 '피조물'이라는 정신의 실재성을 표현하고 '구세주'라는 말에서 그가 의식하든 의식하지 않든 자기 스스로가 '죄인'임을 말하며 '하나님'이라는 말에서 스스로 '무능한 존재' 또는 '영적인 근원을 찾아야 하는 존재'임을 드러내고 있다.

---

189 참고. S.H. Han, Die Wirklichkeit des Menschen im Personalismus Martin Bubers, F. Ebners, E. Brunners und F. Gogartens, Hamburg, 2001, 386-406.

2. 이런 말을 사용하는 한 인간은 이미 타자로서의 하나님 앞에서 무엇인가 본질적인 문제를 가지고 있다는 것을 드러낸다. 즉 자신이 이미 죽었고 또한 죽어 가는 존재라는 자명한 사실을 직감하게 한다. 따라서 인간이라는 개념은 창조주 앞에서 이미 죽은 자를 가리키는 존재이고 그래서 우리는 인간이 아닌 새로운 존재의 개념을 발견해야 함을 느끼게 한다. 곧, 산 존재 또는 살아가야 하는 존재로서의 인간인 '사람'이다. '사람'은 창조주의 영으로 살고 또한 그것으로 인해서만 살아가는 존재, 곧 창조주의 영을 만나는 존재이다. 그러나 우리가 창조주의 영을 만나는 사람이어야 한다면 우리 자아의 문제는 어떻게 이해해야 하는가? 창조주 앞에서 우리 자아의 문제는 어떻게 이해되어야 하는가?

3. 자아의 문제는 우선 나의 '나(자신)임'에 대한 문제라고 할 수 있다. '나의 나임'에 대한 의미를 생각해 본다면 '나'와 '나임'이라는 말에서 우선 분명한 것은 나라는 존재가 어떤 실체나 어떤 사실이라기보다는 하나의 '의미(Sinn)'라는 점이다. 동물이나 식물은 '나'라는 존재가 없기 때문에 나의식이 또한 있을 수 없다. '나라는 의식'은 하나의 '의식된 나'이기 때문에 인간만이 이 의식을 가진다. 이런 점에서 동물이나 식물은 사람이 아니며 사람이 될 수 없다.

4. 모든 피조물 중에서 오직 인간만이 '나'의 의식을 가지고 있다. 그리고 그것 때문에 우리는 '사람'이고 또한 '사람'이 될 수 있다. 그렇다면 동물에게 '나'라는 의식이 없다는 것은 그들이 인격적인 관계를 가질만한 근본적인 카테고리가 없다는 뜻이기도 하다. 왜냐하면 '나'는 항상 '너'를 전제로 한 '나'이기 때문이다. 동물은 상대에게서 '너'를 의식할 만한 '나'

라는 존재를 가지지 못한다. 따라서 '나'라는 존재를 깊이 생각해 본다면 '너' 없이는 '나'라는 말도 성립할 수 없음을 알게 된다.

5. 우리는 흔히 습관적으로 단어를 사용한다. 그로 인해 단어가 나타내고자 하는 의미를 깊이 고려하지 않고 단지 단어가 어떤 실체적인 것을 지적하는 말로 오해하는 경우가 많다. 아마도 그러한 경우 가운데 하나가 '나'라는 단어의 표현일 것이다. 지금 우리가 이 소중한 단어의 표현을 단순히 인칭 대명사 정도로 여긴다면 그 깊은 의미를 가지지 못한 채 소위 명목화(Nominalisierung)시키면서 사용하고 있다고 해야 할 것이다. 명목화란 어떤 것에 대하여 내용을 다 빼 버리고 껍데기로 만드는 형식화 작업을 말한다.

6. 근대 철학에서 데카르트의 철학이 이룬 위대한 업적이 하나 있다면 바로 '나'의 발견이다. 그에게 '나'란 곧 '나라는 존재(Das Ich)'인데 그의 철학과 그의 철학 이후에 번성한 유물주의 철학(Materialismus), 경험주의 철학(Empiritismus), 그리고 관념주의 철학(Idealismus)은 대부분 데카르트의 '나라는 존재'를 자신들의 철학의 출발점으로 인정하고 그 터에서 '신'과 '세상'을 사유하고 있다. 데카르트의 명제인 '나는 생각한다 그래서 나는 존재한다(cogito ergo sum)'는 분명히 철학사에서 신의 존재마저 세울 수 있다는 인간의 위대한 자취를 남겼다.

7. 여기서 하나의 질문이 던져진다. 과연 '나라는 존재'는 실재로 존재 하는가? 다시 말해 '나라는 존재는 있다'고 말할 수 있을까? 정확하게 묻는다면 '나라는 존재(Das Ich)'는 실재로 존재하는 어떤 존재인가? 이에 대

해 에브너는 '나라는 존재'가 실재하는 어떤 것이 아니라고 단정한다. 그는 "나라는 존재는 무엇을 가질 수 있는 어떤 사실도 아니고 어떤 대상도 아니며 인간 속에서 모든 대상화를 비웃는 정신적 존재의 주체이며 존재 자체이다"고 주장한다.[190] 여기서 에브너는 서구 정신 철학사에서 철학자들이 논하는 '나'는 '실재적인 나(wirkliches Ich)'가 아니라 '나라는 존재(Das Ich)'임을 밝히고 있다. 사실 '나라는 존재'라는 표현 자체가 그다지 적절한 표현은 아닌 듯하다. 이 표현 속에서 마치 '나'가 어떤 무엇인 것처럼 느끼게 하는 어감을 가지게 하기 때문이다. 그러나 '나라는 존재'는 '나'와 '있음'의 결합어이기 때문에 의미상으로 동어 반복이 된다. '나라는 표현도 '있음'을 가리키는 의미이고 '존재' 역시 '있음'을 가리키는 표현인데 '나라는 존재'를 굳이 사용해야하는 이유가 있다면 단지 '나'를 서술해야 하고 설명해야 하는 불가피성 때문이다. 그러나 '나'는 결코 관찰의 대상이나 사유의 객관화의 대상이 될 수 없는 존재 자체, 즉 실재성(Wirklichkeit)과 관계한다.

8. 에브너의 진단대로 본다면 데카르트 이후 철학함의 주체인 '나라는 존재'가 사유의 대상이 되면서 극단적으로 발전하게 되는데 예를 들어, 경험주의 내지 유물주의 철학은 '경험적 존재로서의 나'를 강조하고 반면에 피히테와 헤겔과 같은 자들의 관념주의 철학은 '절대 초월적인 나'의 개념으로 '나라는 존재'를 설명한다. 그리고 이 양 극단에서 대두되는 문제는 세계가 '나라는 존재'의 한 부분이든지 혹은 반대로 '나라는 존재'가 세계의 한 부분이든지 둘 중 하나라고 주장한다. 우리는 전자를 가리

---

190 F. Ebner, Das Wort und die geistigen Realitäten, in: Fragmente Aufsätze Aphorismen, Bd I, München, 1963, 188.

켜 관념주의라고 하고 후자를 가리켜 경험주의 내지 유물주의 혹은 실증주의라고 표현한다. '나라는 존재'가 '신', 그리고 '세상의 실재성'을 규정하는 막강하고 무한한 존재가 되었다. 이것이 바로 데카르트가 발견한 '코기토(Cogito)'이다.

9. Cogito 이후의 역사는 사변적으로 계속 발전하여 Cogito가 궁극적으로 어떤 결과를 가져왔는가를 보여 준다. 그들은 '나라는 존재'가 사유하는 어떤 존재로 이해하였다. 과연 '나라는 존재'는 어떤 능력을 가진 존재인가? 즉 '그것'으로서의 어떤 존재인가? 어떤 능력을 가지는 존재라면 그것은 사실 '존재'를 지칭하는 것이 아니라 '존재자'를 말하는 것이 된다. 존재자는 사유의 대상이 되지만 그러나 존재는 인식이나 사유의 대상이 되지 못하는 것이 분명하다. 그래서 경험주의나 관념주의 철학은 '실존', 즉 '실재적인 나'가 도대체 무엇을 의미하는가를 제대로 파악하지 못하였다고 하겠다. '실재적인 나'는 철학자들이 사유의 대상으로 세우는 '나라는 존재'가 결코 아니다. '실재적인 나'는 오로지 '너' 앞에서 지금 여기서 마주 서 있는 존재를 의미한다. 그렇다면 과연 '나'는 무엇인가?

10. '나'를 정확하게 구분하면 '나'라는 단어가 있고 '나'라는 의식이 있다고 하겠다. '나'라는 의식은 일인칭 대명사로 사용되는 '나'의 사실적인 내용물이라고 하겠는데 이 내용물을 나타내고 표현하기 위한 단어가 필요하다. 그 단어가 바로 '나'라는 일인칭 대명사이다. 그러나 흔히 '나'라는 일인칭 대명사와 '나'라는 의식을 거의 구분 없이 사용되어 왔고 일인칭 대명사와 '나'라는 의식도 거의 같은 것으로 취급되어 온 듯하다. 사

실상 이는 구분하기도 매우 어려운 일이다. 왜냐하면 '나'라는 의식이 표현되기 위해서는 어떤 말이 필요한데 그 말이 곧 일인칭 대명사 하나뿐이기 때문이다.

11. 지금까지 우리는 일인칭 대명사를 사용하여 '나'를 표현해 왔기 때문에 당연히 그 대명사 속에 나의 고유한 의식이 있을 것이라고 생각한다. 그래서 지금까지 '나'라는 단어를 아무 검증 없이 잘 사용해 왔다. 확실히 우리는 일인칭 대명사를 빌려서 나의 고유한 의식을 표현할 수밖에 없음을 인정하지 않을 수 없다. 그러나 일인칭 대명사 자체를 곧 나의 고유한 의식이라고 생각하는 것은 잘못이다. 왜냐하면 나의 고유한 의식이 과연 무엇인가를 생각해보면 그것은 도무지 서술, 묘사, 표현, 규정, 정의가 불가능하기 때문이다.

12. 좀 더 정확하게 말한다면 '나'라는 의식은 사물이나 사태를 반영하는 어떤 의식이 아니다. '나'라는 의식은 근본적으로 '어떤 것(Irgend etwas)'이 아니기 때문에 서술 불가능하며 실체가 전혀 아니기 때문에 인간의 인식의 대상이 되지 못한다. '나'라는 의식을 굳이 말로 서술한다면 하나의 사유될 수 없는 존재 혹은 이성의 능력으로 파악될 수 없는 존재라고 보는 것이 옳을 것이다. '나' 또는 '자아'라는 말은 나의 고유한 의식이 아니라 나의 의식을 단지 표현하는 말일 뿐이다. 혹자는 '주체(Subjekt)'라고도 한다. '나'는 흔히 자기 의식, 자아(Selbst), 주관(Subjekt), 그리고 나라는 존재(das Ich) 등으로 다양하게 표현한다.

13. 여기서 우리는 '나'라는 말과 '나'라는 의식을 구분해 볼 필요가 있다.

'나는 무엇인가'라고 물을 때 우리는 그 해답을 전혀 찾을 수 없다. 왜냐하면 인간 정신이 근본적으로 '나'이기 때문이다. 그리고 '나'는 우선 실체(Substantia)가 아니므로 어떤 무엇이 될 수도 없다. 이 '나'의 문제는 관념론의 철학에서는 '주관' 또는 '의식'이라는 말로 표현된다. 우리는 '나'라는 일인칭 대명사와 그 대명사를 통해 표현되는 '고유한 나'를 구분해서 생각해 보아야 한다. 왜 '나'라는 고유한 의식은 반드시 일인칭 대명사를 통해서만 표현되어야 하는가?

14. '나라는 존재'를 생각할 때 우선 놀랍게도 성경에서 이스라엘의 하나님이 자신을 '야웨'로 계시하셨다는 사실이다. 야웨는 부버(M. Buber)에 의하면 '나는 스스로 있을 자로서 거기에 있을 것이다'라는 하나님의 약속을 담은 신명이다.[191] 이 이름의 기원에 대해서는 여전히 비밀로 남아 있지만 보통 '있다'라는 동사에서 파생된 것으로 보는 견해가 지배적이다.[192] 이 신명은 이스라엘에만 국한된 것이 아니라 사실은 구약 성경보다 더 오래 된 것이며 아마도 근원적으로는 이스라엘의 이름이 아니었을 수도 있다고 구약 학자 슈미트(W.H. Schmidt)는 주장한다.[193] 그에 따르면 이 신명은 이미 존재했었고 구약 성경이 오히려 그것을 받아들였다고 하면서 그 기본적인 의미는 상당기간 동안 비밀로 남아 있었는데 그 신비한 신명이 이스라엘에게서 그 의미를 나타낸 것이라고 한다.

15. '있다'라는 동사는 구약적인 개념에서 '자신을 위해 존재하는(für sich

---

191   참고. H. Gollwitzer, Krummes Holz-aufrechter Gang, München, 1971, 305.
192   참고. W.H. Schmidt, Alttestamentlicher Glaube in seiner Geschichte, Neukirchener, 1990, 69.
193   위의 책, 69.

sein)'개념이 아니라 '거기에 현재적으로 활동하는' 생명을 지칭할 때 사용한다고 한다.[194] 만약 '야웨'라는 신명이 '있다(히브리어로 '하야')'라는 동사에서 기인한다면 하나님의 실재성은 그의 활동임을 말한다. 단순히 인간 눈앞에서 움직이지 않은 실체로 정지해 있는 무엇을 가리켜 존재라고 이해하는 헬라적 존재 개념과 달리 히브리적 존재 개념은 동적이고 다이나믹하고 살아 움직이며 역사하는 생명을 뜻한다. 그래서 '존재한다' 혹은 '있다'는 것은 단지 소리 없이 서 있는 어떤 실체를 의미하는 것이 아니라 관계하고 움직이며 역동하고 역사하는 주체의 생명을 나타낸다. 이러한 히브리적인 존재 개념을 헬라 철학은 신의 존재와 관련시키면서 정적으로 혹은 형이상학적으로 해석하여 오늘날의 사변적 존재 개념으로 이해하게 되었다고 할 수 있겠다.

16. 사변적 존재 개념이란 인간이 '생각하는 자아(Cogito)'가 되어 역동적이고 살아 역사하는 생명을 고정된 실체로서의 '존재'로 사유한 데서 파악되는 신 개념이다. 신은 말하자면 존재이긴 한데 여기서 말하는 존재란 어떤 원인에 해당되는 것이고 변하지 않는 불변의 존재 혹은 질서의 근원과 같은 것으로 철학은 이해하고 있다. '코기토(Cogito)'란 '이성으로 보는 나'이고 '생각하는 나'이다. 이성으로 '나'가 본다고 할 때 그것은 인간 정신이 보는 주체가 된다는 뜻이며 이때 보는 주체란 인간 자아 혹은 인간 자신을 가리킨다. 그래서 '생각하는 자아'의 본질은 '나'를 스스로 세우는데 있다. 그러나 구약의 '야웨' 하나님은 이런 코기토에 의해 사유될 수 있는 존재가 아니며 또한 헤겔처럼 인간의 사유를 빌려서 자신을

---

194 위의 책, 70.

나타내는 그런 사변적 주체 개념도 아니다.

17. 야웨라는 신명에서 나타나는 신비한 존재 개념은 '나라는 존재'개념이다. 하나님은 야웨로서 실재하시는 '나'라는 실재이다. '나'라는 실재로서의 야웨는 '거기에 있을 자'로 사람과 마주하고 있다. 이 심오한 말이 가지는 의미는 야웨가 주권자다운 자유를 가지신 분으로서 자기의 이름을 드러내는 그 자리에 계신다는 뜻이다.[195] 야웨는 결코 인간의 인식의 사유가 되는 객체가 될 수 없는 실재로서 오직 자신을 자유롭게 계시하시는 주권자이다.

18. 여기서 중요한 것은 야웨가 '나'라는 실재로서 자신을 계시한다는 사실인데 그 계시의 장소가 항상 '사람'이었다는 점을 구약에서 찾아 볼 수 있다. 열왕기상 20장 13절과 28절을 예로 든다면 야웨가 장차 그의 백성들과 함께 행동하실 것을 알린 다음 전혀 아무런 근거가 없이도 "내가 야웨인줄 네가 알게 될 것이다"라는 종결 형식으로 자신을 말씀하신다.[196] 야웨는 '나'라는 실재로서 자신을 사람에게 계시하시고 그 계시의 지점이 곧 사람임을 암시한다. 여기서 사람이란 '나'라는 실재가 일어나는 하나의 정신적 지점이다. 다른 말로 표현하면 곧 '인격적 존재'를 가리킨다. 야웨는 사람이라는 지점 혹은 장소에서 '나'로서 실재하는 자신을 계시하시는 것이다.

19. 만약에 야웨가 자신을 계시하는 지점 혹은 장소가 없다면 그는 독백

195　W. Zimmerli, 구약 신학, 김정준 역, 서울, 한국신학연구소, 1999, 27.
196　위의 책, 28.

론적인 신일 것이다. 그러나 야웨는 독백론적 존재가 아니라 항상 '사람'이라는 지점 혹은 장소에서 자신을 계시하는 '나'인 것을 우리는 성경을 통해 보게 된다. 특히 모세에게 나타난 야웨는 모세가 어떤 특별한 인간인 것을 가리키기보다는 그가 바로 '사람'인 것을 말해준다. 즉 야웨의 도움을 간절히 구하는 존재로서의 '사람'이다. 사람은 하나님을 구하는 존재이지만 동시에 하나님이 구하는 자도 된다. 예를 들어, 하나님이 모세라는 한 사람에게 자신을 계시하시는 모습은 거의 처절하게, 그리고 비극적인 모습으로 비친다. 자그마치 7절을 할애하여(출 3:4-10) 하나님이 모세를 왜 불렀으며 그가 이스라엘 백성들에게 왜 가야하는 지를 성실과 친절로 말씀하셨는데도 모세의 응답은 "제가 누구이기에 바로에게 가며 이스라엘 자손을 이집트에서 인도하여 내겠습니까(출 3:11)"라고 되물었으며 "내가 너와 함께 하겠다(출 3:12)"고 그분이 말씀하셨음에도 모세는 하나님의 이름을 물었고(출 3:13) 하나님이 자신을 야웨(나는 나다)라고 제시하셨고 "나(야웨)이신 분께서 너희(이스라엘 백성)에게 나(모세)를 보내셨다 하라"고 말씀하셨음에도 모세는 '나'라는 실재의 무거움을 전혀 깨닫지 못하고 "그들(이스라엘 백성들)이 저(모세)를 믿지 않고 … 야웨(여호와)께서 나타나시지 않았다고 말할 것입니다(출 4:1)"라고 대꾸했으며 2개의 기적을 받고도 "저는(모세) 말을 잘 하지 못합니다(출 4:10)"라고 하나님을 향해 자신을 내 세웠다. "누가 사람의 입을 만들었으며 …(출 4:11)"라고 말씀하시는 하나님을 향해 "보낼만한 자를 보내소서(출 4:13)"라고 모세는 거부하였다. 만약 모세의 이런 행위를 겸손이라고 한다면 오해로 비친다. 겸손이라는 미덕은 인간관계에서나 통하는 덕목인데 모세의 행위는 하나님 앞에서 불순종이고 강곽이며 목이 곧은 죄악이었다. 하나님과 모세와의 대화에서 모세라는 인간은 하나님 앞에서 처절한 죄인의 모습이었고 하나님은 죄인을 향하여 그를 '사람'을 보시고 역사하시는 인격이심을 말해준다. 하나님은 모세라는 인간에게서 '사람'을 보시고 그를 향하여 말씀하신 셈이다. 사람을 보시는 하나님을 가리켜 우리는 '너'를 찾으시는 실재로 이해할 수 있다. 즉 '너'라는 하나님이 사실은 '나'로 실재하심을 의미한다. 그래서 모세는 육을 가진 인간이었지만 정신적으로 본다면 야웨가 '나'라는 실재로 자신을 계시하셨던 정신적 지점인 '너'라는 존재였다. 모세는 항상 사람으로서 야웨를 만났다고 할 수 있다. 달리 말하면 야웨는 모세에게서 항상 '나'라는 실재로 계시하셨다. 모세는 '나'로 실재하시는 야웨에게는 자신을 '나'로 계시하시는 정신적인 지점 혹은 장소이었다.

20. 욥의 경우는 모세보다 더 특이하다. 구약 욥기서에는 하나님과 인간 욥과의 대화가 등장하는데 특히 38장(41절)부터 39장(30절), 40장(19절), 41장(34절)은 우리가 충격, 경악, 놀람, 황당과 전율을 가지기에 충분하다. 하나님이 욥이라는 한 인간에게 38장에서 41장에 걸쳐 장장 124절이라는 긴 절을 가지고 무엇인가를 말씀하시는데 그 많은 절수를 할애하신 것도 우선 경이롭다. 그런데 그 내용을 들여다보면 하나님이 지금 누구에게 이런 말씀을 하시는지 이해가 가지 않을 것이다. 마귀에 의해 모든 소유와 종들과 자녀들을 잃고 견디기 힘든 피부병으로 고통하는 욥에게 "내가 땅의 기초를 놓을 때 너는 어디에 있었느냐? … 누가 땅의 크기를 정하였는지 … 땅의 토대는 무엇 위에 세워졌으며 … 네가 바다의 근원까지 들어갔었느냐? … 빛이 나누어지는 길은 어디에 있으며 … 이슬방울은 누가 낳았느냐? … 네가 하늘의 법칙을 아느냐? … 가슴 속의 지혜는 누가 심어 두었느냐? … 네가 암사자을 위해 먹이를 사냥하겠

느냐? …(욥 38장)"고 하나님은 묻고 있었다. 하나님이 욥에게 하신 모든 말씀들은 피부병에 걸려서 그저 하루종일 긁어대는 욥의 실존과는 사실 전혀 무관한 말이다. 그런 욥에게 하나님은 천지 창조를 설명하고 있었다. 어쩌면 욥의 심정을 가장 정확하게 아는 자는 "하나님을 저주하고 죽어 버리시오(욥 2:9)"라고 말했던 욥의 부인일 수 있다. 평소에 오랫동안 욥과 같이 산 그 여자는 욥이 하나님을 저주하고 죽어버리고 싶은 마음뿐임을 너무 잘 알고 있었다. 그러나 "이 모든 일에 욥이 자기 입술로 죄를 짓지 않았다(욥 2:10)"고 했다. 즉 욥은 헛바닥으로는 죄를 짓고 싶지 않았다. 그러나 마음은 달랐다. 마음으로는 죽어 버렸으면 좋겠다는 마음뿐이었는데 "그 후에 욥이 입을 열어 자기의 생일을 저주하였다(욥 3:1)"고 했다. 욥이 지금 꿈꾸는 것은 천지의 원리, 법칙, 빅뱅, 질량보존의 법칙이 아니었다. 태어난 것을 저주한다는 것은 생명을 주신 하나님을 저주하는 행위와 유사하다. 태어나고 싶어서 태어나는 자는 아무도 없기 때문이다. 생일을 저주하는 것은 태어난 것을 저주하는 것이다. 그 행위는 생명을 주신 하나님을 간접적으로 원망하는 행위이다. 욥이 자신의 몸이 상하는 재앙을 겪기 전에는 "내가 맨몸으로 모태에서 나왔으니 맨몸으로 그곳으로 돌아갈 겁니다. 주신 분도 여호와이시며 가져가신 분도 여호와시니 여호와의 이름이 찬양을 받으소서(욥 1:21)"라고 했지만 피부병이 걸리니까 금방 했던 그 영웅적인 기개는 사라지고 생일을 저주하였다. 하나님을 직접 원망하기는 싫고 자기를 원망하고 있었다. 그것은 의미적으로 그런 자신을 준 하나님을 원망하는 것과 동일하다. "내가 왜 태에서 죽지 않았을까?(욥 3:11)"라고 태를 여신 하나님 앞에서 욥은 자신을 저주하였다. 그러니까 욥은 헛바닥으로는 하나님을 원망하지 않았으니 마음으로는 죄 없는 자신을 친 하나님을 원망하고 있었다. 그런데 이런 위선에 가까운 욥에게 무려 124절이라는 길고 지루한 절수를 할애하여 하나님은 천지 창조의 원리와 이치, 법칙과 질서를 설명하고 있다. 그렇게 장황하게 설명하는 하나님의 설명을 다 들은 욥의 대답은 한 마디로 '몰라서 미안합니다'의 표현이었다(42:2-6). 욥이 보는 하나님과 하나님이 보시는 욥이 이렇게 달랐으며 욥이 꿈꾸는 신과 하나님이라는 신이 보시는 욥이 이렇게 달랐다. 욥과 하나님을 평가하라면, 인간 욥을 하나님은 너무 신적으로 보시고 있다는 것과 인간 욥은 하나님을 너무 인간적으로 보고 있다는 것이다. 하나님은 욥의 '너'였으며 욥은 하나님의 '나'였다. 거기에는 하나님과 인간이라는 경계가 사라지고 오로지 '나'와 '너'의 인격적인 관계로 하나님과 욥이 있었다.

21. 욥처럼 모세도 야웨 하나님의 실재성을 직접 체험했다. 모세는 하나님과의 관계에서 하나님의 '너'라는 상대였다. 즉, '나'로 실재하는 야웨가 자신을 계시할 수 있는 상대였다. 모세는 야웨 하나님에 대해서 항상 '너'였다. 하나님은 모세를 항상 '너'로 불렀고 모세에게 자신을 계시하였다. 모세는 '나'로 존재하는 야웨가 계시된 정신적 장소로 이해될 수 있다. 그렇다면 '나'라는 실재로서 야웨는 항상 '너'라는 상대에게서 계시된다는 것을 욥과 모세에서 잘 알 수 있다.

22. 욥과 모세에서 하나님의 만남이 '나'로 실재하는 야웨와 '너'로 존재했던 사람 사이에서 일어났던 역사임이 드러난다. 하나님은 항상 '나'로 실재하신다. 이 말은 자신을 스스로 자유롭게 나타내는 인격이라는 의미로서 자신을 자유롭게 사람에게 나타내시는 생명이다. 그러나 이 말을 철학적으로 오해해서는 안 될 것이다. 즉 '나'라는 실재는 자신을 나

타내기 위해 '너'라는 사람이 필요하다는 말이 결코 아님을 알아야 한다. 이런 생각은 헤겔의 사변 철학의 모티브인데 이것은 독백하는 신의 개념이지 성경의 하나님 개념은 아니다.

23. 우리는 '나'로 실재하는 하나님을 생각하지 않고서는 '나'를 말할 수 없다. 하나님은 스스로 '나'로 실재하시는 영이고 우리는 그 영과 만날 수 있는 생명체(네페쉬)이다 여기서 '나'로 실재하는 영과 마주하는 존재를 '사람'이라고 규정할 수 있다. 사람은 항상 '나'로 실재하는 영을 만날 수 있다. 사람이 아니라면 결코 '나'로 실재하는 영의 실재성을 알 수 없다. 여기에서 참된 '나'의 문제가 대두된다. 사람은 스스로 '나'로 실재할 수 있는 것이 아니라 항상 '나'로 실재하는 하나님에 의해 존재한다. '나'로 실재하는 하나님이 일어나는 장소가 바로 인간의 마음, 즉 '너'이다. 그래서 '너'는 인간의 마음이 분명하다.

24. 인간의 마음이라는 표현은 인간이 마음이 된다는 말이다. 이성이 아니라 마음이 될 때 인간은 '나'로 실재하는 하나님을 만날 수 있다. 이런 점에서 인간의 자아는 '나'로 실재하는 하나님에 의해 의식되는 존재(Bewuβtsein)임이 분명하다. 하나님에 의해 의식되는 존재, 즉 '나'로 실재하는 하나님을 의식하는 존재는 참된 '나'를 의식하는 존재이다. 왜냐하면 '나'로 실재하는 영을 의식하기 때문인데 '나'를 의식하면서 자신도 '나'가 되는 것이다.

25. 하나님의 '나'를 의식하는 존재를 우리는 하나님의 나가 일어나는 정신적 장소, 즉 '너'로 이해할 수 있다. 다시 말해 우리는 '나'로 실재하는

하나님을 의식하면서 비로소 하나님과 마주 서는 존재인 하나님의 상대, 달리 말해 하나님의 '너'가 되는 것이다. 하나님의 '너'란 '나'로 실재하는 하나님을 의식하는 존재이며 여기서 자유로운 주권자인 야웨 하나님이 계시된다. '너'라는 존재는 '나'로 실재하는 야웨 하나님이 계시되는 정신적 장소 내지 지점이다. 하나님은 항상 '너'라는 존재에서 '나'로 일어난다. '너'라는 존재는 하나님의 소유된 장소이다. 하나님의 의해 점유될 수 길은 우리가 '너'라는 존재가 되는 길뿐이다.

26. 하나님에 의해 점유되는 존재를 우리는 '사람'이라고 부른다. 사람은 오직 '나'로 실재하는 하나님을 의식하는 존재이다. 하나님을 의식하면서 '나'를 가지는 존재가 사람이다. '사람'은 처음부터 '나'로 실재하는 하나님이 일어나고 역사하는 정신적 장소의 개념이다. 이런 의미에서 하나님은 사람에게는 항상 '너' 혹은 '당신'이 된다. 하나님은 '사람'에게는 오직 '당신'으로 다가오신다. 하나님과 사람의 관계는 오직 '나와 너' 혹은 '나와 당신'의 관계이다. 이것은 인간이 하나님을 결코 3인칭으로 사유할 수 없다는 뜻이기도 하다. 하나님의 실재성을 논하자면 "하나님은 주격으로서 증명될 수 없고 하나님은 호격으로서 또한 증명될 필요가 없다"고 말할 에브너의 말은 대단히 의미가 있다.[197] 이 말은 하나님을 인간이 오직 주격으로 모시든지 혹은 호격으로 부르든지 해야 한다는 것이다. 달리 말하면 사람은 하나님을 주인(주격)으로 모시면서 그 주인을 향해 종으로서 외치고 불러야 하는(호격) 존재이다. 사람은 하나님이라는 주인을 향해 외치고 절규하는 정신이다.

---

197 F. Ebner, Wort und Liebe, Regensburg, 1935, 267.

27. 그렇다. 하나님은 사람에게는 주격과 호격으로서만 실재하신다. 하나님은 자신을 주시는 주체가 되시기 때문에 사람에게는 항상 주격으로 실재하신다. 동시에 사람은 하나님을 부르고 외쳐야 하는 정신이기 때문에 하나님은 항상 사람에게는 호격으로 실재하신다. 주격과 호격이라는 관계를 제외한 다른 모든 관계들은 사실 모두 하나님과의 참된 관계가 아니다. 학문에서 하나님을 '주체'나 '정신' 혹은 '존재'라는 말로 묘사한 것은 실체화시킬 수 없는 상대를 인간의 사유로 실체화시킨 결과이고 대상화시킬 수 없는 존재를 인간학적으로 대상화시킨 결과이다. 곧 물화될 수 없는 정신을 물화시킨 것이다.

28. 인간의 자아는 도대체 무엇인가? 하나님의 영이 '나'로 실재하시는 인격이라면 인간의 자아는 이러한 '나'를 의식하는 생명체임이 분명하다. 인간은 그런 점에서 '나 의식'을 가지는데 인간은 '나 의식'을 가질 수 있을 뿐 '나' 자체는 될 수 없다. '나'로 실재하시는 하나님을 의식하면서 비로소 자신을 의식하는 존재가 인간이다. 여기서 인간의 자아는 하나님의 나이신 영이 일어나고 역사하는 장소이다. 인간의 자아가 하나님을 의식할 때만 참된 자아일 수 있다는 것은 바꾸어 말하면 하나님의 영이신 '나'는 인간의 자아라는 장소에서 일어나고 역사하는 생명임을 말해준다. 그래서 하나님과의 관계는 항상 '나와 당신'의 관계이다.

코기토(Cogito)와 이마고 데이(Imago Dei)

1. '나'를 실체로 여겨서 마치 '나'라는 존재가 '어떤 것'이라는 내용을 가지고 존재하는 것처럼 생각하는 것은 '나'라는 존재를 본질적으로 잘못 이해하였다. '나'라는 존재는 추상적 실체 개념이 아니라 하나의 역사적 존재로서 '일어나는 존재'이다. 즉 상대를 '너'로 만나면서 일어나는 나 의식이다. '나'는 상대를 '너'로 만나는 신비한 존재인데 그로 인해 비로소 자신의 실재성을 가진다. '너' 없는 '나'는 공허한 단어에 불과하다. 그래서 이 문제를 보다 명확하게 이해하기 위해 우리는 여기서 '사유하는 자아(Cogito)'와 '하나님 형상으로의 나(Imago Dei)' 문제를 생각해 보면 좋을 것 같다.

2. 데카르트에 의해 발견된 코기토의 본질은 무엇일까? 코기토란 일상적으로 생각하는 경험적인 자아 개념이 아니라 철학하는 자아 개념으로서 또는 사유하는 자아 개념으로서 모든 존재를 인식의 대상으로 세운

다. 살아 있는 존재를 하나의 대상으로 세워 자신의 사유의 범주를 통해 파악하는 '나'이다. 살아 있는 존재를 대상으로 세운다는 말은 인간 정신이 '보는 눈'이 되어 사물을 파악한다는 뜻인데 사물을 올바르게 보기 위해 그 사물을 고정시키고 정지시키는 것을 의미한다.

3. 사실 모든 존재들은 죽은 사물이 아니라 살아 있는 생명체이다. 그러나 인간 정신이 그것을 파악하기 위해서는 불가피하게 그 생명체를 이성으로 고정시키고 움직이지 못하도록 세워 놓아야 한다. 그러면서 인간 정신은 '보는 눈'과 같은 이성이 되어 그 생명체를 분석하고 쪼개고 해체한다. 인간 정신은 살아 있는 생명체를 하나의 눈앞에 서 있는 사물로 만들면서 그 생명체에게 인간 정신이 선천적으로 가지는 사유의 범주를 부여하여 그것을 파악한다. 그러면서 정신이 가지는 사유의 범주에 따라 판단하는데 그 판단과 '눈앞에 서 있는 사물'이 서로 일치될 때 그것을 '진리'라고 생각한다.

4. 코기토에 있어서 진리 개념은 인간 정신이 가지고 있는 사유의 범주와 자기 눈앞에 세워 놓은 생명체를 하나의 '눈앞에 서 있는 사물'로 만들면서 가지는 개념이다. 쉽게 말해 사유의 범주와 사물의 일치가 진리인 셈이다. 그래서 코기토는 살아 있는 생명체를 항상 '어떤 사물'로 만든다. 사물이란 공간을 점유하는 존재가 되어 '어떤 것'이 된다. 코기토는 생명체 혹은 실재를 항상 눈으로 분석할 수 있는 어떤 것으로 만든다. 이 과정에서 코기토는 어떤 것을 사유하는 주관(Subjekt)이 되고 생명체는 그러한 코기토에 의해 사유된 어떤 것, 즉 객관(Objekt)이 된다.

5. 코기토는 항상 사물과 관계하며 그 관계 방식은 필연적으로 '주관과 객관의 관계'이다. 코기토는 주관이 되고 생명체는 이런 코기토 앞에서 소리 없이 조용히 서 있는 하나의 '사물', 즉 사유된 대상 혹은 객관이 된다. 코기토는 사유되지도 않고 또는 사유될 수도 없는 존재를 객관, 즉 '자신 앞에 서 있는 사물'로 만든다. 객관이란 코기토에 의해 '사유된 존재'이며 더 이상 생명이 사라지고 이미 죽은 존재이다. 그래서 코기토는 생명 또는 실재성을 죽이는 정신이 된다.

6. 코기토는 생명을 하나의 사유된 사물, 즉 객관으로 만들면서 그것을 통해 자신을 의식하는 존재이다. 자기 자신을 의식하기 위해 객관을 세우는 셈이다. 달리 말하면 객관을 세우면서 그 객관으로부터 자신을 의식한다. 이러한 코기토의 본질을 헤겔의 철학에서 눈에 띄게 발견할 수 있다. 헤겔에 의하면 정신은 자기를 세우는 존재이고 자신을 의식하기 위해 객관을 정신이 세운다. 정신이 객관을 세우는 이유는 정신이 자신을 의식하기 위함이다. 헤겔이 말하는 정신은 코기토인데 오직 자기 자신을 스스로 세우는 존재이고 또한 자신을 의식하기 위해 대상을 세우는 자아이다.

7. 코기토는 대상을 통해 자신을 세우면서 동시에 이런 자신을 실현시키려한다. 대상을 보면서 자신이 꿈꾸는 세상을 실현시키려 하는 것이다. 이것을 '이데아'라고 부른다. 이데아는 인간이 '보는 존재'가 되었음을 말해 준다. '보는 존재'란 고대 그리스의 사유하는 철학자들에게서 그 원형을 찾아볼 수 있겠는데 그들에 있어서 보는 감각인 '눈'은 항상 불완전한 세상을 제시한다. 그래서 그들은 이성으로 보는 이데아의 절대적

인 세상을 희구했다.

8. 눈이라는 감각으로 파악되는 세상은 불완전하고 이성이라는 정신으로 파악되는 세상은 영원하다고 그들을 믿었다. 그래서 땅 위의 세상과 대비되는 영원한 세상을 동경했다. 하늘의 영원한 세상은 땅 위의 유한한 세상의 대비이다. 여기서 말하는 영원한 세상의 본질은 유한한 땅 위의 세상의 반대 개념이다. 그래서 이데아란 유한한 땅 위의 세상을 초월하는 세상으로서 관념이라는 영원한 세상이다. 코기토가 창조한 이데아의 세상은 말하자면 땅 위의 역사와 정반대되는 세상인 셈이다. '눈'이라는 감각 기관을 통해 파악되는 세상은 항상 불완전한 세상이고 반대로 '이성'으로 보는 관념의 세상은 영원한 세계로 그들은 본다. 그래서 이데아의 세상이란 달리 말하면 항상 역사 저편에 있다. 여기에서는 타자를 인격적으로 만나는 역사를 체험할 수 없는데 그것은 '타자가 살아 있는 생명'으로 나타나지 않고 오직 자기 자신만 존재하며 또한 자신이 스스로 바람직하다고 여기는 세상이기 때문이다.

9. 역사(Geschichte)란 현재 안에서 '나'에게 일어나는 역사를 뜻한다. '너'라는 생명이 '나'에게 인격적으로 말을 거는 데서 일어나는 영적인 관계의 역사를 의미한다. 이런 역사를 간과하기 때문에 사실 코기토는 역사를 상실하는 존재이고 그 역사의 실재성을 상실한 세상을 꿈꾼다. 코기토는 자기 자신을 상대 앞에 세우는 존재로서 인간 정신을 '보는 존재'로 만든다. '보는 존재'가 되어서 인간 정신은 사유할 수 없는 생명을 하나의 생명 없는 사물로 사유한다. 생명 없는 사물과의 관계에서는 '상대'가 살아 있는 생명으로 나타나지 않기 때문에 생명과의 진정한 만남인 역

사가 일어나지 않는다. 인격적인 만남의 역사가 일어나지 않는 세상 곧 이데아에 코기토는 자기의 존재의 집을 짓는다. 즉 코기토의 종말은 실재성의 상실이다.

10. 과연 코기토는 누구를 가리키는가? 코기토의 본질이 자신을 스스로 상대 앞에 세우는 것에 있다면 자기를 상대 앞에 세우는 모든 노력들은 코기토라 불리는 인간 정신에서 기인한다고 할 수 있다. 코기토란 특정 소수의 철학자가 가지는 특수한 철학적 자아만을 의미하는 것이 아니라 자기를 스스로 세우려는 노력을 하는 자아라면 누구든지 코기토라 칭할 수 있다. 우리는 이런 자아가 세상적 인간학에서 매우 다양하게 표현되는 것을 보게 된다. 철학에서는 철학적 이론으로 표현되고 비학문의 영역에서는 이론 없이 조잡하고 조야하게 표현된다.

11. 사실 그리스도로 거듭난 새로운 자아가 아니라면 누구든지 이미 이러한 자아를 가지고 있다고 해야 할 것이다. 즉 인간은 타락 이후 본성적으로 코기토로서 자기 자신을 스스로 세우는 존재가 되어 세상을 만들며 살아간다. 이론이 있는 자는 이론적으로 자신을 세우며 살고 학문이 없는 자는 이론 없이 조잡하고 맹목적으로 자기 자신을 세우며 살아간다. 그래서 코기토는 데카르트 이후의 관념주의의 철학에만 국한된 자아 개념이 아니라 바로 타락한 인간의 자아이다.

12. 이런 자아와 정반대되는 자아를 우리는 그리스도의 은혜로 받을 수 있다. 그것은 하나님의 형상으로서 가지는 자아라고 불리는 '이마고 데이(Imago Dei)'라는 개념이다. 'Imago Dei'는 신학적인 전문용어만으로 해

석되어서는 안 된다. 신학이라는 학문에서만 취급되는 그런 개념은 아니어야 한다는 말이다. 그것은 그리스도 안에서 하나님을 영적으로 체험하는 자아로서 사실은 예수를 진심으로 믿는 사람이 가지는 자아를 뜻하기 때문이다. 'Imago Dei'의 본질은 코기토와 달리 '상대로 인해 사는 자아'이다. 여기서 형상이라는 뜻을 가진 '이마고'라는 말이 인간의 자아가 스스로 자신을 세우는 자충족한 능력의 존재가 아니라는 것을 분명히 한다.

13. 하나님의 형상이라는 말은 하나님이 그 형상 속에서 자신을 나타내신다는 의미가 강하다고 할 수 있다. 즉 하나님은 인간 자아의 원형으로서 인간의 자아 속에서 인간의 자아를 가지고 자신을 드러내신다는 의미이다. 하나님은 '야웨'로 실재하신다고 구약은 증거하는데 그것은 하나님이 오직 '나'로 실재하시는 인격임을 가리킨다. '나'로 실재하는 인격은 자신을 계시함에 있어서 반드시 인간의 자아, 즉 인간의 '나'라는 중심에서 계시하신다. 달리 말하면 하나님은 자기 자신을 사람에게 계시하신다는 말이다.

14. 자기 자신을 계시한다는 말은 동시에 상대의 '자신'을 요구한다는 말과 같은 말이다. 자신을 주시는 분은 동시에 상대의 '자신'을 또한 요구하시는 분이다. 여기서 '자신을 주는 존재'를 '나'로 이해할 수 있고 '자신을 받는 존재'를 '너'로 이해할 수 있다. 이런 점에서 하나님과 사람의 관계는 항상 '나와 너'의 관계이다. 하나님은 '자기를 주시는 생명'이시고 동시에 자기 자신을 가지고 인간의 '자기'를 불러내시는 실재이다. 이런 하나님에 대해 사람은 항상 '너'라는 상대가 된다. 하나님의 형상이란

'나'로 실재하시는 하나님의 상대가 되는 존재, 즉 '하나님의 너'라는 존재를 뜻한다.

15. '너'라는 존재는 '너'라는 무엇을 혹은 '너'라는 어떤 것을 가지는 실체가 아니다. 즉 어떤 무엇을 가지고 있기 때문에 서술, 묘사가 가능한 실체 개념이 아니라는 것이다. 이것은 하나의 정신적 장소 개념이라 할 수 있겠다. '나'는 실재로 역사하시는 인격인데 이런 점에서 '너'라는 실재는 하나님이 거할 수 있는 혹은 하나님이 역사할 수 있는 혹은 하나님이 인격으로 일어나실 수 있는 장소 내지 지점이다. 그래서 사람만이 바로 하나님의 '너'이다. 즉 사람에게서 하나님은 거하실 수 있고 역사하시며 또한 일어나신다. 여기서 말하는 '사람'이란 하나님의 형상으로서의 나를 뜻한다. 하나님의 형상이란 하나님의 영인 '나'가 일어나고 역사할 수 있는 존재이다. 그리고 사람만이 하나님의 형상이다.

16. 그러면 '사람'은 무엇인가? '사람'은 코기토와 같이 상대 앞에서 자기를 스스로 세우는 존재가 아니라 오히려 '상대'가 '나' 안에서 '너'로 일어날 수 있게 하는 존재이다. 코기토는 자기를 상대 앞에서 스스로 세우는 존재이지만 '사람', 즉 '하나님의 형상(Imago Dei)'은 상대가 '너'로 일어날 수 있는 하나의 정신적 장소가 되는 자아이다. 상대가 '너'로 일어날 수 있는 존재란 '보는 존재'가 아닌 '듣는 존재'라고 말할 수 있다. 인간은 이성적 존재가 되면 자연히 '보는 존재'가 되지만 사람은 이성적 존재가 아닌 '마음'이 되면서 '듣는 존재'가 된다. 코기토는 이성적 존재로서 철저히 '보는 존재'이지만 '사람', 즉 하나님의 형상으로서의 나는 '마음'이 되어 '듣는 존재'가 된다. 우리는 '듣는 존재'를 다른 말로 '신앙하는 나'라고

하는 '크레도(Credo)'라 부른다. 신앙은 '듣는 것'과 관계하지만 사유는 '보는 것'과 관계한다.

17. 인간이 코기토가 되면 이성을 가지고 살아 있는 생명을 죽여서 사물로 만드는 '인식하는 자아'가 되지만 인간이 '사람'이 되면 '마음'이 되고 그로 인해 상대가 살아 있는 생명으로 느껴지고 그 상대로부터 항상 생명의 말을 '듣는 존재'인 크레도가 된다. 인간의 참된 회복은 바로 이 '사람'에 있다. '말을 듣는다'고 할 때 그것은 '상대'가 말하는 정신을 받는다는 의미인데 이때 우리의 자아가 비워지거나 부정되지 않으면 상대가 '말'로 들리지 않을 것이다. 그러므로 인간이 '사람'이 되면서 상대가 생명으로, 그리고 심지어 사물도 살아 있는 생명으로 감지된다.

18. 살아 있는 생명체는 항상 '나'에게 말을 거는 주체이다. 생명 혹은 실재성이 말로 나에게 거는 지점은 이성이 아니라 '마음'이다. 들음은 이성에서 일어나는 것이 아니라 마음에서 일어난다. 들음으로서 신앙은 마음에서 일어나지, 사유함 혹은 생각함을 행하는 이성에서 일어나지 않는다. 코기토는 이성이 만든 나라면 크레도는 상대가 나의 마음에서 주인으로 일어나는 것을 의미한다. 그래서 '나가 신앙한다'는 크레도는 상대가 내 마음에서 주인이 됨으로 일어나는 나의 응답이다. 이성은 상대를 '말'로 듣는 존재가 아니라 반대로 자신을 상대에게 세우는 존재이기 때문에 인간이 이성이 되는 한 부단히 자신을 세우려고 하고 그 결과 상대가 '말'로 들리지 않게 된다.

19. 하나님은 '말씀'이시다. 이때 '말씀'이란 크레도라고 할 수 있는 '나'에

게 말을 거는 활동성(anrufende Aktualtät)이고 사람인 '나'는 상대가 '말'로 거는 활동성에 '응답하는 활동성(responsorische Aktualität)'이다.[198] 즉 인간 정신의 본질은 나에게 말을 거는 정신적 생명력인 하나님에 대해 응답하는 정신에 있다는 말이다. 말하는 생명으로서 하나님은 '나'이시고 사람인 '나'는 하나의 장소, 즉 '나'로 실재하시는 하나님이 '말씀'으로 일어나시며 역사하실 수 있는 정신적 지점이다. 그렇게 될 때 비로소 우리는 기독교적인 용어로 '하나님이 나의 주가 되신다'고 고백할 수 있다. '하나님이 나의 주가 되신다'는 표현은 하나님이 '나'로서 인간의 마음에서 일어나시고 역사하신다는 뜻이고 그때 말하는 인간의 자아는 코기토가 아니라 하나님의 형상으로서의 '사람', 즉 크레도가 됨을 가리킨다.

20. 코기토와 '사람', 즉 크레도라 할 수 있는 하나님의 형상으로서의 나를 시간 개념과 관련시켜 본다면 보다 더 분명한 차이를 느끼게 된다. 코기토는 본질적으로 '과거'와 관계하고 '사람'은 항상 현재와 관계한다. 위에서 말했듯이 코기토는 살아 있는 생명을 항상 객관으로 혹은 대상으로 파악한다. 여기서 객관이란 사유하는 주관에 의해 이미 사유된 존재이다. 대상 개념은 사유하는 주관에 의해 사유된 객관 개념이다. 그래서 이미 사유된 존재를 만나기 때문에 코기토는 항상 '과거' 속에서 산다고 하겠다. 코기토에 의해 사유된 모든 존재는 과거라는 시간의 카데고리 속에서 파악된 존재, 즉 사물이다. 따라서 이러한 자아에서는 현재란 지극히 짧은 순간이고 찰라이다. 여기에서는 과거란 현재가 지나간 시간이고 미래란 아직 도래하지 않는 현재, 즉 머리 속에서 예상되고 만들

---

198 참고. E. Brunner, Wahrheit als Begegnung, 35.

어진 시간이 된다. 이 시간을 '인과율의 시간'이라고 할 수 있다. 그로 인해 과거-현재-미래라는 형이상학적인 시간의 선이 성립한다.

21. 코기토는 '인과율의 시간관'을 가진다. 여기서 '인과율의 시간'이라고 했는데 그것은 원인과 결과라는 카테고리에 따라 사건을 보는 데서 생겨난다. 여기서 하나의 사건은 어떤 원인이 있고 반드시 그 원인 때문에 이런 저런 결과가 주어진다고 보게 된다. 어떤 결과에 대한 올바른 해답은 원인을 추적하면 발견할 수 있다고 보통 믿는다. 그래서 원인을 찾으려는 노력이 나오게 되고 더 나아가서 최고의 원인, 즉 더 이상 결과가 없는 원인을 찾게 되는데 이 존재를 '신'이라 명명한다.

22. 원인을 찾으려는 한 '과거'가 관련된다는 것은 상식이다. 어떤 사건을 해결할 때는 먼저 그 사건의 원인을 찾게 되는데 사건의 원인을 항상 과거에서 찾게 된다. 그래서 '과거'라는 시간에는 그 사건들이 일어나게 되었던 어떤 원리 내지 법칙이 있다고 대개는 믿는다. 그 원리만 알면 미래를 예언할 수 있고 보다 나은 미래를 만들 수 있다고도 대개는 믿는다.

23. 미래학은 과거에 일어났던 여러 사건들이 어떤 원리에서 일어났는가를 찾는 학문이고, 그렇게 찾은 원리를 가지고 미래를 예언하고 전망하는 학문이다. 이런 점에서 미래는 과거의 연장된 시간일 뿐이다. 미래란 '장차 있을' 과거인 셈이다. '보는 존재'로서 코기토는 예측 가능한 미래를 전망하면서 현재의 일어나는 사건들을 과거 속에서 찾되 항상 인과율의 법칙 아래에서 현재의 사건들이 일어난 어떤 법칙 혹은 원리를

찾는다. 그래서 코기토의 시간은 항상 '과거'가 된다.

24. 그렇다면 '사람'의 시간은 무엇일까? 위에서 언급했듯이 사람은 상대 앞에서 스스로 자신을 세우는 존재가 아니라 오히려 상대가 나에게 장애 없이 일어나는 지점인데 상대가 나에게 일어나는 것은 과거나 미래가 아니라 항상 현재이며 그래서 사람은 현재와 관계한다고 할 수 있다. 여기서 말하는 '현재'란 인과율의 시간 개념, 즉 과거-현재-미래의 추상적인 개념이 아니라 상대와 지금 여기서 마주 서 있는 시간이다. 달리 말한다면 상대가 나에게 일어나는 것은 곧 상대에 의해 사건이 주어지는 것이라는 뜻이고 그 주어진 사건 속에서 시간을 의식하게 된다. 사건이란 '상대를 의식하는' 시간이다. 사건이란 어떤 사실이나 어떤 행위의 원인과 결과가 아니라 '상대를 의식하는 시간'이다. 따라서 상대가 나에게 다가옴으로 나에게 일어나는 현재는 놀람, 충격, 예상할 수 없음, 전율, 당황 등이라는 특이한 정서들을 동반한다.

25. 상대를 의식하는 시간은 항상 현재이다. 상대를 살아 있는 존재로 의식하는 시간은 반드시 현재뿐이다. 현재란 상대가 나에게 살아 있음을 의식하게 하는 시간이다. 이것은 결코 인과율의 시간이 아니다. 오직 놀람으로 다가오는 현재라는 시간이다. 즉 '나'가 상대를 마주 대하는 사건의 시간이다. 여기서 시간의 주인은 '나'가 아니라 '상대'이다. 상대는 하나의 시간으로 '나'에게 다가온다. 그래서 상대의 만남은 곧 시간의 만남이고 그것은 현재와의 만남이다.

26. 참된 시간은 '상대'가 분명하다. 상대가 시간을 가지고 있는 것이 아

니라 상대가 곧 시간이다. 물론 여기서 말하는 상대는 특정 개인을 말하는 것이 아님을 알아야 한다. '상대'를 다른 말로 풀이한다면 '너'이다. 하나님의 실재는 사람에게는 항상 '당신' 또는 '너'라는 생명이다. 그래서 하나님의 실재 또는 실재성은 하나의 '상대의 시간'으로 나타난다. 즉 항상 현재이다. 하나님의 영을 '너'라는 실재로 만날 때 인간은 '사람'이 되며 동시에 놀람과 충격이라는 '현재'에 거하게 된다. 하나님의 실재성은 말하자면 사람에게는 놀람과 충격, 그리고 당황과 예상할 수 없음이라는 '현재'로 체험되는 시간이다.

27. '현재'는 코기토에 의해 사유되거나 또한 사유될 수 있는 인과율의 시간이 결코 아니다. 그것은 체험되어야 하는 시간이지, 인식되는 시간이 아니기 때문이다. '나'로 실재하는 하나님의 인격은 사람에게는 항상 '현재'로 체험된다. 현재란 '나'로 실재하는 하나님이 인간의 '너'라는 생명에게서 일어나는 시간이다. 하나님은 현재를 가지고, 현재 속에서, 그리고 현재를 가리키시는 생명이다. 하나님을 영원이라고 우리가 말해야 한다면 현재는 영원의 한 몫이고 영원을 넘볼 수 있는 하나의 틈새이다. 사람은 이 틈새를 통해 하나님의 영원을 감지하며 자신을 거기에 기꺼이 넘긴다.

28. 이런 관점에서 우리의 생을 비춰 본다면 우리는 얼마나 하나님 앞에서 그릇된 자아로 살아가고 있는지 모른다. 하나님 앞에서 코기토로 살아가고 있다고 해도 과언이 아니다. 이 자아는 인간의 본래의 모습에서 크게 벗어나 있다. 지금 살아가는 우리의 모습을 생각해 본다면 우리의 정신은 코기토로 잔존하는 모습이다. 지독한 입시 지옥, 취업 문제, 직

장에서의 반복되는 일과 실증적인 업무, 땅 투기와 정력을 위한 게걸스러움, 돈을 위한 정신의 실증주의적인 몸부림 등, 우리는 얼마나 소중한 생명을 찬탈하고 사는지 모른다. 이 현실은 생명을 위한 시간이 아니라 사망을 향한 투자에 불과하다. 우리는 이런 현실을 환상이라고 칭해도 전혀 과하지 않는다.

29. 우리는 지금 환상 속에서 살고 있다. 코기토로서 스스로 바람직하다고 여기는 이데아를 만들면서 나름대로 꿈을 꾸며 산다. 이제 우리는 막다른 골목에 서 있다. 하나님의 영을 인격적으로 만나는 생명이 되든지 아니면 우리가 스스로 자신을 세우며 살든지 해야 한다. 그러나 이것 하나는 분명하다. 하나님과의 영적인 만남을 위해서 우리는 '듣는 존재'인 크레도가 되지 않으면 안 된다는 것이다. 사람만이 '듣는 존재'이다. '보는 존재'로 사는 한 우리는 하나님을 만날 수 없다. 코기토에서 크레도의 전환은 은혜로만 가능하며 인간 밖에서, 그리고 인간 위에서 주어지는 신적 긍휼로 인해서 가능할 것이다.

별도
연구

현실과 실재성

1. 우리가 하나님의 실재성을 생각할 때 그것은 처음부터 우리 인간의 인식이나 생각으로는 파악이 불가능한 것이 분명하다. 우리 인간의 생각은 항상 우리 자신과 관계하는 제한된 상황에서 일어나기 때문에 나를 중심으로 주어지는 주변의 조건적인 상황을 반영한다. 이런 우리의 생각을 흔히 '현실적'이라고 말하는데, '현실성'이란 우리 자신에게 놓인 제한되고 조건화된 상황이라는 현실에서 항상 무엇을 생각하기 때문에 우연적이고 지엽적인 상황을 벗어날 수 없다. 그래서 우리의 현실성은 하나님의 실재성을 다 나타내지 못한다. 그럼에도 불구하고 하나님의 실재성은 이러한 조건적이고 파편적인 우리의 현실성을 통해 자신의 전체적이고 완전한 뜻의 실현인 '하나님 자신'을 가리킨다. 인간의 현실성이 하나님의 실재성에 참여할 때 비로소 그 의미를 얻게 되고 그것 때문에 인간의 실재성이 영적 의미를 가진다. 하나님의 뜻은 완전하고 항상 전체적이지만 우리의 생각은 본질적으로 부분적이고 조건적인 상황에

얽매여 있기 때문이다.

2. 그러면 우리의 현실성과 하나님의 실재성은 어떤 관계에 있는가? 우리의 이런 부분적인 생각이 하나님의 전체적이고 완전한 뜻을 이루는 도구가 되는가? 즉 우리의 생각은 항상 우연적이고 부분적이지만 이것이 없으면 과연 하나님의 크신 뜻은 이루어질 수 있는가? 이 질문에 대해 우리의 생각이 비록 상황과 관계하여 항상 제한적으로 일어나지만 하나님은 우리의 이런 제한성 속에서 자신이 원하시는 뜻을 이루어 가신다고 할 수 있다.

3. 이러한 예는 예수의 십자가 사건에서도 발견된다. 예수께서 자신을 비워서 십자가에 못 박혀 죽으신 것은 예수 당시의 인간들의 눈에는 분명히 우연적이고 지엽적인 사건이었을 것이다. 오늘날 미국이 금성과 심지어 태양에 우주선을 쏘아 보내는 사건과 같은 범세계적인 사건은 아니었을 것이다. 어느 한 젊은 유대인의 죽음이고 그것도 죄 없이 죽은 억울한 죽음이었으며 나아가서 피지배 민족의 어느 한 시골 동네 출신의 사람에게서 일어난 대단히 지엽적인 사건에 지나지 않았다. 만약 역사가가 지금의 기독교라는 역사를 전혀 고려하지 아니하고 선입견 없이 그 사건을 만약 기술한다면 아마도 그 사건은 역사에 기록될 만한 사건이 아니라고 판단할지도 모른다. 어느 무죄한 선지자의 억울한 죽음 정도에 지나지 않고 또한 그런 선지자들은 역사상 많이 있었기 때문이다. 예수께서 하신 일이란 당신 인간들의 뜻대로 자신을 내맡긴 것뿐이었다. 자기를 죽이려는 당시 인간들의 의사에 저항 없이 자신을 내어 주셨을 뿐이다.

4. 여기서 재미있는 사실은 예수께서는 당시 인간들의 뜻에 저항하지 아니하고 자신을 내어 주셨는데 죽는 당사자인 예수 본인은 그것을 많은 인간들의 뜻일 뿐만 아니라 하나님의 뜻으로 여기셨다는 사실이다. 당시 예수께 적대적인 인간들이 보기에 예수는 죽어야 할 사람으로 비췄다. 그래서 그를 죽였다. 그런데 하나님의 뜻도 그들의 뜻과 같았다. 만약 하나님이 예수의 죽으심을 원하지 아니하였다면 어떤 방법으로든 예수를 십자가 형벌에서 구해 내셨을 것이다. 그런데 하나님은 당시 인간들의 뜻과 똑같이 예수가 억울한 죽음을 당하는 것을 원하셨다. 예수의 십자가 죽음은 놀랍게도 당시 인간들의 생각과 하나님의 뜻이 일치된 상태에서 일어난 사건이라고 말할 수 있다. 당시 인간들은 예수를 죽이고 싶어 했고 하나님도 그것을 원하신 것이다.

5. 예수를 죽이는 데에 당시 인간들의 생각과 하나님의 뜻은 묘하게도 일치를 이루었다. 예수의 죽음이야말로 당시 인간들과 하나님의 뜻이 일치한 사건이었다. 당시 인간들은 예수를 '죽어야 할 사람'으로 생각했으며 하나님도 그들의 생각을 인정하셨다. 그렇다면 당시 인간들의 생각과 하나님의 뜻은 절대적으로 같았던 것일까? 아마도 비록 형태적으로는 같을지 모르지만 내용적으로는 분명히 같지 않을 것이다. 형태적으로는 '예수는 죽어야 할 사람'이라는 점에서 하나님과 세상은 일치하였다. 당시 인간들의 생각에는 의견의 차이는 있었겠지만, 결과적으로 예수는 '죽어야 할 사람'이었다.

6. 예수는 완약한 유대인들의 생각에는 '반드시 죽어주어야 할 사람'이었고 빌라도나 구경꾼들에게는 '안됐지만 죽어주어야 할 사람'이었고 제

자들에게는 '억울하게 죽는 사람'이었다. 이들 중 하나님은 어떤 무리와 뜻을 함께 하셨을까? 2,000년 이상이 지난 지금 우리는 그 하나님의 뜻을 성경 해석학과 관련지어 헤아려 볼 수 있다. 하나님은 바로 완악한 유대인들의 생각과 뜻을 함께 하신 것이다. 즉 하나님과 완악한 유대인들의 뜻이 묘하게도 일치하였는데 '예수는 죽어야 할 사람'이었다. 그래서 하나님은 그를 십자가에 달려 죽게 하셨고 유대인들은 그를 사망으로 데려갔으며 로마인은 그를 직접 죽였다.

7. 우리는 여기서 완악한 유대인들의 생각이 사실은 하나님의 뜻과 일치하지 않았느냐는 질문을 던질 수 있다. 유대인들의 생각이야말로 바로 하나님의 뜻이 아니었던가? 그래서 예수를 죽인 것은 완악한 유대인들이지만 사실 그 배후에는 하나님이 계셨던 것이다. 정확하게 말한다면 예수를 직접 십자가에 매단 자들은 완악한 유대인들이었지만 예수를 죽인 분은 바로 하나님 자신이셨다. 예수의 죽음을 하나님의 죽이심으로 이해하는 것은 종교 개혁자들, 특히 루터의 십자가 신학(theologia crucis)의 골격이다. 루터에 따르면 예수의 죽으심은 하나님의 죽이심이면서 동시에 하나님 자신의 죽으심이다. 현대 신학자 몰트만(J. Moltmann)과 골비쳐(H. Gollwitzer)가 이 십자가 신학을 중요한 관점으로 자신들의 신학에서 취급하고 있다.

8. 이는 역사의 아이러니가 아닐 수 없다. 하나님께서 완악한 유대인들과 뜻을 같이 하신 것이 그것이다. 그래서 우리는 잠정적으로 이렇게 정리해 볼 수 있다. 당시 완악한 유대인들의 그러한 생각은 바로 하나님의 구원의 뜻을 이룬 것이었다고 할 수 있다. 하나님은 완악한 유대인들의

생각을 통해 자신의 구원사적인 역사를 창조하셨다. 그러면 질문을 바꾸어서 이렇게 물어 본다면 어떨까? 하나님의 뜻은 완악한 유대인들의 생각과 일치하는가? 완악한 유대인들의 생각이 하나님의 뜻이었다고 한다면 반대로 하나님의 뜻은 과연 완악한 유대인들의 생각인가? 우리는 단호히 그렇지 않다고 말할 수 있다. 만약 그렇다면 하나님은 우리에게 악한 하나님이 되고 말 것이다.

9. 예수의 죽음에 대하여 완악한 유대인들의 생각은 하나님의 뜻이었다. 그러나 완악한 그 유대인들의 생각이 바로 하나님의 뜻이냐고 묻는다면 그렇지 않다는 묘한 대답이 나온다. 인간의 생각은 늘 자신의 유익과 관련이 있기 때문에 항상 조건적이다. 그 조건적인 유대인들의 생각대로 예수를 죽였지만 그 결과 하나님은 모든 인간들이 그리스도의 신앙으로 구원을 받는다는 구원사의 도리를 창조하셨다. 유대인들은 자기들의 유익을 위해 예수를 죽였지만 하나님의 뜻은 그 죽음을 온 인류의 죄악을 용서하시기 위한 대속의 죽음으로 사용하셨다. 그래서 십자가 사건이야말로 인간의 악이 하나님의 선한 뜻과 우연적으로 일치한 사건 즉 인간의 악이 하나님의 선을 이루시는 데 우연적인 도구가 된 사건이었다.

10. 당시의 유대인들은 자기들의 유익을 위해 예수를 죽였지만 하나님은 죄인을 위해 예수를 죽이셨다. 하나님은 죄인들을 예수 안에서 신앙으로 살리기 위해 그를 죽이신 것이다. 그래서 유대인들의 생각은 우연적으로 하나님과 일치하지만 그렇다고 그것이 곧 하나님의 뜻이라고 할 수는 없다. 인간의 생각은 항상 유익을 따라가며 그로 인해 부분적이고

지엽적이지만 하나님의 뜻은 언제나 전체적이고 통합적이다. 그것을 우리는 '섭리'라고 부를 수 있다. 그래서 비록 완악한 유대인들의 생각이 하나님의 뜻과 현실적으로 일치했지만 그 유대인들은 사실 하나님의 뜻을 전혀 모르고 있었다. 즉 그들은 하나님의 섭리를 전혀 몰랐다. 오직 그들 자신의 유익에 좇아 행한 생각일 뿐이었다.

11. 그러면 하나님의 섭리라고 하는 하나님의 뜻을 우리 인간이 전혀 알 수 없는가? 그럴지도 모른다. 적어도 완악한 유대인들의 생각으로는 절대로 알 수 없게 되어 있다. 자신들의 유익을 위해 행위하는 한 하나님의 뜻은 결코 알 수 없다. 즉 우리 자신의 유익을 가지고 하나님의 뜻을 생각하는 한 우리는 하나님의 경륜과 섭리라는, 전체를 이루시는 하나님의 뜻을 전혀 감지하지 못한다. 쉽게 말해 인간이 자신의 유익을 고집하는 한 인간은 하나님의 뜻을 알 수 없다.

12. 하나님의 뜻을 과연 인간이 알 수 있는가? 과연 우리는 하나님의 뜻을 절대로 알 수 없는가? 만약 전혀 모른다고 한다면 우리의 신앙은 결과적으로 운명을 믿는 것이 될 것이다. 우리가 하나님의 뜻을 전혀 모른다고 가정한다면 우리는 하나님을 '운명'으로 여길 수밖에 없다. 하나님은 우리에게 낯선 운명이 된다. 운명이란 우리가 하나님의 뜻을 모르는 신앙을 가지고 있음을 뜻한다. 운명이란 계시의 하나님을 믿는 신앙이 아니라 알 수 없는 신을 믿는 신앙이다. 하나님의 뜻을 전혀 모른 채 신을 믿을 때 그것이 곧 운명이다. 즉 그것은 뜻이 없는 신이고 뜻이 없는 신이란 인간에게는 '도저히 알 수 없는 불가사의한 어떤 능력'으로 보이기 때문이다.

13. 하나님이 어떤 불가사의한 힘으로 나타난다면 인간에게 그것은 운명으로 보일 수밖에 없다. 그래서 뜻이 없는 신을 믿는 것은 곧 운명을 믿는 것과 동일하다. 그러나 그것은 기독교의 하나님을 믿는 신앙이 아니다. 기독교 신앙과 운명의 차이를 말한다면 하나님을 신뢰하는 믿음을 '신앙'이라고 하고 하나님을 신뢰하지 않는 신앙을 '운명'이라는 점에 있다. 이런 점에서 운명도 일종의 신앙이다. 즉 하나님의 뜻 곧 하나님 자신(Gott selbst)을 믿지 않는 신앙이다. 단적으로 말해서 운명이란 하나님을 믿지 않는 불신앙을 말한다. 우리가 만약 하나님의 뜻을 전혀 모른다면 결국 운명을 신앙하는 행위가 되며 그것은 불신앙이다.

14. 과연 우리는 하나님의 뜻을 전혀 알 수 없는가? 아마 그렇지는 않을 것이다. 우리가 비록 하나님의 뜻을 전체적으로 다 알 수는 없다 하더라도 하나님의 뜻을 알 수 있는 길이 있다. 그 중 하나가 '사랑(Agape)'이다. 예수가 자신의 죽음을 운명으로 여기지 아니하고 하나님 자신을 믿는 신앙으로 십자가를 지신 것은 아가페였다. 예수께서는 아가페로 비로소 자신을 죽으시려는 하나님의 뜻을 아셨다. 아가페로 자신을 십자가에 매달아 죽이시려는 아버지의 뜻을 아셨고 기꺼이 아가페로 순종하셨다. 그래서 아가페는 하나님의 중심 혹은 마음을 직시할 수 있는 신적 시각이라고 할 수 있다.

15. 자신을 죽이려는 인간들을 보면서 자신을 죽이려는 분은 그들이 아니라 바로 하나님 자신인 것을 예수께서는 아가페로 아셨다. 완악한 유대인들의 생각에서 그분은 하나님의 뜻을 감지하신 것이다. 그것이 예수의 하나님 아가페였다. 예수가 자신을 죽이려는 하나님의 뜻에 순종

할 수 있었던 가장 큰 이유는 바로 예수께서 하나님을 아가페하셨기 때문이다. 아가페는 전체를 알게 하며 하나님의 내면을 알게 한다. 그렇다! 아가페야말로 생명 전체가 무엇인지를 알게 한다. 아가페는 나의 제한된 현실에서 무한한 영원을 아는 것이라고 할 수 있다.

16. 예를 들어, 지금 아버지가 앞집 남학생과 몰래 영화를 보러 간 딸에게 꾸지람을 한다고 가정해 보자. 아버지는 그것 때문에 딸을 나무란다. 그런데 만약 그 딸이 자기 욕심, 즉 앞집 남학생과 영화보러 간 것만 생각한다면 딸은 그 일 때문에 아버지의 꾸지람을 받는다고 여길 것이고 딸은 불만스러울 것이다. 그러나 아버지를 사랑하는 마음이라면 딸인 자신에게 꾸지람하는 아버지의 뜻을 이해할 수 있다. 아버지는 영화를 본 사건만 가지고 나무라고 있지 않음을 알며 사랑하기 때문에 비로소 아버지의 꾸지람을 이해한다. 그래서 사랑은 이해가 된다. 비록 이해가 사랑은 아니지만 사랑은 이해를 가진다. 하나님의 뜻을 이해하는 길은 오직 사랑뿐이다. 우리가 하나님을 사랑하지 아니한다면 하나님의 뜻을 전혀 알 수 없다. 그리고 그 결과는 운명에 순종하는 자가 된다.

17. 우리는 흔히 우리가 원치 않는 사태를 만나게 되면 원망을 하곤 한다. 원망이란 '이해'하지 못한 데서 나온 자기 자신의 사랑 없는 감정이다. 이해하지 못하는 이유는 사랑이 고갈되었기 때문이다. 철학자가 머리를 써서 논리로 하나님을 이해하려면 평생 사유해도 알 수 없겠지만 마음으로 사랑하면 하나님은 그렇게 어려운 분이 아닐 것이다. 이성으로 이해하려고 하면 '신은 없다' 또는 '신은 죽었다'로 결론이 나지만 사랑으로 이해하면 비로소 하나님은 멀리 계신 분이 아니라 나와 함께 계

시는 분'으로 또는 '나에게 말을 거시는 분'으로 받아들여진다. 이런 존재를 '인격적 존재'라 하고 '사람(Personsein)'이라고 칭한다.

18. 하나님은 아가페이시다. 따라서 인격적 존재 또는 사람과 관계 없는 형이상학의 신은 인간의 관념(Idee)일 뿐이다. 인간은 '사랑'이라는 형이상학적 에로스를 만들어내지만 하나님은 그 자신이 곧 아가페시다. 물론 형이상학에서도 사랑이 취급된다. 그러나 그 사랑은 실재성이 상실된 사랑 즉 사랑해야 한다는 명령(Sollen)또는 율법으로 왜곡된 사랑이다. '사랑'이 어찌 '사랑해야 한다'는 율법이 되겠는가? 그것은 그 대상이 하나님이 아니라 자기 자신이다. 그래서 형이상학에서 논하는 사랑은 인간의 철저한 자기 사랑이다. 이런 사랑은 에로스가 분명하다. 참된 사랑인 아가페는 전체를 이해하는 마음이기 때문이다.

19. 아가페는 미래를 현재에서 보는 것과 같다. 현재는 미래를 엿보는 틈새가 된다. 부분을 가지고 전체를 생각하는 것이 아가페이다. 조건을 가지고 무조건을 생각하며 유한을 가지고 무한을 터치하는 것이 아가페이며 순간에서 영원을 만난다. 비록 인간의 자기 사랑이지만 형이상학도 역시 일종의 사랑이다. 그러나 우리는 형이상학자들처럼 나 자신을 사랑할 수 없다. 하나님은 바로 나의 이웃과 함께 계신다는 것을 깨달을 때 우리는 비로소 자기 사랑에서 빠져나올 수 있다. 하나님의 뜻은 내 이웃이 내 곁에 있다는 사실에서 시작한다. 하나님은 아가페이지만 우리는 '사랑'이 아니다. 하나님은 '아가페'라는 생명이지만 우리는 '사랑을 가지는 존재자'이다. 우리는 사랑해야 하는 사람들일 뿐이다. 그래서 우리가 사랑하지 아니하면 불가피하게 '사랑'이라는 생각을 만든다. 사랑

이라는 생각이야말로 이웃을 사랑하지 않으면서 사랑을 꿈꾸는 인간의 에로스의 표현이다.

20. 아가페는 생각은 아니다. 아가페는 사랑 그 자체일 뿐이다. 우리가 관념으로 사랑이라는 생각을 가지는 것은 사실은 이웃을 사랑하고 있지 않다는 증거이다. 내가 남을 사랑하고 있지 않기 때문에 사랑이라는 생각을 만들어 낸다. '사랑'이라는 생각은 사랑을 실천하지 않는 죄인의 죄책감일 뿐이다. 그러나 아가페는 숙고나 반성, 그리고 생각이 아니다. 생각은 생각이고 사랑은 사랑이다. 인간이 사랑이라는 생각을 좇는 것은 인간을 하나님과 같은 존재인 것으로 착각해서 나온 결과이기도 하다. 하나님은 아가페지만 인간은 사랑을 가지는 존재자이다. 인간은 원래 실천적인 존재자로 지음을 받았다. 앉아서 생각이나 만들면서 살도록 지음을 받은 것이 아니라 사랑하면서 살도록 지음을 받았다. 그래서 사람은 사랑이라는 관념으로 살 수 없다. 오직 사랑의 행위만이 있을 뿐이다.

21. 예수는 자신을 비워 종의 형체를 취하셨다. 그것은 우리 인간이 어떻게 살아야 하는지를 말해 준다. 이것은 아가페하며 살아야 한다는 말씀이 아닌가? 십자가의 죽음은 우리가 아가페하며 살아야 한다는 하나님의 말씀(das Wort)이다. 사랑이라는 단어를 잘 알고 있으나 사랑을 올바로 이해하고 있다고 우리가 말할 수 있는가? 아는 것과 행함이 서로 무관하다면 그 지식은 사변적인 생각일 것이다. 생각은 죄인이 가지는 일종의 죄책감이 분명하다. 고대 이후 지금까지 인간에 관한 수많은 생각이 있었다. 마치 사사기에 나오는 "사람마다 자기 보기에 옳음대로 행

하였다(사 21:25)"는 말과 같이 각자가 나름대로의 생각의 옳음대로 살아가고 있다. 그러나 그것에 하나님의 실재성이 없는 것처럼 오늘 우리는 바로 이러한 시대를 살고 있는 것이 아닌가?

인간 영혼과 하나님의 프뉴마와의 관계

1. 인간의 영혼과 하나님의 프뉴마의 관계는 어떤 관계인가? 어떤 관계가 있기에 인간은 하나님의 프뉴마를 논하고 또한 그 인격을 만나야 비로소 우리의 생의 의미를 가진다고 말할 수 있는가? 그리고 어떤 근거에서 프뉴마를 만날 수 있다고 말할 수 있는가? 물론 여기서 우리가 '인간의 정신'이라고 말하는 것은 인간이 정신을 처음부터 하나의 실체로 가지고 있다는 의미는 아니다. 정신이란 창조주의 영이나 이웃과 관계할 때 일어나는 실존 의식 또는 주체 의식을 가리키는데 여기서 비로소 인간의 '나는 있다(Ich-bin)'는 표현이 성립하게 된다. 인간에게 정신이 일어나지 않는다면 사람이 될 가능성은 전혀 사라지고 단지 동물과 유사한, '인간'이라는 하나의 종이 되어 버린다. 때로는 동물이 가진 능력이 인간보다 탁월하다는 점들이 알 수 있는데 매의 눈은 인간의 시력보다 훨씬 탁월하며 개의 후각은 인간보다 월등하게 냄새에 잘 적응하고 있다. 그럼에도 인간에게는 하나님의 다른 창조물에게는 전혀 없는 점, 즉 정신

이 일어나고 역사할 수 있다는 점 때문에 그는 다른 창조물보다 특이하다. 동물은 '나 있음'을 전혀 알지 못하며 그로 인해 '너 있음'의 무거움과 가치, 그리고 그 신비를 전혀 알 수 없다. 인간 정신에서 일어나는 자의식, 즉 '나있음'이라는 의식은 거의 창조주 하나님과 아주 유사하기 때문에 신비와 경이, 그리고 놀라움을 가지기에 충분하다. 그러나 '나있음'는 것은 단순히 사변적이고 관념적인 자의식이 아니라 '나-실재함'이라는 하나님을 의식함으로 일어난다. 즉 '나-실재함'이신 하나님의 실재성과 관계하면서 비로소 인간도 '나있음'의 정신이 된다.

2. 그러나 인간이 '나있음'의 정신이 되는 것은 하나님의 실재성을 만나면서 부터만은 아니다. 자연과 세상과 관계할 때도 인간은 흥미롭게도 '나있음'의 정신이 된다. 그러나 자연과 세상과 관계하는 정신과 하나님과 관계하는 정신은 엄격하게 구분되어야 한다. 인간이 자연, 그리고 세상과 관계하면서 정신이 되는 것을 우리는 '심리(Psyche)'라고 부를 수 있다. 그러나 창조주의 영과 관계하면서 갖게 되는 정신은 '심리'와 완전히 구분되는 존재, 즉 '심령(Pneuma)'이라고 할 수 있다. 이 '심령'을 엄밀한 의미에서의 참된 정신이라고 말할 수 있다.

3. '심리'는 '심령'과 구분되며 또한 구분되어야 한다. 둘 다 인간 정신이 하나님과 이웃이라는 타자와 관계하면서 '나있음'으로 일어나는 존재지만 자연과 세상과 관계하는 인간의 '나있음'과 영이신 하나님과 관계할 때 주어지는 '나있음'과 확실히 구분되어야 한다. 여기서 '나있음'은 인간의 자아를 가리킨다. 그러면 이렇게 구분된 두 자아는 구체적으로 어떻게 규정될 수 있는가? 이 질문에 대해 우리는 이렇게 대답할 수 있다.

즉 인간(Mensch)은 심리의 정신이지만 사람(Personsein)은 심령의 정신이라고 할 수 있다. 사람은 하나님의 영에 주리고 가난하며 거기에 목말라 하는 존재(참고. 마 5:3)이다. 사람은 하나님의 영과 관계하는, 그리고 관계할 수 있는 존재이기 때문에 심리라고 단정할 수 없다. 왜냐하면 그것은 프뉴마와 관계하는, 그리고 그와 관계하도록 창조된 존재이므로 자연의 혼과는 관계하는 방식이 다르기 때문이다. 사람은 창조주의 영과 인격적으로 관계하는 존재이며 그래서 하나님의 영이 사람을 통해, 사람 안에서, 그리고 사람과 함께 일어나는 '역사하시는 인격'이 된다. 사람에게서 하나님은 영으로 역사하신다.

4. 사람의 영은 어떤 근거로 창조주의 프뉴마를 만날 수 있을까? 만약 누군가 지금 서구의 문화사와 정신사를 사로잡고 있는 정신이 과연 어떤 정신인가를 물어 온다면 우리는 그것을 헬라의 형이상학과 관계되는 정신, 구체적으로 아리스토텔레스(Aristoteles)와 헤겔(Hegel)의 형이상학에 근거한 정신이라고 말하지 않을 수 없다. 이들에 따르면 신은 정신이다. 신이 정신이라는 말은 아리스토텔레스에 의하면, 신은 정신으로서 스스로 관계하며 또 세계 밖에 있으면서 동시에 세상과 관계하고 모든 것을 파악하고 있고 모든 것을 완성시키고 모든 것을 관리하며 동시에 자기 자신과 함께 하나로 만드는 힘이다.[199] 그러므로 정신은 자기 스스로 사유하면서 동시에 자신을 사유하는 존재자(인간의 정신)와 함께 하는 힘이다.

---

199 참고. M. Welker, Gottes Geist, Neukirchener, 1993, 263.

5. 아리스토텔레스에 의하면 인간 정신이 살아있다는 사실을 확인하는 길은 정신의 사유(Denken)에 있다. 인간 정신은 객체와 관계하면서 자기를 잃지 않는데, 왜냐하면 자신이 객체라 불리는 사유하는 존재자에 의해 자기 자신이 다시 확인되기 때문이다. 그래서 정신은 사유하는 힘 내지 행위라고 할 수 있다.[200] 다시 말해서 아리스토텔레스에게 있어서 정신이란 자기 자신을 사유하면서 동시에 자기 자신이 사유하는 존재자를 통해 자기 자신을 대상으로 세우는 능력 내지 힘이다.

6. 아리스토텔레스는 이렇게 자기 자신을 사유하면서 자신이 사유하는 존재자를 통해 자신을 다시 세우는 행위를 '생'이라고 했고 이것을 '신적인 것' 또는 '영원한 것'으로 규정했다.[201] 결국 그에게서의 정신이란 '스스로를 세우는 것'을 의미한다. 그리고 스스로를 세우는 행위는 사유에 의해서 진행된다. 우리는 이것을 '자기에게서 나와서 자기에게로 돌아가는 정신의 행위'로 정리할 수 있는데 이러한 아리스토텔레스의 정신에 대한 개념을 헤겔은 더욱 성숙하게 발전시킨다. 헤겔에게서 정신은 처음부터 자기 자신을 사유하면서 스스로를 세우는 주체로서 이성이다.[202] 그러나 이 주체는 객체라는 대상을 스스로 만들어 자기 앞에 마주 세워 놓고 그로 인해 자신을 사유하며 자신의 실재성을 의식한다. 그래서 주체는 자신을 사유하고 의식하기 위해 자신을 소위 외화(Entäußerung)시켜 스스로를 객체로 세운다.[203] 그러면서 다시 그렇게 세워진 객체와 주

---

200 위의 책, 264.
201 위의 책, 265.
202 G.W.F. Hegel, Phänomenologie des Geistes, Hamburg, 1952, 313: "모든 실제성인 확실성이 진리로 취해지고 그 이성이 자기 스스로를 세상으로 의식하고 세상을 자기 스스로 의식하면서 이성은 정신이다."
203 헤겔이 정신을 어떻게 이해했는가를 알기위해 그의 주저인 "정신 현상학"이 도움이 된다.

체인 자기 자신이 서로 화해하면서 하나로 합일하게 된다.

7. '나'로서 존재하는 주체인 정신이 외화할 때에는 인륜성이라는 실재성을 띠게 되는데,[204] 예를 들어, 남자와 여자로, 그리고 가정, 시민 사회, 종교, 국가의 형태로 정신이 자신을 구체화시키고 현현한다. 말하자면 정신은 여기서 '우리'로 표현된다. 그러다가 객체와 주체가 합일되면 그때의 정신을 절대 정신이라고 그는 주장한다. 그런데 이 정신은 종교나 예술, 그리고 철학에서 발견할 수 있다. 그러므로 헤겔의 철학에서 이해되는 바의 정신이란 '나' 또는 '주체'로 표현되기도 하고 동시에 '우리'로도 이해되면서 마지막으로는 '나와 우리가 하나'가 되는 절대 정신으로 이해할 수 있다.

8. 이런 관점에서 보면 개별자로서의 인간과 공동체로서의 사회 내지 국가 등 이 세계는 온통 신의 정신이라 불리는 절대 정신의 외적 표현이라고 할 수 있다. 정신이란 자신에게서 나와서 자신이 세운 객체인 타자와 서로 화해하면서 그 타자에서 다시 자신에게로 되돌아가는 주체이기 때문이다. 헤겔이 정신을 이렇게 묘사하는 것은 현실적인 삶의 관계 속에 있는 현실적인 인간 공동체와 현실적인 통일성, 즉 자연과 문화의 통일을 만드는 힘을 찾기 위함이다.[205] 헤겔은 그래서 이러한 통일성을 매개하는 힘을 '사랑' 또는 '현실로 임한 신성' 등으로 명명하였다.

204　G. W. F. Hegel, Phänomenologie des Geistes, 316: "인륜적인 세상, 역사 이편과 역사 저편으로 쪼개진 세상과 도덕적인 세계관은 정신이 단순히 자기를 위해 존재하는 자신으로 운동하고 다시 돌아가면서 발전하며 그 정신의 목표와 결과로서 절대 정신의 현실적인 자의식이 출현된 정신이다."

205　M. Welker, Gottes Geist, 271.

9. 헤겔이 말하는 이 정신은 신학에서 논의되는 '성령'과 너무 유사해서 마치 착각을 일으키게 하는데 그럼에도 불구하고 과연 헤겔이 말하는 정신이 신학에서 논의되는 성령으로 이해될 수 있는가 하는 질문에 대하여 그것은 인격적 존재로서의 성령과 일치될 수 없음을 알게 된다. 즉, 헤겔이 말하는 정신 이해에 있어서 우선 그가 정신을 상당히 낙관적이고 낭만적으로 이해했다는 점을 지적할 수 있다. 우리가 사는 현실 세계에서는 개인과 공동체, 자연과 문화가 서로 조화 있게 통일되어 나타나는 경우도 있지만 오히려 그 반대인 경우가 더 많다는 것은 자명한 사실이다. 분쟁과 갈등, 분노와 투쟁, 반목과 냉전, 개인적 또는 총체적 이기주의, 그리고 전쟁과 같이 소위 사회악이 범람하는 이런 현실에서 헤겔이 말하는 정신은 과연 우리에게 참다운 해결을 줄 수 있을까? 과연 이런 현실들도 영의 현현이라고 말한다면 헤겔이 영이라고 자칭하는 정신이 이런 악한 결과를 가져다주는 것에 대해 얼마나 설득력이 있는 이해를 줄 수 있을까?

10. 자기 자신을 의식하기 위해 자신이 스스로 객체를 세우고 또한 그 객체와 화해하면서 다시 자신에게로 돌아가는 식의 정신이 인간 실존의 상황에서 발생하는 심각한 문제와 죄를 치료해 줄 수 있겠는가? 현실 세계의 악이라는 공동체는 대단위 집단에 의해서도 생기지만 개별적 인간의 본질적인 악함이 총체적으로 반영되어 걷잡을 수 없는 죄악의 세상이 되었다고 보는 것이 옳은 판단이 아닐까? 그래서 헤겔의 정신 이해는 이런 죄악된 세상을 실제로 고치고 변화시키는 힘을 가진 정신이 아니라 단지 '세상이 조화롭게 되었으면 좋겠다'는 헤겔 자신의 이상적인 삶의 방향을 제시하는 꿈꾸는 사변적인 영일 뿐이다.

11. 그 정신은 개별적 실존의 문제와 관계하여 그 실존을 실제로 치료하고 고치고 해결하고 역사하는 정신이 결코 아니다. 다시 말해 그의 정신은 상실된 실재성을 꿈꾸는 정신에 불과한 이상(Ideal)이다. 말하자면 헤겔의 정신은 세속화된 메시아주의의 발상을 가진 정신이다.[206] 그러나 성경에서 말하는 성령은 헤겔이 논하는 그런 추상적인 정신이 결코 아니다. 우리는 서구 정신사를 지배해 온 정신의 개념이 그다지 성경적이고 실재적인 성령에 기초한 개념이 아님을 보게 된다. 서구 정신사를 지배해 온 정신의 개념은 확실히 사변적이고 철학적인 이해에 서 있다. 그 정신은 '나'라는 한 개인의 실존 및 영혼과는 별로 무관한 이상주의적인 정신이다.

12. 그러면 성경에서 증거된 하나님의 영은 어떤 영인가? 특히 프뉴마는 신약적인 개념인데 이 개념은 사실 최근까지 보통 '정신'으로 이해되어 왔다. 헬라 철학에서도 프뉴마를 정신으로 말하는데 그 정신이란 분명 '누스' 혹은 '프지케'로서 다시 말해 인간의 인식 능력 혹은 윤리적 원리, 자연과 육체의 감각과 대립되는 개념으로서의 정신이다.[207] 만약에 프뉴마가 이런 식의 철학적이고 헬라적인 정신으로 이해된다면 확실히 그것은 성경에서 증거되는 프뉴마의 이해와는 다르다고 할 수 있다. 왜냐하면 성경에서 가리키는 프뉴마의 작용은 헬라적인 사유에서 보듯이 이성적(rational)이기보다는 오히려 초자연적이라고 할 만한 신적인 힘의 방식을 가리키기 때문이다. 바울은 이것을 '새로운 변화'라고 했는데 그것은 윤리적인 개념이 아니라 초자연적인 것, 하나님으로부터 작용되는

---

206 M. Buber, Das Problem des Menschen, Heidelberg, 1971, 50.
207 H. Conzelmann, Grundriss der Theologie des Neuen Testaments, München, 1967, 54.

것으로서 인간에게는 기적과 같다.[208]

13. 성경, 특히 신약 성경은 이 개념을 하나님과 그리스도의 관계로 연결시킨다. 그래서 프뉴마는 기독론과 구원론의 이해를 위한 중요한 제시이다. 그러므로 우리는 성경이 가리키는 프뉴마의 이해에서부터 출발해야 한다. 기독교의 가르침은 창조와 관련하여 '무에서의 창조'를 주장한다. '무에서의 창조'는 성경적일 뿐만 아니라 기독교 사상의 중요한 주제로 모두가 인정하고 있다. 그러나 이 사상은 천지 창조와 관련하여 프뉴마(구약에서는 루아흐)가 어떤 물질을 창조했다는 뜻은 아니라는 것을 알아 둘 필요가 있다. 하나님의 영이 단순히 '없음'의 상태에서 어떤 물질인 '있음'을 만들었다는 의미는 아니라는 말이다.

14. 만약에 하나님이 '없음'에서 '무엇이 있음'이라는 어떤 물질을 만들었다면 하나님은 마술사 혹은 마법사의 능력을 가진 존재로 이해될 수 있다. '무에서의 창조'는 하나님의 프뉴마가 어떤 물질을 만들었다는 의미보다는 피조물을 피조물답게 한다는 영적 창조의 의미를 강하게 나타낸다. 여기서 구약 신학자 아히로트(W. Eichrodt)는 자신의 저서 "구약 신학"에서 하나님의 루아흐의 역사를 4가지로 설명한다. 생명의 원리, 거룩한 역사의 기관, 새로운 세대를 완성하는 힘, 그리고 하나님의 백성들의 근원적인 생명의 힘으로 소개하고 있다. 그는 "하나님이 인간에게 자신의 생기를 불어넣으심으로 인간이 비로소 생명으로 소생되듯 인간의 상태는 그의 생애 동안 루아흐가 얼마나 손상되거나 사라지지 않는가

---

208 참고. 위의 책, 54.

에 달려 있다. 그리고 짐승계 역시 똑 같은 생의 원리로 현존하도록 지음을 받았는데 그래서 세상에 있는 모든 생은 하나님이 피조물을 새롭게 하기 위해 항상 자신의 생명의 호흡을 불어주시는데 달려 있다. 왜냐하면 하나님의 생기가 멈춰지는 곳에서는 모든 피조물이 죽음으로 가라 앉아 버리기 때문이다"고 말한다.[209] 창조를 말할 때 성경은 과학도서처럼 '없음'이라는 '무'에서 전 우주를 하나의 '있음'으로 창조했음을 가리키기 보다는 오로지 인간과 직결되는 자연의 창조를 말하면서 영적인 창조 (pneumatische Schöpfung)의 의미를 가리키고 있다고 하는 것이 더 정확한 표현이다. 아니, 하나님의 프뉴마 없이는 인간 존재뿐 아니라 그와 직결되는 세상이 존재의 의미를 가질 수 없다는 것을 선언하고 있다고 해야 더 옳을 것이다.

15. '무에서의 창조'란 창조주의 영이 없이는 모든 피조물이 '무'로 돌아간다는 것을 뜻한다. 그만큼 인간 존재와 세상은 하나님의 영과 밀접하게 관계되어 있다. 분명하게 말한다면 인간 존재와 세상은 하나님의 영으로 지금까지 생기와 생명의 호흡을 유지해 왔으며 그로 인해 의미 있게 존재하고 있는 것이다. 지금 존재하고 있다는 것은 사실은 지금도 여전히 창조되고 있다는 것과 동일한 의미를 가진다. 하나님의 영은 과거에 어떤 것을 만들고 난 후 이제는 더 이상 관계하지 않고 멀리 떨어져 있는 이신론의 조물주(데미울그)적인 존재가 아니라 절대적으로 현재를 창조하시는 영이다. 그는 곧 '현재 어떤 것을 만드는' 창조주이시다.

---

209 W. Eichrodt, Theologie des Alten Testaments, Bd. 2/3, Göttingen, 1964, 25.

16. 기독교의 창조는 이신론의 신인 데미울그의 창조가 결코 아니다. 하나님은 창조주이시다. 즉 지금도 여전히 창조하시는 인격적인 하나님이시다. 그래서 창조주에게는 '현재'가 바로 자신의 고유한 실재 방식일 수밖에 없다. '현재'와 창조주는 떼어 놓을 수 없는 관계이다. 그런 의미에서 부버가 하나님의 영을 "모든 운동의 근원"으로 제시한 것은 전적으로 옳은 생각이다.[210] 이 말은 모든 일어나는 것은 바로 프뉴마 또는 루아흐에 기인하며 그 운동의 깊은 의미는 프뉴마 또는 루아흐의 만남을 통해 부분적이지만 이해할 수 있다는 말이다. 달리 말하면 프뉴마는 어떤 구체적인 '정신'이 아니라 정신이 일어나는 근원을 말하며 그것 없이는 정신이 생겨날 수 없는 인간 존재의 뿌리이다.

17. 여기서 정신이란 실체(Substanz)가 아니기 때문에 인간의 인식이 마음대로 개념화시킬 수 없다.[211] 프뉴마를 실체로 사유한다는 것은 관념주의적인 해석인데 그것은 종교사학파에게나 필요한 전제일 것이다.[212] 프뉴마를 개념화시킬 수 없다는 말은 그것이 '어떤 것'이 아니기 때문이다. 어떤 것이 아니라는 말은 '지금 움직이는 무엇'이라는 의미이고 동시에 살아 있다는 뜻이며, 정확하게 말하면 지금 움직이는 그 무엇에게 움직임의 어떤 의미를 부여해 주는 존재라는 말이다.

18. 움직임의 의미를 창조하시는 분이 바로 프뉴마이다. 달리 말하면 이 세계 안에서 작용하면서 그리스도인을 그리스도인답게 만들고 현상의

---

210 M. Buber, Das Problem des Menschen, Heidelberg, 1971, 139.
211 참고. 위의 책, 56.
212 H. Conzelmann, Grundriss der Theologie des Neuen Testaments, 56.

덧없는 세상에서 인간을 불러내어 장차 오는 세상을 위한 '인'을 치며 동시에 그때마다 역사하여 그리스도인들에게 선물로 주어지는 힘인데, 이 힘으로 그들은 비상한 업적을 만들게 된다.[213] 프뉴마의 역사는 세상 옆에서 혹은 세상 밖에서 작용하는 것이 아니라 세상 안에서(in der Welt) 역사하며 그 작용의 형태는 '세상 안에서(profan)' 이루어진다. 하지만 그 작용은 본질적으로 종말론적이다.[214] 말하자면 인간의 움직임을 의미로 나타나게 하는 존재가 바로 프뉴마이다. 움직임이 있는 존재에게 그 움직임의 의미를 부여하는 근원이 프뉴마라면 그것은 인간의 정신이 움직이지 않으면 하나님의 프뉴마는 일어나지 않는다는 것과 같은 말이다. 인간의 정신이 오직 프뉴마에 의해 움직임의 의미를 부여 받는다면 우리 정신이 움직이지 않는 한 우리는 하나님의 프뉴마를 결코 체험할 수 없다.

19. 그러면 우리의 정신이 움직인다는 것은 무슨 말인가? 여기서 정신이란 '나-있음(Ich-bin)'의 존재를 말한다. '나'란 고정된 존재가 아니며 관찰 가능하고 규정 가능한 대상이 아니다. '나'란 생명과의 관계에서만 일어나는 방식을 가지고 있다. 사유 속에 홀로 존재하는 '생각하는 나'란 사실은 공허한 단어의 나열이다. 그러나 실재적인 '나-있음'은 항상 '너-있음'을 향해 움직인다. '너-있음'에게로 향하여 움직이는 존재가 바로 '나'이다. '너-있음'과 관계하기 위해 움직이는 것이다. 다시 말해 단순히 '너'라는 인칭 대명사를 향해 움직이는 것이 아니라 '너-있음'의 실재성을 향해 움직이는 존재가 바로 '나-있음(Ich-bin)'이다.

---

213 R. Bultmann, Theolgie des Neuen Testaments, Tübingen, 1984, 165.
214 참고. H. Conzelmann, Grundriss der Theologie des Neuen Testaments, 57.

20. '너-있음'이 있는 곳에서는 항상 '나-있음'이 일어난다. '너-있음'을 향해 움직이는 존재가 바로 '나'이다. 여기서 정신의 움직임이 일어난다. '너-있음'을 향해 움직이는 것은 절대적으로 정신의 힘에 의해서이다. 정신의 원리란 '나'가 '너-있음'에게로 움직이도록 하는 어떤 것이다. 이런 정신의 움직임 속에서 하나님의 프뉴마가 일어난다. 하나님의 프뉴마는 곧 '나와 너'라는 정신적인 관계 속에서 일어난다. 이 관계는 절대적으로 현재적이다. 절대적으로 현재적이라는 말은 달리 표현하면 '현재가 일어나고 있다'고 말할 수 있다. 프뉴마는 하나님의 정신 속에서 현재(Gegenwart)가 일어나고 그것을 믿는 백성 속에서는 실재성(Wiklichkeit)이 되는 기관(Organ)이다.[215]

21. 현재는 실재성에 의해 창조되는 것이지 이미 만들어진 인과율적이고 운명적인 시간이 아니다. 그 현재의 창조는 철저히 하나님의 영에 의해 이루어진다. 그래서 "이 정신(하나님의 영)은 현재를 이끄는 분이고 현재를 보존하는 분이다"고 말하는 것이 틀리지 않는다.[216] 하나님의 영이 현재를 창조하시는 것 때문에 '창조'라는 말이 성립된다. 그래서 창조란 근본적으로 '현재를 창조하는 것'을 가리킨다. 창조란 어떤 물질을 만드는 것에 있는 것이 아니라 현재가 창조되는 것을 가리킨다. 하나님의 영이 창조하신다는 말은 하나님이 현재를 창조하신다는 말이고 이 말은 또한 현재 속에서 인간 정신이 비로소 심령(Pneuma)이 된다는 말이기도 한다.

---

215 W. Eichrodt, Theologie des Alten Testaments, Bd. 2/3, 34.
216 위의 책, 35.

22. 심령은 과거적인 시제 속에는 존재할 수 없다. 그것은 본질적으로 실체가 아니기 때문이다. 심령은 현재를 창조하시는 하나님의 영을 만났다는 말이고 나의 정신이 이러한 현재에 초대되었다는 것을 의미한다. 현재는 하나님의 영과 더불어 생성된다. 그것은 지나가는 것이 아니고 또한 다가오는 것도 아니며 오직 생성된다. 즉, 창조된다는 말이다. 우리의 정신은 우리 머리 속에 그냥 머물러 있는 뇌의 파장이 아니다. 그렇다고 우리 심장에 그냥 머물러 있는 피의 흐름도 아니다. 항상 '생겨나는 존재'이고 '생성되는 존재'이다. 현재를 창조하시는 하나님의 영으로 인해 생겨나는 것이다. 그러므로 우리는 정신을 '관계'라고 말하지 않을 수 없다. 말하자면 정신이 관계를 가지고 있는 것이 아니라 관계가 바로 정신이다. 관계가 주어졌기 때문에 정신이 일어나는 것이다. 정신이 관계를 만드는 것이 아니라 관계가 주어졌기 때문에 정신이 존재하는 셈이다.

23. 관계란 주어지는 것이지 인간 정신이 스스로 만들어 내는 것이 아니다. 사람의 '나'가 필연적으로, 그리고 숙명적으로 하나님의 '너-있음'과 관계한다는 것이며 그것은 인간이 정신이 된다는 말이고 동시에 관계를 맺을 때 정신이 비로소 역사한다는 말이기도 하다. 우리가 관계할 수 있다는 것은 창조주가 부단히 현재를 창조하시기 때문에 가능하다. 하나님의 영이 현재를 창조한다는 말을 그 영이 관계를 창조하신다는 말로 바꿀 수 있다. 그래서 하나님의 영은 관계를 창조하시는 분이고 관계는 철저히 영적일 수밖에 없다. 하나님의 삼위일체가 오직 '나와 너'의 관계이듯 세상은 관계라는 영적인 의미로 존재하는 것이다. 그리고 인간 정신도 그 관계 속에서 비로소 생성된다.

24. 인간 정신은 하나님의 영을 '너-있음'으로 만날 때 비로소 '나있음'이 된다. '나있음'이 되기 때문에 우리는 언어(Sprache)를 가지고 '말'을 한다. '말'은 '나있음'이 되지 않으면 만들 수 없다. 왜냐하면 '말'이란 '나'의 정신이 만드는 문장이기 때문이다. 정신이 일어날 때 비로소 '말'이 만들어지는 것이다. 물론 여기서 '말'이란 정신의 문장으로 타자에게 자신을 전달하는 방식이다. 그래서 '나있음'이 되어야 비로소 '말'은 만들어지게 된다. 그러므로 우리가 만드는 모든 문장은 사실은 '나있음'이 '너-있음'을 향해 외치는 '말'이다.

25. 말한다는 것은 '나'가 말하는 것이고 '나'가 만든 문장을 전하는 것이며 정확하게 말하자면 '나있음'이 지은 문장을 가지고 '자신'을 전하는 것이다. 문장을 지은 것은 단순히 문장을 지은 것이 아니라 '나 자신'을 문장으로 지은 것이다. '나의 정신'을 문장으로 지은 셈이다. 그래서 문장은 '나의 정신'이 육체를 입은 것과 같다. 문장은 내 정신이 자신을 현현시킨 것과 같다. 내가 만든 문장이란 말하자면 내 정신이 육체를 입은 것이고 그 육체는 다른 육체와 만나기 위해 탄생한 것이다.

26. 혼이 육을 입은 것을 가리켜 육체(Körper)라고 한다면 정신이 육체를 입은 것을 가리켜 '문장'이라고 할 수 있다. 문장이란 우리의 정신이 하나의 보이는 육을 입은 것이며 역사 속에서 구체적으로 나타난 정신이다. 그래서 문장이란 항상 상대의 정신 또는 자아에게 부정적이든 긍정이든 영향을 준다. 문장은 상대의 정신을 불러 일으켜 세운다. '나있음'은 문장을 통해 상대의 '자신'을 불러서 세운다. 문장이 상대의 '자신'을 불러일으킬 수 있는 이유는 '나의 정신'이 그것을 만들었기 때문이다.

27. 하나님의 성육신은 문장과 하나님의 관계를 잘 이해하게 한다. 성육신은 말씀이신 하나님이 육을 입고 오신 사건이다(요 1장). 그리스도는 하나님의 성육신이다. 즉 하나님은 그리스도 안에서 자신을 말씀으로서 계시하신다. 그래서 그리스도는 하나님의 말씀이다. 하나님은 그리스도 안에서 항상 말을 거는 말씀이 되신다. 말을 거는 말씀(das anrufende Wort)으로서 하나님의 영이 자신의 문장을 나타낸 것이 바로 성육신이 아니고 무엇이겠는가! 우리에게 말을 거는 말씀이신 프뉴마가 의미 있는 문장으로 이 땅 위에 오신 것이 바로 그리스도가 아니고 무엇이겠는가!

28. 그리스도는 프뉴마의 '말을 거는 말씀'이시다. 하나님이 그리스도로 오신 사건은 말을 거는 말씀이 문장으로 오신 것과 같다. 이것은 '하나님이 말씀'이라는 사실을 분명하게 한다. 하나님이 말씀이라는 것은 하나님이 피조물인 '나'에게 말을 거는 말씀이면서 동시에 '나-있음'의 응답을 기다리는 말씀이라는 의미이다. 하나님은 자신을 말로 인간인 '나'에게 거는 말씀이시다. 그것은 우리가 지금 사용하는 언어의 근원이 된다. 언어의 근원이란 단순히 모국어나 외국어가 아니라 '자신'을 말로 거는 말씀을 가리킨다. 그래서 그것은 인격일 수밖에 없다. '창조주는 인격이시다'라는 말을 달리 해석하면 '하나님은 자신을 나에게 말로 거는 말씀이다'라는 표현과 같은 것이다.

29. 자신을 말로 나에게 거시는 말씀이신 창조주가 피조물인 인간에게 말씀하신다면 그것은 어떤 형태일까? 창조주가 우리에게 말씀하신 것이란 반드시 우리가 그것에 대해 응답할 수 있는 형태일 것이다. 그래서

그것은 철저히 인격적인 것일 수밖에 없을 것이다. 창조주가 우리에게 말씀하신 말씀이 바로 그리스도이시다. 그래서 우리는 그리스도를 통해 창조주에게 응답할 수 있다. 그리스도는 항상 창조주가 우리에게 말을 거시는 말씀(das Wort)이시다. 그리스도는 성부로부터 항상 무엇을 들으셨고 우리에게 그 말씀을 말씀하셨다. 그것은 영적인 관계를 말해 준다. 성부와 성자의 관계가 영적인 관계이듯 인간 정신도 그리스도와의 관계에서 영적이어야 하며 또한 영적인 관계에서만 그리스도의 실재성(Wirklichkeit)을 체험할 수 있다.

30. 또한 하나님의 실재성은 그리스도의 실재성을 통해 체험된다. 하나님의 실재성의 체험이란 달리 말하면 영적 관계의 체험이다. 영적 관계란 하나님에게서 나오기 때문에 신령한 것이다. 우리가 하나님을 체험한다고 할 때 그 체험은 무엇을 의미하는가? 나의 정신이 신령한 관계를 체험한다는 말이 아니겠는가? 이 말은 '신령한 관계가 있다'는 표현이 아니라 분명히 '영적 관계가 신령하다'는 의미이다. 영적 관계가 신령하다는 것은 '너-있음'을 향해 '나-있음'의 근원적인 관계성이 신령하다는 의미이다. 영적 관계를 하나님이 창조하셨다고 감히 말할 수 없다. 오히려 하나님 안에서 영적 관계는 발견된다. 창조란 이 관계성을 말하며 인간 정신은 이 관계성을 위해 창조되었고 이 관계성은 분명히 하나님 안에서만 발견되는 창조의 비밀이다.